小林道憲〈生命《いのち》の哲学〉コレクション 7

世界史的観点から現代を考察する

二十一世紀への道

小林道憲［著］

ミネルヴァ書房

著者の言葉

私は、なにがなしの憂愁の気をたたえながらも命の芽吹きへの感受性を育ててくれる風土に生まれ育ち、人生のほとんどを過ごしてきました。しかし、そういう地にも、時代を追うに従って、現代の情報洪水は否応なく押し寄せてきました。私が現代文明論に関するいくつかの著作を発表していった背後には、そのような時代背景がありました。

その後、この現代を乗り越えるしかたで思索していく中、見出した思想は、〈大地と生命の永遠〉という思想でした。この思想を基軸にして、生命の本質から宇宙の真理にまで及ぶ世界観を、自然、倫理、歴史、芸術、宗教、存在、認識、文明、古代に及ぼし、私は自分なりの哲学を展開してきたのです。私の哲学への歩み、思想の来歴を一言で要約すれば、「現代文明の批判的考察を通して、それを包み越える方向で、生命論的世界観を構築してきた」ということに尽きるでしょう。

今回、この私の思索の来歴を顧みることもかねて、主な著作を集め、分野ごとに整理し、加筆訂正、改稿、未発表の評論や断片も組み入れて、全十巻のコレクションにまとめることができたことを幸いに思っています。文化の低俗化が昂進していく現代、これからも、こころある読者に語りかけていきたいと思っています。

世界史的観点から現代を考察する——二十一世紀への道

目次

ヨーロッピズム
——現代の世界史的解明への序章——

二十世紀とは何であったか
——鎮魂と追悼の百年——

二十一世紀を読む
——不安な時代——

付　論

ヨーロッピズム

――現代の世界史的解明への序章――

第一章　ヨーロッピズムの時代
――ヨーロッパの世界化と世界のヨーロッパ化――

1　二十世紀とは何であったか

激動の二十世紀も、あと十年余りで終わろうとしている。私達にとって、二十世紀とは一体何であったのだろうか。二十世紀は、動乱と革命の時代であったと言われる。私達は、二十世紀の前半には、世界大戦を二度も経験し、後半にかけては、多くの独立革命や内乱を経験してきた。これらの激しい波乱の背後で動いていたものは、一体何であったのだろうか。

ヨーロッパの後退と非ヨーロッパの抬頭

二十世紀を国際政治の表面だけからみれば、第一に目につく現象としては、何よりも、第一次大戦を境とする二十世紀前半の〈ヨーロッパ勢力の後退〉があげられるであろう。

それとともにアメリカが抬頭し、このアメリカに対して、第二次大戦中のアジアでは日本が対抗し、第二次大戦以後ではソ連が敵対してきた。こうして、第二次大戦後は、米ソ二大勢力の世界支配が実現されたのである。さらに、その後、この米ソの世界支配体制を切り崩すように、日本が再びその経済力によって抬頭し中国が発言権を主張しだしてきたというのが、ここ二十年程の動きであった。かくて、米ソ二大勢力を中心としながら、ヨーロッパ諸国や日本や中国を加えた五極構造の中で、多くの摩擦や矛盾を起こしているというのが、世界史の現状であろう。

しかし、もうひとつ、特に二十世紀後半の目立った現象として、アジア・アフリカ諸国のヨーロッパ支配からの独立という一連の事件も見逃すことはできない。第一次・第二次大戦を経てヨーロッパ勢力は疲弊し、そのため十九世紀に確立されたその世界支配の力は急速に弱まり、それを見越すように、第二次大戦後、ヨーロッパに支配されていたアジア・アフリカ諸国は、燎原の火のようにヨーロッパから自立していったのである。

このように眺めていくなら、二十世紀の最大の特徴は、〈ヨーロッパの後退〉と〈非ヨーロッパの抬頭〉ということになろう。この大きな世界史のうねりの中で、多くの動乱や革命が世界史の舞台の上で演じられてきたのである。

ヨーロッパ化の時代

しかし、ヨーロッパは本当に後退してしまったのであろうか。確かに、国際政治に及ぼす影響力としては、軍事的にも、政治的にも、経済的にも、ヨーロッパは、両大戦を通じて、十九世紀に誰はばかることなく誇っていた世界的優位を失い、その代わり、米ソをはじめアジア・アフリカ諸国が抬頭してきた。だが、アメリカや日本の奉じる自由民主主義にしても、ソ連や中国が奉じる共産主義にしても、また、アジア・アフリカ諸国が構築してきた近代的国家組織など、どれをとっても、すべて、ヨーロッパの十九世紀につくりあげられた政治・経済・社会における思想や組織に源泉をもっている。その限りは、十九世紀以来築き上げられてきたヨーロッパ近代文明は、なお世界を支配し、世界を覆っている。十九・二十世紀は、このヨーロッパ近代文明の世界化の時代であり、世界史的拡散の時代であった。資本主義にしても、共産主義にしても、あるいは、その中間形態にしても、十九世紀から二十世紀にかけての世界史は、このヨーロッパ近代文明の拡大という過程の中にあったとみなければならない。アメリカやソ連や日本は、ヨーロッパ近代がつくりだしたこれらの思想や組織を、ヨーロッパを凌駕するまでに実現した国家だったのである。

ヨーロッパ近代文明は、初め、ヨーロッパ諸国の植民地主義的進出という形で世界中にもたらされた。次に、そのようにしてもたらされたヨーロッパ近代文明を、非ヨーロッパ諸国が受容し、これを独自に自己のものにし、これを武器として、逆にヨーロッパに対抗していこうとした。それは、〈ヨーロッパへの逆襲〉または〈ヨーロッパからの自立〉という形で現われたが、いずれにしても、そのような作用と反作用の過程を通して、ヨーロッパ近代文明は世界化していったのである。

その意味では、現代の世界史は、十九世紀以来のヨーロッパを源泉とする〈近代化〉の流れの中にあった。そのようにして、ヨーロッパ近代文明によって世界中が覆われ、世界が一様に近代の科学技術文明に支配されて、かくて世界が合一化する過程の中に、十九・二十世紀の現代世界史の大きな流れがあったと言わねばならない。二十世紀は、例えば、第二次大戦においては、自由主義と全体主義の対立、第二次大戦後は、資本主義と共産主義の対立の時代として捉えられたりしたが、それらも、結局、今日みられるような巨大な科学技術文明を世界大的に構築していく過程の中にあったとみることができる。現代の科学技術文明こそ、自由主義にも全体主義にも、資本主義にも共産主義にも、ともに通じる現代世界の共通項なのである。この地球を覆い尽くす勢いをもった現代の科学技術文明が、どのような過程を通して出来てきたのか、改めて反省してみる必要がある。

トインビーも、『試練に立つ文明』の「文明と文明とのあいだの遭遇戦」という章の最初の部分で、ヨーロッパ文明が世界に与えた衝撃と、それに対する反作用によってもたらされた世界の合一化ということが、未来の歴史家にとっては、現代を特徴づける最も目立った現象とみられるであろうと言っている。[1] 現代世界史は、壮大な〈ヨーロッパ化の時代〉だったのである。

このように、〈ヨーロッパの世界化〉と〈世界のヨーロッパ化〉という視点から現代世界史を眺めるなら、現代世界史は、非ヨーロッパがいかにしてヨーロッパ近代文明を自らの伝統の中に受け容れ、どのようにしてヨーロッパ近代文明と同化するかという苦闘の歴史だったとも言える。少なくとも、ヨーロッパの方から見るのではなく、非ヨーロッパの方から見直すなら、現代世界史はそのようにも受け取ることができる。

その点から言えば、わが国で以前から論じられてきた〈近代化論〉も、新しい視点から吟味し直すこともできるであろう。わが国の特に近代主義的立場からの〈近代化論〉は、主にヨーロッパの近代を唯一の尺度にして、そこからわが国の近代化の過程での立ち遅れや歪み、後進性や二重構造を問題にするものであった。このような〈近代化論〉が現われてくること自身、〈ヨーロッピズム前期〉のひとつの特徴なのだが、そのような視点だけからの近代化論には、限界があると言わねばならない。そのような近代化論では、逆に、例えば日本などが、ヨーロッパをも追い越して、近代化を果たしてしまうという現象がなぜ起きたのか解けないからである。

また、そのような近代主義的立場に立つ〈近代化論〉でなくても、わが国のこれまでの〈近代化論〉は、主に西洋対日本という図式の中でのみ、わが国の近代化の過程の矛盾や苦悩を分析するものが多かったように思われる。そこにも一種の偏りがあると言わねばならない。そのような苦闘や葛藤は、実は、他の非ヨーロッパ諸国にも共通してみられることであって、単に日本だけの問題ではない。わが国の近代史をみる場合にも、もっと世界史的立場に立つ必要がある。

私達は、そのような反省のもとに、世界史的な観点から現代史の本質を抽出し、あわせて、日本の近代史をも、そのような世界史的図式の中に位置づけてみなければならない。そして、現代世界史への新しい見方を提出するとともに、〈近代化〉という現象を世界史的に考察してみるべきであろう。来たるべき二十一世紀がどのような世紀になるのかという見通しを得るためにも、十九世紀の源流に立ち返りながら、今終わろうとしている二十世紀がどのような時代であったのかを反省してみることは、価値のないことではない。

そのためには、まず、何よりも、近代の歴史観そのものから吟味してみる必要がある。

2　歴史観の転換

ヨーロッパ中心史観からの離脱

どこの文化圏でも、人は、いつも、我身を中心に世界は回り、歴史は進展してきたと考えてきた。昔から、人々にとって、子供のような自己中心主義を拭い去ることは、容易ではなかった。ヨーロッパ人も例外ではなく、特に、ルネサンス期の地理上の発見以来、十九世紀にかけて、彼らが世界に雄飛するようになってからというもの、世界の歴史はヨーロッパを中心として動いており、ヨーロッパの現段階が人類の達成した歴史的業績の最高段階に到達していると、ひとり合点してきた。

例えば、ヘーゲルは、『歴史哲学講義』の中で、世界史を精神の自由の発展と捉え、それは、オリエント的な無自覚な段階から、ギリシア・ローマ的な自覚的段階を経て、ゲルマン的な絶対的段階へと自己を展開し、かくて、ヘーゲルの生きているヨーロッパの現段階で、精神の自由の顕現は最高段階に到達し、ここで完成したと考えた。このような考えは、アジア人としては、とうてい受け容れることのできない考えであるが、このようなところに現われているヨーロッパ中心史観は、おそらく、当時のヨーロッパの世界的優位を表現するものであったのであろう。

このようなヨーロッパ中心史観は、啓蒙主義を批判的に引き継いだコントにもあり、また、ヘーゲルを批判的に受け容れたマルクスの歴史観にも受け継がれた。実際、コントは、人間精神を、神学的・形而上学的・実証的の三段階を経て発展するものと規定し、それは、ヨーロッパにおいてのみ完全に実現されうるものと考えた。また、マルクスは、ヘーゲルの精神史観を裏返して、史的唯物論の立場から、歴史の発展段階を、アジア的・古代的・封建的・近代ブルジョア的に区分し、歴史は、奴隷制から封建制を経て資本制に移行する過程を通して、階級矛盾を現わしてきたと考えた。しかも、近代ヨーロッパの資本制において、階級矛盾は最高度に顕現しており、それに対して、アジアはなお奴隷制的専制に停滞しているとみた。ここにも、ヨーロッパが世界史の展開の最先端に位置しているという考え、つまりヨーロッパ中心史観がある。これも、なお、当時のヨーロッパの世界史的優位を表現するものだと言えるであろう。

ところが、二十世紀初頭の第一次大戦を境にして、このヨーロッパ中心史観は、当のヨーロッパにおいて急激に崩れ去っていく。シュペングラーの『西洋の没落』や、トインビーの『歴史の研究』は、このようなヨーロッパ中心史観の修正に寄与した。ここでは、歴史を構成する単位は文明であり、しかも、各文明は同時代的・相対的な位置しか占めないと考えられた。しかも、各文明は、その中で春・夏・秋・冬、または、発生・成長・挫折・解体・消滅というサイクルを繰り返すものであって、各文明間での進歩や発展、優位や劣位という考えは否定された。ヨーロッパ人の歴史観は、一元論的なヨーロッパ中心史観から、多元論的な相対史観へと、大きく転換したのである。

このヨーロッパにおける歴史観の大きな転換は、おそらく、第一次大戦を境とするヨーロッパの後退を反映するものであろう。第一次大戦の悲惨な経験によって、ヨーロッパ人は、それまでの世界史的優越感を失い、ヨーロッパ文明も他の諸文明と併列する一文明にすぎないとみられるに至ったのである。アジアの一員からみるなら、このような多元論的相対史観の方が、より世界史の真実を伝えるものと思われる。

しかし、この多元史観の方が歴史の現実を表現するとしても、もしも、シュペングラーのように、各文明間での文化の伝播や相互作用を認めなかったなら、特に現代のように、世界の諸文明がヨーロッパの近代文明と出会い、これを受容し、これに同化し、かくて世界が一様化していった現象を、十分説明することができなくなるであろう。そのため、トインビーは、『歴史の研究』の中で、シュペングラーを修正して、文明と文明の出会論を持ち出し、世界の合一化という現代の現象も、伝統的諸文明が近代西欧文明と出会う過程として捉え、そこから、この文明の出会いに伴ういくつかの法則を発見したのである。(2) それは、現代の世界史的解明を試みようとする私達にとっても、有益な示唆を与えるものであろう。

歴史をどうみるか

前世紀のヨーロッパ中心史観のように、歴史をある一定の史観からのみみようとすると、どうしても多くの偏見と事実誤認を免れえない。ヘーゲルやマルクスの歴史観のように、最初に特定の世界観を前提し、その図式から歴史を裁断しようとすれば、当然、その図式にあてはまらない多くの矛盾や例外が出てくる。それを無視したり、無理に解釈したりすれば、歴史を曲解することになってしまう。前提された図式はひとつの先入観となって、歴史認識の阻害要因になってしまう。それは、歴史に対する独断と偏見のみを生み出すことになる。

歴史というものに果たして法則があるのかどうかということも、もともと定かではない。人間には自由というものが許されており、したがって、たとえ法則を打ち立てたとしても、その法則定立が歴史上でなされるかぎり、人間の歴史にはそれを打ち破る自由もあるから、歴史は、原理上法則通りになるとは限らない。

その点では、トインビーの相対史観においてさえも、もしも、あるひとつのモデル、例えば〈ギリシア・ローマ・ヨーロッパ〉モデルを他の文明にも当てはめ、それが辿りついた過程と同じ過程を他の文明も必ずとるはずだという前提のもとに、無理に適用しようとすると、すかさず認識を誤ることになる。トインビーの見方にはそういう点がみられるが、そういう見方は避けられねばならない。

歴史認識の目的は、必ずしも、そこからある一定の歴史法則を見つけ出すことにあるのではない。歴史の認識は、歴史的現実そのものの中に入って、そこからおのずと出てくるその時代の全体像や本質を取り出すのでなければならない。歴史の認識とは、歴史的事実の意味理解なのである。ある特定の歴史観から出発し、歴史的事実を裁断するのであってはならないであろう。

先入観からの脱却

人は、日頃、様々の先入観に囚われている。だが、先入観にいつまでも囚われていると、現実が見えなくなり、かくて、その先入観はいつも現実によって復讐されることになる。私達にとって必要なことは、まず、このような先入観に支配されたあり方から脱却して、醒めた目で現実をよく見ることであろう。私達は意外と無知であって、ものごとをよく知ろうともせず、なにかにつけて既成のイデオロギーに拘束されがちであるが、ものごとの正しい認識を得るには、このようなあやふやな既成観念を徹底的に吟味してみる必要がある。そして、既成の観念やドグマを一旦括弧の中に入れて、ことがらそのもののうちへと観入し、その本質を見出していくのでなければならない。

先入観から出発し、現実と合わなくなってもこれを固執して、現実の方が間違っていると言ってみたり、無理に現実に合わせようとして、その結果、理論の方が現実よりも複雑になってしまったりしたのでは、正しい認識とは言えないであろう。既成の理論にいつまでも取りすがって、現実に対して目をつむってしまうと、理論はいつも破綻してしまうのである。ものごとの認識は、ひとつの先入観から出発するのではなく、現実から出発するのでなければならない。そして、現実に最も即した認識が提出されるのでなければならない。

私達は、何よりもさきに先入観を捨てて、虚心に事実そのものをみ、そこからおのずと浮かび上ってくる本質を認識しなければならない。歴史の認識においても同様であって、何かある特定の歴史観から出発するのではなく、何よりもまず、歴史的現実そのものから出発しなければならない。

一体、十九世紀以来二十世紀にかけて、現代の世界史はどのように動いてきたのであろうか。現代世界史の潮流は、一体どこにあったのであろうか。私達は、いかなる先入観にも囚われずに、現代世界史の現実そのものから、現代世界史への新しい見方を見つけ出していかねばならない。そして、〈現代〉が世界史的に言ってどのような時代であったかを解明しなければならない。

3　日本の近代化

日本にとって〈現代〉とは

〈現代〉というとき、私達がまず思い浮かべるのは、わが国では、さしあたり、ここ三十年程の間の経済の飛躍的な発展の時期であろう。だが、この経済の飛躍的発展は、単に経済の原理によってのみもたらされたわけではなく、それを可能にした政治的・社会的条件をも考慮に入れなければならない。つまり、このような経済の発展を可能にするには、何よりも、その自由な競争を可能にする自由主義的経済体制の保障がなければならず、これを保障するには、政治的にも社会的にも保証された自由主義体制がなければならなかった。第二次大戦後のわが国の自由民主主義体制は、その点で貢献するところがあったと言えるであろう。その精神文化的方面に及ぼした大きな変化を度外視するなら、この自由民主主義と産業主義の発展は、今日の高度技術社会をもたらす原動力となったとみるべきであろう。

しかし、そのような現代の構造は、何も第二次大戦後から急に始まったわけではなく、わが国では、遠く明治維新以来、わが国が近代国家として成り立とうとした時から、すでに始まっていたものである。わが国は、富国強兵策という名において近代産業を育成し、また、そのために政治制度を改め、議会を開設し、国民の声が政治に反映するようにし、官僚機構を創設し、組織だった近代の国民国家をつくるよう努力してきた。さらに、社会的にも四民平等の原則を立て、国民皆教育を実施し、学問や科学技術一般において、近代化の努力を行なってきた。

大きな目でみるなら、第二次大戦後の経済の発展や、民主主義体制の確立も、遠くこの明治維新の近代化政策に源泉をもっている。その点では、第二次大戦前と第二次大戦後は必ずしも断絶しているわけではなく、連続した面があったと言わねばならない。実際、第二次大戦後の経済の発展には、その基礎に、明治維新以来戦前までに築き上げられてきた知識と技術の蓄積があった。また、今日の民主主義体制も、大正デモクラシーや明治の自由民権運動や国会開設運動に源泉をもっている。さらに、それは、明治維新の基本原則となった『五箇條の御誓文』にすでに集約されてもいる。ここでは、広く会議を興し万機公論に決すべきこと、そして、それらを通して国力を養うべきことが、基本方針として打ち立てられたのである。

この明治以来の近代史を一貫して流れているものは、近代化の流れであった。近代産業の育成、近代の国民国家の確立、普通教育の実施、科学技術の開発のための高等教育機関の充実など、すべてこの近代化のためにあった。今日の高度産業技術文明に支えられた超近代国家としての日本は、その結果であった。とすれば、私達にとって、現代とは、むしろ、明治以来の近代化の百二十年をいうことになろう。その特徴は、国家、経済、技術、文化、あらゆる面における組織化であった。

外からやってきた近代

しかし、わが国の近代化のこの怒濤のような動きは、わが国内部の必要性から起きてきた動きではない。それは、外からやってきたものである。つまり、西洋の近代文明が大波のように押し寄せ、襲いかかってきたことから出てきた動きであった。西洋の産業技術文明に太刀打ちするには、わが国は、自らがその近代産業技術文明と自由民主主義制度を受容し、無理にでも近代化しなければならなかったのである。

その意味では、一八五三年の黒船来航は象徴的な出来事であった。その衝撃は、単に四隻の鋼鉄でできた軍艦がやってきたということのみを意味したのではない。その四隻の黒船には、むしろ西洋の近代産業技術文明のすべてが、象徴的に集約されていたのである。そこには、想像を絶する西洋の新しい産業構造から、さらに、それを可能にする西洋近代の自由主義的政治構造、近代の科学技術、知識、文化の水準すべてが集約されていた。当時のわが国の人々が驚いたのは、そのためである。人々は、黒船の背後に、対抗することのできそうもない近代文明の巨大なエネルギーが潜んでいることを、直感的に察知した。実際には、六十年ほどの遅れにすぎなかったのだが、それは、人々の心肝を寒からしめるほどの空恐しいものであった。四つの島に温和に暮していた日本人にとっては、それは、はかりしれない衝撃であった。かくて、それ以来、わが国は、開国と攘夷の間で国論を二分し、揺れ動きながら、わずか十五年くらいの間で、近代国家への衣替えを急がねばならなかったのである。

わが国の近代化は、夏目漱石が「現代日本の開化」ですでに語っているように、内発的なものではなく、外発的なものであり、外から覆いかぶさるように押し寄せてきたものであった(3)。わが国は、むしろ運命的に、西洋近代文明を受け容れざるをえなかったのである。したがって、わが国においては、近代化は、欧化つまり西洋化として現われた。そして、この西洋化としての近代化は、わが国にとっては、必ずしも平坦な道ではなかった。それは、多くの矛盾と苦渋を含むものであった。近代化による変容は、政治や経済の面ばかりでなく、文化的面においても、つまり社会生活から世界観や価値観にまで及ぶしかたでなされねばならなかったからである。

この近代化の矛盾のなかで最も大きなものは、おそらく伝統と近代の矛盾、葛藤であったであろう。西洋に学んで、近代産業を興し、国家組織を大変革し、それに合わせて、生き方そのものも変えていかねばならないとすれば、当然、それによって失われるものも少なくはなかった。つまり、伝統的な価値観、倫理観、世界観をそぎとり、いびつにし、変容することなくして、この近代化・西洋化は行ないえなかったのである。明治以来の近代化は、わが国の文化にとって、大きな犠牲を強いるものであった。漱石の言うように、日本人はその自己本位性を失わざるをえなかったからである。漱石は、彼自身、イギリス留学などの経験を通して、この矛盾を体験し、一思想家として、わが国の近代化、つまり〈文明開化〉の陰の面を見たのである。

あらゆる方面における〈近代化の時代〉は、わが国の内部からのみ見ていては捉えることができない。〈現代〉がどのような時代であるかということを解明するには、もっと世界史的視野に立たねばならないであろう。近代化は、もともと、ヨーロッパの近代文明に源泉をもっているからである。

4　ヨーロッパの近代化とその拡大

ヨーロッパの近代化

ヨーロッパにとって、〈現代〉はいつから始まるのであろうか。なるほど、その源泉を、十五・十六世紀のルネサンスに求めることはできるかもしれない。確かに、ブルクハルトの言うように、ルネサンスにおいて、〈世界〉が発見され、〈人間〉が発見されたかもしれない。しかし、今日からみれば、ここにはまだ中世的なものが多分に残っており、巨大な産業技術文明は起きてはいない。ルネサンスと宗教改革に源泉をもつヨーロッパの近世は、なお〈近世〉であって、まだ〈現代〉ではないのである。

巨大な産業技術文明が勃興し、それに伴い、政治、社会、文化一般にわたって巨大な変革がなされたのは、一八〇〇年を境にしてであった。イギリスの産業革命とフランスの自由主義革命は、その象徴的出来事であった。私達にとっての〈現代〉とは、この十八世紀末の産業革命とフランス革命を源泉とし、そこで打ち出された産業主義と自由民主主義を車の両輪にして、その後飛躍的に構造変革を行なっていく時代を言う。それらは、人類史的にみても、農業革命以来、それまで古代・中世・近世と何千年もかかって形成されてきた世界の歴史を大変革させる革命的事件であった。ヤスパースも、『現代の精神的状況』の緒論の中で言っているように、世界史的に私達が共有している〈現代〉の出発点は、ヨーロッパの十九世紀にある。(4)〈現代〉を世界史的観点から捉える場合、私達は、これを起点として考えねばならないであろう。ヨーロッパの十九世紀以後大きくみて約二百年を、私達は〈現代〉と考える。

ヨーロッパ文明は、ギリシア・ローマ文化とユダヤ・キリスト教精神を、ゲルマン的な土壌の上に融合させ、ひとつの独特の文化を生み出した。それは、それらの諸要素がキリスト教によって統合された有機的な世界を形成した。それがヨーロッパの伝統的世界である。その過程の中には、様々な変遷があったけれども、その根本の構造は変わってはいない。ところが、一八〇〇年前後の産業革命とフランス革命を契機として、このヨーロッパの有機的な構造が崩壊していく。経済や科学技術の力が宗教から離脱し、自分自身で膨張していくに従って、相対的に宗教の力は弱くなっていった。それがヨーロッパの近代化というものであった。

このヨーロッパの近代化は、経済的には、産業革命によって代表されるように、物資の大量生産と大量消費の機構を築き上げることに、その目標をおいていた。その生産方式は、それまでとは比べものにならないような急激な生産量を誇るものであった。政治的には、それまでの封建体制を破壊し、この経済機構を可能にするために、自由民主主義による人民主権の中央集権的組織国家をつくりあげることを目指した。社会的には、身分制度を壊し、自由と平等を重んじる均一な社会をつくりあげることを目標とした。教育面では、国民すべてに普通教育を施すことを目指した。これらの大きな変革は、どれも経済の膨張を可能にするための条件であった。しかし、文化的には、近代化は頽落でもあり、その質の低下は免がれえなかった。また、これら近代化の様々な局面は、どれも、それまでの有機的な社会を壊すものであったから、精神的には、多くの軋轢を生み出すものでもあった。

資本主義の思想も、その後に現われてくる共産主義の思想も、ともにヨーロッパの近代の中で生まれたものであり、いずれも、以上のようなヨーロッパの近代化の過程の中にあるものである。資本主義思想は、物資の大量生産と大量消費を可能にするために、政治・社会・文化、あらゆる分野を変革するものであったが、共産主義思想も、方法こそ違え、物資の組織的な生産機構をつくっていくためにあらゆる面での変革を行なうという点では、共通した面をもっている。さらに、組織だった中央集権国家をつくろうとする点でも、均一な社会をつくろうとする点でも、共通した面をもっている。確かに、両者は、私有制を基本とした資本を中心とするか、私有制を否定した共同生産方式でいくかという点に大きな違いがあるが、しかし、目的は同じ近代化にあった。

いずれにしても、十九世紀以後のヨーロッパを支配した根本の理念は、フランス革命において謳い上げられた〈自由〉と〈平等〉にある。このイデオロギーが、十九世紀から二十世紀の世界史を支配したのである。資本主義は、どちらかというと自由を、共産主義は、どちらかというと平等を強調した。

ヨーロッパ近代文明の拡大

ヨーロッパに最初に生まれ、そして、まずヨーロッパ世界を変革していったこのような自由主義や平等主義や産業主義の力は、巨大な力となって、ヨーロッパ文明の膨張をもたらした。そのため、それは、単にヨーロッパ内にのみとどまらず、ヨーロッパ以外の世界にも拡大していく運命にあった。

十九世紀から二十世紀にかけてのヨーロッパ諸国の世界進出は、そのようなヨーロッパ文明の膨張と拡大の表現であった。それは、何よりもまず、巨大な産業技術文明によって支えられた軍事力を先頭にして、その背後に、自由主義をはじめヨーロッパ近代の価値観、文化を引き連れて、世界中の他の文化圏に進出していった。それは、いまだかつてなかったような巨大な膨張であったから、その結果、今日すでにみられるように、世界中が同じひとつの産業技術文明によって覆い尽くされるという現象をもたらしたのである。この産業主義の進出とは少し遅れて登場してくる共産主義や社会主義の膨張も、基本的には、このヨーロッパ文明の拡大という過程の中にあったと言えるであろう。

5　非ヨーロッパのヨーロッパ化

ヨーロッパ化としての近代化

他方、ヨーロッパの拡大は、非ヨーロッパからみれば、西洋化、ヨーロッパ化として現われる。非ヨーロッパ諸国は、このヨーロッパ近代文明の抗しがたい力に対して、それを受容するか、排斥するかの二つの選択に悩みながら、あるいは、ヨーロッパの近代文明を全面的に受け容れ、あるいは排撃し、あるいは、伝統との融合をはかりながら、近代化を推し進めていった。したがって、非ヨーロッパ諸国にあっては、近代化はそのままヨーロッパ化だったのである。それは、あまりにも巨大な力であったから、非ヨーロッパにとっては、大きな苦悩をもたらすものであった。実際、文化的伝統と近代化との矛盾をどのように調和させるか、非ヨーロッパ的なものとヨーロッパ的なものをどう融合させるかという問題は、非ヨーロッパ諸国にとって最大の関心事となった。

このヨーロッパの拡大の非ヨーロッパに対する影響は、例えばロシアでは次のような形で現われた。ロシアでは、十九世紀以前に、ピョートル大帝以来、ヨーロッパの近世文化の輸入が行なわれ、すでにヨーロッパ化は相当程度進んではいたが、しかし、この段階では、まだ巨大な産業技術文明を受け容れたわけではない。ロシアが西洋の産業技術文明を受け容れて、自ら産業革命を興し、自由主義的な政策を打ち出して、〈上からの近代化〉を行なわねばならなくなったのは、十九世紀からである。ロシアは、ツァー体制のもとに、ヨーロッパ由来の自由主義と近代産業を輸入し、いちはやく近代化つまりヨーロッパ化を推し進めていった。しかし、それはまた、単に技術や思想だけの問題にとどまらず、社会の根本構造にもかかわる問題でもあったから、ツァー体制そのものを揺るがさずにおくことはなかった。そればかりでなく、文化的にも、伝統的なスラブ精神とヨーロッパ由来の近代思想との相克、葛藤を免れることはできなかった。むしろ、そういう異文明との出会いにおける危機を背景にして、ドストエフスキーなどの文学に代表されるように、ロシアの十九世紀文化は、その創造性を発揮したのである。ロシアは、その後二十世紀になって、同じヨーロッパ由来の共産主義思想を受け容れ、ツァー体制を倒して独自の方向をとったが、これも、近代化の路線上にあることに変わりはなく、ヨーロッパ化のひとつの形態であることに変わりはない。

日本がヨーロッパ近代文明の衝撃を受けたのは、ロシアよりもやや遅く、十九世紀後半であった。前にも述べたように、黒船来航で象徴されるヨーロッパ近代文明の襲来は、十六世紀のスペインやポルトガルの来航とは違って、もはや追い返しうるような生易しいものではなかった。自ら近代化をし、西洋の技術を受け容れ、政治社会体制をヨーロッパ化し、力を溜め込むことなくしては、太刀打ちできないほどの力であった。そうしなければ、日本は、おそらくヨーロッパ諸国の植民地化を免れえなかったであろう。事実、わが国は、結局、多くの紆余曲折の後、ヨーロッパ近代の制度や概念を積極的に導入し、それを文化的伝統と融合させ、近代化、つまりヨーロッパ化を果たしたのである。しかも、日清戦争と日露戦争に勝利を収め、ヨーロッパ列強に伍することができるようにさえなったのである。

しかしながら、ヨーロッパ化、特にその近代文化の受容は、精神文化的には、多くの苦痛をもたらすものであったから、ロシアにおけるドストエフスキー同様、わが国の漱石や鷗外は、自らこの近代化に貢献しつつも、この日本の近代化、つまり西洋化の虚妄を批判してやまなかった。むしろ、すぐれた明治近代文化は、ヨーロッパ近代文化と伝統文化との相克の中から生み出されたものであった。

ロシアや日本は、幸いにしてヨーロッパ諸国の植民地になるということはなかった。ロシアや日本は、自らヨーロッパ文明を受け容れ、それを自家薬籠中のものにし、それを逆に武器として、ヨーロッパ列強に対抗し、二十世紀にはこれに反撃することさえできたのである。ところが、多くのアジア諸国やアフリカ諸国は、ヨーロッパ列強の植民地となってしまった。この植民地化という出来事は、ヨーロッパ文明の膨張と拡大のもうひとつの形でもあった。インドなどにおいても、はやいうちからヨーロッパ列強は進出しており、次第に植民地化されていくが、そういう形でヨーロッパの近代の文物は押し寄せ、否応なしにヨーロッパの影響の下に立たざるをえなかった。これも、ヨーロッパ化のひとつの形態であった。しかも、アジア・アフリカ諸国は、そのような形でヨーロッパ近代を受容し、かえって、このことによって、二十世紀後半にはヨーロッパから自立していくことができたのである。

ヨーロッパ化の矛盾

ヨーロッパの近代化は、ヨーロッパ自身が、内発的に自らの伝統文化を打ち壊して、新しい文明を築き上げることによってなされたものだが、非ヨーロッパの場合には、この近代化の要請は、植民地化されるにしても、されないにしても、外からの一種の強制、あるいは運命として押し寄せてきたものであった。だから、この非ヨーロッパの近代化、つまりヨーロッパ化の心理は、屈折した複雑なものであった。

非ヨーロッパにとって、ヨーロッパ近代を受け容れるということは、自分達の価値観や世界観、行動様式、生活様式、つまり文化を形づくってきた旧来の伝統を打破しなければならないことを意味していた。と同時に、それを完全に打ち壊してしまったなら、自分達の主体性と支柱を失ってしまうことにもなる。したがって、伝統的世界を打破するとともに、それを保存しなければならないという矛盾したものを、ヨーロッパ化の要請は含んでいた。多くの非ヨーロッパ諸国は、どのようにして新しいヨーロッパ文明を自らの伝統的地盤の上に接木するか、融合させていくか、苦闘してきたのである。それは、ヨーロッパ人には理解できない非ヨーロッパ人の苦痛であった。二十世紀は、むしろ、この非ヨーロッパの苦闘の世紀であった。しかも、非ヨーロッパは、そのような苦闘を演じながら、次第にヨーロッパ近代文明を受容し、これを自己のものとして、逆にヨーロッパ自身に反撃していったというのが、二十世紀という時代だったのである。

6　ヨーロッピズムの時代

現代世界史への新しい視点

このように眺めていくなら、十九・二十世紀の現代世界史を、今までとはまた違った見方から解釈し直し、叙述しなおすこともできるであろう。十九・二十世紀の世界史は、次のような段階を経て動いてきた。

第一に、ヨーロッパの構造変革。これによって、ヨーロッパは、巨大な産業技術文明をつくりあげていく。

第二に、ヨーロッパの拡大。ここで、ヨーロッパの産業技術文明は、ヨーロッパ以外の世界へと広がっていく。

第三に、非ヨーロッパのヨーロッパ化。ヨーロッパの拡大は、非ヨーロッパの側からみれば、非ヨーロッパ自身のヨーロッパ化を意味していた。

第四に、ヨーロッパへの反撃。非ヨーロッパは、自らヨーロッパ化するとともに、それを武器にしてヨーロッパに反抗するようになる。

非ヨーロッパは、そういうしかたで、新しいヨーロッパ由来の文明世界へと参入せざるをえなかったのである。

このようにして、世界中がヨーロッパ化するという形で、地球が巨大な産業技術文明によって覆い尽くされたのが、十九・二十世紀の世界史の特徴であった。ヨーロッパ列強の世界進出は、十九世紀の世界史を特徴づける顕著な現象であったが、これは、文明論的にみれば、そういうしかたでのヨーロッパ近代文明の拡大の過程であり、それは、どこまでも膨張していこうとする近代文明の運命的な現象であった。そして、この列強の進出が、あるいは非ヨーロッパ諸国を植民地化し、あるいは非ヨーロッパ諸国に衝撃を与え、大きな変革、つまり非ヨーロッパのヨーロッパ化という現象をもたらしたのである。二十世紀における共産主義の膨張も、非ヨーロッパのヨーロッパ化という現代世界史の大きな潮流の中にあったとみるべきであろう。

ヘレニズムとヨーロッピズム

ひとつの強い文明が世界中に拡大して、他の文明と出会い、これを同化していき、膨張するという現象は、それほど珍しい現象ではない。なかでも特に、かつての古代ギリシア文明の地中海世界への拡大は、この現代文明によく似た動きをしている。紀元前一一〇〇年頃から築き上げられてきたギリシア文明も、紀元前四〇〇年頃になると自己崩壊を起こす。それは、ギリシア諸都市国家の自決行為と言ってよいペロポネソス戦争として現われる。そのようにして、ギリシア自身は衰退していくが、しかし、ギリシア文明自身は外へ拡散していく。特にアレキサンドロスの遠征は、他の多くの地中海世界の各地にギリシア文化を輸出し、地中海世界をひとつの世界にしていった。そのような地盤から、積極的にギリシア文化を輸入することによって力をつけてきたローマが登場し、最終的に地中海世界の統一を行なうのである。ギリシアの自壊から、特にマケドニアによる地中海世界の統一を通して、ローマが抬頭してくるこのような期間を、非ギリシアがギリシア化つまりヘラス化していく時代として、十九世紀の歴史家ドロイゼンは〈ヘレニズム〉と規定した。

ちょうどこれと同じような現象が、十九・二十世紀にも、ヨーロッパを中心として地球大的なレベルで起きたのである。とすれば、このような時代を、世界中がヨーロッパ化していく時代という意味で、〈ヨーロッピズム〉の時代と呼ぶことができるであろう。近代化の時代と捉えられたり、帝国主義の時代と捉えられたりする十九・二十世紀の現代世界史を、〈ヨーロッピズム〉の時代として、文明論的に捉えなおし、様々な歴史現象を解釈し直していくことも可能であろう。しかも、この観点は、現代世界史への新しい見方を提出するとともに、〈現代〉の世界史的解明を行なうための新しい視野を開くものともなるであろう。

第二章　ヨーロッパの拡大
――ヨーロッパ文化の自壊とヨーロッパ近代文明の膨張――

1　ヨーロッパ文化は何によって成立したか

ヨーロッパ文化が構造変革を起こし、代わりに巨大な産業技術によって支えられた近代文明をつくりあげていくのは、十八世紀末の産業革命とフランス革命を起点にしてであった。だが、もともと、このヨーロッパ文化そのものが成立したのは、いつごろからであったのであろうか。また、その成立は、どのようなものを要素としていたのであろうか。

見直されるべき西洋史の時代区分

今日の教科書的な歴史記述では、西洋史をギリシア・ローマから始め、これを古代とし、後、中世、近世と説き進むのが普通であるが、この時代区分は、ヨーロッパ十六世紀のルネサンス期に始まり、十八世紀の啓蒙主義に受け継がれた一種の偏見に根差している。特に、歴史は進歩すると考えた啓蒙主義は、ヨーロッパの近世を、技術においても、文化においても、人間性においても、最もすぐれた段階に人類が到達した時代とみて、それ以前の中世をより劣った時代とみなしたのである。

しかし、すでに、現代文明が必ずしも全面的に礼讃すべきものとは限らず、多くの矛盾を含むものであるということが自覚されてきた今日の状況下にあっては、もはやこのような楽観的な時代区分は通用しないであろう。シュペングラーやトインビーの指摘をまつまでもなく、すでに時代区分においても、ヨーロッパ中心主義と近代中心主義は見直されねばならない。私達は、むしろギリシア・ローマをひとつの文明として捉え、その中にいわば古代、中世、近世、現代というような区分があると考えるべきであろう。したがって、また、ヨーロッパの〈中世〉から現代にかけての歴史過程も、むしろ、ひとつの文明、つまりヨーロッパ文明として把握されねばならない。そして、その中にまた、古代、中世、近世、現代という区分があると考えた方がよいであろう。

なるほど、ヨーロッパ文明の源泉を求めて、ギリシア・ローマ文明に遡っていくことはできるかもしれない。しかし、ギリシア・ローマ文明はどこまでもギリシア人とラテン民族によってつくりあげられたものであり、それに対して、ヨーロッパ文明はゲルマン諸族によって構築されたものである。確かに、ギリシア・ローマ文明とヨーロッパ文明の間には切り離し難い連続性が認められる。しかし、それらを請け負った種族が違う以上、両文明は文明の種が違っていると言わねばならない。今日のヨーロッパ文明が成立したのは、ゲルマン諸族がギリシア・ローマ文明に接触することによって文明化した時からであり、それはゲルマン民族の大移動あたりから始まるものである。この時期こそ、ヨーロッパ文明にとっての古代なのである。

三要素の融合によって成立したヨーロッパ文化

ゲルマン諸族が三七五年に民族大移動を開始し、ローマ帝国領内に侵入したのは、フン族の西進を契機にしてであったと言われる。しかし、それ以前にも、ゲルマン人達は、ローマ帝国内に傭兵や家僕、奴隷などとして移住しており、時代が進むに従って、その地位も上昇していった。また、帝国の弱体化とともに、彼らは、幾度となく帝国領を脅かし、帝国の崩壊を加速してもいた。彼らは、侵入した帝国内で、自分達の伝統的な生活規範を維持しながら、やがて、また、ローマの文物にも慣れ親しみ、その制度、法、言語、宗教などを次第に受け容れ、これを自らの生活様式に取り入れ、内的発展を遂げていった。ローマ帝国の崩壊とともに各地に独自のゲルマン国家を建国した王達も、その国家運営のために、多くのローマ人を外交官や法律家や書記として登用した。このころからすでに、ゲルマン的なもののローマ化と、ローマ的なもののゲルマン化は起きていたのである。そのようなしかたで、ゲルマン諸族は、文明化を果たし、次の文化の担い手の資格を得ていった。

このような中から、西ヨーロッパに最初の統一をもたらしたのは、フランク族であった。フランク族は、他のゲルマン諸族がアリウス派にとどまったのに対して、四九八年にローマ人と同じアタナシウス派、つまりカトリックに改宗し、これを王国発展の礎とした。さらに、七世紀前半のアラブ・イスラムの侵入(1)を阻止したフランク族は、カロリング朝の成立を期に、大きな飛躍を遂げ、特にカール大帝に至って大統一国家を完成するに至った。そして、八〇〇年には、カール大帝は、法王レオ三世から西ローマ帝国の帝冠を授けられ、形式的にではあるが西ローマ帝国を復興した。もっとも、これはどこまでも形式的なものであり、実質は、ゲルマン民族による独自のヨーロッパ国家の樹立であった。しかし、それが西ローマ帝国の復興と称されたのには、なおやはり、ゲルマン民族が文明化し、自らの文化を築きあげるためには、ローマ文明との接触が必要だったことを物語っていると言えよう。

このことは、カール大帝の文化政策に最もよく表現されている。彼は、まだ低い水準にあったフランク王国の文化を高めるために、教育を普及し、イタリアやイングランドから多くの優秀な学者を招聘し、ラテン語とラテン文化を鼓吹し、ローマ時代の諸文献の収集を行なった。かくて、ゲルマン的土壌の上に、古典文化が再び花開いたのである。カロリング・ルネサンスがそれであった。これによって、ゲルマン人はより高い文化を獲得するとともに、独自のヨーロッパ世界をつくりあげたのである。

こうして、ゲルマン人達のキリスト教改宗と、ローマ帝国およびローマ文化の再建を通して、キリスト教精神とギリシア・ローマ文化が、ゲルマン的エートスと融合され、ヨーロッパ文化が成立した。それは、日本文化が、神道的基盤の上に仏教や儒教を融合して成立したのと同じである。その意味では、ヨーロッパ文化は、わが国同様、どこまでも融合文化であった。

ヨーロッパ諸民族は、その後も、フランス、イタリア、ドイツ、イギリスなど諸地域に分かれ、それぞれ独自の性格をもった文化を形づくったが、それにもかかわらず、それらが、ヨーロッパ文化として一単位となり、共通の精神的価値のもとに統一されうるのは、キリスト教信仰を共通の精神的支柱とし、ギリシア・ローマ文化を共通の教養とし、これを統合しえたためである。もちろん、キリスト教とギリシア・ローマ文化は、すでに帝制ローマにおいて融合されてはいたが、それがゲルマン民族に受け継がれ、ゲルマン的風土に根づくというしかたで、帝制ローマ時代とはまた違った形の文化が、ヨーロッパにおいて形成されたのである。そのかぎり、ゲルマン的エートスが、キリスト教とギリシア・ローマ文化によって変容されると同時に、逆にまた、キリスト教とギリシア・ローマ文化の方も、ともにゲルマン的要素によって変容されていったのだと言わねばならない。

哲学史に現われたヨーロッパ文化の要素

このことは、最も高度な文化である哲学の歴史の中にも現われている。

ヨーロッパ最初の独創的な哲学者であり、カロリング・ルネサンスの成果でもあったアイルランド出身のヨハネス・スコトゥス・エリウゲナは、その著『自然の区分について』の中で、自然を、創造するが創造されない自然、すなわち神と、創造され創造する自然、すなわちロゴスと、創造され創造しない自然、すなわち可視的世界と、創造もされず創造もしない自然、すなわち万物の究極目的としての神に分け、その神秘主義的世界観を提出した。そして、神は最高度に単一であり、万象を包含し、その本質は私達にとっては不可知であり、これはロゴスを通じて万物を創造したと考えた。したがって、私達の可視的世界は、ロゴスを通じて神の光が個々の万物に発現した現象の世界であり、神の自己啓示であり、自己顕現であり、分散であると考えた。しかも、万物は、また再びロゴスを通じて、創造もされず創造もしない究極の神のもとに帰り、私達もここで神と合一し、やすらう。こうして存在の全き輪が完成する。このように自然は四分されるが、それらは本質的には全く同一のものであるとみなされる。

このエリウゲナの思想は、「万物は神から出でて、神に帰る」という神秘主義の思想の表明であった。この思想は、ゲルマン民族古来の汎神論的世界観の土壌の上に、キリスト教の世界創造論と、ギリシア系譜の新プラトニズムの流出論とを、みごとに融合したものであった。ここにも、明らかに、ゲルマン的風土とキリスト教信仰とギリシア的知性の結合というヨーロッパ文化の成立原理の表現がみられる。

すでにエリウゲナの思想にもみられるが、キリスト教の信仰内容をいかにギリシア系譜の哲学によって理解するか、信と知はいかに融合しうるか、という問題は、ヨーロッパ哲学にとって最も重要な課題であった。

ローマ経由でヨーロッパ人が受け容れたギリシア系譜の哲学は、人生や世界についての原初的な問題を、人間の知性によって理解し、その本質をみてとろうとするところにあった。それに対して、ヨーロッパ人が同時に受け容れたキリスト教信仰の方は、同じような問題を、人間的知解を超える絶対唯一の神の啓示から解釈し、その本質にまで迫ろうとするところにある。このギリシア哲学の〈知性による世界了解〉と、キリスト教の〈信仰による世界了解〉とは、必ずしも相容れるものではないが、ヨーロッパの哲学は、この両者の融合統一をはかることを目標とした。むろん、このような営みは、すでに帝制ローマ時代のラテン教父達によってなされていたが、ヨーロッパの哲学は、これを模範としながら、新しく自分達独自で問題を掘り下げ、それを通してヨーロッパ人自身の世界観を構築していった。「信ぜんがために知解せよ、知解せんがために信ぜよ」というラテン教父最後の偉大な哲学者アウグスティヌスの言葉がモットーにされたのは、そのためである。これは、もともと、キリスト教信仰とギリシア・ローマ的教養を、ゲルマン的風土のもとに受け容れることによって文明化したヨーロッパ人にとっては、どうしても必要なことであった。

かくて、ヨーロッパ哲学は、キリスト教信仰の内容をギリシア的知性によって解釈し直し、それでもって、不合理なものを含む信仰を理性的なものによっても理解可能なものにしていく努力として現われた。このことは、ヨーロッパ中世のスコラ哲学においてはもちろん、基本的には、ヨーロッパの近世哲学においても一貫して流れる基本的潮流であった。

ヨーロッパ中世においては、最初、プラトン哲学によって信仰内容を理解しようという試みがなされ、その後、アリストテレス哲学がアラビア経由で輸入されたために、今度はこれによって理解しようという努力がなされる。近世では、これと同じことが、主体の形而上学によってなされたのである。確かに、デカルト以来、近世の哲学は、思惟する自我をその出発点においた。しかし、最終的には、これを通して、やはり、神および神によって創造された世界を知ることにその目的をおいていた。このことは、十九世紀前半のヘーゲル哲学まで持続される。このように、十九世紀前半まで、信仰と知性の宥和の問題がヨーロッパの哲学の重要問題でありつづけたということは、最初のヨーロッパ文化の成立構造が、このころまでは持続されていたということを表わすものである。

しかも、ここで注目しておかねばならないことは、ヨーロッパ哲学の底流に、エリウゲナから始まって、ベルナール、エックハルト、クザーヌス、ベーメ、ブルーノ、スピノザ、後期フィヒテ、シェリング、そしてヘーゲルに至る汎神論、または神秘主義の流れがあったことである。これは、ヨーロッパ文化の基底が汎神論的世界観によって支えられており、それがゲルマン的風土を形づくっていた当のものであるということを表現している。確かに、この汎神論的世界観は、ローマ・カトリックの正統教義からはしばしば異端とされたが、それにもかかわらず、絶えることなく現われてくる。それは、ヨーロッパ文化がヨーロッパ文化として成り立つための基底だったからである。むしろ、ヨーロッパ文化は、正統キリスト教信仰と、ギリシア・ローマ的教養と、このゲルマン的土壌との適度な緊張と宥和・均衡の中で、成立していたのである。

日常生活の中のヨーロッパ文化の要素

このようなヨーロッパ文化の成立構造は、哲学の流れの中にのみ現われていただけでなく、ヨーロッパ人の伝統的な日常生活の中にも現われていた。教会を中心として、それに寄り添うように家並がひろがるヨーロッパの中世的な村落共同体は、古き良きヨーロッパの象徴である。ここでは、政治、社会、経済、文化が、キリスト教を中心に有機的に営まれていた。しかも、その基底には、農耕牧畜民族としてのヨーロッパ人がもともともっていた古ゲルマンの多神教的風土が、隠されたしかたで流れていた。それがキリスト教そのものの中に取り込まれ、ヨーロッパ独特のキリスト教が生み出されたのである(2)。

それは、例えば、古ゲルマン人がローマに侵入する以前に営んでいた収穫祭が十一月一日の万聖祭になり、太陽の死からその復活を祈る冬至の祭がキリスト生誕祭になり、春分の祭が復活祭になっていったというような事実にも現われている。また、古ゲルマン人達がもっていた豊饒多産の地母神への信仰がマリア信仰に変わっていったり、その他、火や金属の神への信仰、道祖神の信仰や医薬の神への信仰が、多くのキリスト教の聖者信仰に変わっていったのも、同様である。聖ヴァレンタインの日も、もとは若者達の恋人選びの祭に由来している。六月二十四日の聖ヨハネの日も、もとは豊穣多産を祈る夏至の祭であった。

ヨーロッパ人の風俗・習慣の中には、ゲルマン的要素がキリスト教の衣を着て転化したものが多い。ヨーロッパ人の生の基底には、ゲルマン的土壌があり、そこにキリスト教信仰やギリシア・ローマ的教養が融合され、それらが、少なくともヨーロッパ中世までは、適度な緊張とバランスを保っていたのである。それがヨーロッパ文化の基本構造であり、その創造性の源である。

2　ルネサンスをどうみるか

ルネサンスは繰り返された

このように三つの要素の融合によって成立したヨーロッパ文化は、また、絶えずその原点に帰るということによって、再生を繰り返していった。復帰と再生を反復しながら、ヨーロッパの文化史は歩んできたのである。もしも、このような復帰と再生という歴史のダイナミズムを、広い意味での〈ルネサンス〉ということができるとするなら、ヨーロッパの文化史は、絶えざるルネサンスによって成り立ってきたということが言えるであろう。ルネサンスという概念は、元来、十五・十六世紀の〈文芸復興〉を意味しているが、これをさらに拡大解釈することが許されるなら、十五・十六世紀ばかりでなく、ヨーロッパの歴史構造そのものが、一般にルネサンスの繰り返しによって成立していたと言える。ゲルマン諸族がローマ文明と接触することによって、ヨーロッパ文化の原型は五世紀から八世紀にかけて無自覚のうちに成立したのだが、この時期はまだ、ヨーロッパ文化は、ローマやビザンツ、アラビアと比べても劣ったものであった。しかし、九世紀初頭になると、ゲルマン人達は、自分達の依って立つ場を自覚するに至る。自分達こそ、ローマの再建者であり、キリスト教の正統な後継者であると考え、教会や修道院を建設し、学校をつくり、国家と文化の再建を行なった。このいわゆるカロリング・ルネサンスは、自分達が文明化した原点を自覚することによって、新しく生きる道を探していくという意味で、ひとつのルネサンスであった。しかも、これは、ヨーロッパ人にとって最初のルネサンスであり、ヨーロッパ文化の最初の開花でもあった。

彼らは、それ以後、絶えずルネサンスを繰り返しながら、自分達自身の文化的同一性を保つとともに、同時に新しい文化形式を生み出していった。そういう意味では、ヨーロッパの中世は、ルネサンスの反復の時代であったと言うことができるであろう。実際、カロリング・ルネサンスを出発点にして、十二世紀にも、再びギリシアの文物の研究が盛んになされる。哲学の分野では、シャルトル学派の人文主義がこの時期に当たる。さらに、それに引き続いて十三世紀にも、大学が創設され、修道会の学問的活動も盛んになって、人文主義的諸研究が隆盛を極める。アリストテレスの哲学が主にアラビア経由で輸入され、それによって、キリスト教信仰の新しい理解がなされるようになったのは、この時期であった。これはヨーロッパ中世文化の最盛期に当たり、哲学では、偉大な綜合家トマス・アクィナスが現われてくる時期である。そして、このように繰り返されてきたルネサンスのほとんど最後のものが、十五・十六世紀のいうところの〈ルネサンス〉だったのである。

宗教においても、すでに中世において、クリュニー教団やシトー教団、フランシスコ教団やドミニコ教団などが次々と誕生してくる。これも、キリスト教の原点に帰ろうという動きであった。イエスがわずかの人達を従えて信仰を広めていた貧しい時代に帰り、ベネディクト戒律に謳われたように、清貧、貞潔、服従をモットーに、祈禱と勤労を重んじ、宗教の始元を回復しようというのが、これら修道士によって始められた革新運動の精神であった。ヨーロッパ独自のキリスト教は、そのようにして成立したのである。しかも、そういうキリスト教の原点に帰ろうという動きのほとんど最後のものが、十六世紀の宗教改革に他ならなかった。

どこの文明でも、歴史というものは、復帰と再生、つまり、自分達が文明化したときの原点に帰ることによって、新しい生き方を見つけていくというダイナミズムによって動いている。したがって、ヨーロッパ文明も、ゲルマン的風土のもと、絶えずギリシア・ローマ文化とキリスト教精神の原点に帰って、それを梃子に次の時代を切り開いていこうとする。ヨーロッパの歴史は、そのようにして動いていったのである。

十五・十六世紀のルネサンス

本来の狭い意味でのルネサンス、つまり十五・十六世紀のルネサンスも、それまで繰り返されてきた復帰運動の一環として、衰退と退廃に面したヨーロッパ人達が、よりよく生きていくための新しい秩序と世界観を見つけ出すために、もう一度自らの原点に帰ろうとした動きだと言える。それは、文芸復興と言われるように、さしあたり、ギリシア・ローマ文化の原点にもう一度立ち戻ろうとする運動として現われた。

特にイタリアでは、ギリシアの古典が再び収集され、哲学では、プラトンやアリストテレスの哲学が新しく研究し直される。また、フランスやオランダでは、モンテーニュやエラスムスなどの人文主義者が現われ、彼らは、ギリシアの古典に依拠して、人間の本性についての深く静かな洞察を遺した。十五・十六世紀も決して平穏無事な時代ではなく、大きな変動期であったから、世相も人心も混乱していたが、その中にあって、この人文主義の精神は、ギリシア文化の遺産を自らのバックボーンにして、道を誤ることなく、人間としての中庸を保って生きることを勧めた。

しかし、また、これとほとんど同じ時期に、ルターを中心とする宗教改革の動きがあったことも考え合わせねばならない。確かに、この動きは教会の分裂をもたらし、したがって、それ以前にはあったヨーロッパの思想的統一に亀裂を生じさせた。その点で、プロテスタンティズムの成立は、ヨーロッパ近代を用意するものではあった。それは、なによりも、それまでヨーロッパ文化を支えていた土壌であるゲルマン的異教的要素を徹底的に排除し、カトリックの中にあった異教的要素をも糾弾し、ギリシア・ローマ由来の新プラトニズムと結びついた人文主義の異教的要素をも拒否したという点で、ヨーロッパ文化の分裂をもたらした。しかし、これも、なお、ヨーロッパ文化の成立のもうひとつの大きな要素であったキリスト教精神の原点に立ち帰って、再び新しい生き方を見出していこうとする努力ではあった。十五・十六世紀のルネサンスを考える場合は、いつもこの二つの流れをまとめてみておかねばならない。

さらに、この時期にも、哲学・思想の分野で、絶えず異端視されながらも、ジョルダーノ・ブルーノなどの汎神論的思想が登場してきているのは、エリウゲナ以来の新プラトン主義の復活とも考えられるし、また、ヤコブ・ベーメの錬金術的な神秘思想なども考慮に入れるなら、明らかにヨーロッパ的風土にもともと流れていたエートスの再生とも考えられる。これらの動きは、ヨーロッパ文化の成立構造そのものの再生だったのである。

十五・十六世紀のルネサンスを、中世という暗黒時代から離脱して、近代という明るい時代が始まった時期だとか、神を中心とする時代から、むしろ人間を中心とする時代へと移っていった時期とみる説があったが、これは、十八世紀末以後の近代主義が描いたルネサンス像であって、大きな偏見に満ちている。

十五・十六世紀のルネサンスにおいても、それまでと同様、ヨーロッパが、その原点に帰るというしかたで、混乱の時代を切り抜けていった以上、中世以来のヨーロッパの世界はまだ壊れたわけではないし、ヨーロッパは、そこから離脱したわけでもない。確かに、それは以前の時代とは違った新しい時代の登場であり、そこには宗教や文化や政治の近代的な分裂傾向がみられはするが、中世以来の文化的同一性までが完全に失われたわけではない。むしろ、十五・十六世紀はもちろんのこと、十八世紀末ごろまでは、ヨーロッパは、キリスト教を中心とした有機的な世界だったのであり、十五・十六世紀のルネサンスも、その流れの中での一変化にすぎない。

なるほど、十五・十六世紀のルネサンス期に、近代自然科学が成立し、その後大きく発展し、それは十九世紀以後の科学技術文明を準備した。しかし、これとても、今日の科学史の研究によれば、すでに十二・十三世紀の錬金術や占星術やイスラム科学に源泉をもっていると言われる。さらに、この十五・十六世紀の科学も、十九世紀以後の科学とは根本的にそのあり方が違っていた。例えば、コペルニクスの地動説も、神の宇宙創造に関する新プラトン主義的な解釈から出てきていると言われる(3)。ケプラーも同様であった。つまり、この時代においては、科学たりとも、自然哲学として、信仰内容をむしろ理性的な立場の方から理解し直そうというヨーロッパ哲学の伝統的な流れの中にあったのである。だから、このころの科学は、十九世紀以後とは違って、宗教と密接に連関していたのである。それは、どこまでも、分裂したとは言え、キリスト教を中心としたヨーロッパ文化の秩序の中に収まったものであった。それが収まりきれなくなって、科学それ自身が宗教から離脱して自己膨張していくようになったのは、十九世紀以後である。十五世紀から十七世紀にかけての近代自然科学の成立と発展を、宗教との連関なしで、ただそれだけを切り取ってくるのは、むしろ十九世紀以後の近代主義の偏見からくることである。

誤解されたヒューマニズム

また、一般に評価されているように、十五・十六世紀のルネサンスにおいて、人間中心の時代が訪れたというわけのものでもない。人間中心主義が登場してくるのは、精神史的にみるかぎり、どんなに早くとも、十八世紀の啓蒙主義あたりからである。十五・十六世紀のルネサンスの精神にあっては、むしろ、それまでの人々の志向が神から人間へという方向であったのに対して、逆に、それが人間から神へという方向に変化し、視点が変わっただけにすぎないとみるべきであろう。

実際、モンテーニュやエラスムスは、この混迷の時代に、ギリシアやローマの古典に典拠を求めて、心を惑わすことなく静かに生きようという人文主義の精神を打ち出すが、しかし、彼らも、最後はいつも聖書による信仰に至り着く。懐疑的精神から信仰への道を指し示したモンテーニュはもちろんのこと、エラスムスも、聖書をギリシア語訳の原典に帰って研究し、争いごとのやまない当時の宗教界などを批判しながら、正しい信仰に帰ることを提唱していた。ここにも、ギリシア・ローマ的教養とキリスト教精神の独特の結びつきがみられる。この時代の精神は、人間性の解放でもなかったし、神からの離脱でもなかったのである。

十五・十六世紀のルネサンスの精神を人間性の解放と位置づけるのは、近代的な誤解にすぎない。確かに、この時代には、ピコ・デラ・ミランドラなどにみられるように、人間の偉大さだとか、個性の尊厳だとか、人間の自由の問題などが論じられてきてはいるが、これがいつも人間を超えるものとの関係で考えられており、しかも、この人間を超えるものが人間に内在するという新プラトン主義的考えに基づいている以上、これを、単純に人間性の解放と受けとることはできない。このことは、この人文主義の動きと並行し、それと対立する形で出てくる宗教改革の運動からも察せられることであり、宗教からの離脱がこの時代から起きたわけではないのである。

なるほど、人文主義の元の語は〈ヒューマニズム〉(humanism)であるが、これはどこまでも、今言ったような意味で古典にのっとった人間性(humanitas)の理解を目的とするものであって、十九世紀以後に現われた人道主義とか人間中心主義とは、意味の異なるものである。一般のルネサンス解釈では、この辺のことが誤解されていたように思われる。ルネサンスの人文主義的精神も、十九世紀以後の間違ったヒューマニズム概念から、歪められてしまったのである。

確かに、よく例に出されるボッティチェリの「ヴィーナスの誕生」などは、教会の規制への反撥から、人間の肉体美の礼讃を表現したものと言われる。しかし、これは、むしろ人間の形を通して神々の花園を描こうとしたものであって、いわば神人合一の境地の表現なのである。その意味では、これは、ジョルダーノ・ブルーノの哲学にも現われていたのと同じく、ヨーロッパ精神の底流にあった汎神論的風土とギリシア古典精神、特に新プラトン主義の結合とみた方がよいであろう。そこから、中世にみられた「人間とは醜いものだ」という考え方から転換して、この世の人間の肉体の中にも神が宿っているという現実肯定的な考え方も出てくるのである。それは、肉体の中の神性の光を捉え、そのようにして、美の神への無限の憧憬を表現しようとしたものなのである。

一般に、イタリア・ルネサンスの芸術においても、ダ・ヴィンチの「最後の晩餐」とか、ミケランジェロの「最後の審判」とか、ラファエロの「聖母子像」など、キリスト教に準拠した題材が多い。このようなことからみても、ルネサンスの精神は、ただ単なる人間性の解放というものではなく、キリスト教信仰と強力に結びついていたことが分かる。ただ、接近のしかたが、人間の方から神の方へ向かうという方向に変わってきたというだけである。ダ・ヴィンチが、徹底的に幾何学の研究をして、それによって「最後の晩餐」を描いているようなところにも、ギリシア・ローマ文化とキリスト教精神の融合がみられるが、そういうしかたで、ひとつの新しい様式が生み出されたのであった。

今まで、ルネサンスの精神は、様々な意味に解釈されてきた。それは、封建社会から近代市民社会への移行の過程で、教会の束縛から個人を解放しようとした運動であったとか、人間の自由独立、個性の尊重、自我の確立というような標語で特徴づけられる近代精神の出発点であるとか、いろいろなことが言われてきた。しかし、十五・十六世紀のルネサンスは、どこまでも、それまで何度も繰り返されてきた原点復帰運動のうちのひとつの展開にすぎない。その点では、トインビーが、文明に親子関係を認め、この文明の親子関係において、子文明が危機の折親文明へ回帰し、親文明の思想や制度を甦らせようとする文明論的運動としてルネサンスを広い意味に解釈したのは当を得ている。(4)

近代精神の出発点をルネサンス的人間像に求めるのは、それが肯定的な意味においてであるにしても、否定的な意味においてであるにしても、おそらく、ルネサンスに対する大きな誤解に基づくものであると言わねばならないであろう。近代あるいは現代の出発点は、やはり、一八〇〇年あたりにみるべきである。どんなに遡っても、十八世紀の啓蒙主義ぐらいまでである。十五・十六世紀のルネサンスは、なおまだ、ヨーロッパの中世的展開の中にあったと言わねばならない。三つの要素によって成立したヨーロッパ文化の基本構造は、少なくとも、一八〇〇年ごろまでは続いていた。確かに三要素の分裂傾向が宗教改革から徐々にみられはするが、しかし、文化史的にみる限りは、ヨーロッパ文化の最後の地盤は、なお一八〇〇年ごろまでは持続していたとみるべきであろう。

3　世俗化の時代

ヨーロッパ文明の世俗化

確かに、十七・十八世紀になるとヨーロッパ文明は世俗化の段階に入り、宗教の力は弱まっていった。それは、宗教改革後の宗教戦争が原因であった。

ドイツを中心とするルターの宗教改革運動以来、スイスでは、カルヴァンの改革運動がこれに呼応し、また、フランスでは、ユグノーと呼ばれた新教徒が旧教側と対立した。新教徒と旧教徒との抗争は激化し、そのうえ政治的な利害が深く絡んだこともあって、三十年にわたる宗教戦争が惹き起こされた。この戦いの結果、新教側も旧教側も、ともに信教の自由が認められはしたが、しかし、両者とも互いに疲弊せざるをえなかった。ヨーロッパにとって、十七世紀は悲惨な時代であった。

この宗教戦争において、旧教と新教が激しく戦い、双方が疲弊し、その結果教会の威信が低下して、宗教への信頼が薄れたことから、十七・十八世紀のヨーロッパ文明の世俗化は起きた。(5) 旧教に対する新教側からの激しい抗議は、それまでのヨーロッパ文化の普遍的な統一に重大な亀裂をもたらし、これがヨーロッパ文化の世俗化の引き金になったのである。世俗化とは、その社会の主導的な価値が宗教的なものから非宗教的なものに変化することであり、宗教的価値が、社会的文化的価値の基盤としては弱くなってしまうことである。その代わり、この世の富や力、幸福や生活水準など現世的なものが主な関心事になっていき、あの世の救いのことは、主要な関心から次第に遠ざかっていく。かくて、この時代には、宗教的な権威はもはや国家や経済を動かしえなくなり、むしろ力関係は逆転する。そして、軍事や政治、経済や文化が、宗教から独立し、各々が自律性を発揮するに至る。(6) このような文明論的な一般現象が、ヨーロッパ文明では、十七世紀から十八世紀にかけて起きたのである。

実際、この時代に、ヨーロッパの絶対主義王政は絶頂を極め、世俗的国家権力が教会の力を凌いで強大な力を誇るようになる。また、その経済政策においても、重商主義経済が採用され、この政策に併行して、新興市民が抬頭し、これが合理主義的な世俗文化を育んでいったのである。

そればかりでなく、この世俗化の方向に、新しく登場してきた宗教教義が貢献することにさえなった。つまり、旧教勢力との抗争に疲れた新教徒は、十七世紀後半以後、近代科学や近代技術の開拓に携わり、初期資本主義の発展に寄与した。(7) プロテスタンティズムは、カトリックのような教会儀礼による救済を否定したから、ただ日々の労働の禁欲的生活にのみ来世の救済を求める以外になかったのである。マックス・ウェーバーが指摘しているように、例えば、カルヴィニズムが、勤労による富の蓄積を肯定し、勤倹・節約を重んじた職業倫理を提唱して、新興市民層に大きな影響を及ぼしたことにも、それは現われている。(8) その点では、宗教改革によるプロテスタンティズムの成立こそ、世俗化の出発点であった。また、フランスの新教徒ユグノーが、ジャンセニズムと結びつき、そこから理神論に脱皮し、やがて啓蒙思想を生み出していったのも、新しい宗教教義と世俗化との深い関係を物語っている。(9) イギリスにおいて、ピューリタン革命と名誉革命が起き、自由主義的議会制度が確立したのも、この時期である。

かくて、十七・八世紀のヨーロッパ文化は、一般に合理主義的・自由主義的性格を帯びるようになる。十七世紀イギリスにおけるロックの自由主義的な自然法思想なども、直接には名誉革命を推進した市民層を弁護したものであったし、十八世紀のアダム・スミスの自由主義経済論なども、当時の新興市民階級の考えを擁護したものであった。人間の理性に絶対の信頼をおき、旧来の伝統や迷信を批判した十八世紀フランスの啓蒙思想は、このヨーロッパの世俗文化の思想面での極点を表わすものであった。この時期の自然科学のめざましい発展なども、この時代の旺盛な合理精神を表現するものとみてよいであろう。文学における国民文学の隆盛、芸術一般におけるバロック様式からロココ様式の普及などは、豪壮華麗な趣味や逸楽の気分を反映するものであり、芸術面では、この時期に世俗的・感性的なものが広く親しまれたことを表現している。

世俗化と近代化は区別されねばならない

しかし、ヨーロッパ文化の世俗化は、それでもなお、まだ、その文明の基本構造を壊すものではなかった。中世以来のヨーロッパの基本構造は、まだ全面的に崩壊したわけではなかった。

初期資本主義の萌芽は、すでに中世末期から十五・十六世紀のルネサンスにかけてみられ、これは十七・十八世紀に特に発達する。そして、それが文化の世俗化をもたらしたわけだが、しかし、それにもかかわらず、キリスト教を中心とするヨーロッパの大きな枠組が壊れたわけではない。なるほど、宗教が主導的な力を失ってはいったかもしれないが、しかし、マックス・ウェーバーの言うように、少なくともプロテスタンティズムは、資本主義の発展に寄与した。この世の富と力に価値をおくにしても、その権威づけを、まだ宗教から借りてこなければならなかったのである。世俗化さえも宗教となお結びついていたのであり、宗教が完全に除外されたわけではない。十七世紀後半から十八世紀にかけての近世の世俗化を推し進めるためにも、宗教的な背景は必要だったのである。この枠組が破れるのは、一八〇〇年前後の産業革命やフランス革命あたりからと考えねばならないであろう。

このことは、当時の芸術にも現われている。例えば、レンブラントの絵は、風俗画において、世俗的な人間の微妙な感情を幽微な光の技法によって写実的に表現するという点で、確かに近代的である。しかし、それにもかかわらず、彼の絵は、また、宗教画の世界で、多く聖書に題材を取りながら、神への無限の畏れと敬虔の念を余すところなく表現している。したがって、これはなお、聖なるものと俗なるものの秩序と調和がまだ破壊さていなかった時代のひとつの像だとみるべきである。さらに、私達は、バッハやモーツァルトの古典音楽のなかにも、同じように、奥深く潜む運命的なるもの・神的なものを感知することができる。

当時発展した自然科学においてさえも、事情は同じである。例えば、ニュートンの物理学においても、その力学の研究は、神が創造した宇宙の秩序を数学的に明らかにしようとする情熱によって支えられていた。しかも、ニュートンは、彼の宇宙の秩序の発見を、ちょうど砂浜で一粒の砂を掴むのと同じように、被造世界の秩序のほんの一部を発見したにすぎないと考えたのである。彼は、晩年聖書と錬金術の研究に没頭し、聖書の言葉から世界がいつ創造されたかなどを研究していたが、これも、以上のような宗教的確信からであった。

デカルトからスピノザ、ライプニッツを経てカントに至る大陸の哲学の流れにおいても、確かに、一部においては、神が単に合理的に要請されただけの〈哲学者の神〉になってしまった嫌いはあるかもしれないが、しかし、決して無神論の砂漠に迷い出たわけではない。啓蒙主義に分類されるヴォルテールやルソーにしても、その思想的バックボーンは、ギリシア・ローマの古典にあることは明らかである。したがって、これらは、むしろ伝統的な人文主義の系譜に属するものであって、正しくヨーロッパ文化の原構造を分担するものとみなければならない。ただ、この時期には、これらの諸要素が分裂傾向を示し出したというにすぎない。それがヨーロッパの世俗化というものであった。

このようにみていくなら、ヨーロッパの世俗化と近代化とは、区別しなければならないことになるであろう。十七世紀から十八世紀は、ヨーロッパにとって世俗化の時代であり、自由主義や民主主義や資本主義の思想はこの時代に現われる。しかし、それらは、どれも、最終的には、キリスト教を中心とするヨーロッパの枠組を打ち破るものではなかった。このことは、自然法の源泉をなお神の摂理に求めたロックの政治思想や、見えざる神の手による予定調和を説いたスミスの経済思想などにも現われている。

それに対して、ヨーロッパの近代化は十九世紀から始まり、自由主義や民主主義や資本主義は、この時以来宗教的枠組から離れ、独自に膨張する。確かに、十七・十八世紀の世俗化は、十九世紀の近代化の前段階ではあるが、しかし、最後の枠組が保存されているかどうかという点では、大きな違いがあると言わねばならない。

歴史の現象を眺める場合、単に今日的状況に近いものだけを選んできて、これを原因結果的につなぎ合わせるだけであってはならないであろう。むしろ、歴史的現象の考察は、ひとつの事象が時代全体においてどのような意味をもっていたか、どのように関係していたか、という観点からみるのでなければならない。全体から切り離して、それだけを取り出してくるなら、歴史そのものを見誤ることになるであろう。

4　産業革命とフランス革命は何を意味するか

産業革命のもたらしたもの

ヨーロッパ文明の原構造が急激な構造変革を起こすのは、イギリスの産業革命とフランスの自由主義革命を起点にしてであった。

十八世紀後半からイギリスで起きてきた産業革命は、当時のイギリス社会を急激に変革するとともに、十九世紀に入ると、急速にヨーロッパ各国に波及した。それは、蒸気機関など機械による生産方式の根本変革であり、工業、交通、通信など、産業の全分野に及ぶ巨大な産業構造の大変革であった。今日の高度技術社会は、この産業革命に源泉をもっている。

産業革命は、大工場を使った機械工業によって、物資の大量生産を可能にし、鉄道や郵便制度など運輸や通信の革命も手伝って、その大量消費を可能にした。しかし、これは、単にそのような経済面における変革にとどまらず、政治、社会、文化一般にも大きな影響を及ぼした。

何よりもまず、この産業の飛躍的な発展によって登場してきた産業資本家の力が次第に増大し、彼らの自由・平等への要求が日増しに高まっていった。かくて、イギリスでは、代議制民主制の拡充がはかられ、近代の議会政治が完成する。そして、それは、フランスの自由主義革命に深い影響を及ぼした。さらに、産業革命によってもたらされた経済発展は、国内の市場統一を要請し、これが国民国家の形成を促進した。この近代の国民国家は、国民の多くが政治に参加する権利をもち、それまでと比べても組織化の一段と進んだ中央集権的な国家であった。国民国家は、そういうしかたで、産業のより高度な発展を目指したのである。

また、この産業革命は、農業人口を工業人口へと大量に移動させたから、人口の都市集中をもたらし、その結果大工業都市を出現させた。かくて、これら政治・社会面に見られた現象は、社会の平均化とアトム化および組織化をもたらした。しかし、同時にまた、この平均化つまり平等化に取り残された産業労働者と産業資本家との貧富の格差が激しくなり、両者の対立が激化した。産業革命以来、ヨーロッパは喧騒と激動の時代を迎えたのである。

この産業革命は、経済構造をはじめ、政治機構、社会構造、さらに、人々のものの見方・考え方をも根本的に変えるものであった。それは、ヨーロッパのそれまでの有機的な社会を転覆させる革命的な事件であった。これによって、キリスト教を中心とした古き良きヨーロッパの秩序は壊れ、ヨーロッパ人の生き方そのものが根底から覆えされた。過去の伝統からの離脱や、物質主義の横行、欲望や嫉妬心の氾濫などは、それを特徴づける顕著な現象である。こうして、産業革命は、自由主義革命とともに、ヨーロッパ文化の自壊をもたらすことになったのである。

フランス革命のもたらしたもの

一方、十八世紀末に起きたフランスの自由主義革命は、貴族の革命から出発して、市民、農民にまで波及し、ここでも、その過程の中で、旧来の階層的秩序は積木を崩すように崩壊した。そして、自由・平等のイデオロギーのもと、社会は、人為的・政治的に平均化され、水平化された。これは、近代産業を興し、より自由な経済活動の場をつくるには必要なことであった。もっとも、このような社会的要請は、この革命が起きる前から、富を蓄積した中産市民層から起きていたが、革命はそのための政治的な調整であった。フランスでは、この政治的調整がイギリスと比べて遅れていたために、これを急激かつ暴力的に行なう必要があったのである。

実際、革命初期に民衆の蜂起によって成立した国民議会では、様々の封建的な特権が廃止されたほか、人民主権と人間の自由・平等を謳った人権宣言が採択され、それに基づいて憲法が制定された。これらは、どれも、経済の膨張を可能にする近代の組織国家をつくっていくための政策であり、イデオロギーであった。自由な経済活動を促進し、近代産業を興していくためには、旧来の封建的秩序を破壊して、社会を平均化し、多くの人々が政治に参加する権利をもち、身分、門閥、性別、思想・信条によって差別されることなく、自由に動けるようにすることが必要であったし、自由・平等のイデオロギーは、そのために要請されたものであった。現に、国民議会では、このイデオロギーのもと、現実に貨幣や度量衡の統一が行なわれ、商工業の自由な発展策がとられたのである。

しかし、この急激な政治的・社会的変動によって、ここでも、旧来の生活様式やものの見方・考え方までが根本的に変革されていった。政治的・社会的革命は、また文化的革命でもあった。

例えば、革命盛期に行なわれたジャコバン党の独裁政治の諸改革のひとつに、革命暦の採用がある。これは、革命が文化革命を伴うということをよく表わしている。これによって、人々の生活様式や生活感覚が根本的に変えられた。革命は、単に政治的な不連続をもたらしただけでなく、文化的な不連続をももたらしたのである。革命は、政治・経済・社会・文化一般を含む生活様式全般の革命である。このジャコバンの独裁において、旧来の宗教が否定され、逆に〈理性〉そのものの崇拝が行なわれたのも、そのひとつの例である。これは、反宗教が宗教化するという近代特有の現象の先駆けでもあった。また、戸籍事務が教会から分離されたのも、キリスト教によって秩序づけられていたヨーロッパの社会秩序の崩壊を意味している。

ジャコバンの独裁においては、このような過激なしかたで、社会生活の最も基層にある旧来の文化的土壌が覆され、その上に、農民解放政策や国民皆兵制が実施されて、普通教育や普通選挙の試みがなされようとしたのである。これらは、どれも、近代国家形成の必要条件であるが、その目的は、生産性の飛躍的な向上にあった。近代国家の形成とは、この生産性の向上のために社会を徹底的に組織化することだったのである。

革命末期に、ナポレオンが抬頭してきて、統領政府から帝政樹立へと進んだが、このナポレオンの行なった事業は、すでにジャコバンの独裁によって平均化され方向づけられた社会を、より一層組織化することであった。ナポレオンは、中央集権体制の整備を行ない、産業を保護し、税制を改革し、金融の組織化を行ない、近代産業国家へとフランスを衣替えしていった。ナポレオン法典の制定も、いわば国家の組織化の完成であった。さらに、十九世紀初頭から、封建的圧制からの解放というイデオロギーのもとで開始されたナポレオンの外征は、これらの近代化政策をヨーロッパ中に普及させ、ヨーロッパを根本的に変革した。産業革命の波及とともに、この自由主義革命の波及はヨーロッパの近代化を加速した。

ヨーロッパの近代化とは何であったか

だが、これら産業革命と自由主義革命によってもたらされたヨーロッパの根本的変革、つまり〈近代化〉が、同時に、伝統的な文化の破壊を意味するものでもあったとすれば、これらは、ヨーロッパ文化の自壊のメルクマールでもあったと言わねばならない。産業革命は、主に経済面から、自由主義革命は、主に政治面から、これを表現した。この二つの革命を通して、近代の産業技術文明が構築されるとともに、本来のヨーロッパ的あり方、つまり、キリスト教精神とギリシア・ローマ文化とゲルマン的要素の融合によって形成されたヨーロッパの有機的秩序が崩壊していく。神聖ローマ帝国が滅び、教会の権威も失われ、社会の階層的秩序も瓦解した。これが、ヨーロッパの近代化に他ならない。

なるほど、十九世紀前半に、この急激なヨーロッパの変革に対する反作用が現われたが、それは単なる反作用にすぎず、その後の何度かの革命や独立運動によって、ヨーロッパ諸国の国民国家形成が促進され、ヨーロッパの近代化は、とどめることのできない流れとなって、ヨーロッパ中に拡散し進行していった。産業革命とフランス革命以来、十九世紀にヨーロッパ各地で連続して起きた諸革命の騒擾をみると、確かに、当時のヨーロッパはそれまでの文化的秩序を根本的に覆しつつあったとみるべきであろう。十九世紀は、ヨーロッパの大きな構造変革の時代であった。民主主義と経済の膨張を基調とする現代の構造は、この一八〇〇年前後から始まるヨーロッパの構造変革に源泉をもっている。

5　自由主義と社会主義と国民主義

自由主義と社会主義

十九世紀ヨーロッパの一般的な思潮は、自由主義と社会主義と国民主義によって特徴づけられる。イギリスの諸革命によって先駆けられ、フランス革命によって現実化した自由主義の風潮は、十九世紀のヨーロッパを全面的に支配した思潮であった。これは、旧来の伝統や秩序からの人間の解放を指向したものであったが、しかし、これも、産業をいかに大規模に動かしていくかの思想的調整であったとみてよいであろう。生産性を高めていくには、何よりもまず、封建体制によってつくられたそれまでのいろいろな束縛から、人々が離脱しなければならない。経済のより大きな発展のためには、宗教、身分、門閥、地域、家など、あらゆる拘束から人々が解き放たれ、人々が自由に動き回れる社会が必要だったのである。そのイデオロギーが、自由・平等のイデオロギーであった。実際、イギリスでは、十八世紀後半以来、政治・経済上での自由主義が現実的に発展する。フランスの啓蒙主義は、このようなイギリスの現実的自由主義を、思想的イデオロギーに仕立てたものである。そして、この自由主義は、フランス革命や七月革命や二月革命となって実現し、ドイツ、イタリアなどヨーロッパ中に波及していった。

しかし、一方では、この自由主義的風潮によって、人々の行動様式や価値観が大きく変わり、人々は自由の名のもとに故郷から逃走し、祖先の残した伝統を否定し、皆が、クモの巣を散らすようにバラバラになっていった。伝統的な価値観からみるなら、それは、また、ヨーロッパ的秩序の崩壊のイデオロギーでもあった。

他方、自由主義の進展とともに、これと併行して、この時代には、社会主義思想もまた進展した。フランス革命の自由・平等の理念のうち、自由主義は特に自由を重んじたが、社会主義の方はどちらかというと平等を重んじた。そして、これは、自由主義経済において生じた資本家と労働者の対立・矛盾の修正に寄与した。これは、労働者の生活改善や富の平等分配を要求することによって、社会のより一層の平等化・平均化をもたらした。

とは言え、社会主義は、産業主義の修正のイデオロギーであり、自由主義同様、近代主義であることに変わりはない。この社会主義の進展の頂点に、十九世紀後半、科学的社会主義と称して、マルクスなどの共産主義思想が現われるが、これも、旧来のヨーロッパの枠組からみれば、むしろ、その崩壊の極を表現するものであった。それは、キリスト教的ヨーロッパの秩序の全くの逆転であったからである。

国民主義と国民国家

これら自由主義や社会主義によって自由化され平均化された社会を、再び、従来よりもより大きな国民国家へと組織しなおしたのが、この世紀に同時に進展した国民主義のイデオロギーであった。近代の産業技術文明を発展させて、これを収容していくためには、人口においても、面積においても、組織においても、それまでよりも大きな規模の国家が必要であった。これを可能にしたのが国民国家の枠組であって、これは、従来の地方分権的な小さな枠組を破壊し、これをより大きな規模に編成し直した。官僚組織や法体系を整備したり、軍を組織化したり、交通・通信網を整備したり、貨幣や度量衡を統一したり、国立銀行をつくって金融を円滑化し、拡大したりしたのは、そのためである。それればかりでなく、このような大きな規模の国民国家を組織するには、人々の心の中にその国家の一員であるという意識を培う必要があった。そのために、それは、国旗や国歌を制定し、言語を統一し、国民的同一性を強調したのである。それが国民主義のイデオロギーであった。

このようにして、国民国家は、その精神的共通項をつくりながら、組織をより大規模化して、人々の自由な往来と、広範囲な活動を可能にした。自由主義は、自由・平等のイデオロギーのもと、身分制を解体し、職業選択や移住や就学の自由を保証し、人民主権と人民の政治参加を可能にしたが、国民主義は、これに明確な形式と枠組を与え、精神的基盤を与えた。自由主義による個の自由化と、国民主義による全体の組織化とは、相対立する面をもちながらも、両者あいまって、近代国家形成に寄与したのである。

国民主義は、近代化に遅れたために急いで統一する必要のあったドイツやイタリアで、特に進展した。例えば、ドイツでは、一八七一年、プロシアを中心に、ビスマルクの強権政治によって統一が完成する。そして、彼は、商法や刑法や民法の制定、貨幣・度量衡の統一、鉄道、郵便、電信の奨励、帝国銀行の設置などを行ない、すでに五〇年代から発展していたドイツの近代産業を再編成し、ドイツの経済を飛躍的に発展させ、領邦経済を国民経済に移行させるのに成功した。また、これよりもはやく、イタリアでは、サルジニアを中心に、オーストリアからの独立運動を通して、一八六一年に統一が完成し、同様の政策がとられている。

このような国民主義の発展は、フランスやイギリスでも見られ、特にフランスでは、第二帝政において、産業の振興、国営土木事業の起工、教育の刷新、パリの都市計画などが行なわれ、第三共和政においても、三権分立を基本とした共和国憲法が制定されている。また、イギリスでは、ヴィクトリア時代に国民国家としての最盛期を迎える。選挙法の改正などが行なわれたために議会政治が発達、経済が飛躍的に発展し、そのため、イギリスは盛んに海外に進出した。また、普通教育法や労働組合法が制定され、国民の福祉と平等な分配も配慮された。

さらにまた、この時代には、イタリアをはじめ、ヨーロッパ各地で独立運動が盛んになる。この気運は、まずナポレオンの支配からの独立によって醸しだされ、次にウィーン体制からの独立によって培われた。かくて、ギリシア、ベルギー、ハンガリーなどが独立、ポーランドでも独立運動が起き、ラテン・アメリカやイギリスの植民地の独立も見られた。自由主義にしても、国民主義にしても、国家の自由・自立を重んじるものであったが、この理念は、十九世紀以後の世界史を大きく特徴づけることになった。このようにして、ヨーロッパ各地に多くの国民国家が成立した。

しかし、この国民主義のイデオロギーは、キリスト教によって統合されていたヨーロッパ全体の普遍的秩序を解体するものでもあった。同時に、それは、従来の安定性の原理であった地方分権的意識をも解体し、これを国家の中に組織づけたために、国家の肥大化とその権力の増大をもたらし、人々はその中のひとつの歯車のように扱われることにもなった。また、この国民主義の弊害に対しては批判的であった自由主義や社会主義の運動は、アトム化した大衆を吸収し、絶えず国家を揺さぶったために、国家は絶えず安定性を欠き、左右に揺れ動くことになった。そのため、人々は、それまでの落着きを失い、左右からの煽動や策動に乗せられて、右往左往することにもなった。国民主義もまた、自由主義や社会主義同様、旧来のヨーロッパ的秩序の崩壊のひとつの表現だったのである。

ヨーロッパ的思考の変革

十九世紀ヨーロッパの自由主義と社会主義と国民主義の思潮は、人々の意識を大きく変革し、近代ヨーロッパ人の思考形式を支配した。ギリシア・ローマ的教養とゲルマン的要素がキリスト教の枠の中で統一され秩序づけられた形態が、本来のヨーロッパ的思考だったとすれば、これら三つの近代的意識は、どれもこの束縛から離脱し、この枠組みを破ろうとするものをもっていた。そして、その離脱のエネルギーになったものが産業主義に他ならなかった。産業主義こそ、従来の秩序を破って、世界を巨大な機構にするまでは、どこまでも膨張拡大しようとする得体の知れない近代の怪物であった。人々の意識は、自由主義をとるにしても、社会主義をとるにしても、国民主義をとるにしても、この産業主義の膨張に応じて、根本的に変革された。

自由主義と社会主義と国民主義は互いに対立する側面をもっていたが、対立しながらも、三者は同時にヨーロッパ的秩序の崩壊を表現した。これら三つの思想は、ギリシア・ローマ文化とキリスト教精神とゲルマン的要素、それぞれの裏返しだとみることもできる。

6　ヨーロッパ文化の自壊

ヨーロッパの文化的頽落

近代産業の発達とともに、従来の有機的秩序のある共同体が崩壊し、そこから寄辺を失った大衆が巨大な量となって溢れでてきたのは、ヨーロッパの十九世紀以来のことであった。特に産業革命とフランス革命以来、自由・平等のイデオロギーのもと、社会が平均化・水平化され、それまでの社会の秩序が壊れたために、根無草のようになった不特定多数の個人が登場し、しかも、これが、政治的にも社会的にも大きな力をもつようになった。

さらに、この社会の秩序の崩壊に対応して、人々の精神の秩序も崩壊したから、それはまた文化的にも大きな変革をもたらした。つまり、人々の精神の中で、聖なるものと俗なるものの秩序が崩れ、そのため、人々は、それまでの神聖なるもの・崇高なるものへの畏敬の念を失い、逆に、卑俗なものを神聖化するに至ったのである。かくて、人々は、自ら高まるどころか、より高貴なものを自らのレベルに引き下げていったために、この時代の文化は、加速度的に低俗化していった。文化の水準の低下、文化の大衆化という今日みられる現象は、ヨーロッパの十九世紀に源泉をもっている。

新聞や雑誌、つまり今日でいうマスコミが登場し、興味本位の情報を大量の大衆に一時に提供したり、大衆小説といわれるような人々の享楽のための文学が多くの大衆にもてはやされるようになったのも、ヨーロッパの十九世紀以来のことであった。この時代の文化は、そのようにして、その品位を次第に落していった。この時代の文化的状況は、一般には市民文化の隆盛として特徴づけられているが、しかし、その内容は、実際には、文化の大衆化であり、文化的な頽落に他ならなかった。

この時代は、産業主義の発達にともない、自然科学の成果が技術に応用され、急速に高度な技術文明が生み出され、人間生活が大きく変革されていったが、それはまた、同時に文化的な頽落をもたらした。特に、印刷術の発達は低俗な文物を氾濫させ、普通教育の普及は、大衆が高度な文化の領域の中に割り込み、これを引き下げていくことを助長した。産業技術文明の発達とともに、人々は、価値の重心を、精神的価値から物質的価値へと大きく移動させていったのである。その結果、既成価値は転落し、価値が多様化して、文化は中心を失い無定形になった。

この十九世紀のヨーロッパ文化の特徴は、十七・十八世紀の文化の世俗化とは、質を異にしたものである。十七・十八世紀の世俗文化では、まだ最後の地盤としての宗教的価値が、ヨーロッパ文化の統一された中心的価値として隠然として存在していたのに対して、十九世紀にあっては、この最後の地盤が崩れ去っていく。文化は、むしろ、非宗教的なものから反宗教的なものへと転落していったのである。産業主義にしても、社会主義にしても、唯物主義的風潮の横行は、それを物語っている。

ヨーロッパ文化は、ギリシア・ローマ的教養とゲルマン的要素がキリスト教精神によって統合されたところに成立していたが、このヨーロッパ文化の基本的支柱が、この時代から大きく崩れ去っていったのである。そのため、それぞれの要素が中心を失ってバラバラになり、次第にその高貴な生命力を喪失し、かくて、ヨーロッパはその自己同一性を失っていった。ヨーロッパは、一八〇〇年を境にして、これまでに一度もなかった文明の大きな転機に差しかかる。(10)

ヨーロッパ的世界観の崩壊

このヨーロッパの精神史的変革は、哲学の分野にも現われた。

ヨーロッパの哲学は、その成立以来、ゲルマン的土壌の上で、キリスト教的世界観をギリシア的知性によって理解し、それでもって世界をいかに了解するかに向けられていた。このヨーロッパ哲学の構造は、十九世紀前半のヘーゲルの哲学まで持続され、ある意味で、このヘーゲルの哲学で完成していると言える。彼の絶対精神の哲学は、ゲルマン的な汎神論の要素をも含めて、ギリシア以来の哲学の伝統を踏まえながら、近世の主体の形而上学を基盤として、神の世界創造と人間の堕罪、および神の受肉とその苦難、さらにイエスの贖罪によるそこからの復帰というキリスト教的世界観を、その弁証法的論理によって理論づけ、体系づけて、かくてヨーロッパ哲学の三つの伝統をみごとに融合させた。(11) ヘーゲルの哲学において、ヨーロッパの哲学は完成（vollenden）し、しかも、文字通り、余すところなく終わったのである。

政治・社会的には、ヨーロッパは、十八世紀末から崩壊現象を起こしていたが、哲学・思想的には、この崩壊現象は十九世紀前半まではまだ現われず、むしろ、この時代まではなお古典主義の時代が続いていたとみるべきである。それは、ちょうど、ギリシア文明において、プラトンやアリストテレスの哲学が崩壊期になってから現われてきたのと同様である。ヘーゲルが『法の哲学』の序文で語った「ミネルヴァの梟は、夕暮近くになって飛び立つ[12]」というよく知られた言葉は、哲学の完成はその文明の終わり近くになってから現われるということを表現したものであろう。

かくて、ヘーゲル哲学の後、ヨーロッパの哲学の構造は根本的に覆されていく。

神学的段階から、形而上学的段階へ、そして最後に科学的実証の段階へと、人間の知性は発展してきたと考えたコントの実証主義は、科学的真理に絶対の価値をおく今日の科学主義の先駆をなすものとして、本来のヨーロッパ哲学の少なくとも変貌を表わすものであった。

ヨーロッパの科学たりとも、もともとキリスト教的信仰と無関係ではなく、ニュートンの時代でも、自然の秩序は神の秩序であり、科学は、神の創造した世界の秩序の探究という意味をもっていた。ところが、十九世紀前後から、特に百科全書派を発端として、科学は、そのような宗教的背景を振り捨てて、超自然的なものを一切認めず、純粋に自然と物質の世界の中でのみ外界の構造を考えることによって、飛躍的に発展した。その真理性についてはともかく、ここで、科学が無神論的なものになり、意味が変ったということだけは言えるであろう。さらに、この科学の真理にのみ絶対的価値をおき、他の一切のものを迷信として退ける科学絶対主義が、思想面で登場してきたということは、少なくとも、キリスト教信仰とギリシア的知性のバランスの上に成り立っていた従来のヨーロッパの世界観を覆すものであった。科学万能主義は、このバランスが崩れ、ただ合理的知性のみが異常に絶対化されたという点で、ヨーロッパ的精神の矮小化を表現するものと言ってよい。

また、この時代に、主に生物学的分野から登場してきたダーウィンの進化論の思想も、本来のヨーロッパ的世界観の崩壊を表現するものであった。それまでの世界観では、植物や動物の生命体の系列も、神の被造物として、キリスト教的世界観の中で捉えられていたのに対して、進化論の中では、この超自然的枠組が払拭され、生命体の系列もただ唯一〈進化〉という概念でのみ説明されるに至った。その真理的価値についてはともかく、少なくとも、ここで従来の自然観や生命観の大きな変質があったことは確かである。

科学主義にしても、進化論にしても、〈進歩〉の観念が、神の秩序に代わる新しい説明概念になっているが、このような進歩の観念は、当時の産業主義の発達と軌を一にしており、それは、この社会的風潮を思想的に象徴したものだとみてよい。産業主義それ自身も、十九世紀以前では、まだ宗教的価値と深く結びついていたが、十九世紀に至って、その結びつきがなくなり、それ独自で膨張していくようになる。

この産業主義に反対したマルクスやエンゲルスの史的唯物論、あるいは科学的社会主義の思想も、進歩・発展の観念によって歴史を説明するという点では、共通したものをもっていた。これは、人間の歴史は原始的な共産社会から出発し、そこから生産力と生産関係の矛盾によって階級分化が生じ、この階級間の闘争によって歴史は進歩発展してきたと考える。そして、この階級闘争の極における共産革命によって、もはや階級も搾取もない理想社会がつくられると考えた。これは、レーヴィットの言うように、キリスト教の救済史観の裏返しであった[13]。

キリスト教の歴史観では、人間はもと罪なき楽園にいたが、人間の堕罪によって人間はこれを喪失した。神の国は、ただイエスの贖罪とその再臨によってのみ回復されるであろうと考える。この救済史観から神を排除し、これを此岸化して、現実の社会経済的人間の歴史に当てはめれば、マルクスの唯物史観が出来上がる。マルクスの唯物史観は、従来のキリスト教的歴史観の一八〇度の逆転であった。この革命的歴史観は、ヨーロッパのあらゆる伝統を覆して、全くの空白から出発しうると考えた。

どの思想でも、〈進歩〉の観念が神にとって代わっているという点で共通している。キリスト教的世界観から神を追放し、それを此岸化すれば、十九世紀の世界観が登場してくる。その意味では、これら十九世紀ヨーロッパの諸理念は、なるほどヨーロッパ的特性をなお備えてはいるが、しかし、それが裏返されているという点で、ヨーロッパ的世界観の崩壊を表わしている。これらは、どれも、旧来の世界観・価値観を破壊するものであった。政治・社会面におけるフランス革命や産業革命ばかりでなく、思想面においても、大きな革命がもたらされたのである。

十八世紀の啓蒙主義に端を発し、ヘーゲルを通過して、十九世紀になってこの世紀の思潮を全般的に支配したこの〈進歩〉の観念は、人々が、過去のヨーロッパの秩序を振り捨てて、得体の知れない未来に向かって、中心から逃走し出したことを表現している。ここでは、すべて古いものは悪とされ、新しいものが善とされて、かくて旧来の価値は次々と否定されていった。この一般的思潮が、「歴史は進歩する」という当時の進歩の歴史観に反映されたのである。だからこそ、この進歩の歴史観は、実証主義の歴史観にも、進化論にも、産業主義の歴史観にも、唯物史観にも、共通して現われたのである。ヨーロッパ中世を暗黒時代とし、十五・十六世紀のルネサンスから新しい人間中心の時代が始まり、十七・十八世紀に至って〈理性の時代〉が開花したとするヨーロッパ精神史に対する近代の固定観念も、十八世紀末の啓蒙主義によって提唱され、十九世紀になって一般に広まった観念であった。

型を失った芸術

文学や芸術面においても、十九世紀後半から、このヨーロッパ文化の崩壊の兆候が現われる。

文学・芸術面においても、哲学・思想面と同様、十九世紀前半はまだ古典主義の時代であり、これは、むしろヨーロッパ文化の完成という意味をもっていた。例えば、ゲーテの文学においては、『ファウスト』などにも現われているように、ギリシア・ローマ的教養とキリスト教的精神とが、ゲルマン的な汎神論的風土の中で混然一体となって融合され、緊張の中にもみごとな調和を保って完成されている。人間もまた、ここでは、そのような調和と秩序のある世界の中に救われていたのである。

この古典主義と一部重なりながら、その後、ロマン主義の芸術が現われるが、これは人間の主観や感情の中に真実を見出そうとするものであった。そのために、それは、古典主義的形式美を排し、奔放な空想や夢の世界へと飛翔しようとする。この面では、ロマン主義は、確かに近代主義的面をもっており、人間を超える世界の喪失という点で、ヨーロッパ文化の崩壊を微妙に表現している。しかし、一方では、これは、崩れゆくヨーロッパ文化の中にあって、自らも古典主義的形式を破りながらも、なおまだ古き良きヨーロッパへの憧憬をもっていた。ロマン主義が過去を重んじ、騎士物語やキリスト教説話など中世的なものへの憧憬を抱いていたという点では、これは、同時に文化の崩壊期に逆行して、それに抵抗しようとする面をもっていたと言えよう。

芸術がヨーロッパ文化の崩壊を端的に表現し出したのは、写実主義や自然主義が登場してからであった。そこでは、ロマン主義にはまだなおあった生命力や倫理性が希薄になり、ロマンや想像力の衰弱が現われている。例えば、イプセンなどの文学に最もよく現われているように、ここでは、人間の生のままの情念を主張するだけで、それ以上のもの、それを包むより高次の世界はもはや描かれてはいない。もっとも、同じ写実主義とは言え、好んで田園と農夫の生活を描いたミレーの絵画には、産業主義や自由主義の進展に伴って、壊されていく自然や、崩されていく中世的共同体への愛着が描かれており、むしろロマン主義的な孤独感さえ感じられる。だが、彼の作品が、当時の社会への抗議や風刺を表現しており、貧しく虐げられた階層の情念の表現であり、新しき人民のための芸術だと当時評され、曲解されたほど、時代の精神はすでに病んでいたのである。

美術の面では、その後、印象派の芸術が大きな潮流となって現われてくるが、ここに至って、芸術はすっかりその古典的形式を喪失し、型を失ったと言える。文化というものが型と様式によって表現されるものであるとすれば、この型の喪失は、やはりヨーロッパ文化の崩壊を表現していると言わねばならない。

もっとも、セザンヌにおいては、〈もの〉の真実を描こうとする強烈な精神があった。二十世紀のキュービズムのように、〈もの〉を分解し、自由に変形しようとするのではなく、〈もの〉そのものの本質に迫り、それを堅固な形の中に刻印しようとする深い沈潜がセザンヌの絵には見られる。ただ、それがあまりにも深い沈潜であったために、その精神は、軽薄な十九世紀の風潮の中にあって、あまりにも孤独であった。そのために、彼の作品では、〈もの〉そのものを包み安定させるより大きな〈世界〉が遠退いてしまっている。

ゴッホの絵画においても、〈もの〉と〈人〉との生命の奥底を見つめ、これを余すところなく表現しようとしている点で、絵画の本質を逸脱してはいない。しかし、この営みもあまりにも孤独であった。生命力の衰弱しゆく外部世界の中にあっては、真実は、ただそのような孤独な精神によってしか描き出されえなかったのである。彼が一八九〇年の死の直前に描いた「烏《からす》のいる麦畑」においては、十九世紀ヨーロッパが至りついた精神の頽落と崩壊、生命力の喪失、および、来たるべき二十世紀のヨーロッパの暗い運命への預言が含まれている。

ゴーガンの作品の中にも、産業主義と自由主義によって崩されていくヨーロッパ世界から逃避し、まだ壊されていない世界へと帰っていこうとする強烈な憧憬が読みとれる。後期印象派の人々は、崩壊しきったヨーロッパ文化が失ってしまったものを、自らも崩れながら極限のところで見つめなおそうとした。十九世紀末においては、もはやそのようなしかたでしか、ものごとの真実を表現しえないほど、ヨーロッパ精神は衰弱してしまっていたのである。

世紀末の思想の意味するもの

この後期印象派の孤独な運命は、思想面では、世紀末の思想が共にした。

世紀末の思想は、ヨーロッパが本来の自己を失い、すでに寄辺をなくしてしまった状態への嘆きから始まる。

ショーペンハウァーは、ヘーゲルと同時期に、すでに、その厭世哲学によって、このヨーロッパの精神的疲弊を表現していた。これを引き継いだニーチェは、純粋な生の立場から、ものみな衰弱しゆく〈ヨーロッパのニヒリズム〉の到来を宣告し、このニヒリズムの世界を先取的に生き抜き自らより高きに登りゆこうとする人間、つまり〈超人〉の理想を掲げた。彼の思想の背景には、ギリシア文化への深い憧憬があると同時に、特にそのディオニュソス的面を強調するという点で、その底流にゲルマン的な生命の流れが流れ込んでいた。そこから、彼のキリスト教批判も、〈ヨーロッパのニヒリズム〉への預言も出てきたのである。彼の宣言した〈神の死〉は、それ自身、キリスト教的世界観によって統一されていたヨーロッパ的秩序の崩壊を表現していると同時に、自らもその崩壊を加速した。彼によれば、キリスト教の禁欲的道徳は、弱者のルサンティマンの生み出したものにすぎないとみられたのである。ニーチェにおいても、本来のヨーロッパの文化構造はバラバラになり、ギリシア的・ゲルマン的要素のみが、ヨーロッパ文化の頽落と崩壊の中で、孤独な緊張を強いられている。彼は、そういうしかたで、従来のヨーロッパ文化を支えていた根底の崩壊を表現したのである。ニーチェは、『力への意志』の序文でこう言っている。

「私は、来たるべきものを、もはや別様には来たりえないものを、すなわちニヒリズムの到来を書きしるす。この歴史はいまではすでに物語られうる。なぜなら、必然性自身がここではたらきはじめているからである。この未来はすでに百の徴候となってあらわれており、この運命はいたるところでおのれを告示している。……私達の全ヨーロッパ文化は長いことすでに、十年また十年と加わりゆく緊張の拷問でもって、一つの破局をめざすがごとく、動いている。不安に、荒々しく、あわてふためいて。あたかもそれは終末を意欲し、もはやおのれをかえりみず、おのれをかえりみることを怖れている奔流に似ている。[14]」と。

他方、キェルケゴールは、十九世紀半ばにあって、逆に、そのような神なき時代に、なお純粋にキリスト教精神を持続して、ただひとり神の前に立とうとした。そのことによって、ヨーロッパ精神にいわば終止符を打ったのである。ここには、ヨーロッパがヨーロッパとして成り立ったキリスト教精神が、それを支える〈世界〉を喪失したままで、より先鋭なしかたでその輝きを増している。ここでも、その高貴な精神は、精神の墓場と化した近代ヨーロッパに直面して、より孤独な様相を呈している。だからこそ、彼は、そのような単独者の境涯から、大衆の支配する〈現代〉を鋭く洞察し、これを、〈分別〉と〈嫉妬〉と〈水平化〉の時代として批判したのである。[15] 彼は、新聞や雑誌などのジャーナリズムが大量に撒き散らす低俗な文物の氾濫し出した十九世紀半ばのヨーロッパの精神状況を、人間精神の頽落と受け取ったのである。

一方、文化史家ブルクハルトは、同じ状況に面して、逆に徹底的に過去へ逃避し、もはやその時代のヨーロッパの状況にいかなる希望も託さなかった。彼は、一八四八年の二月革命に面して、その手紙の中で、ヨーロッパに許された未来は、ただ辛うじてローマ帝国時代のような生殺しにされた数十年であろうと述べて、ヨーロッパの未来に対する絶望を語っている。[16] 彼は、ヨーロッパを支えてきた三つの精神的力、古代神話、キリスト教そして自由精神が、多くの革命を通して解体していくのを十九世紀にみ、あとはただ文明化された野蛮のみが待っているだけであろうと考えた。彼のルネサンスやギリシア文化への憧憬は、そのようなヨーロッパの文化的頽落からの徹底した逃避だったのである。

これら十九世紀半ばから末にかけての思想家達は、十九世紀前半のヘーゲル哲学に反対するという点で、その思想的境涯を共有している。彼らは、古典的ヨーロッパ思想の崩壊を自ら表明するとともに、その不可能を宣言したのである。しかし、彼らは、同時に、ヨーロッパ近代のもたらす文化的頽落に対しても、鋭敏な感受性をもって反対した。この点では、彼らは、芸術における後期印象派同様、崩れ去るヨーロッパ精神の濁流の中にあって、なお、ぎりぎりのヨーロッパ精神を守ろうとしている。ここには、すでに不可能になってしまった古典的精神が、なお地下水のように流れ込んでいるのである。

心ある良きヨーロッパ人にとっては、十九世紀後半は、そのような頽落の時代と受け取られた。ヨーロッパ文化は、自壊しつつあったのである。このことは、十九世紀前半にもすでに予感されていたことであって、この世紀を凡庸な文化と軽薄な人間の時代とみたゲーテをはじめ、古典主義的な精神は、産業主義や自由主義の楽観論に対して、その当時からすでに反対していた。そして、世紀末の思想家達は、古典主義が予感し、自らの終着点とした頽落の時代を、自らの出発点としなければならなかった。この時代の高貴な文化は、むしろ、この文化的頽落状況にあって、これを鋭く自覚し、なおも精神の高貴を保持したこれらの孤独な例外者や単独者達によって、わずかに創造されたのだと言うべきであろう。

7　ヨーロッパの拡大

十九世紀後半の思想家達が、暗い運命を予感した当時のヨーロッパは、しかし、表向きは超繁栄の時代であった。産業革命とフランス革命以来、イギリスやフランスをはじめ、ヨーロッパ諸国は、その国内体制を整備し、産業を興し、豊な社会を目指して、急激に変貌していった。産業の変革とその膨張、つまり近代化は、十八世紀末にまずイギリスが先頭を切り、ついでフランス、ドイツ、その他のヨーロッパ諸国に波及し、十九世紀中頃には、ヨーロッパ諸国は、その経済力においても、政治力においても、軍事力においても、世界的に優位を占めるに至った。

かくて、ヨーロッパ諸国は、この優位を背景に、競って海外に発展していった。ヨーロッパの産業の膨張はあまりにも巨大であったから、その力は、ヨーロッパ世界のみにとどまりえず、必然的にヨーロッパ以外の世界へと膨張、拡大していったのである。その精神的資質は卑俗であったが、産業を興し資本を蓄えたブルジョアジー達は、争うように非ヨーロッパ世界へと雄飛し、商売に精を出して、さらに巨万の富を築いていった。ヨーロッパ近代文明の世界的拡大は、主に、このヨーロッパ諸国の経済的膨張によってもたらされたのである。

宗教と商業主義による進出

なるほど、ヨーロッパ世界の拡大と膨張は、すでに十五・十六世紀のスペイン・ポルトガルの世界進出、つまり大航海の時代から始まっている。これは、確かに、その後のヨーロッパの全面的な世界進出を可能にしたし、ヨーロッパの世界支配を準備した。

しかし、それでもなお、それは、まだヨーロッパ近代の産業技術文明の拡大ではなかった。それは、主として、キリスト教の宣教という宗教的動機を背景にもった商業主義の拡散にすぎなかった。確かに、このスペイン・ポルトガルの世界進出は、非ヨーロッパの土着文化と多くの摩擦を起こし、常に非ヨーロッパ諸国を植民地化しようとする意図を含んでいた。しかし、そうではあっても、それがもたらそうとしたものは、キリスト教という宗教を中心とした高い文化であって、日本の南蛮文化やキリシタン文化などにみられるように、土着文化との融合の可能性をなお残していた。特にアジアにおいては、伝統文化との衝突があったとしても、融合や反撥をしながら、まだなお均衡を保ちえたのである。

インドなどにおいては、トインビーの言うところによれば、当時はまだ、ポルトガルは、いわばお情けで住まわせてもらっていただけであって、文化的にはそれほど強い影響を与えてはいなかった。[17] 日本や中国にとっても同様であり、だからこそ、両国は、〈禁教〉によってヨーロッパ諸国を追放することもできたのである。たとえそうでなくとも、スペイン・ポルトガルのもたらしたキリスト教文化は、十九世紀の産業技術文明の進出と比べれば、その力と質において異なっていたと言わねばならない。

もっとも、中南米においては、スペインの進出力はすさまじく、メソアメリカ文明やアンデス文明はそのために滅亡した。それは徹底的な破壊であったが、これはむしろ前近代的な〈征服〉であった。したがって、また、彼らは、この新大陸に、カトリックを支柱とした全く新しい文明を築き上げたのである。

世界中に拡散したこのスペイン・ポルトガルを中心としたヨーロッパ文化は、それ自身が中世的なものであったから、それは、行き着くところで、また〈中世〉あるいはせいぜい〈近世〉をつくったにすぎなかった。[18] この十五・十六世紀のヨーロッパ文明の拡散は、その後のイギリス・フランスによる進出とは違った前近代的進出にすぎなかったとみてよい。それは、癌細胞のように内部に入り込んできて、非ヨーロッパの伝統文化を崩壊させていくというようなものではなかった。

産業技術文明による進出

ところが、産業革命以後のイギリスやフランスの進出は、これらとは性格を異にした進出であった。それは、何よりも、巨大な産業技術文明を前面に打ち出した進出だったからである。だから、それは、ヨーロッパ自身の伝統社会を壊したのと同じように、非ヨーロッパの伝統社会をも壊した。世界中がヨーロッパ化し、近代化していく時代としての〈ヨーロッピズム〉の時代は、ここから始まる。かくて、スペイン・ポルトガルの進出が非ヨーロッパ各地に教会を建てたのに対して、十九世紀以後のイギリス・フランスの場合は、世界中に煉瓦やコンクリートの近代建築を建てた。両者の進出力と破壊力の差は、日本で言えば、〈種子島銃〉と〈黒船〉ほどの違いがあったのである。この蒸気船などで象徴されるヨーロッパ近代文明は、癌細胞のように非ヨーロッパを全面的に内部侵食し、その物理的力のゆえに、非ヨーロッパがどうしてもそれを受け容れざるをえないようにして、そして、非ヨーロッパの文化を否応なしに壊していく性質のものだったのである。

コラールも、『ヨーロッパの略奪』の中で、こう言っている。

「アジアにおいて支配権を確立するには、（十五・十六世紀の）ヨーロッパの行動力と技術とのすばらしい優越も、十分な幅を利かすわけにはゆかなかった。その上、ヨーロッパ人は中途半端な勝利にあまんずることができず、アジア諸民族をその宗教的信仰の核心にいたるまで、屈服させずにはおかなかった。そのために、ポルトガル人とスペイン人との場合におけるヨーロッパ的・キリスト教的拡張の野心的な意図は、アジア大陸の周辺領域においてのみ成功を収めたにすぎなかった。

ところが、十九世紀のヨーロッパの攻勢は、その目標がこれまでよりも限られてはいたが、それだけに一層強力に行なわれた。この攻勢は、異民族の宗教や道徳習慣などに介意することなく、一途に技術的浸透と経済的開発とに集中された。この点においてはヨーロッパの優越は決定的であり、その軍事的・政治的な力の効果はきわめて直接的であったため、これら異民族は逐次屈服せざるを得なかった(19)」と。

もちろん、十七・十八世紀にも、すでにイギリス・フランス・オランダが、アメリカ大陸やアジアなど、世界中に進出している。これは、確かに、十九世紀以後のヨーロッパの全面的拡大の前段階であった。しかし、これと十九世紀の拡大との違いは、十七・十八世紀が主に商業資本による進出であったのに対して、十九世紀は産業資本による進出であったという点にある。だから、十九世紀のそれは強力であった。そのため、例えば、十七・十八世紀のイギリスのインド進出においては、インド人との付き合いもまだ同等であったのに対して、十九世紀においては、これが強圧的・支配的となったのである。ヨーロッパの文化史において、十七・十八世紀の世俗化と十九世紀の近代化が区別されたように、ヨーロッパの拡大においても、十七・十八世紀の拡大と十九世紀の拡大とは、商業主義的と産業主義的で区別されうる。十九世紀のヨーロッパの世界進出は、文字通りの帝国主義的進出であり、列強の進出であった。これが、非ヨーロッパを全面的に屈服に導いたのである。

近代ヨーロッパの拡大の性格

今日、ヨーロッパ的生活様式が世界化したのは、何よりも、産業、経済、科学技術、および、それを基礎づける政治や社会や思想面における飛躍的変革が、ヨーロッパにおいて最初に出現し、これが非ヨーロッパにまで波及したことによる。それはあまりにも強力な実際的な力であったから、非ヨーロッパを刺激してやまなかった。列強の進出といわれるものも、科学技術を駆使した軍事・経済の圧倒的優位のもとでの進出であった。ヨーロッパは、科学技術を背景とした強力な組織力や経済力などにより、非ヨーロッパを圧倒し、しかも、その膨張はとどまるところを知らないほどであった。産業技術文明は、それ自身膨張してやまないから、ヨーロッパの枠組を超えて、非ヨーロッパにまで拡散し、世界中に充満したのである。

コラールも、『ヨーロッパの略奪』の中で、

「現代への真の入口をなしている一八三〇年から一八四〇年へかけての十年間の時期以来、大陸のヨーロッパ人は、自分の生きる世界を変革しようという課題に、熱狂的に専心してきた。人口を幾層倍にも増加させ、自然征服のための技術の可能性を、予想もしなかったほどに発展させ、生産方法、風俗習慣、精神態度などの革命にのりだした。……十九世紀におけるヨーロッパ人の活動的意欲と驚くべき生産性とは、歴史的優位をいよいよ強固ならしめた。……」[20]

と言っている。

つまり、物質主義的力が、ヨーロッパ近代文明の世界中への加速度的な拡大を可能にしたのである。このヨーロッパ近代文明の世界化は、市場開放や原料調達を主にした経済的要求を先頭にしてもたらされた。だが、これは、当

然のことながら、その背後の文化、教育、思想、社会構成や政治形態など、近代文化そのものをも世界中に輸出した。ひとつの文明はその構成要素が密接に連関した有機的統一体を成しているから、文明の進出においては、トインビーの言うように、ひとつの要素が入り込むと、他のすべての要素も、水が侵食するように入っていく。[21] そのようにして、ヨーロッパは、一丸となって非ヨーロッパの各地に進出していったのである。

このヨーロッパ近代文明の世界化は、国際事業の世界化にも現われている。例えば、万国郵便連合や万国電信連合、国際オリンピック[22]、ハーグの国際平和条約などは、まず最初にヨーロッパ社会でつくられ、その後世界中に拡散する。そして、非ヨーロッパも、このヨーロッパ的枠組の中に組み込まれていったのである。ここにも、〈ヨーロッパの世界化〉と〈世界のヨーロッパ化〉というヨーロッピズム的現象が見られる。

啓蒙主義の歴史観にも、ヘーゲル、コント、マルクスなどの歴史観にもあった〈ヨーロッパ中心史観〉は、とりもなおさず、この十八・十九世紀のヨーロッパの世界的優位の表現であった。歴史観というものも、歴史の外にあるのではなく、歴史の内にある。したがって、歴史観も歴史の動きによって規定される。歴史が歴史観を規定するのである。この近代ヨーロッパ人達の〈ヨーロッパ中心史観〉も、産業主義によるヨーロッパの世界支配に支えられていたのであり、これは、ヨーロッパの目に見える崩壊、つまり第一次大戦までは持続されたのである。

マックス・ウェーバーは、ヨーロッパ文化が世界的な意味をもった源泉を、その文化が内包していた〈内的合理性〉に見出した。[23] 確かに、このヨーロッパ文化の合理性は、特に十九世紀の産業主義と結びついて、ヨーロッパ文明に巨大な膨張力を付与した。同様に、コラールは、〈キリスト教の此岸化〉というところに、ヨーロッパ近代文化の特異性を見出し、そこに、科学、政治、経済の世界的発展のエネルギーをみている。[24] この現象は、十九世紀の産業主義の発展とともに現われてきた現象であって、ヨーロッパの世界的拡大は、これによってもたらされたと言えるであろう。それは、何よりも、経済を中心とした世俗的な力であったから、非ヨーロッパも、どうしても、それに同化せざるをえなかったのである。ヨーロッパ近代文明が世界中に拡大し、非ヨーロッパをも組み込んで、地球上をその産業技術文明によって覆い尽くすという意味での〈ヨーロッピズム〉の時代は、このようにして到来したのである。

第三章　非ヨーロッパのヨーロッパ化
――ヨーロッパ近代文明の受容とヨーロッパへの反撃――

1　十九世紀以前のヨーロッパ化

十五・十六世紀のヨーロッパ化

ヨーロッパに近代産業技術文明が最初に登場し、それが、ちょうど波が拡散していくように、非ヨーロッパにまで拡大して、非ヨーロッパがヨーロッパ化の波に洗われたというのが、〈ヨーロッピズム〉の時代の特徴である。

もっとも、非ヨーロッパがヨーロッパと接触したのは、多くの場合、十五・十六世紀のスペインやポルトガルの世界進出に始まる。確かに、十五・十六世紀のスペイン人やポルトガル人による最初のヨーロッパの進出は、十九世紀以後のヨーロッパの拡大の前提をなすものである。しかし、これはまだヨーロッピズムの段階ではない。

十五・十六世紀のヨーロッパの拡大は、ルネサンスと宗教改革というヨーロッパ社会の大きな変革を前提している。しかし、十九世紀以後の産業技術文明の膨張による急激な変革から比べるなら、なおまだ、その変革はヨーロッパの歴史的伝統とその社会の有機性を保持していた。したがって、そのようなルネサンスと宗教改革期の文化を背景にした十五・十六世紀のヨーロッパの拡大も、なおそういう有機的な背景をもっている。実際、このヨーロッパの拡大において活躍したポルトガルやスペインの活動は、主にキリスト教の布教を表看板にして、特に、商業活動と植民によって利益をあげることを目的としていたから、十九世紀以後の巨大な産業技術文明の怒濤のような進出とは違っていた。

なるほど、中南米では、十五・十六世紀のスペインやポルトガルの進出は苛酷を極め、それは当時の土着の文化を徹底的に破壊したが、少なくとも抵抗力をもったアジア諸国では、この十五・十六世紀のヨーロッパの進出の文化的影響は、それほど破壊的なものではなく、土着の文化を席捲するという程のものではなかった。アジア諸国においては、十九世紀のヨーロッパの進出のように、社会構造全体を揺がすほどのものではなかったのである。

例外は、中南米の場合であるが、逆に言えば、ここでは、土着の文化は席捲されてしまい、インディオの伝統文化が破壊されてしまったために、土着化したスペイン人やポルトガル人達は、そこにまた、キリスト教を中心とする自分達の伝統的文化を、ヨーロッパ近世文化の延長としてつくりあげていくことができたと言えよう。

ルネサンスと宗教改革および地理上の発見時代のヨーロッパ文化は、中世以来のキリスト教文化の一変転にすぎず、〈近代〉がここから始まったわけではない。確かに、この辺から初期資本主義の発達はかなりの程度みられるが、それとても、キリスト教を中心としたヨーロッパの伝統社会そのものを壊すものではなかった。

十七・十八世紀のヨーロッパ化

十七・十八世紀の非ヨーロッパのヨーロッパ化は、主に、スペイン、ポルトガルに代わったオランダやイギリス、フランスの西ヨーロッパ諸国の拡大進出によってもたらされたが、この場合も、彼らがもたらしたものは、当時のヨーロッパの世俗文化にすぎなかった。ヨーロッパでは、宗教戦争後、宗教の力は弱まり、むしろ、商業活動や自然科学的知識の探究など現世的な興味を追求する世俗文化の時代に入っていた。だから、彼らは、この世俗文化を非ヨーロッパにもたらし、どちらかというと、キリスト教の布教よりも商業活動に熱心であった。なるほど、これは、後の産業主義を背景とするヨーロッパの進出を用意はしたが、まだ、この段階では、非ヨーロッパの伝統を破壊するものではなかった。

例えば、トルコは、海上の貿易路をヨーロッパ諸国に奪われ、自国の衰退があからさまになったため、ヨーロッパ近世の文明を積極的に受け容れようとした。十七世紀後半から、トルコは次第にヨーロッパ諸国に対して敗北することが多くなり、否応なしにヨーロッパの軍事的優位を認めざるをえなくなったからである。そのため、十八世紀に入ると、ヨーロッパ人の支援による砲兵・工兵軍団の設置、幾何学校や海軍数学校の開設など、ヨーロッパを模範にした軍事改革を行なった。それは、ロシアのピョートルほど巧みなものでも、全面的なものでもなかった。トルコは、なお、それ以前の自国の業績を過信していたために、近世ヨーロッパ諸国の力、およびロシアに対する技術的劣勢に気づかなかった。逆に言えば、彼らは、なお自分達の文化的同一性の中に生きていたし、イスラムへの誇りを失ってはいなかったのである。

一方、インドにおいては、ヨーロッパ諸国の進出は相当なものであった。ポルトガル、スペインから海上貿易を奪ったイギリスは、十六世紀末から東洋貿易に乗り出し、特にインドに進出して、十七世紀末までに、いくつかの都市に植民地を建設した。一七五七年のプラッシーの戦いでは、進出してきたフランスと戦い、インドのフランス勢力を追放、インド支配の基盤をつくる。

しかし、このプラッシーの戦いまでの二世紀半は、ヨーロッパ諸国の進出も商業活動に限定されており、インドにとってもそれほどの衝撃ではなかった。ムガール帝国も、進出してきたイギリス人に対して、まだなお上位に立っていた。なるほど、かなりの都市を植民地化されはしたが、ムガール皇帝としては、単に領地を貸し与えているといったほどの気持であった。ムガール帝国にとって、少なくともアウランゼブ死後、衰退するまでは、ヨーロッパの進出はさして重要ではなかった。(1) イギリスの進出も、インドの共同社会を壊すまでには至らず、インドはなおそれ自身の内部要因で動いていたのである。

当時は、ヒンズー教の地盤の上に、これと併存する形でイスラム教が栄え、ムガール帝国はイスラム王朝として繁栄を極めていた。ただ、その衰退とともに、ヒンズー教徒やシーク教徒が割拠し、この宗教的対立や土候国の対立が、ヨーロッパ諸国の植民活動を可能にしてしまったのである。しかし、まだ、ヨーロッパ諸国の進出は、このヒンズー教とイスラム教の併存によって成立していた当時の社会、文化にとって、決定的なものではなかった。イギリスのインド進出の性質が変わっていくのは、十八世紀末からとみるべきであろう。

なるほど、東南アジア、特にインドネシアでは、ヨーロッパの進出、つまりオランダの進出はとどめがたいものがあった。オランダは、十七世紀初めに東インド会社を設立、イギリスと争いながら、東インド各島を征服、インドネシア経営に優位を占め、十七世紀中ごろ最盛期を向かえる。このオランダの進出に対して、ジャワのマタラム王国やバンテン王国は反抗を試みたが、どれも失敗、その内乱を利用して、かえってオランダは領土を拡大、一七七七年にはジャワ島全土を征服した。このようにして、インドネシアは、オランダの植民地になるという形で、近世ヨーロッパを受け容れざるをえなかった。

しかし、それはどこまでも政治的支配にすぎず、ジャワの民衆達はほとんどオランダ人の存在を意識せずに生きていた。彼らにとっては、統治者が異人種に代わったというだけで、社会の構造的変革はまだ起きてはいなかった。彼らのイスラム教を中心とした生活形態、文化にはなんら変わりはなかったのである。政治的な力が、次第に社会生活

『ヨーロッピズム』

の基礎をなす文化、つまり、価値観・世界観にまで影響を及ぼすようになるのは、これ以後、一八〇〇年前後のヨーロッパの産業主義の登場と、それの非ヨーロッパへの波及があってからのことであった。

中国においても、十七世紀に入って明から清へ王朝が交代したが、文化的には、清代も、明代と同様、キリスト教の宣教師を通じてヨーロッパ文化が流入した。その知識は、地理学、天文学、砲術、洋画の手法、建築術などに及んだ。しかし、キリスト教に関しては、中国人信者が、孔子崇拝や祖先崇拝に関する中国古来の儀式に参加すべきか否かの問題をめぐってキリスト教諸派が対立。フランシスコ会派やドミニコ会派など否認派は、キリスト教の布教が禁止され、やがて、布教の許されたキリスト教諸派も制限され、そのため、キリスト教の布教は極めて困難になった。この典礼問題にも現われているように、キリスト教の流入は、儒教・道教を基盤とするシナ文化にとって相当に異質であった。したがって、このキリスト教禁止は、伝統的文化を防衛しようとする反ヨーロッパ主義の現われと言ってよいであろう。この点でも、日本の場合と酷似している。

しかし、ヨーロッパ諸国の進出は、この段階では、まだそれほど危険度の多いものではなかったし、それほど強力でもなかった。だから、この時期には、中国は、このヨーロッパ諸国の進出を阻むこともできたのである。中国は、ヨーロッパを受け容れるにしても、排撃するにしても、経済的にも、政治的にも、文化的にも、まだなおその主体性と同一性を十分保ちえた。

日本でも、江戸時代の長い鎖国下にもかかわらず、長崎の出島におけるオランダ人との交流を通して、特に、ヨーロッパ近世の学問や知識に対する関心という形で、新しいヨーロッパの世俗化時代の文物は相当程度流入していた。蘭学という名で行なわれたのが、それであった。その知識は、農学、治水、天文、医学、地理、化学、植物学、物理学、兵学に及んだ。これらの世俗的知識は、江戸幕府の奨励の他、オランダ医官や蘭学者の私的な教育活動によって普及したものであり、鎖国下とはいえ、このヨーロッパ近世の知識の普及にはめざましいものがある。そして、この洋学の普及は、日本の近代化の準備段階として、わが国の科学や技術の発展に寄与した。

江戸時代においては、いわば、表向きの反ヨーロッパ主義のたてまえのもとで、ヨーロッパ主義はかなりの程度広まっていたと言ってよいであろう。この多岐にわたる洋学の普及は、しばしば幕府の鎖国政策への批判ともなったために、幕府は後これを度々抑圧、しかし、これらの動きは、結局、幕末の〈開国〉つまりヨーロッパ化政策への大きな潮流へと連なっていった。

わが国の江戸時代は、ヨーロッパやロシアの十七・十八世紀と同じく、世俗化の時代であって、経済的には初期資本主義が発達し、文化的には町人文化が興隆し、学問においても実証的学問や実際的学問が重んじられ、かくて中世的な宗教中心の生活から世俗中心の生活への転換がみられた時代であった。ヨーロッパ風の学問、つまり洋学の発達は、このような時代にあって、実用的知識の流布に大きく貢献した。そして、これは、後の幕末から維新にかけてのヨーロッパ近代文明の大きな流入に対して、その準備の役割を果したのである。しかし、江戸時代におけるヨーロッパ近世文化の流入は、決して日本の文化的地盤そのものを壊すものではなかった。日本のヨーロッパ主義者、つまり洋学者達も、どこまでも伝統的な儒教精神を足場にもって、ヨーロッパの学問を学んでいたのである。

ここで特筆すべきは、この時期のロシアであろう。ロシアに近世のヨーロッパ文化が流入し、ロシアがヨーロッパ化していくのは、十七世紀に入ってからであった。十七世紀初頭のポーランド軍によるモスクワ占領は、ロシアに衝撃を与え、ロシア人にロシアの立ち遅れを自覚させた。ピョートルの急激なヨーロッパ化政策は、このショックが遠因になっている。

ピョートルは、一六九七年から八年にかけて、ヨーロッパ旅行を敢行し、オランダやイギリスで造船術や解剖学を学び、商工業を調査して、ヨーロッパ文化の輸入に努め、ロシアの後進性を打破しようとした。そのために、彼は、旧軍ストレルツィを絶滅して、ヨーロッパ式の近代軍をつくり、封建議会を廃して、中央集権化をはかった。また、国営工場を設立し、産業と貿易を奨励し、〈西方への窓〉ペテルスブルクを建設し、ヨーロッパ文化摂取の拠点にした。ピョートルのヨーロッパ化政策は、他の非ヨーロッパ諸国に比して、徹底したものであった。彼は、ヨーロッパ化政策を成功させるためには、これを生活の全分野に及ぼさねばならないと考え、ロシア人の髭を剃り落とすことから、ヨーロッパ化運動を電撃的・心理的に行なった(2)。

しかし、このようなヨーロッパ文化の急激な流入は、異なった種類の文化との出会いであったから、同時に、相当な軋轢を及ぼし、それに対する反抗も招いた。それは、あらゆるヨーロッパ化に対して、ロシア本来の伝統と独立を保全しようとする運動となって現われた。

ロシアは、もともと、東ローマ帝国の正統な後継者であり、正教キリスト教の正統を引き継ぐものという自覚をもっていた。それは、十五世紀に、ロシア正教キリスト教世界を政治的に統一した時から始まり、一五八九年にギリシア正教から独立してロシア総主教座を創設した時、頂点に達する。だが、その後、ロシアは、ヨーロッパ近世文明が流入するという大きな脅威を被ることになる。ロシアの〈反ヨーロッパ主義者〉は、ロシア正教の正統を守るべく、このヨーロッパ近世文明の流入に対抗しようとした。

それは、まず、一六五四年のニコンの教会改革に反対することから始まった。ロシア正教の典礼と宗規を改正しようとしたこの改革に、正教からの逸脱をみた修道僧や信徒は、これに強硬に反抗した。それに対して、政府は、これを徹底的に弾圧したため、教会は二つに分裂した。ピョートルの世俗化政策は、このニコンの改革の延長上に成立していたため、分離派は、彼を〈反キリスト〉の頭目とみ、ピョートルの奨励したヨーロッパの技術に対しても反撥した。彼らは、ロシア正教の信仰を厳正に守ることによってのみ、ロシアは救われると信じたのである。

〈ヨーロッパ主義者〉ピョートルは、この分離派を徹底的に抑圧した。ピョートルは、ロシア帝国を、ロシア正教キリスト教国家から、近世ヨーロッパ世界に属する世俗国家につくりかえることを目標としていたからである。ニコンの教会改革と教会分裂は、ピョートルの世俗化政策の前段階だったとみてよいであろう[3]。あるいは、ロシアにおいても、ヨーロッパと同様、宗教的分裂が世俗化の引金となったとも言えるであろう[4]。

しかし、教会分裂によって生じた伝統派を弾圧して徹底的に行なわれたピョートルのヨーロッパ化政策は、どこまでも世俗化政策であり、非宗教化であり、決して反宗教ではなかった。ヨーロッパの世俗化においてもそうであったように、それは、ロシアの有機的な文化構造を全面的に破壊するものではなかった。ピョートルのヨーロッパ化政策にあっては、ヨーロッパ近世の世俗化された文物、世俗的知識、政治形態が流入したにすぎなかった。その背後には、なおロシア正教を中心とした文化構造が隠然として存在し、そのもとに西ヨーロッパの世俗文化が根づいたのだと言ってよい。むしろ、ロシアは、世俗的なヨーロッパ近世文化が入ってくることによって、より文明化し発展したという面もある。ピョートルの政策は、ロシアのひとつの発展であって、ちょうど日本の江戸時代のように、ロシアの世俗文化を形成することに寄与した。それは、なお、ロシアにとって長い文化史の展開のうちのひとつであった。

もちろん、他の文明を受け容れることは、その文化にとっては、ひとつの危機である。十七・十八世紀のヨーロッパ近世の世俗的文化を受容することは、ロシア正教文明にとっては、確かに尋常ならざる状況ではあったであろう。しかし、これは、十九世紀以後の産業主義に支えられるヨーロッパ近代文明を受容するのとは、質的に異なっている。十九世紀のそれは、ヨーロッパのみならず、非ヨーロッパの伝統をも破壊するものであったからである。

十七・十八世紀の非ヨーロッパのヨーロッパ化は、ヨーロッパがもたらしたものがどこまでも世俗文化にすぎなかったから、それは、非ヨーロッパに破壊的に働くものではなかった。むしろ、非ヨーロッパ、特にロシアや日本、中国やトルコは、いろいろなルートでもたらされたヨーロッパの世俗文化を、自分達の伝統的文化の中に取り入れ消化していった。十五・十六世紀および十七・十八世紀のヨーロッパの進出は、確かに十九世紀以後のヨーロッピズムの先駆であり、それを準備するものではあったが、それ自身は、一部の例外を除いて、破壊的なものではなかったとみなければならない。

2　十九世紀のヨーロッパ近代文明の衝撃

ヨーロッパ近代文明の非ヨーロッパへの侵入が抜き差しならぬ問題になるのは、十九世紀以後からである。それは、ヨーロッパの産業革命と自由主義革命という経済・政治・社会上の大きな変革を背景にもっている。その産業主義や科学技術の力、政治や軍事の力、思想や文化の力は、それまでと比べものにならないほど強力であった。これが、非ヨーロッパに拡大して非ヨーロッパの伝統社会を急激に変容していったのである。それは、多くの場合、軍事的・政治的衝撃によって始まり、次第に文化的深層にまで及んだ。

ロシアの衝撃

例えば、ロシアが、ヨーロッパの産業革命やフランス革命の影響を受け、産業資本主義と自由主義の洗礼を受けて、近代的なしかたでヨーロッパ化していこうとしたのも、十九世紀に入ってからのことであった。なるほど、ヨーロッパ化は、ロシアでは十七世紀のころから始まって、その後、進展してはいた。しかし、ヨーロッパ社会の大変革の影響がロシアに入ってきたのは、一八〇〇年代以後である。そして、これが、ロシアの社会を根本的に変革していった。一八一二年のナポレオンの侵入は、ロシアがその政治的独立を根底から危うくされた大きな衝撃であった。しかし、ピョートル以来のそれまでのヨーロッパ式軍隊の創設努力の結果として、ロシアはこの戦いに勝つことができた。そのため、これは、むしろロシアの優秀性を主張する国粋派の抬頭を招き、他方、ドイツ・ロマン主義と結びついたスラブ・ロマン主義の抬頭をもたらした。そのため、これは日本の黒船ショックのように、急激な近代化への要請を呼び起こしはしなかった。

しかし、後、ナポレオン解放戦争に従事した貴族士官達は、ヨーロッパの自由の空気を吸い、帰国後、ツァー体制を議会主義的立憲君主制に改めることを目指す自由主義運動を行なうようになる。一八二五年に起きたデカブリストの乱は、これら自由主義貴族の起こした革命企図であった。なるほど、これは失敗したけれども、それは、一八〇〇年以後醸成されていたロシアの近代ヨーロッパ化の前兆ではあった。

産業革命とフランス革命から始まるヨーロッパ近代文明がロシアに流入してくるのは、この一八二五年のデカブリストの乱前後からである。そして、このヨーロッ近代の受容が決定的になるのは、ロシアが、一八五六年のクリミア戦争で、フランスやイギリスの近代軍との戦いに敗北してからのことであった。ここではじめて、ロシアは、ヨーロッパ近代文明の圧倒的優勢を自覚せざるをえなかった。これは、ロシアにとって大きなショックであった。非ヨーロッパのヨーロッパ化は、多くの場合、軍事的に自国の弱さを知らされることによって、急速化する。それが、軍備の近代化を要請し、次第に、近代ヨーロッパ風の政治制度、産業組織の導入へと拡大していくのである。

日本の黒船ショック

日本が否応なしにヨーロッパを受け容れ、ヨーロッパ化していかざるをえなくなったのも、一八五三年の黒船来航のショックを切っ掛けにしてであった。もちろん、それ以前にも、一八〇〇年前後から、ヨーロッパ諸国、特にイギリス船が出没し、またロシアやアメリカの船も、盛んに通商を求めて来航してきていた。これは、十九世紀以後のヨーロッパ近代文明の世界的拡大という〈ヨーロッピズム〉の世界史的潮流のひとつの現われであった。

なるほど、一八五三年の黒船来航は、アメリカの日本に対する門戸開放要求に他ならず、この点では、正確には〈ヨーロッパ〉の襲来とは言えないかもしれない。アメリカは、必ずしもヨーロッパそのものではないからである。しかし、アメリカは、同時に、ヨーロッパの近代産業技術文明をある意味で純粋なしかたで推し進めた国でもあった。だから、日本からみれば、それは、ヨーロッパ近代文明の襲来以外の何ものでもなかった。同じことは、ロシアについても言える。ロシアは、ヨーロッパからみれば、地理的に言っても、文化的伝統から言っても、非ヨーロッパである。しかし、日本からみれば、ロシアは、ヨーロッパ近代文明を背負ってやってきている以上、一種のヨーロッパと受け取られる。実際、日本にとっては、アメリカの黒船来航以来、イギリスやフランスそしてロシアが、ひとかたまりになって、同じ黒船で門戸開放を要求してやってきたのである。

これ以来、日本は、決定的にヨーロッピズムの波にもまれるようになる。日本はこのショックを機に極度に動揺し、日本の国論は、開国論つまりヨーロッパ主義と、攘夷論つまり反ヨーロッパ主義の二つに分裂した。幕府は、アメリカの圧力に屈し開国を決断、後、イギリス、フランス、オランダ、ロシアに対しても門戸を開放した。それに対して、攘夷論者つまり反ヨーロッパ主義者は、尊皇論と結びついてヨーロッパ排撃運動を展開するようになる。

この攘夷論は、強硬なヨーロッパ列強の進出に対する自国の独立の保全意志を表現したものであり、わが国の政治や文化の根源である天皇擁護論と結びついたのはそのためである。尊皇思想は江戸時代の初期からすでに出現していたが、これが政治的な運動としてはっきりした形で表出されてきたのは、対ヨーロッパ、つまり攘夷との関係が生じてからであった。

だが、この尊皇論と結びついた攘夷論は、その後、ヨーロッパ諸国との部分的交戦によって、ヨーロッパ諸国の排撃が不可能であることを知らされ、それ以来、国内の体制を充実強化した上でヨーロッパ諸国に対抗しようと考えるようになった。そのため、これは、むしろ弱体化した幕府を倒そうとする討幕論に傾いていった。日本の幕末から維新の時代は、日本がヨーロッピズムの激流の中に巻き込まれた時代であり、ここから日本にとっての〈近代〉あるいは〈現代〉が始まったと言えよう。

中国のアヘン戦争の衝撃

中国が、否応なしにヨーロッピズムの大波をかぶって、その主体性を保つことが不可能になり、ヨーロッパ諸国を追い返すことができなくなったのも、十九世紀になって、産業革命を経験したヨーロッパ諸国の産業主義が流入してくるようになってからであった。ここでは、もはや宗教は背後に隠れ、それに代わって物量や軍事面が前面に出てくる。それは、具体的には、十九世紀半ばのイギリスとのアヘン戦争という形で現われたが、このアヘン戦争の敗北を切っ掛けにして、中国はそれまでの主体性を失なって極度に動揺し、その結果、否応なしに近代ヨーロッパを受け容れざるをえなくなったのである。これが、中国にとってのヨーロッパ産業技術文明の最初の侵入であった。それは、日本の黒船来航に当たるひとつの衝撃であった。しかも、不幸なことに、ロシアや日本と違って、それは、ヨーロッパ諸国の共同植民地になるという形においてであり、自主的選択によるものではなかった。

十九世紀中頃に起きた太平天国の乱は、それ自身は、征服王朝である清朝に対する漢民族の農民反乱であった。しかし、この背景には、ヨーロッパ列強の中国進出による清朝の権威喪失や、ヨーロッパ産綿製品の流入による農村の荒廃などがあり、ヨーロッピズムの流れと無関係ではない。しかも、清朝の無力な正規軍に代わって、この太平天国の乱を鎮圧するために組織された軍隊には、各地の豪族が組織した義勇軍など多くあったが、なかでも、上海の買弁達の資金でつくられた軍隊は、ヨーロッパ風の近代的組織をもった最初の軍隊であった。この時期に洋式軍隊が初めて形成されたということは、その後の軍の近代化・ヨーロッパ化の切っ掛けとして、大きな意味をもつものと言えるであろう。

東南アジア諸国の開国と植民地化

他方、東南アジア、特にタイでは、アユタヤ王朝滅亡後成立したチャクリ王朝が、一八五五年、香港総督ボウリングを通して、イギリスとの友好通商条約を締結、これを切っ掛けにして、その後、アメリカをはじめ他のヨーロッパ諸国とも同様の条約を締結し、タイは全面的に開国した。この開国によってもたらされたヨーロッパの近代文明は、タイの伝統社会を揺るがし、タイの近代化を促す外発的契機となった。そして、ヨーロッパ列強の圧力のもと、国家体制を再建すべく、その対策が要請された。実際、十九世紀の前半以来、すでにビルマ（ミャンマー）は、イギリスとの数度に及ぶ戦いの結果、イギリスの植民地になってしまっていた。

一方、ベトナムでは、十九世紀初頭、阮福映が、フランス人神父ピニョーの援助で阮朝を創設、中国の諸制度を採用して国家建設をはかったが、ヨーロッパ諸国に対しては一貫して鎖国政策をとった。さらに、儒教を背景にしたベトナムの文人とキリスト教の宣教師が対立、そのため、儒教を重んじた明命帝はキリスト教の布教活動を禁止した。これらの動きは、清や日本同様、ヨーロッパの近代文明の襲来に対する伝統の側からの反撃であり、反ヨーロッパ主義的な動きであった。

しかし、中国のアヘン戦争で、清朝がヨーロッパ諸国の圧倒的力の前に屈したのをみた阮朝は、これを脅威と感じて、ヨーロッパ諸国と和解しようとしたが失敗。その後、フランス軍によるダナン砲撃事件を出発点にして、ベトナムはフランスの艦砲外交の前に次々と屈し、一八八七年には、フランスの植民地にされてしまった。ベトナムは、植民地化という形で、ヨーロッパ近代を受け容れざるをえなかったのである。

インドの植民地化

インドにとって、ヨーロッパの進出、特にイギリスの進出が抜き差しならぬ問題になるのは、十八世紀の末ごろからである。その点で、プラッシーの戦いでのイギリスの勝利と、その後のイギリスの支配権の拡大は、大きな意味をもっている。これをメルクマールにして、インドも、植民地化という形で、次第にヨーロッパ近代文明に侵食されていくようになる。

実際、十八世紀末ごろから、イギリスは、産業革命を他のヨーロッパ諸国に先駆けて開始し、生産力を増大させていた。それにともなって、イギリスはインドを完全支配するようになっていく。トインビーも、『歴史の研究』の中で、むしろ初めのうちはイギリス人もインド社会に溶け込んでいたが、十八世紀の後半以降溶け込まなくなり、次第にイギリスの近代文明が優位を占めてくるようになる有様を叙述している。現に、この時期に、イギリス人のインド出向の足も、帆船から汽船に転換している。[5] インドのヨーロッパ化の観点からすると、これは、イギリスの支配が商業主義的なものから産業主義的なものに変化し、その支配が政治的・文化的なものにまで及んでいったことを示す。このころから、イギリスは、産業技術文明の絶対的な優位を背景にして、次第に威圧的になっていったのである。

事実、イギリスは、一七七三年にはベンガル地方の永代租借を取り付け、さらに、産業主義の進展にともなって、一八一三年には東インド会社の貿易独占権を廃止して、自由貿易を推奨し、インドをイギリス本国の自由市場として開放するに至った。こうして、一八二〇年ごろまでには、大部分の藩王国がイギリスに降《くだ》り、ムガール皇帝も東インド会社の年金受領者となった。また、数度に及ぶマラータ戦争やシーク戦争によって、イギリスはマラータ同盟やシーク教徒を破り、一八四九年までにインドの国土の大部分を占領し、インドの植民地化は完了した。

中東諸国の衝撃

トルコが十八世紀前半の部分的改革の無力を悟ったのは、十八世後半の露土戦争の敗北によってであった。これを契機に、セリム三世を中心に、帝国を復興するため、より大がかりな改革に乗り出した。それは、「新体制」と言われ、トルコの本格的なヨーロッパ化はここから始まる。時あたかも、ヨーロッパ諸国は、産業革命や自由主義革命によって、近代的な経済組織や政治組織を構築しつつある時であった。

一方、エジプトは、トルコの属領となっていたため、ヨーロッパ諸国との関係もトルコとほぼ同じ関係をもっていた。だが、属国化していたということもあって、十八世紀後半の露土戦争でのトルコの敗北も、ナポレオンのマルタ占領も、イギリス艦隊の出没も、エジプトはそれほど脅威だとは受け取らなかった。(6)

しかし、一七九八年のナポレオンのエジプト侵入の際のアブキール湾の海戦は、エジプトにとって、日本の黒船ショックと同じようなショックを与えた。フランス人の侵入と、このフランス人を追って現われた二十五隻のイギリス船に対する驚きと戸惑いについて、トインビーは、『試練に立つ文明』で、アル・ガバルディの回想録を引用して生々しく報告している。アル・ガバルディは、さらに、フランス人が見せた科学器械類に驚嘆し、その現地で見せた公正な裁判のやり方に感服している。(7) エジプト人は、この時、初めて近代ヨーロッパ文明に対する脅威を自覚したのである。ナポレオンは、大陸のヨーロッパ諸国に近代自由主義文明を輸出したばかりでなく、ロシアやエジプトなど、非ヨーロッパにも衝撃を与えた。ナポレオンの襲来は、エジプトにとって近代ヨーロッパ文明の進出に他ならなかったのである。かくて、日本同様、この衝撃が切っ掛けになってエジプトの激動が始まる。

アフリカの衝撃

アフリカにとってのヨーロッパ近代文明の衝撃は、他と違って、内陸部へのヨーロッパ人達の探検隊の進出という形でもたらされた。それまでのヨーロッパ人達の進出は、どちらかと言えば、海岸部が主であったが、十九世紀になると、ヨーロッパ諸国は、暗黒大陸といわれたアフリカに対する具体的知識を求めて、盛んに内陸部に侵入してきた。沿岸地帯の首長達は、ヨーロッパ人から銃火器を手に入れるために、内陸部で捕虜をつかまえてこれを奴隷として売り、利益を得ていたが、この利益がヨーロッパ人にとられるのを恐れた。十九世紀のヨーロッパ人のアフリカ探検熱は、新しい市場を求めるヨーロッパの産業主義に支えられたものである。この探検隊のもたらした知識は、奴隷貿易が罪悪であるという認識をもたらしはしたが、しかし、やがてヨーロッパ諸国の進出に利用されていった。また沿岸部においても、イギリスやフランスの進出は激しく、次第にその植民地とされていった。

非ヨーロッパ諸国は、このような一連の大きな衝撃を通して、ヨーロッパ近代文明の優位を自覚せざるをえなかった。これらのヨーロッパからの衝撃の背後には、当時ヨーロッパで進展しつつあった産業主義と自由主義に支えられた全く新しい文明があった。そして、これ以来、非ヨーロッパのヨーロッパ化は、二つの方向に分かれる。ひとつは、自主的ヨーロッパ化であり、もうひとつは植民地化、あるいは植民地政策の強化としてのヨーロッパ化である。

3　自主的ヨーロッパ化

上からの近代化

ヨーロッパ近代文明の襲来という大きな衝撃を受けた非ヨーロッパ諸国のうち、特にロシアや日本、そして、一時期の中国、タイ、トルコ、エジプトなどでは、外から襲ってきた圧倒的なヨーロッパ近代文明に対して、それを否応なしに受け容れなければ生きのびていけないという自覚のもとに、このヨーロッパの近代文明を受容して自立をはかるという方向がとられた。つまり、積極的なヨーロッパ化による近代化策がとられたのである。ヨーロッパの近代化は、ヨーロッパ自身の内部構造からいわば内発的に起きたものであったが、非ヨーロッパの近代化は、いわば外発的に強制されるという面があった。この点で、ヨーロッパと非ヨーロッパでは全く異なっている。それにもかかわらず、否、それゆえにこそ、それらの非ヨーロッパ諸国は、生きのびていくために積極的な近代化策をとったのである。

しかも、非ヨーロッパのこの自主的な近代ヨーロッパ化は、大概共通した特徴をもっている。そのうち、最大の特徴は、それがどこでも〈上からの近代化〉であったという点である。外発的な近代化の場合、経済をより発展させ、軍備を強化し、政治、社会、文化一般にわたって全面的に近代化するには、上からの近代化によって急速にヨーロッパ化する以外に方法はなかった。これが、ヨーロッパと非ヨーロッパの違いであって、内発的に近代化の要請が起きてきたヨーロッパと、外発的に近代化を行なわざるをえなかった非ヨーロッパとの相違点である。当然、両者は異なって然るべきであり、非ヨーロッパの場合、下から起きてこなかったからといって、非難することはできないであろう。むしろ、外発的にショックを受けて、上から近代化せざるをえなかったというのが、非ヨーロッパの共通した運命だったのである。

ロシアと日本のヨーロッパ化策

例えば、ロシアでは、クリミア戦争の敗北を切っ掛けとして、アレキサンドル二世の治下、一八六一年に農奴解放が行なわれ、その他、地方議会の設置、司法制度の改革、大学令の発布、国民皆兵制の創設、貨幣の整備、鉄道敷設、出版の自由の保証、教育改革など、急速な〈上からの近代化〉策が行なわれる。これを境にして、ロシアの産業は、急激に発展していく。一八八〇年代にはこれが本格化、世紀末にはロシアの産業主義が高度の成長をみるようになった。

同じく、日本の明治新政府も、積極的にヨーロッパ近代文明を取り入れた。当時は、ヨーロッパ諸国の植民地獲得の活動がアジア各地で活発に行なわれた時代であった。そのため、日本が植民地化されないためには、積極的にヨーロッパの近代的な技術や組織を、軍事、産業、政治、社会一般にわたって導入し、日本自身を早急に近代的国民国家に仕立上げる必要があったのである。明治政府は、〈富国強兵〉〈殖産興業〉をスローガンに、近代産業の育成をはかり、中央集権的官僚機構を整備し、近代的常備軍を組織して、上からの近代化を急いだのである。明治新政府が行なった近代化政策、内閣制度の創設、版籍奉還、廃藩置県、国民皆兵制の創設、四民平等策、交通・通信網の整備、金融制度の改革、学制の公布による国民皆教育の実施などは、組織だった近代国家を形成し、生産力を高め、生活水準を上昇させるのに適《かな》った政策であった。

しかも、この各方面にわたる上からの近代化策が、日本では、相当早い速度で進展したのには、江戸時代にすでに発達していた諸制度の前提があった。明治新政府は、これらを大きく再編成するだけでよかったのである。こうして、多方面にわたる近代化政策を講じたために、日本の近代化は急速に進展し、明治の後半には、重工業を中心とする第二次産業革命を完了、ヨーロッパ諸国と対等の位置を占めるに至った。

中国の洋務運動と変法自強運動

アヘン戦争後の中国においても、当時無力化しつつあった清朝は、同治帝の時、ヨーロッパ諸国との親善をはかり、ヨーロッパ近代文明の摂取に努め、国家体制の再建を目指した。この「同治中興」における洋務運動は、ヨーロッパ式軍制を採用し、造船所を建設し、産業構造を整備し、留学生を派遣し、外国語学校を開設するなど、ヨーロッパ主義にもとづく動きであった。十九世紀後半以降、中国も、日本同様、ヨーロッパ近代文明を受け容れることによって自立していこうという方向に変わったとみてよい。

しかし、中国は、近代ヨーロッパを受け容れて富国強兵を実現していくには、ヨーロッパの実用的な技術のみを取り入れるだけでよいと考え、中国の社会構造や、政治組織、文化の面では、頑固にその伝統を墨守し、これを改変しようとはしなかった。そのため、中国のヨーロッパ化にはおのずから限界があり、この段階では、まだ全面的なヨーロッパ化には至らなかった。

ところが、一八九四年に朝鮮の内乱を切っ掛けに起きた日清戦争が、清の敗北に終わる。なるほど、これは非ヨーロッパ同士の戦いではあったが、しかし、清にとっては、これは、ヨーロッパ化した日本の進出であり、同時に、日本という非ヨーロッパを通してのヨーロッパ近代文明の進出でもあった。清は、ヨーロッパ諸国ばかりでなく、非ヨーロッパ・ロシアにも、そして、同じアジア人の小国・日本にまでも進出され、近代ヨーロッパ化に遅れた自国の過誤を否応なしに自覚せざるをえなかった。実際、日清戦争の敗北は清朝の無力を世界に暴き、そのため、列強は競って中国分割に乗り出し、列強による中国の共同植民地化はより一層進んでいった。かくて、中国は、この戦争の敗北を契機に、より一層の近代化を推し進めねば立ち行かないことを学んだのである。

同治中興における洋務運動がヨーロッパの技術の輸入にのみとどまったことの失敗を自覚したのは、康有為やその弟子梁啓超など一部の知識人・官僚らであった。そこで、彼らは、変法自強運動を起こして、政治制度の改革の必要を説き、日本の明治維新を模範に立憲君主政体の樹立を目指した。康有為や梁啓超は政治改革を重んじる公羊学の儒学者であり、この点では、日本の明治維新の政治家同様、彼らの考えは、背後に伝統的儒教精神を維持しながら近代ヨーロッパ化をはかろうとするものであって、伝統と近代のひとつの融合形態であったと言えよう。

しかし、康有為らの改革運動は、朝廷の保守派の廷臣達のために失敗、保守勢力は排外主義をとり、義和団事件で列強に敗北した。義和団事件の後、保守派は失脚、代わって康有為の考えを受け継ぐ開明的官僚が立憲運動を起こし、日本への留学生や調査団の派遣、国会開設の準備、科挙制度の廃止、新式学校の設立、新軍の編成などを行ない、一九〇八年を期して憲法大綱を発表し、後、国会を開くことを公約した。しかし、この動きも時すでに遅かった。ただ、この時、日本が中国のヨーロッパ化のモデルになり、日本からその方法を輸入しようとしていたことは注目に値する。これは、いわば、日本という非ヨーロッパを通してのヨーロッパ化運動だったのである。

タイのチャクリ改革

タイでは、ヨーロッパ列強に門戸を開いた開明君主モンクット王が、積極的にヨーロッパの文物を取り入れ、国民啓蒙に努めるとともに、ビルマ（ミャンマー）のように植民地化されることを警戒して、自らの手で運河の開削事業などを行なって、生産の拡大に努めた。タイは、日本と同じように、自主的にヨーロッパ産業主義の方法を取り入れ、自主的にヨーロッパ化し、独立を保とうとしたのである。かくて、タイは、ヨーロッパ近代文明を受け容れ、近代国家への道を歩んでいくことになる。

モンクット王の薫陶を受けた王子チュラロンコンは、一八六八年、ちょうど日本の明治維新と同じ年に国王に即位、ジャワ・シンガポール旅行とインド・ビルマ旅行を行なって、オランダやイギリスの植民地統治の実際を見聞し、ヨーロッパ近代文明に触れ、強烈な刺激を受けた。タイの周辺諸国は、植民地統治の強化という形でヨーロッパ近代文明を受容し、ヨーロッパ化の最初の道を歩んだのに対して、タイの場合は、このヨーロッパの植民地を経由して、それを模範として、自発的なヨーロッパ化を推進したことになる。

かくて、チュラロンコンは、帰国後、タイの大改革に乗り出す。道路の整備事業、行政組織の刷新、司法制度の改革、債務奴隷の解放など、抜本的改革を行なった。新たに十二省を設置するとともに、地方行政組織を改革して、日本が廃藩置県を行なったように、全国をモントンと呼ばれる州に編成し直し、中央政府の支配力を強め、また、王子達のヨーロッパ派遣などを行ない、王族の教育と啓蒙にも努めた。これらの改革がチャクリ改革といわれるものである。それは、単に産業を興すばかりでなく、政治、軍事、教育、全般にわたる広範な改革であった。非ヨーロッパのヨーロッパ化は、例外なく、上からの近代化という形で行なわれるが、タイの場合も例外ではなかったのである。

チュラロンコンに、このヨーロッパ化政策を促したのは、当時、東西から進出しつつあったフランスとイギリスによって挟撃されているという事実であった。チュラロンコンは、タイの植民地化を避けるために、急いで国内体制を整え、中央集権国家をつくり、ヨーロッパ風の近代国家に仕立てあげるために、上からの改革を推し進めたのである。

タイが、ヨーロッパ諸国の脅威の中で周辺諸国が植民地化されている時期に、最後まで独立を保ちえたのは、イギリス・フランス両国の緩衝地帯になったことや、巧みな外交によってヨーロッパ各国と公平に交わって、ヨーロッパ諸国の力の相殺をはかったことなどにもよるが、何よりも、自発的にヨーロッパ化運動にいちはやく着手し、俊敏にヨーロッパ化のための諸政策を実行し、近代国家体制を整えたことによるであろう。

トルコとエジプトの改革

他方、トルコも、これより早く、セリム三世のもとに大改革に乗り出していた。セリム三世の改革は、ヨーロッパ式軍制の創設、造兵廠の建設、陸海軍学校の開設など、軍事改革から出発し、行政、財政制度の改革に及ぶ広範なものであった。また、ヨーロッパ諸国に在外公館を常設、近代ヨーロッパの知識の摂取に努めた。これらの改革によって、ヨーロッパ風の近代思想や諸制度を学んだ世代が輩出し、トルコの近代ヨーロッパ化を推進した。セリム三世の改革は、日本の明治維新同様、ヨーロッパ文明を積極的に受け容れることによる立国を目指したものであった。

さらに、マフムト二世の治世でも、旧軍イエニチェリ軍団を解体、新規軍団を組織して国民皆兵制を布き、中央官制を再編し、教育制度を改め、ヨーロッパ諸国に留学生を送って、ヨーロッパ近代文化の受容に努め、近代化のための進歩的官僚を育成した。

これと同じ時期に、エジプトにもめざましい動きがあった。トルコ軍の一員としてフランス軍と戦ったアルバニア商人、ムハマド・アリが、エジプトの実権を握ってエジプトのパシャとなり、ムハマド・アリ朝を築いたのは、ナポレオンの侵入による混乱期においてであった。彼は、十九世紀の中頃までに、エジプトの近代ヨーロッパ化を目指して、次々と国政改革のための諸政策を打ち出した。

アリは、エジプトの強化のために、ヨーロッパの諸制度を導入して国力をつけようとした。日本同様、ヨーロッパ近代文明の受容による文明開化と富国強兵策をとったのである。その際、エジプトは主にフランスにその範をとり、まず、徴兵制による陸海軍とそれに必要な兵学校を創設、国民にヨーロッパ式訓練を施した。これによって、エジプト軍は、トルコからのギリシアの独立運動を鎮圧することができ、ヨーロッパ諸国を驚愕させた。その後、ヨーロッパ各国の干渉のため、一時後退せざるをえなかったが、アリは、ヨーロッパ諸国との融和策をとって自国の安全をはかり、農業改革をはじめ富国策を講じた。そのために、行・財政改革など近代化策を推進、地方行政組織の再編の他、近代産業を育成し、多くの学校や病院を建設した。アリの改革は、他の非ヨーロッパ同様、ヨーロッパ列強から受けた衝撃から出発した一連の近代ヨーロッパ化策であり、これは、トルコのセリム三世の改革よりも、より徹底していた。それは、ヨーロッパ列強から自国を守るために行なった徹底したヨーロッパ化だったのである。

相克する伝統と近代

このように、一部の非ヨーロッパ諸国では、ヨーロッパ近代文明を積極的に受容し、近代化することによって自立をはかるということがなされたが、この場合、非ヨーロッパの伝統的な文化構造は、この否応なしのヨーロッパ化によって、大きく変容されていった。多くの場合は、自分達の伝統的な文化を背景にして、これを変容させて新しいものにつくりかえ、その中に近代的なヨーロッパ風の文化を取り入れるということがなされた。同時にまた、受け容れられたヨーロッパ近代文化の方も、非ヨーロッパの伝統に合わせて変容されていった。そのようにして、両者を融合し、非ヨーロッパとヨーロッパとを接木する努力がなされた。非ヨーロッパのヨーロッパ化とは、そのような接木の努力に他ならなかった。

この点が、ヨーロッパ自身とは全く違っていた。ヨーロッパ自身は、自分達で内発的に伝統的部分を壊して、新しい自由主義的・産業主義的文明をつくりあげ、近代国家を形成していった。それに対して、非ヨーロッパは、外発的に近代化・ヨーロッパ化をしていかねばならなかったから、二重、三重の苦闘を演じなければならなかった。自分達の伝統的な文化の根幹は残さねばならない。しかし、また、近代ヨーロッパ化のためには、同時にこれを変革しなければならない。しかも、ヨーロッパ近代文明の方もそのまま受け容れることはできず、受け容れられやすいように変容しなければならないという矛盾に面して、この矛盾の調和をはかることに苦闘した。非ヨーロッパのヨーロッパ化に伴う苦悩は、ここにあった。大概の場合には、この矛盾の解決は、〈和魂洋才〉〈中体西用〉といわれるように、近代化初期においては、自分達の伝統文化の根幹のところは生かして、その上に、ヨーロッパの近代産業技術文明を変容して受け容れるということがなされたと言えよう。

日本の場合

日本でも、近代の国民国家をつくるために、旧来の伝統的構造を破壊するとともに、同時に、伝統的精神は残して、その地盤にヨーロッパ近代文明を受け容れ、それとともに、ヨーロッパ風の近代文化を、日本の伝統に合せて変容するということがなされた。そのようにして、日本は独特の近代文化をつくりあげていったのである。

実際、明治新政府の成立そのものが、そのような構造をもっていた。明治近代国家は、それ以前の封建社会の構造を破壊するとともに、同時に王政を復古させることによって、近代ヨーロッパ化を目指すという、ある意味で矛盾したものの統一の上に成り立っていた。〈維新〉という概念は、この〈復古による革新〉という歴史のダイナミズムを表現しており、伝統と近代の対立の調和を目指すものであった。それは、伝統的なものを保存しながら、ヨーロッパ近代との融合をはかろうとする非ヨーロッパとしての工夫であった。

日本は、明らかに矛盾に面していた。つまり、ヨーロッパ化せず自国の伝統を守り抜こうとすれば、ヨーロッパ諸国の圧倒的な軍事的優位によって植民地化されてしまい、自国の政治的独立を失う恐れがあった。また、逆に、植民地化を避け、自国の独立を保全するために、積極的にヨーロッパ近代文明を受け容れれば、政治的独立は保てても、文化的精神的に植民地化され、自国の文化的独立は失われてしまうことにもなる。日本は、植民地化を避けるためには、近代化しなければならないし、近代化すれば、それまでの伝統的文化を壊さねばならないという矛盾に面していたのである。

この矛盾の解決策は、両者を調和させようとした明治新政府の諸政策として現われた。明治政府の打ち出した政策は〈欧化政策〉と言われ、ヨーロッパ主義に根差すものであるが、しかし、これを推し進めるに当たっての精神的バックボーンは、伝統的な儒教精神にあった。また、国家の精神的統一のために、伝統的な天皇制を近代国家に合うように仕立て、その背後に神道を置くという復古的な側面のあったことも見逃せない。つまり〈和魂洋才〉だったのである。近代化初期においては、何よりも、国家を国家たらしめるために、その同一性を求める必要があり、近代化を推進するには、民族主義的エネルギーを必要とする。そうしてはじめて近代的国民国家が成立する。日本でも、伝統的な文化と近代的組織の融合の上に、かろうじてそれは成立していたのである。

中国、トルコ、ロシアの場合

中国は、自主的なヨーロッパ化と植民地化としてのヨーロッパ化の中間に属するが、自主的な部分では、洋務運動や変法自強運動などにみられたように、なおその背後に儒教的精神をもってヨーロッパ近代技術を受け容れようとする面があった。中国も、伝統的基盤のもとに、近代的なヨーロッパの組織を受け容れようとしていったのである。

このヨーロッパ近代技術受容の精神は、〈中体西用〉というスローガンで表現された。これは、日本の〈和魂洋才〉の精神に当たるものであり、伝統と近代の融合を目指すものであった。しかし、日本と比較するなら、中国の場合、伝来の中華思想が災いして、中国的伝統の方が重きをなし、近代ヨーロッパの受容は単なる技術面にのみ限られたために、日本ほどの全面的なヨーロッパ化をもたらしはしなかった。ヨーロッパ化は、技術のみに限ることはできない。技術ひとつをヨーロッパ風に近代化するにも、それに付随して、その背後にあるヨーロッパ風の政治体制、社会組織、思想、文化、教育、すべてのヨーロッパ化が必要であった。だが、中国はそこまで踏み越えなかった上に、伝統と近代の融合も十分ではなかったために、日本と違って、近代ヨーロッパ化が相当遅れてしまった。日清戦争での敗北の原因もここにあった。そのため、結局、中国が本格的に近代化するためには、孫文の革命を待たねばならなかったのである。

しかし、この清政府の部分的ヨーロッパ化という政策の背後には、やはり、ヨーロッパ近代文明を全面的に受け容れると、どうしても伝統を壊さねばならないという文化的抵抗もあったであろう。全面的にヨーロッパ近代を受け容れれば、伝統が破壊されるし、伝統を破壊しないでおこうとすれば、せいぜい部分的ヨーロッパ化にとどまり、どうしてもヨーロッパに対抗するだけの力をもつことができない。非ヨーロッパのヨーロッパ化において共通して現われてくる矛盾を、清政府も味わわざるをえなかったのである。

トルコでも同じことが言える。例えば、セリム三世の改革は、その後、急激なヨーロッパ化に反対する伝統派の抵抗に会い挫折する。トルコでは、何しろそれまでのヨーロッパへの光栄ある優位があったから、トルコにおける近代ヨーロッパ化の動きは、絶えず旧体制の側から牽制され、絶えず停滞した。その点、中国に似ていると言えよう。それ以後も、トルコでは、近代派と伝統派が絶えず相克し、両者のバランスはとれず、そのためトルコのヨーロッパ化は遅れ、結局、ケマルの暴力的革命を待たねばならなかったのである。

ロシアの場合も、同様のことが言える。確かに、アレクサンドル二世の改革はロシアを近代ヨーロッパ化するのに成功したが、しかし、なお伝統の側からの抵抗は強力であり、また農民の意識も停滞していた。ロシアでも、伝統と近代の融合は必ずしも十分ではなく、それが十九世紀末の混乱を招くことになり、結局は共産革命という暴力的手段によって、遅れた調整をしなければならなかったのである。

4　植民地化としてのヨーロッパ化

植民地政策としてのヨーロッパ化

一方、植民地化という形でヨーロッパ化をせざるをえなかったところでは、植民地化あるいはその支配の強化という形で、ヨーロッパ近代文明の圧倒的強さを経験せざるをえなかった。そのため、不幸なことに、自主的にヨーロッパ近代文明を受け容れて自国の独立を保つということはできなかった。というのは、それ以前にすでに相当な領土を占領されてしまっていたり、アフリカ諸国のように、伝統的な文化構造が極めて脆弱であったために、容易にヨーロッパの植民地にされてしまったからである。

ただ、この場合でも、ヨーロッパ諸国は、植民地支配のために、十九世紀以後の産業主義的構造を植民地経営に適用していこうとした。ヨーロッパの産業主義の膨張とともに、植民地においてもその経営規模は膨大になっていったから、ヨーロッパ列強は、それまでの旧態依然たる植民地支配では間に合わず、植民地の社会構造そのものを変革していかざるをえなかったのである。そのために、植民地の村落共同体は、近代的な社会組織の中に組み込まれていった。

かくて、例えば、イギリスがインドにおいて行ない、オランダがインドネシアで行なったように、ヨーロッパ諸国は、植民地経営のために現地人を官吏や軍人に採用していった。このような形で、現地人のエリート達がまずヨーロッパ近代文明に触れていき、やがてそこから、自分達もヨーロッパ化して近代国家をつくりあげていかねばならないという民族意識に目覚めていくという現象がみられた。これが、植民地化としてのヨーロッパ化の最初の現われであった。

インドネシアの場合

例えば、インドネシアでは、十九世紀初めオランダがフランスの支配下に降《くだ》ったため、東インド総督として派遣されてきたダーンデルスが、植民地支配の腐敗を排するためのいくつかの政策を実行した。汚職を摘発し、機構を改革し、道路や要塞を建設し、地方領主の力を弱めて、彼らを植民地官僚組織の中に組み入れた。このようなしかたで、ヨーロッパの自由主義的風潮と新しい植民地支配方式が入ってきて、ジャワ社会の構造そのものが次第に変えられていった。

その後、しばらくイギリス支配の時期があるが、その期間の事実上の支配者ラッフルズも、自由・平等を尊び、自由主義的な政策を実行した。ジャワ社会の詳しい調査を行なって、土地制度を改革し、土着君主の圧政を廃し、農民の福祉をはかった。ラッフルズの改革も、ジャワ社会を一種の近代社会にしていく上に貢献し、そういう形で、ジャワ社会は、インドと同様、植民地化としてのヨーロッパ化をしていったのである。

その後、オランダの支配に戻っても、この方向は維持され、ジャワの伝統社会は次第にヨーロッパ風の近代組織の中へ組み込まれて、大きく変貌していった。宮廷貴族も漸次オランダに仕える植民地官僚になっていき、官吏登用も、世襲ではなく、個人の能力が重んじられるようになっていった。十九世紀後半からは、官吏登用試験制度も整えられ、原住民官吏も登用されるようになった。そこでは、数の知識、文字の習得、オランダ語の心得が要求され、上流階級の子弟はこの試験を受けた。また、強制栽培制度もジャワの村落共同体を解体させ、こうして、ジャワの伝統的村社会は、政治的にも経済的にも近代的に組織づけられていった。このような形で、インドネシアのヨーロッパ化が進んでいったのである。

また、原住民子弟のための教育制度も順次整えられ、初等教育もようやく普及、さらに、小学校教員養成のための師範学校、初歩の医学知識を授ける医学校、また、原住民官僚養成学校なども設けられ、中等教育機関も整備されてきた。こうして、上流階級から下級官吏階級へと逐次近代的教育が普及したために、インドネシア社会のエリート層が形成され、この層からインドネシアの内的なヨーロッパ化と民族意識が芽生えていった。

インドの場合

インドにも同じような構造がみられる。インドは、イギリスの産業の発展と併行して、綿織物の市場としても、また原料の綿花の大量生産地としても重要な位置を占めるに至り、それに伴って、インドの産業構造そのものも変わっていき、一種の近代化がなされていった。それとともに、多くの近代的な施設も建設され、近代的な教育も普及して、植民地化という形ではあるが、ある意味でヨーロッパ化は進んでいった。

イギリスの支配の結果、官用語はペルシア語から英語へ、高等教育はペルシア文学やサンスクリット文学からヨーロッパ文学へ変わっていき、この支配政策はインドの特に上流階級には大きな影響を与えた。インドネシアと同じように、インドの上流階級はヨーロッパ風の教育によって子弟を育て、イギリス政庁の官吏や軍人にするべく熱中した。イギリス政庁は、英語や英文学に熟達することを官吏や士官登用の条件としたからである。(8)

こうして、インドは、エリート層から次第にヨーロッパ化し、以前の伝統的な身分制度は次第に変質していった。そして、ヨーロッパ風の教育に親しんだインド人は、ヨーロッパ主義のインテリゲンツィアとして、次第にヒンズー教的伝統から離れていった。一般に、非ヨーロッパのヨーロッパ化は、官吏階級や知識階級、地主階級や士官階級などのエリート層からヨーロッパ化していき、それが次第に下層にまで及ぶという形で進行していくが、インドでは、これが植民地支配によってなされたのである。

いずれにしても、植民地化としてのヨーロッパ化の場合は、ヨーロッパ列強が主体になって、非ヨーロッパの支配組織を近代化していくということがなされた。これは、自主的なヨーロッパ化とは相当に構造が違っている。何よりも伝統的なものとの融合が難しく、近代ヨーロッパ風のやり方が強制的に接木されるという面があったから、その衝撃も相当大きかった。それが、逆に、後の民族独立運動という形での反ヨーロッパ主義を生み出す原因にもなっていったのである。

アフリカの植民地化

アフリカにおいても、ヨーロッパ諸国の植民地化の動きは激しくなり、イギリス、フランス、ドイツ、イタリア、ベルギーなどが、それまでの探検の延長として、アフリカ各地にその侵食の手を拡げていった。かくて、十九世紀から二十世紀にかけて、アフリカは植民地化の嵐にみまわれ、二十世紀の初めまでに、イギリスの優勢のもとに、ヨーロッパ諸国によるアフリカ分割は完了した。

このヨーロッパ諸国によるアフリカの植民地化は、確かにアフリカの伝統社会を打ち壊すことになったが、しかし、逆に言えば、アフリカは、このヨーロッパ諸国の植民地統治によって、近代文明に触れたとも言える。それは、アフリカ人にとっては、自由主義や産業主義を本質としたヨーロッパ近代文明の進出に他ならなかった。実際、この植民地の経営に当たって、鉄道や道路が建設され、新しい世界市場向けの農産物が開発され、教育施設も次第に整備され、厳しい風土のために、ヨーロッパ人から各種管理業務が委任されていった。このようにして、ヨーロッパの近代文明に触れたアフリカ人達は、やがて自分達の真の近代化のためには、民族の自立なくしては得られないということに気づき、次第に、ヨーロッパ人の植民地政策の枠を打破する要求をしていくようになったのである。

5　ヨーロッパ主義の系譜

ヨーロッパ主義と反ヨーロッパ主義

違った文明が別の文明に侵入してきたとき、受け容れた側では、必ずそれに対して相反する二つの反応が出てくる。侵入してきた文明を積極的に受け容れようとする同化主義と、それに反撥して自分達独自の文化構造を守ろうとする反同化主義の二種類である。トインビーは、これを、ヘレニズム時代のユダヤ民族の相反する二つの反応に象徴させて、ヘロデ主義とゼロト主義と名づけたが、ヨーロッピズムにおいては、これはヨーロッパ主義と反ヨーロッパ主義と名づけることができる。自主的ヨーロッパ化においても、植民地化としてのヨーロッパ化においても、この二つは共通して現われてくる。

ヨーロッパ主義の動きの方では、まず、知識人をはじめとするエリート層の間にヨーロッパ文化に同化していこうとする傾向が共通して見られる。彼らは、優れたヨーロッパの文物を積極的に受け容れ、自国の伝統社会を打ち壊して、大改革していかねばならないと考えた。このような意識変革は、知識人や官僚、軍の士官クラスなど広い意味での知識層から起きてくることが多い。この知識層達が、まずヨーロッパの新しい文明に触れ、それを自分達の文化に接木しようとして、啓蒙運動や革命を起こしていく。

ロシアのヨーロッパ主義

ロシアにおいても、このヨーロッパ主義の系譜は、デカブリストの乱を起こした自由主義貴族達から始まって、急激な近代化策をとったアレクサンドル二世へと引き継がれていった。そして、この急激なヨーロッパ化とともに、ヨーロッパ近代思想がどっと流入し、その結果、インテリゲンツィアの中に、ベリンスキーやゲルツェンなど、ザヴァドニキと呼ばれた多くの〈ヨーロッパ主義者〉が登場してくる。彼らは、ロシアの後進性を強調し、ロシアには保存すべきいかなる価値もないと考えた。そして、ヨーロッパ近代文化を積極的に受け容れることによって、専制主義的農奴制を廃し、立憲主義的近代体制をつくるべきことを主張した。近代ヨーロッパ化、つまり政治・社会・経済の組織的改革のためには、何よりも意識革命が必要である。ヨーロッパ主義のインテリゲンツィア達は、この啓蒙の役割を演じた。非ヨーロッパでは、一般に、広範な知識層エリートがヨーロッパ化のための啓蒙運動の先頭を切ったのである。

十九世紀後半のロシアの近代化・ヨーロッパ化は、そのような多くのヨーロッパ主義者達によって推し進められたが、それでもまだ遅れをとっていたために、さらに、ヨーロッパ近代主義の自由主義者達は議会主義運動を行ない、社会主義者は暴動を起こした。このロシアの立ち遅れをロシアに最終的に知らせたのは、二十世紀初頭の日露戦争の敗北であった。結局、これと第一次大戦での疲弊が、ツァー体制を崩壊に導くに至る。かくて、一九一七年には共産主義革命が成功し、正教キリスト教文化としてのロシア文化は破壊され、ロシアは、全く新しいヨーロッパ由来の異端の思想で武装することになったのである。

ロシア革命は、共産主義というヨーロッパ由来の思想が非ヨーロッパに拡散していって、非ヨーロッパに受け容れられた最初の例である。共産主義も、また、ヨーロッパ主義のひとつの現われだったと言うべきであろう。

しかも、ここで、共産主義は、非ヨーロッパの後進国が〈近代化〉していくための一方法という意味をもつようになり、本来の共産主義の考え方からは大きく変質する。そのような変容を可能にしたのは、レーニンである。レーニンによって、マルクスの共産主義思想は、後進国の近代化に合うように変容されている。彼は、成熟した資本主義の試練を経なくても共産革命が可能であり、最も遅れたロシアの現状と最も進んだヨーロッパの最先端とが結びつけられうると考えた。彼の努力は、マルキシズムというヨーロッパ由来の思想、しかも、ヨーロッパの産業資本主義の発達の頂点で出てきた革命的思想を、後進国ロシアの身丈にも合うように、その意味を解釈し直そうとすることに向けられたのである。

専制主義も、自由主義も、共産主義も、ロシアでは、どれも、いかにして近代化し、生産性を向上させるかというところに目標をおいていた。それらは、同じ近代化・ヨーロッパ化という主旋律の中の一変奏にすぎなかったのである。

日本と中国のヨーロッパ主義

非ヨーロッパでは、ヨーロッパ化を推し進めていくために、ヨーロッパの文物を紹介する啓蒙運動が何よりも必要であるが、日本でも、開明派の知識人がこの仕事に従事した。この運動はすでに幕末の開国派の動きにその源泉をもっているが、明治に入ってからは、福沢諭吉を中心とする明六社の活動がめざましい。この〈開明派〉の仕事は、〈脱亜入欧〉をモットーに、ヨーロッパを日本に紹介し、近代ヨーロッパ化のために必要なものの見方・考え方を流布させようとするものであり、ヨーロッパ主義の流れの中に属するものである。

自由民主主義の思想も早くから流入してきており、自由民権運動の思想的支柱をなした。なかでも、中江兆民や植木枝盛らは、フランス流の天賦人権説をとり、ルソーの思想を取り入れ、民主的平等、土地の公平分割、思想の自由、普通選挙などを主張した。彼らの思想は、確かに明治政府を批判するものであったが、しかし、どちらも近代ヨーロッパ化の流れの中にあったことに変わりはない。明治政府の上からの近代化策を批判して、むしろ下の方から起きてきた自由民権運動は、ヨーロッピズムの観点からみれば、ヨーロッパの自由民主主義的政体を模範としたより一層のヨーロッパ化運動であった。

さらに、日露戦争以後、大正時代に入ると、それまでの近代ヨーロッパ化の結果として、純粋のヨーロッパ主義が登場してくる。大正デモクラシーの運動もそのひとつであり、これは、明治の頃の自由民権運動を継承してはいるが、しかし、この運動は、本格的な大衆運動という形態をとったという点で、日本における大衆社会の出現を告げるものであった。ここでは、自由民権運動にはまだあった伝統的な精神は薄れ、そういう意味で、これは、伝統的な背景をもたない純粋のヨーロッパ主義だったと言えるであろう。

中国におけるヨーロッパ主義運動は、洋務運動や変法自強運動での清朝官僚の考え方の中にすでに現われ、孫文の革命思想の中にもあるが、純粋な形で現われるのは、二十世紀初めの文学革命や五・四運動においてであろう。

一九一五年、陳独秀は、雑誌「新青年」を発行して、民主主義と科学の立場から、個人の自由の解放を唱道し、中国の家族制度の支柱である儒教を徹底批判、言論・思想の自由を目指して文学革命を起こし、思想上の啓蒙運動を開始した。これの延長上に起きた一九一九年の五・四運動は、北京大学の学生が、第一次大戦終結時に大国の利害のみによって結ばれたヴェルサイユ条約反対と、対日強硬交渉を要求して反政府運動を展開したものであった。これは、確かに、それ自身民族主義的運動であり、それによって半植民地的状態からの脱却を目指すものであったが、しかし、この運動も、近代ヨーロッパ主義に基づくものであった。

タイのヨーロッパ主義

タイにおけるヨーロッパ主義は、開明君主チュラロンコンの改革で開花したが、この改革によって敷かれたヨーロッパ化の動きは、その後も引き継がれていく。事実、チュラロンコンを継いだワチラウット王は、ヨーロッパ留学をした最初の国王であり、純粋のヨーロッパ崇拝主義者であった。王は、ヨーロッパ文学作品の紹介や政治評論をものした文人国王であったが、政治家としては無能で、放漫な政治を行ない、国家財政は破綻、折からの世界恐慌も手伝って社会不安を招いた。

この社会不安から、特にプリディ・パノムヨンら留学生グループから絶対王政に対する批判が起こり、それが、軍人の不満分子と合流して「人民党」の結成に至り、一九三二年無血クーデタが成功、立憲君主体制が樹立され、憲法が制定された。この憲法は、チャクリ王朝の国家建設の努力を評価したうえで、その結果、教育水準の高まりとともに、有能な官僚と国民とが国政に積極的に参加する時にきたという認識のもとに制定されたものである。

この変革は、日本の大正デモクラシー運動、中国の五・四運動同様、自由民主主義によってより一層の近代ヨーロッパ化を目指そうとするものであり、純ヨーロッパ主義的動きであった。このような動きは、近代化・ヨーロッパ化がいくらか進んだところで起きてくる非ヨーロッパに共通した現象である。非ヨーロッパでは、大概、最初上からの近代化が行なわれ、その近代化によって育った知識層や官僚、士官が、今度はより一層の自由を求めて改革に乗り出すという現象がみられるのである。

トルコ他のヨーロッパ主義

トルコのヨーロッパ主義は、セリム三世やマフムト二世の改革にすでにみられるが、特にこのマフムト二世の改革を通して、積極的に受け容れられたヨーロッパ文化によって育ったタンジマート官僚は、トルコのその後の一層のヨーロッパ化を推し進めるのに貢献した。

タンジマート運動は、トルコが十九世紀前半のヨーロッパやロシアとの戦いで常に敗れ、近代ヨーロッパの強さを身をもって知ったことから起きてきた。この運動は、自ら積極的にヨーロッパ化することによって、この危機を救おうとした。かくて、一八三九年のギュルハーネ勅令によって、イスラム、非イスラム教徒の法の前の平等、生命、名誉、財産の保障、裁判・徴税の公正などの保証が行なわれた。さらに、クリミア戦争の危機から、一八五六年に出された新しい改革勅令と合せて、政治、軍事、司法、財政全般にわたって近代化を行ない、ヨーロッパ列強の干渉をかわそうとした。トルコは、自らヨーロッパ近代風の法を導入することによって、自らを守ろうとしたのである。どれも、非ヨーロッパに共通した行動であった。トルコはこの改革運動によって、軍のみならず、法のヨーロッパ化を行なった。タンジマート運動は法による改革であり、それだけ一層近代ヨーロッパ化が浸透したと言えよう。

その後、タンジマート運動は官僚から知識人の運動へと広がりをみせ、さらに政治運動へと発展していった。かくて、一八六五年に結成された「新オスマン人協会」は、立憲君主制の樹立、議会政治の開設、責任内閣制の実現を目指した。これは、日本の自由民権運動やロシアの立憲主義運動に当たる。その結果、一八七六年には、ミトハト憲法が発布され、人格、良心、言論の自由、課税の適正化、二院制による議会政治などが謳われ、スルタンの力がある程度抑制された。これは、日本の明治憲法発布と同様、立憲君主制による近代国家樹立を目指したものであった。

インドネシアやインドなど植民地化されたところでも、まずエリート層が植民地支配体制の中に組み込まれ、官僚や軍人になることによって、ヨーロッパ主義者になっていった。それは、ややもすると、ヨーロッパのものは何でもすばらしいものと考え、自国のものはすべて遅れていると卑下する皮相なヨーロッパ主義になりがちであった。しかし、優勢な文明が押し寄せてきている場合には、どうしてもその優勢な文明を受け容れることによって自国を強化していかねばならないから、そのような皮相なものも含めて、当然、ヨーロッパ主義的考えが出てこざるをえなかったのである。

6　反ヨーロッパ主義の系譜

このようなヨーロッパ主義の動きに対して、あまりにもヨーロッパの近代文明を受け容れると、自国の伝統文化が壊れてしまい、自分達の根本の精神がないがしろにされるという危機感を感じて、ヨーロッパ近代文明に対して反抗していこうとする反ヨーロッパ主義が現われてくる。この反作用運動は、自国のヨーロッパ主義者に対する反抗、あるいは、ヨーロッパの支配者に対する直接の反抗という形になって表現された。

ロシア・日本・トルコの反ヨーロッパ主義運動

例えば、ロシアのスラブ主義は、ロシア正教を中心としたスラブ文化の方がヨーロッパの近代文明よりも優れていると考え、これを守り抜くことが大事であるとみて、流入するヨーロッパ文明にことごとく反抗した。そして、自国の近代ヨーロッパ主義者をも、スラブの伝統を破壊するものとして、これを批判した。彼らは、ロシア正教の復興を目指し、西洋風の官僚政治による社会の腐敗に抵抗したのである。

日本でも、これは、幕末の攘夷派に源泉をもち、さらに明治のころの日本主義という形で現われている。彼らは、日本の文化の方が精神的により高く、ヨーロッパの文化は単に技術的物質的なものにすぎず、程度の低いものだと考えた。

このような近代ヨーロッパ化に対しての反作用、つまり反ヨーロッパ主義の運動は、政治的にも、明治のヨーロッパ化策が始まると同時に、いくつかの士族の反乱となって現われた。それらの士族の反乱は、近代化策で疎外されてしまった階層の反抗であったが、そこには、また、急激なヨーロッパ化に対する一種の文化的な反抗もあったとみなければならない。

例えば、一八七六年の神風連の乱は熊本の神官・士族の結社の起こした鎮台襲撃事件であったが、これは、廃刀令やその他多くの明治政府の近代化・ヨーロッパ化策に対する優れて文化的・精神的反抗であった。それは、日本の近代化・ヨーロッパ化が本来の日本の古き良き美風を打ち壊してしまうことへのひとつの警告でもあった。彼らは、配設された電線の下を扇をかざして渡ったという。それは、刀と槍のみをもって、西洋風に大砲と鉄砲で組織化された近代軍つまり官軍に立ち向かって自ら滅ぶという形で、その文化的危機を表現した。

西郷隆盛らが征韓論に敗れて下野したのも、討幕維新運動は本来〈攘夷〉つまり〈ヨーロッパ諸国への反抗〉が目的であったのに、それを忘れた明治政府への不満を表明したものでもあった。この考えは、西南の役を終止符として結局敗北、近代化策・ヨーロッパ化策を推し進め、国力をつけることの方が先決ということになった。これらの動きは、どれも、ヨーロッパ主義と反ヨーロッパ主義の間で絶えず揺れ動く日本の苦悩の表現であった。

トルコでも、すでにセリム三世の改革の当時から、この反ヨーロッパ主義の動きはみられる。セリム三世の急激なヨーロッパ化策は、当然、旧来の伝統を破壊するものであったから、このヨーロッパ化に反対する伝統派の抵抗が起きてきたのである。

この伝統派からの抵抗は、旧軍イエニチェリ軍団の反抗となって現われた。イエニチェリ軍団は、オスマン・トルコの全盛期に多くの功績を立て、祖国をよく防衛したから、その誇りは高いものがあった。しかし、このころにはすでに軍団は腐敗していたために、セリム三世はこれを骨抜きにし、新軍団の創設をはかった。一八〇七年のイエニチェリの反乱は、この新軍団の解散を要求して起きたものである。

この反乱には、セリム三世の改革をイスラム聖法に反するものと考えたイスラム諸派も同調した。彼らは、オスマン皇帝を、ヨーロッパ文明によってイスラム世界を汚染させる罪、そのためにヨーロッパに対する主導権を失う罪を犯したとみなした[9]。これは、ロシアで言えば、時代は遡るが、ロシア正教徒のピョートルに対する反抗にも比すことができる。

この反乱によって、セリム三世の創設した新軍団は解散、セリム三世も廃位させられ、後、殺害された。このイエニチェリの反乱は、日本の明治維新で言えば、旧武士階級の不満分子によって引き起こされたいくつかの反乱に当たり、ロシアで言えば、ピョートル時代のストレルツィの反乱に比すこともできよう。この反乱は、急激なヨーロッパ化に対する反ヨーロッパ主義的抵抗であった。

中国・ベトナムの反ヨーロッパ主義反乱

このような現象は、植民地化または半植民地化としてのヨーロッパ化が進んだところでは、特にヨーロッパの支配者に対する多くの反乱となって現われた。例えば、中国では義和団の乱、インドネシアではパドリ戦争やジャワ戦争、インドではセポイの反乱、エジプトではアラビの反乱などがその代表である。これらは、どれも、ヨーロッパ列強の過酷な植民地支配と、それに伴う伝統社会の構造変革に対する反抗から起きている。

事実、中国で十九世紀から二十世紀への変り目に起きた義和団の乱は、中国民衆から起こった反ヨーロッパ主義運動であり、中国を次々と駆逐していくヨーロッパ諸国、または、いちはやく近代ヨーロッパ化して、ヨーロッパ諸国と同じ行動をとる日本やロシアなどに対する民族主義的反抗であった。この反抗が起きた背景には、キリスト教徒や宣教師が儒教や道教を基盤とする中国の伝統社会の慣習を無視したため、紛争が絶えなかったこと、日清戦争後列強の進出が激しくなり、民衆の排外感情が高まったことなどがあった。そのため、これは、〈キリスト教撲滅〉〈外人排斥〉を目標にしたが、そういう点から言っても、これはすぐれて文化的な反抗であった。

清政府は暗にこれを助けたので、義和団は〈扶清滅洋〉を叫んで列国公使館区域を占領、鉄道・電線を破壊し、教会・病院を焼き、外国人を襲い、外国文化を一掃しようとした。列国は、自国人を保護するために連合軍を組織、清はこれに宣戦したが惨敗した。そのため、清はさらに列強に対して不利な条件を呑まざるをえなくなった。この〈攘夷〉の失敗は、中国が近代ヨーロッパ化し、あらゆる面においてヨーロッパ式の近代的組織を備えない限り、列強に対抗できないことを再び教えた。

ベトナムも長い抵抗の歴史をもっている。実際、それは、フランスの植民地になるとすぐ起きている。ベトナムの農村は、儒教を背景にした知識人〈文伸〉によって支配されていたが、彼らがまずフランスの植民地主義に抵抗したのである。一八八五年、咸宣帝が全国の文伸に勤皇抗仏の檄を飛ばすと、これに応じて文伸達は決起し、各地で壮絶な戦いを展開した。フランスはこれを弾圧したが手を焼き、やがて融和策に出たために、文伸達は抵抗をやめたが、しかし、一部の文伸は山岳部に立て籠り、その後数年にわたり戦いをやめなかった。この文伸の反乱は乙酉の国難と呼ばれるが、これは、ベトナムにおける最初の大規模な反ヨーロッパ主義戦争であった。

インドネシアの反ヨーロッパ主義戦争

オランダの植民地になったインドネシアでも、主にイスラム教徒による反オランダ闘争が繰り返された。そのうち最も大規模だったのは、パドリ戦争と、ジャワ戦争であった。これは、オランダの支配がインドネシア社会の内部構造にまで及び、その価値観まで揺り動かすことになったことへの反ヨーロッパ主義的戦いであった。

十九世紀初頭、スマトラでは、イスラムの戒律を重んじるパドリ派と、祖先伝来の慣習法を重んじるアダット派が対立、内戦の様相を呈していた。この内戦に、アダット派を支援してイギリス、後オランダが介入。しかし、イスラムへの無知から、神聖なモスクを汚し、住民の反感を買い敗退した。この戦いを指導したイマム・ボンジョールは、ボンジョールに善政を布いたが、その後、オランダは再びボンジョールを包囲し、一八三七年ボンジョールは降伏。この十七年にも及んだ抵抗は、インドネシアの民族主義運動の先駆をなしたが、これは、植民地支配という形でのヨーロッパ近代文明の侵入に対するイスラムの伝統的精神からの文化的闘争でもあった。

パドリ戦争と同じころ、中部ジャワにも、ディポネゴロを指導者とする同じような武力抵抗が起こった。イギリスからオランダへの統治権返還に伴う農園経営方式の改変のため、困窮した王侯、貴族、農民達は、王位継承の約束を破られたディポネゴロを中心に集まり、山に籠って、アラーの神のお告げにより聖戦を決意、武装した群衆はオランダ軍を攻撃、オランダ軍を悩ましたが、やがて次第に圧迫され、一八三〇年敗北。このジャワ戦争も、パドリ戦争同様、ジャワ社会の内部構造を侵食していたオランダの支配に対する伝統からの戦いという意味をもっていた。しかし、どれも、この〈攘夷〉運動、つまり反ヨーロッパ主義運動は、他の非ヨーロッパ同様、失敗に終った。このことは、ヨーロッパ化の過程のなかでは、いつも伝統は、近代との融合をはからない限り、近代ヨーロッパに対して敗北するということを意味している。

しかし、これらの戦いは、オランダの植民地支配にも大きな衝撃を与え、東インド政庁は財政難に陥る。この財政難の危機打開のために、オランダは、強制栽培制度を導入。これは、農民に多くの負担を課し、過酷を極めた。なるほど、この制度で農民達が新しい農作物の栽培法を覚え、米生産も能率化しはしたが、しかし、この制度によりジャワの村落共同体は大きく変貌した。つまり、村落単位の栽培や労役の徹底、個人の土地用益権の消滅、オランダ植民地行政の機構の中に組み込まれた村長と村民の遊離という現象などをもたらした。一般に、近代ヨーロッパ化は、共同体を破壊し、近代産業社会に変えていくが、ここでは、植民地支配の強化という形で、旧秩序の破壊が行なわれ、不幸にも、そういうしかたでのヨーロッパ化が行なわれたのであった。

インドネシアの反ヨーロッパ主義運動は、その後も各地で度々繰り返される。一八六九年のスエズ運河の開通とともに、ヨーロッパ直輸入の制度や文物を、ヨーロッパ人達はあらわにインドネシア社会に持ち込むようになった。それと同時に、インドネシアのイスラム教徒のメッカ巡礼も急増し、帰郷したイスラム教徒および彼らを尊敬する信徒達は、キリスト教文明の圧倒的優位に対する聖戦を決意し、何度も反乱を起こした。十九世紀末から二十世紀の初頭にかけてのアチェー戦争は、その最大のものであった。この戦いも、他の反ヨーロッパ主義運動と同様、最終的にはイスラム勢力の敗北に終わるが、オランダ側の犠牲も大きかった。これもまた、ヨーロッパ近代文明に対する伝統文化からの反撥であった。

インドの反ヨーロッパ主義反乱

インドのセポイの反乱も、代表的な反ヨーロッパ主義的反抗であった。イギリスの支配が強化されるに従って、それに対するインド人の不満が噴出、そのため、一八五七年、東インド会社のインド人傭兵（セポイ）が反乱を起こしたのである。このセポイの反乱は、マラータ戦争やシーク戦争とともに、浸透してきたイギリスに対する社会的、文化的、民族的な反抗であり、中国やインドネシアなどと共通した反ヨーロッパ主義的抵抗であった。この乱は、二年間各地に拡大したが、徹底的に鎮圧され、ムガール皇帝は退位させられて、その結果、インドはイギリス政府の直接支配下におかれ、インド帝国が成立した。

このセポイの反乱は、日本で言えば幕末の攘夷運動に当たるが、他の非ヨーロッパ諸国同様、インドでも、最初のヨーロッパへの反抗は失敗に終わる。この乱は、イギリスがインドの習慣を無視したために、ムガール帝国復活を目的として起こったものである。その点から言っても、これは、すぐれて文化的な問題であり、イギリスの近代産業主義の進出によって、インドの伝来の生活様式が壊されることへの危機感からの反抗であった。

実際、自由貿易により、大量のイギリス綿製品がインドに流入し、そのため、前近代的な産業しかもたなかったインドの村落共同体は崩壊、農村は困窮した。イギリスの産業革命を契機に、インドは、商品買い付け市場からイギリス製品の販売市場に変わり、同時に原料生産地に変わっていったのである。その結果、インドの農村の生産形態や生活形態が大打撃を被った。しかも、十九世紀の中頃からは、植民地政府による鉄道・運河・電信の建設および教育の普及によって、インド社会は根底から変革されていった。その際、イギリスの利益が何よりも重んじられたために、反英感情が激化し、これがセポイの反乱の背景となったのである。

このような形での近代ヨーロッパ文明の流入は、インドの文化そのものを侵食した。インド自らの決断によって、その独立を保ちながら、進んでヨーロッパ化したのなら、まだその破壊はそれほど急激ではなかったであろう。インドでは、ヨーロッパ化が植民地化というしかたで行なわれたために、ヨーロッパ化と反ヨーロッパ主義が、分裂した形で出てきたのである。

エジプトの反ヨーロッパ主義反乱

エジプトにおける反ヨーロッパ主義も、ムハマド・アリの改革とともに起きている。非ヨーロッパでは共通してみられることだが、急激なヨーロッパ化は、当然のことながら、その伝統文化を破壊した。トインビーも、例えば、一八二五年にアリが軍隊の健康管理のためにフランス人医師を招聘したことから、次第にイスラムの風習が一変しいく過程を叙述している。つまり、アリのつくった海軍工廠を維持するには、フランス人をはじめとしてヨーロッパの技術者や将校やその家族を呼ばねばならなかったが、そのために、病院を建て、医師を招いた。ところが、この医師はこの病院内の産院をエジプト人に公開、その結果、異性には肌をみせないというイスラム教婦人の伝統的戒律が破られていったのである。(10)軍の近代化は、単に軍だけにとどまらず、これが出発点になって、あらゆる面に及び、そのため伝統的美風が崩壊、それを憂えた伝統主義者達はこれに反対した。例えば、ターバンやヒゲが禁止され、フランス式軍服が採用されたことに対しても、これを批判し、これに反対した。

このヨーロッパ化に対する反動は、アリを継いだアッバースに至って急激に現われた。彼は、諸悪の根源はヨーロッパからくるという信念によって、アリのつくった海軍や工場などすべてを破壊し、フランス人顧問を追放して、イスラム世界に沈潜した。彼は、非ヨーロッパのヨーロッパ化の過程ではいつでも現われてくる典型的な反ヨーロッパ主義者であった。

その後、サイドやイスマイルは逆方向に舵を取ったが、しかし、その急激なヨーロッパ化策が失敗。そのため、エジプトはイギリスとフランスの管理下におかれてしまった。アラビの反乱は、このような状況から起きたものである。

アラビはエジプト民族主義の父と言われるが、この反乱の基盤には、思想家アフガーニーやアブドゥーの影響がみられる。彼らは、ヨーロッパ列強からイスラムを解放し、イスラム共同体を復興すべきこと、また、エジプトの内政改革はエジプト人自身の手で成されねばならないことを説き、知識層をはじめアラビら軍の有志の間に影響を及ぼした。この思想は、第一に、民族の伝統を重んじる反ヨーロッパ主義であり、第二に、それによって民族の独立を回復し、立派な近代国家をつくろうとする近代主義でもあった。その意味では、これは、反ヨーロッパ主義とヨーロッパ主義の融合、あるいは、伝統と近代との融合形態であったともみてよいであろう。それは、ヨーロッパの支配という衝撃に対応して、土着の伝統文化が自己を自覚した形式であった。

一八八一年、アラビは、アブドゥーの援助を得て革命政権の基本綱領を発表。しかし、イギリス、フランスは、この革命が他のイスラム諸国に飛火するのを恐れて、軍事介入という強行手段で臨んだ。そのため、アラビのエジプト軍は潰滅。エジプトはイギリスの支配下におかれ、以後七十年余りにわたってイギリスの支配が続くことになる。こうして、他の非ヨーロッパ諸国同様、最初のヨーロッパへの反抗は失敗に終わった。

このアラビの反乱は、中国の義和団の乱や、インドのセポイの反乱同様、ヨーロッパ諸国への反抗という意味で、反ヨーロッパ主義的運動であった。しかし、同時に、アラビ自身は近代主義者でもあり、むしろ、伝統と近代を調和させることによってヨーロッパへの反抗を目指したものであったとみてよいであろう。

ヨーロッパ主義と反ヨーロッパ主義の対立抗争

このように、非ヨーロッパにおいては、どこでもヨーロッパ主義と反ヨーロッパ主義の二つの反応が起きているが、結果的には、大概の場合、両者の融合あるいは折衷という形で近代化は進められていくことが多い。この融合主義は、日本の和魂洋才の系譜に現われているように、その精神において伝統精神を守り、それを、むしろ近代ヨーロッパ文明の受容に生かしていき、伝統と近代をともに変容させ、近代化を進めていこうという立場である。これがバランスよく行なわれたときに、非ヨーロッパの近代化は成功する。このバランスがとれなかったときには、多くの場合、その近代化の過程は、急進主義つまりヨーロッパ主義と、反動主義つまり反ヨーロッパ主義の対立抗争を繰り返し、難渋を極める。そして、この場合、非ヨーロッパの近代化は大幅に遅れることになる。

7　ヨーロッパ主義と反ヨーロッパ主義の交叉

このように、ヨーロッパ近代文明の衝撃に対して、非ヨーロッパは、ヨーロッパ主義と反ヨーロッパ主義という相反する二つの応戦を繰り返した。しかし、ヨーロッパ主義と反ヨーロッパ主義の結合という第三の立場からながめるなら、実は、ヨーロッパ主義の中にも一種の反ヨーロッパ主義が潜み、反ヨーロッパ主義の中にもヨーロッパ主義が潜在していることに気づく。ヨーロッパ主義、反ヨーロッパ主義とも、互いに自分と反対するものの性格を備えているという両義性をもっている。非ヨーロッパのヨーロッパに対する反応は、複雑な構造をもっていると言わねばならない。

ヨーロッパ主義と反ヨーロッパ主義の結合

非ヨーロッパにおいては、ヨーロッパ近代文明を積極的に受け容れようとするヨーロッパ主義の場合も、そのことによって自国を近代化し、ヨーロッパ列強と対抗、あるいはそこから自立していこうとしている以上、そこには反ヨーロッパ主義的意図が隠されていると言わねばならない。

例えば、十九世紀初頭のロシアのデカブリストの乱なども、自由主義者達の起こしたものであり、彼らはヨーロッパ風の自由主義的立憲君主制を求めようとしていた。その点で、これはロシアのヨーロッパ主義の系譜に位置づけられるべきものである。しかし、彼らは、また、ヨーロッパ風の自由主義によってロシアを近代国家化し、それによってロシアの主体性を保とうともしていたのである。

アレキサンドル二世の近代化策の中にも、ヨーロッパの産業主義を積極的に受け容れながら、これによって国力をつけ、軍を強化し、ロシアをヨーロッパ列強と対等にしようという意識があった。実際、これによってロシアが相当近代化していくと、ヨーロッパ列強と対等に対外進出を企てていく。このロシアの対外進出も、非ヨーロッパがヨーロッパに伍そうとする動きであり、ヨーロッパへの対抗であった。

日本の幕末から維新にかけての開国論と攘夷論の間の葛藤は、ヨーロッパ主義と反ヨーロッパ主義の間で揺れ動く日本全体の矛盾の表現であったが、この中の開国論、つまりヨーロッパ主義も、同時に、それによってヨーロッパ諸国に対抗していこうとする動きでもあった。したがって、この開国論の背後には、逆の攘夷論が隠されていたとも考えることができる。ヨーロッパ主義の中にも反ヨーロッパ主義があるという複雑な心理構造があったのである。

そのような心理構造をもって成立した明治政府は、積極的な欧化主義つまりヨーロッパ化政策をとったが、しかし、それによって最終的にはヨーロッパ列強に伍していこうともしていた。自主的にヨーロッパ化した非ヨーロッパ諸国においては、多くの場合、そのようなヨーロッパ主義によってヨーロッパ化は進められていったが、同時に、その背後には、そのことによってヨーロッパ風の近代国家をつくりあげて、ヨーロッパ諸国に対抗していこうとする強烈な意識があったのである。わが国でも、明治の近代化策がある程度進展してくるに従って、このヨーロッパ諸国に対する対抗意識は、その外交政策となって具体的に現われた。

明治の中頃から展開された日本の朝鮮政策にも、そのことによってヨーロッパ列強に対抗しようとする意図があったことは否定できない。そのことは、また、その後長い時間と多大の犠牲を要した条約改正の努力にも現われている。そして、この意識は、日清・日露の二つの戦争となって、明確な形をとって表出された。

日清戦争は、確かに日本と清との戦いではあったが、同時に、そこには、清に進出しつつあったヨーロッパ列強や、その後を追うアメリカやロシアに対する対抗という目的があった。だからこそ、この日本の進出に不安を抱いたロシア・ドイツ・フランスは三国干渉を行なって、日本を牽制したのである。日本は、まだこれに対抗するだけの国力を持っていなかったから、やむなく引き下がったが、これを切っ掛けに日本のナショナリズムが抬頭、近代の国民国家としての意識は、ヨーロッパ諸国に対する対抗意識という形で現われたのである。

日露戦争もこの流れの中にあったことに変わりはない。確かに、ロシアのアジア進出も、非ヨーロッパ・ロシアがヨーロッパ諸国に伍し対抗しようという意図からなされたものであるが、日本もまた同じ意識でアジアに進出した。これは、非ヨーロッパ日本が、ヨーロッパ化することによって、ヨーロッパ列強に対して行なった権利主張であり、遅れて近代化した国の、先んじて近代化した国に対する対抗でもあった。

他の非ヨーロッパ諸国の開明君主にしても、知識人にしても、ヨーロッパを積極的に受け容れることによってヨーロッパと対等に与していこうという考えをもっていた以上、その裏には反ヨーロッパ主義的意識があったとみなければならない。この点では、中国の洋務運動や変法自強運動、タイのチャクリ改革、トルコのセリム三世やマフムト二世の改革、タンジマート運動、エジプトのムハマド・アリの改革など、同じ動機をもっていた。また、その後に起きてくる植民地化された非ヨーロッパ諸国のヨーロッパ列強からの自立運動の中でも、このことは変わりがない。

一方、反ヨーロッパ主義の方は、ヨーロッパ化という衝撃があって、それに対抗するという形で出てくるものであるが、これとてもヨーロッパ化ということなくしては生まれてはこないものであり、したがって、それ自身近代的形態をとっている。例えば、日本の幕末の攘夷論つまり反ヨーロッパ主義にしても、これは、同時に、自国の独立の保全が目的であったから、すぐさま開国論、つまりヨーロッパ主義に変貌する可能性をもつものでもあった。

このように、反ヨーロッパ主義の中にも一種のヨーロッパ主義がある。自主的ヨーロッパ化を果たしたところでの反ヨーロッパ主義にしても、植民地化されたところでの反ヨーロッパ主義的反乱などにおいても、初期は別として、時代が降《くだ》るに従って近代ヨーロッパ風の体裁をとるようになり、近代的な武器をとって戦うことが多かった。それだけ、ヨーロッパ化されてもいたのである。また、イスラム共同体の復興を目指したエジプトのアラビの反乱などは、ヨーロッパ的な自由主義と結びついていた。特に、ヨーロッパ化が進むに従って、このような傾向は顕著になる。

近代主義と伝統主義の結合

このヨーロッパ主義と反ヨーロッパ主義の結合は、また近代主義と伝統主義の結合となっても現われた。例えば、ヨーロッパの自由主義を積極的に受け容れ、デカブリストの乱を起こしたロシアの自由主義貴族士官達も、ヨーロッパ近代主義を奉じるとともに、同時にまた、敬虔なロシア正教徒でもあった。彼らの自由主義的主張の背後には、ロシア正教への強烈な信仰があり、ある意味で伝統主義的な考えがあった。彼らは、国家と教会の分離を主張して、国家から独立した教会の樹立を目指していた。これは、ヨーロッパ主義における伝統主義的面と言うことができよう。

同様に、日本の自由民権論者の背後にも、民生を重視する伝統的な儒教精神が生きており、彼らは、必ずしも純粋のヨーロッパ主義ではなかった。その点で、これは、ロシアのデカブリストの貴族士官達に似ている。わが国の自由民権運動も、むしろ、自由主義というヨーロッパ由来の思想が伝統的儒教精神の土壌の上で受け取られ、両者が結合された形態であったと言ってよいであろう。ヨーロッパ近代文化を積極的に受容しようとしたヨーロッパ主義者達の精神的な基盤にも、なお、伝統的主体を持続しようとする精神があったと言わねばならない。少なくとも、近代化初期においてはそうであった。

日本で代表的なヨーロッパ主義者は、福沢諭吉を代表とする開明派であったが、彼らも、ヨーロッパ風の合理主義を主張しながら、その背後には意外と伝統的な儒教的精神をもっていた。確かに、これは、ヨーロッパを唯一の尺度とする純粋のヨーロッパ主義の先駆ではあったが、しかし、今日からみれば、むしろ、彼らの中に江戸以来培われてきた伝統的な儒教の実学精神がなお生きつづけていたことの方が目立つ。

明治政府の施策や、それに反対した自由主義を、単なるヨーロッパ的尺度だけから、遅れているとか進んでいるとかのみみることはできない。非ヨーロッパでは、もっと複雑な伝統との結合がなされているのである。しかも、この伝統主義はヨーロッパへの対抗意識と深く結びついていた。

伝統と近代の融合

つまるところ、ヨーロッパ主義も反ヨーロッパ主義も、近代主義も伝統主義も、それぞれの極端を別にすれば、それほど明確に区別できるものではなく、むしろ両者が錯綜しながら、非ヨーロッパのヨーロッパ化は進む。現実のヨーロッパ化は、両者の中間形態をとって進んでいくとみてよいであろう。そして、この中間形態をとって、両者のバランスがうまくとれたとき、非ヨーロッパの近代化は進展する。

いわゆるわが国の〈和魂洋才〉の考え方は、日本の伝統的精神を守りながら、技術の面でヨーロッパを受け容れようとする一種の折衷案であったが、しかし、ヨーロッパ主義と反ヨーロッパ主義、または近代主義と伝統主義の矛盾の調和をはかろうとする苦肉の策でもあった。そして、おおむね、明治政府はこの折衷案によって成立したのである。

このことは、例えば、明治政府の教育改革にも現われている。明治政府は、教育の近代化のために文部省を設置し、学制を公布して、四民平等の原則のもとに、フランスの学校制度を参考にして、国民皆教育を目指した。その教育の根本理念は、内容的には、ヨーロッパの新しい知識の習得であり、精神的には、神道と儒教の精神を強調するものであった。非ヨーロッパにおいて近代ヨーロッパ化を果たすためには、ヨーロッパの思想、文物、技術を取り入れて、それを習得していくとともに、同時に、近代国家として精神的にまとまったあり方をつくらねばならない。そのため、教育においても、国民主義を高揚し、伝統精神を強調し、国民の精神的同一性への意識を醸成しながら、それによってヨーロッパの文物を受容するという二つの面の融和が必要だったのである。ここにも、伝統と近代、あるいは反ヨーロッパ主義とヨーロッパ主義の融和という形での近代化がみられるが、明治の教育政策はこれをよく行なっている。特に、学制では新しい知識の摂取を強調し、教育勅語では伝統的精神を強調している。

一八八九年発布された帝国憲法においても、同じことが言える。それは、主にプロシア憲法を模範としていたという点で、確かにヨーロッパ化の流れの中にあるが、同時に、ここには、近代ヨーロッパの法観念ばかりでなく、わが国の伝統的国家のあり方も明確に示された。その意味では、これも、ヨーロッパ的なものと非ヨーロッパ的なもの、伝統と近代、あるいは反ヨーロッパ主義とヨーロッパ主義の融合の努力であったとみてよいであろう。

他の非ヨーロッパ諸国でも、特に植民地化されたところでは、ヨーロッパ主義と反ヨーロッパ主義の対立抗争を繰り返しながら、結局はこの両者の中間形態に収斂し、ヨーロッパからの自立を果たそうとするようになったところが多い。

例えば、インドネシアでは、植民地福祉のために推進された近代教育によって上流階級が次第に目覚め、彼らは、インドネシアの近代化のために啓蒙活動をするようになる。例えば、ラデン・アジェン・カルティニは、女性としてのわずか二十五年の短い一生の中で、ジャワ人の民族的覚醒と団結を説き、自ら学校をつくって子女の教育に当たった。彼らにとって、ヨーロッパ近代文明と伝統文化との相克は重要な関心事であったが、これに対して、彼らは、伝統的精神を重んじながら、その上に近代ヨーロッパの文物を受け容れることによって、両者の調和をはかり、こうしてヨーロッパからの自立を目指そうとした。その点で、彼らは、ヨーロッパ主義と反ヨーロッパ主義の宥和を目指した日本の明治維新の和魂洋才の系譜の人々と同じ道を歩もうとしたと言えるであろう。

8　非ヨーロッパの近代文化

非ヨーロッパにおける近代ヨーロッパ化は、単に軍事、政治、経済のみにとどまるものではなく、すぐれて文化的な問題であった。軍事、政治、経済の近代化・ヨーロッパ化のためには、伝統的なものの見方・考え方、つまり文化から根本的に変えていく必要があったし、また、軍事、政治、経済が変われば、否応なしに人々のものの見方・考え方が変わらざるをえなかったからである。近代ヨーロッパ化は、単に表面にとどまらず、次第に深層部にまで達し、精神面にも深刻な影響を及ぼした。そして、このヨーロッパ文明の衝撃に対して、文化面でもヨーロッパ主義と反ヨーロッパ主義の二つが現われ、ヨーロッパを積極的に受け容れようとする考えと、伝統精神の危機を訴える考えとが錯綜する。

文化的ヨーロッパ主義の系譜

ロシアでのナロードニキ運動は、社会主義を受け容れたヨーロッパ近代主義の知識階級（ザヴァトニキ）が、ヴ・ナロードの標語のもとに、当時知識水準の低かった農民の啓蒙に努めようとした運動であって、ヨーロッパ主義の系譜に属するものである。これは、ロシアのヨーロッパ化、近代化の一表現であった。この運動は、ロシア特有の村落共同体、ミールに社会主義の基礎を求めたが、しかし、農民達はナロードニキを拒絶した。ナロードニキは絶望し、十九世紀末特有のニヒリズムやアナーキズムに陥っていく。

ロシアのインテリゲンツィアは、近代ヨーロッパ化の過程の中でヨーロッパ近代文明の強烈な影響を受け、その囚になってしまったために、伝統社会の規範を墨守する民衆から乖離し、孤独感に噴まれることになったのである。民衆との精神的疎外感に悩むインテリゲンツィア達の生態は、ロシア文学の好んで描くところのものである。彼らは、トインビーの言うように、二つの文明が正式の結婚によらず慣れ合いによって生み落した私生児であり、どちらからも排斥され、奇形扱いされる混血児であり、その生まれながらの不幸に苦しめられる存在であった[11]。

十九世紀末、ロシアのインテリゲンツィアに蔓延したニヒリズムは、自分自身はヨーロッパ近代に尺度をもちながら、それがロシアには理解されず、自分達は絶えず民衆から浮き上がってしまっているという不安定な分裂状態から出てきている。しかも、自分達が尺度としているヨーロッパは、決して自分達が突き破り乗り超えることのできるものではなかった。そこに、ヨーロッパへの劣等意識が生じる。人民に理解されないという苛立ちとともに、この劣等感も手伝って、ますます彼らは自分自身の存在基盤を失っていった。これがロシアのニヒリズムの由来であり、それは〈ヨーロッパ主義〉というものが内包している矛盾からくるものであった。

それに対して、日本の知識人も同じような啓蒙運動に従事したが、彼らの仕事は、ロシアと比べれば、民衆の抵抗にもそれほど遭わず、むしろ、成功しすぎる程成功したと言えよう。この仕事には、民間では、特に福沢諭吉をはじめ、多くの開明派の知識人が従事した。これは、政治、経済、社会、思想、文化全般にわたってヨーロッパを紹介する啓蒙運動であった。ヨーロッパ風の学問や思想、科学・技術は、これらの啓蒙主義者をはじめ、ヨーロッパ諸国から招聘された外人教師や技術者、また、ヨーロッパ諸国へ派遣された大量の留学生達によってもたらされ、日本の近代ヨーロッパ化は、文化的面においても急速に進んでいった。

ところが、この近代ヨーロッパ化が進展してくると、やがて、ヨーロッパを唯一の尺度とする純粋のヨーロッパ主義者が登場してくる。それは大正時代に入って特に著しく見られる。明治の少なくとも日露戦争までは、たとえ、ヨーロッパ近代文化を積極的に輸入しようとしたヨーロッパ主義者でも、日本の伝統的精神に基盤をもった者が多かった。しかし、日露戦争以後、特に大正になって、そのような日本的主体性をほとんど失い、認識や判断の尺度を、したがって自分の依って立つ基盤をすべてヨーロッパ近代の価値観においたヨーロッパ主義者が登場する。

より近代化しヨーロッパ化した制度によって育てられた知識人達は、その制度を創設した前時代の人々とは違って、その生みの苦しみを知らないから、その創造の基本になった精神を忘れてしまう。このような知識人群は、日本で言えば大正教養派あたりから始まると言えよう。彼らは、自分達の精神的基盤をも、すべて、極度に理想化されたヨーロッパにおくようになった。これが、近代化の第二段階になって現われてくる考えであり、純粋のヨーロッパ主義と言えよう。

彼らは、ヨーロッパ近代を崇拝し、そこから、伝統的な日本のあり方を日本の後進性として批判する。しかも、彼らが思い描いたヨーロッパは、それ自身彼らの幻想にすぎないか、あるいは、極端に理想化されたヨーロッパにすぎなかった。ヨーロッパ自身は、実際には、彼らが思い描いたよりももっと複雑で、過去のしがらみに拘束されていたのだが、彼らはそれを認識しようともせず、ヨーロッパ近代思想をすべて善として、純粋化して受け取り、それに対比して、自分自身が体験している現実の日本を非難した。大正教養派ばかりでなく、大正時代に登場した自由主義者やマルクス主義者らは、これら主体性を失ったヨーロッパ主義の代表者であった。文学における白樺派、新思潮派、プロレタリア文学、演劇における自由劇場運動なども、この精神的基調に根差している。ただ、この日本のヨーロッパ主義者は、ロシアのそれとは違って、むしろ、日本の大衆には積極的に受け容れられたために、ロシアほど深刻なニヒリズムに陥ることは少なかった。

中国でも、そのころ、陳独秀らによって、文学革命が起こされ、魯迅など多くの知識人がこれに続いたが、これも、中国の近代ヨーロッパ化を目指す思想上の啓蒙運動であった。このような知識人による啓蒙運動は、非ヨーロッパにおいては、伝統から離脱しようとするときにいつでも起きるものである。ここでは、ヨーロッパ近代の価値観が唯一の尺度になり、非ヨーロッパの伝統的価値観は否定される。中国においても、このころから、純ヨーロッパ主義者が登場してきたとみてよいであろう。

トルコにおいても、事情は同じであり、それまでの諸改革運動の成果として、ヨーロッパ文明に感化された知識人が続々と生み出され、いわゆるタンジマート文学が興隆した。この切っ掛けになったのは、一八六〇年にシナーシーなどが発行した最初の民間新聞、「諸情勢の翻訳者」であった。これも、ヨーロッパ近代文学にならって新しい文学形式を生み出そうとした動きである。同時に、それはまた、西洋事情を紹介し国民の啓蒙をしようとする知識人運動でもあった。非ヨーロッパでは、ヨーロッパ化は、進歩的な知識人・官僚・士官などによる啓蒙運動を通して、ヨーロッパ近代文明が紹介され、そこから、政治、社会一般のヨーロッパ化、近代化が行なわれていくという共通した性格をもっている。

文化的反ヨーロッパ主義の系譜

しかし、他方、非ヨーロッパでは、急激なヨーロッパ化は、その反作用として、伝統主義的な〈反ヨーロッパ主義〉

をも生み出した。それは、ヨーロッパ化の衝撃に対して、急に自国の伝統と同一性、つまり自国の中心的な核を自覚しようとしたものである。

例えば、ロシアでは、スラブ主義者、つまりスラヴォフィルと呼ばれた知識人群像がこれに当たる。彼らは、ロシア正教によって形成されたロシア文化の純粋性を強調して、ヨーロッパ化に反対した。ホミャコーフやキレエフスキーらによって代表されるスラブ主義者は、ロシアの民族性の精髄が信仰を中心とした共同体精神にあると考え、西洋の個人主義や合理主義を批判した。そして、ロシアはピョートル以前に帰るべきで、国家は社会の共同生活にあまり干渉してはならないと主張した。この運動は、異質な文化、つまりヨーロッパ近代が入ってきたことに対する自国の文化の自己保存意志を表現したものと言えるであろう。

日本でも、文化面における全面的なヨーロッパ化の流れに対して、同様に、伝統の側からの拒絶反応が現われた。それは、明治三十年代初めに日本主義を唱えた高山樗牛らの反ヨーロッパ主義者達によって代表され、昭和初年の保田與重郎らの日本浪曼派の運動にまで引き継がれた。これらは、ロシアで言えばスラブ主義に当たるが、しかし、スラブ主義同様、ドイツ・ロマン主義と結びついたという点で、これとてもヨーロッパ文化の影響を被ったという面は見逃すことができない。彼らは、ヨーロッパ近代がもたらした自然と人間の分裂からくる故郷喪失を深く自覚し、日本の伝統の中に自らの同一性を求めようとした。

インドにおいても、上流階級は、多くの場合、徹底的なヨーロッパ主義をとったが、それに対して、同じように、その反動として、インドの伝統を尊重する伝統主義者が出てくる。これは、ロシアのスラブ主義、日本の日本主義などに当たり、反ヨーロッパ主義の系譜に属するものである。彼らは、カーリー女神の崇拝を復活し、ヴェーダの伝承を再掘し、インドの伝統文化の優秀性を強調した。彼らは、イギリス人と同席することさえ嫌ったという(12)。

ヨーロッパ主義と反ヨーロッパ主義の融合

しかし、非ヨーロッパでは、文化的面においても、このヨーロッパ主義と反ヨーロッパ主義という相反する二面の融合をはかろうとするところに、むしろ創造的近代文化が形成されたと言うべきであろう。自らの伝統を生かしながらヨーロッパ的精神を受容しようとする融合主義が、新しい形の創造的な哲学や芸術、学問を生み出し、非ヨーロッパの近代文化をつくりあげていったとみてよいであろう。事実、ヨーロッパ近代文化の衝撃に対して、ヨーロッパの方法を積極的に学ぶとともに、それを通して自国の文化的伝統を解明し、そこから優れた思想や芸術を生み出す人々が、非ヨーロッパに次々と現われてくる。しかも、それがヨーロッパにさえも影響を及ぼすようになる。例えば、ロシアの十九世紀に現われた多くの文学者達、なかでもトルストイやドストエフスキーなどがそれである。

日本でも、例えば、西田幾多郎は、西洋の哲学を十分咀嚼しながら、その論理によって東洋の精神を明らかにし、独創的な哲学を生み出した。彼は、『働くものから見るものへ』の序文でこう語っている。

「形相を有となし形式を善となす泰西文化の絢爛たる発展には、尚ぶべきもの、学ぶべきものの許多なるは云ふまでもないが、幾千年来我等の祖先を孚み来った東洋文化の根底には、形なきものの形を見、声なきものの声を聞くと云った様なものが潜んで居るのではなかろうか。我々の心は此の如きものを求めて已まない。私はかゝる要求に哲学的根拠を与えて見たいと思ふのである」[13]

この西田の言葉は、西洋の思想に対する西田の態度を端的に表わしている。

西田哲学も、伝統と近代、非ヨーロッパとヨーロッパの融合形態とみてよい。芸術の分野においても、ヨーロッパ流の手法はどっと入ってくると同時に、東洋の芸術も見なおされ、両者の融合のもとに、明治の絵画の新形式がつくり出された。明治の優れた文化は、和魂洋才の系譜、つまり、ヨーロッパ的なものと伝統的なものとの融合の流れの上に成り立っていたのである。

大正時代にも、和魂洋才の系譜は、独創性をもった思想・文化をつくりあげた。彼らは、根本の精神のところで日本的なるものをもち、それを明らかにする表現法、技術、方法論において、西洋の論理や手法を用い、両者を巧みに融合させた。それは、主に漱石や西田を継ぐ系譜の人々によってつくり出されていったが、それらの人々は、ヨーロッパ近代の文化的危機を、自国の伝統文化の危機から読み取るとともに、その西洋近代文化の超克を東洋的なるもののうちに見出そうとした。

中国においても、例えば、胡適は、白話文学を提唱、古い文語文学を改め、口語によって新しい思想・感情を自由に表現することを唱えたが、これも、日本の言文一致運動同様、文学における近代化運動であった。胡適は、新しいヨーロッパ的形式を取り入れながら、中国の伝統精神を明らかにしようとした優れた思想家であった。その意味では、胡適は、日本の和魂洋才の系譜の知識人と同じく、伝統と近代の融合の上で独自の思想を展開したと言えるであろう。

インドにおいても、このころ、ヒンズーの伝統に深く根差しながら、それをヨーロッパ的教養で表現し、ヨーロッパ人にも通じる優れた文学や思想が生み出された。タゴールの文学や思想は、そういうヨーロッパ主義と反ヨーロッパ主義の融合の上に成立した偉大な創造であった。タゴールは、西洋の思想を学びながら同時にその限界を知り、インドの思想の深さを明らかにしている。それがまた、ヨーロッパにも影響を及ぼすことになったのである。

タゴールは、「東洋と西洋」と題する小論で、インドの高潔な人達が、東と西を結びつけることを仕事とし、東を捨てることなく西を受け容れ、両者の間に橋をかけ、創造的なものを生み出してきたことを跡づけ、次のように言っている。

「これ（苦しみ）がなくなるのは、両者のあいだで内面的な調和が遂げられた時である。その時こそ、東洋と西洋とが、国と国とが、民族と民族とが、知識と知識とが、努力と努力とが、インドにおいて結合するのである。その時こそ、インドの歴史の現在の章が終わり、新しい章―人間の物語における高貴な章が始まるのである」(14)と。

一般に、これらの非ヨーロッパの偉大な芸術家や思想家は、どれもヨーロッパ近代と非ヨーロッパ的伝統の出会いの中から生まれ出てきている。

文化的危機の自覚と高貴な精神

しかし、急激なヨーロッパ化は、非ヨーロッパにとって、なお大きな文化的危機であった。もともと、流入してきた文化がヨーロッパ〈近代〉文化であったために、それは、ヨーロッパにおいてそうであったように、非ヨーロッパにおいても、伝統的なものの見方・考え方を根本的に変革することを要求した。それゆえ、伝統的文化に根差してものをみ、考えようとする者にとっては、それは自分の存在にかかわる重大な問題となった。彼らは、流入するヨーロッパ近代文化によって自国の文化の廃れゆくことを嘆くとともに、同時に、そこから近代文化一般の危機を読みとる。かくて、ちょうど、ヨーロッパにおけるニーチェやキェルケゴールやブルクハルトなど、危機の時代の思想家と同じ位置を占める精神が、非ヨーロッパにも出現した。

ロシアのドストエフスキーや日本の漱石などは、そのようなヨーロッパと非ヨーロッパの両文化のせめぎあいの中で、近代文明の危機を深く自覚した独創的な思想家であった。ニーチェやキェルケゴールの場合は、ヨーロッパが自己崩壊を起こしていくことに対する危機意識から独自の思想を生み出したが、ドストエフスキーや漱石の場合は、外発的にヨーロッパの崩壊現象が輸入されて、自国の伝統が破壊されていくという危機意識から、その独自の思想を生み出した。両者には内発的と外発的の違いがあるが、結果は、近代文明の批判から自己一個の現実存在に集中していくという点で共通している。

ドストエフスキーは、ロシア近代において、その精神的基盤を正教キリスト教的伝統精神に見出しながら、同時に、これが近代ヨーロッパ文化によって破壊されていくことを知る。しかも、彼自身も社会主義運動を通して近代ヨーロッパの合理主義にかかわってもいたから、ここに魂の自己分裂が生ずる。そういう二つに引き裂かれた自己の問題を、ドストエフスキーは追究した。彼は、ヨーロッパ主義と反ヨーロッパ主義の対立の中で、その矛盾に苦悩し、その苦悩から近代文明の危機を自覚した思想家であった。彼の作品は、どれもこの文化的問題状況から出ている。例えば、『罪と罰』のラスコーリニコフや『悪霊』のピョートル・ヴェルホーヴェンスキー、スタヴローギン、キリーロフ、『カラマゾフの兄弟』のイワンなどは、それぞれヨーロッパ近代の合理主義や社会主義の矛盾に悩む分裂した精神を代表しており、ドストエフスキーは、これを徹底することによって、それらが至りつく狂気じみた結果を予言し、それはただ、正教キリスト教の信仰に立ち帰ることによってのみ解決されうることを示した。彼は、自己のうちに形成されたヨーロッパ近代とロシア的伝統との葛藤の中から、両者の止揚を目指して苦闘したのである。

日本においても、近代ヨーロッパ文化の流入は怒濤の勢いであった。そして、それは日本の文化的伝統を破壊しつつもあったから、それに対する危機感が生まれてくるのも当然であった。確かに、日本は、流入してくるヨーロッパ思想を伝統的精神のもとに受け取り、これとの融合の努力によって、わずかに持ち耐えてはいた。しかし、その底流においては、これら伝統的精神が次第に背景に押しやられ、廃れていくという現象がすでに進行していたのである。近代化のための犠牲は、それ相応に大きかった。日本は、近代化のために、ヨーロッパがそうであったのと同じように、その均衡ある社会秩序を解体して、これを平均化し、再組織化しなければならなかったし、また、精神的にも、伝統的精神を相当程度犠牲にして、新しいヨーロッパ近代思想を受け容れねばならなかった。そのための大きな精神的混乱と主体性の喪失は、近代化の進むに従って露《あらわ》になってこざるをえなかった。

近代ヨーロッパ化によって古き良き日本が失われるという危機感は、すでに、日本にきたイギリスの反近代主義者ラフカディオ・ハーンによって指摘されていたことであったが、夏目漱石は、日本人でこの近代文明の危険性を自覚し、独自の文学をつくりあげていった一個の高貴な精神であった。

文学においても、この時期には、ヨーロッパ近代文学の方法が取り入れられ、盛んに新形式の文学が行なわれたが、漱石は、わが国の文学者や知識人達が自己本位つまり日本的主体性を失って、何もかもを西洋の価値観に仰ぐようになってしまったことを批判する。しかも、彼自身がそういう西洋の英文学という学問を身につけたエリートでもあったため、当然、彼自身の中で日本的伝統とヨーロッパ近代とが矛盾葛藤を起こし、その相克の場で、漱石は苦悩せざるをえなかった。

彼は、文明開化に酔いしれて軽薄な風潮の蔓延する日本近代の皮相さや、産業主義による低俗な人種の跋扈を非難する。例えば、彼は、『それから』の中で、代助の思想という形でこう言っている。

「代助は……、互を腹の中で侮辱する事なしには、互に接触を敢てし得ぬ、現代の社会を、二十世紀の堕落と呼んでゐた。さうして、これを、近来急に膨張した生活慾の高圧力が道義慾の崩壊を促がしたものと解釈してゐた。又、これを此等新旧両欲の衝突と見做してゐた。最後に、此生活慾の目醒しい発展を、欧州から押寄せた海嘯と心得てゐた」[15]と。

だが、時代の堕落は避けることのできない運命でもあったから、漱石は逆に精神の孤高の極みに閉じ籠り、この自己そのものに固執する。そして、その孤独な自己の問題を分析し、その拠って立つ場所をみつけようとする。彼が見出した〈則天去私〉という東洋的な理想は、そういう救い難い自我の超克の場であった。彼は、ロシアのドストエフスキー同様、ヨーロッパ主義と反ヨーロッパ主義の葛藤の中に苦悩したひとつの高貴な精神であった。

同じことは、森鷗外についても言える。彼は、儒教的精神の背景をもちながら、これが、特に大正期の日本の近代化によって次第に空白化していくことを嘆く。しかし、同時に、彼自身この近代化に貢献してもいるために、この矛盾から、彼はどうにもならない時代に対して諦観する。かくて、彼は、一連の歴史小説の中で、まだ規範と型を備えていた武士道の精神の中に、古典的な美を見出そうとしたのである。

これらの非ヨーロッパが生み出した偉大な文学者達は、単なる文学者にとどまらず、とめどなきヨーロッパ近代文明の流入によってもたらされた文化的危機から、近代文明一般の危機を深く自覚したという点で、今日においてもなおその高貴さを保っている。

9 ヨーロッパへの反撃

非ヨーロッパでは、ヨーロッパ主義と反ヨーロッパ主義が錯綜しながら、近代化は進んでいくが、これはやがて、二十世紀になって、ヨーロッパへの反撃とヨーロッパからの自立となって現われてくる。十九世紀が〈ヨーロッパの拡大〉の時代であったとすれば、二十世紀は、〈非ヨーロッパからの反撃〉の時代であった。

このうち、植民地化せずに自主的にヨーロッパ化したところ、例えば、ロシア、日本などは、ヨーロッパに対して反撃していった。また、必ずしも非ヨーロッパとは言えないが、アメリカのように、純粋にヨーロッパ近代を継承して、純粋に自由主義的・産業主義的近代文明を打ち立てたところも、次第にヨーロッパ諸国と対抗し、これを凌駕していくようになる。

日本の場合

明治以来、日本は、積極的にヨーロッパを受け容れるとともに、同時にそのことによって、ヨーロッパ諸国に対抗しようとしていた。事実、日清、日露両戦争は、直接は中国やロシアとの戦いであったが、それと同時に、それによってヨーロッパ諸国に自国の力を認めさせ、ヨーロッパに伍そうとする動きでもあった。このヨーロッパへの対抗は、もともと幕末の攘夷運動に萌芽をもっているが、この動きは、日清・日露後も、第一次大戦から、さらに第二次大戦に至る動きとなって現われた。

大正から昭和にかけて次第に日本が世界史上に抬頭してくると、ヨーロッパ諸国は、これを快しとせず、日本の進出を警戒し、抑圧するようになった。そして、それが、結局、第二次大戦における日本による反抗を生み出した。日本は、第二次大戦における絶望的な戦いを通して、ヨーロッパへの反撃を行なおうとしたとも言える。これは、ある意味で、幕末維新以来の攘夷論の系譜に属するものであり、いわばその最終的結果であった。しかも、日本は、ヨーロッパに対抗するのに、またヨーロッパ由来の近代的な武器や組織をもってするという矛盾をもっていた。

なるほど、日華事変から第二次大戦は、直接には、中国およびアメリカとの戦いが中心であったが、しかし、それは、また、マレー半島やビルマ、インドを植民地化していたイギリス、およびベトナムやインドネシアを植民地化していたフランスやオランダとの交渉や戦いを含んでいた。その点では、これは、同時に、当時の国際関係からみて、アジア諸国を植民地化していたヨーロッパ列強に対する反撃という意味をもっていた。

この日本のヨーロッパ列強への反撃は、軍事的にも文化的にも敗北した。しかし、これが切っ掛けになって、ヨーロッパ諸国も疲弊、このヨーロッパの弱体化に乗じて、第二次大戦後、アジア・アフリカ諸国はヨーロッパの支配から離脱し、アジア・アフリカ諸国の自立が可能になった。ここでは、〈ヨーロッパへの反撃〉と〈ヨーロッパからの自立〉という非ヨーロッパにおける二つの運動が、連動していたのである。

アメリカとソビエト・ロシアの場合

ヨーロッパと非ヨーロッパの中間に位置するアメリカも、十九世紀の末にはすでにヨーロッパを凌ぐほどの生産性を誇るに至り、それは、二十世紀に入って、特に第一次大戦後ヨーロッパに対する債権国になるという形で現われた。第一次大戦そのものも、アメリカの参戦なくしては連合国の勝利はもたらされなかったし、その後も、アメリカの経済援助なくして、イギリス、フランスは立ち直ることはできなかった。このようにして、アメリカは次第にヨーロッパに対する優位を確立していくようになった。それが決定的に現われたのが第二次大戦であった。そして、第二次大戦後は、アメリカは、ヨーロッパ諸国に代わって世界の覇権を確立した。

さらに、第二次大戦以後は、アメリカとともに、ソビエト・ロシアが抬頭してくる。第二次大戦を境にして、ソ連は、共産主義によってヨーロッパへの逆襲を果たし、急速に世界史の前面に登場してきたのである。実際、ソビエト共産主義の世界革命の動きは、一九一九年にコミンテルンが結成されて以来すでに始まっており、ハンガリー革命の指導、フィンランドの支配、バルト三国の併合、ポーランド・トルコ・中国の民族運動の支援、そして第二次大戦における東欧の獲得へと続いた。共産主義国も、資本主義国同様、ある程度の生産の発展がみられると、外への膨張を始める。

ソ連の膨張は、それ自身形を変えた世界政策であり、同時に、それは、ツァー時代以来続けられてきたヨーロッパへの対抗であり、ヨーロッパへの反撃という意味をもっていた。ロシアは共産主義というヨーロッパ由来の思想を積極的に受け容れ、これによってさらに近代化しようとしていた以上、これはヨーロッパ主義の系譜に属するが、しかし、このことによってヨーロッパを中心とする資本主義国に対抗していこうとしていた限り、そこには強烈な反ヨーロッパ主義があったとみなければならない。特に、スターリンあたりから、ロシアの共産主義が特にロシアのナショナリズムと結びついたのは、そのためである。なるほど、共産主義はインターナショナリズムを唱えているが、しかし、それは同時に裏返されたナショナリズムでもある。ヨーロッピズムの視点から眺めるなら、ツァー・ロシアからソビエト・ロシアに至るまで、ロシアは一貫してヨーロッパ化の中にあり、かつ、それによってヨーロッパに対抗しようとする動きの中にあったとみることができるであろう。

ヨーロッパへの反撃の意味するもの

かくて、二十世紀の後半、つまり第二次大戦後のヨーロッパは、東欧がソ連の影響下におかれ、西欧がアメリカの影響下におかれた。ヨーロッパは、むしろ米ソという非ヨーロッパ諸国によって分断されたのである。そして、第二次大戦以後は、このヨーロッパに逆襲した非ヨーロッパの強国、アメリカとソ連が対立するようになる。

ヨーロッパ人の目から見れば、ヨーロッパ文明を学んでいった生徒が、急にヨーロッパという先生を殴打したり、これを凌駕することになったわけで、ヨーロッパ人としては理解に苦しむ状況になる。第一次大戦と第二次大戦という二十世紀前半に惹き起こされた二つの戦いを通して、それまでのヨーロッパの絶対的優位は衰え、ヨーロッパ由来の近代文明は、非ヨーロッパを通して、ヨーロッパに対する逆作用となって襲ってきたことになる。シュペングラーの〈西洋の没落〉という考えや、トインビーの〈ヨーロッパの矮小化〉という認識や、コラールの〈ヨーロッパの略奪〉という見方が出てくるのは、このような現象を自覚してのことであった。ヨーロッパ文明を積極的に受け容れ自らヨーロッパ化したところ、またはヨーロッパ以上にヨーロッパ近代文明を発展させたところが、二十世紀になって、ヨーロッパに逆襲してきたことになる。さらに、それに、アジア・アフリカ諸国のヨーロッパからの自立が加わり、ヨーロッパは後退していかざるをえなくなった。このヨーロッパへの逆襲やヨーロッパからの自立のイデオロギーが、あるいは民族主義と結びついた反ヨーロッパ主義であり、あるいは資本主義からの解放という共産主義のイデオロギーだったのである。

10　ヨーロッパからの自立

一方、植民地化としてのヨーロッパ化をせざるをえなかったところでは、植民地経営の中に組み込まれるという形で、ヨーロッパ化はかなりの程度進んでいたが、しかし、これに対する伝統の側からの反抗が、反ヨーロッパ主義として、植民地列強に対する叛乱という形で現われていた。これは、最初のうちはほとんどの場合失敗するが、この失敗の反省から、自分達も結局ヨーロッパ風の近代的な社会組織、政治形態を取り入れて、そのことによってヨーロッパから自立していかねばならないという考えが出てくる。そして、それが、非ヨーロッパの植民地化されたところでは、独立運動という形で出てくるのである。この非ヨーロッパの自立という現象こそ、二十世紀の半ばにあって、二十世紀を象徴する事件であった。バラクラフも、『現代史序説』の中で、次のように言っている。

「今世紀の歴史は、西洋がアジア・アフリカに与えた衝撃と、同時に西洋に対するアジア・アフリカの反逆という、この両者を最大の特徴としている(16)」と。

このアジア・アフリカの自立運動の中には、トルコのように、ヨーロッパ風の自由主義によって自立を果たしていこうとする系譜もあれば、インドのガンジーのように、強烈な反ヨーロッパ主義によって自立を果たしていこうとするものまで、大きな振幅があるが、その中では、このヨーロッパ主義と反ヨーロッパ主義の中間に立って、その融合をはかりながら自立を果たしていこうとするものが、多くを占めたと言えるであろう。

孫文の三民主義――すぐれた実践思想

中国の自立運動の中で特に注目される孫文の三民主義は、その典型である。それは、満洲民族や諸外国の支配からの独立を目指す〈民族主義〉、政治的平等と権力分立を目指す〈民権主義〉、生活上の不平等をなくそうとする〈民生主義〉からなり、実際には、滅満興漢、立憲政治の確立、民族資本の育成、土地所有の均等化などを目標としていた。この孫文の三民主義は、中国の伝統的儒教精神と近代ヨーロッパ思想との融合のもとに出てきた優れた実践的思想であった。

民族主義も、民権主義も、民生主義も、一面では、どれもヨーロッパ近代の政治思想の本質を衝いている。近代ヨーロッパの政治は、何よりも自由民主主義を確立し、国民がこぞって政治に参加する権利をもつとともに、そのことによって国民国家を形成し、国民の生活水準を向上させることを目的としていたからである。その意味で、この三民主義には、ヨーロッパ主義的側面があると言える。しかし、同時に、そこにはまた、民生を重んじ、人民のための政治を行なうという理想がある限り、儒教によって培われた中国の伝統的政治思想が生かされているとも言わねばならない。孫文は、民権の伝統はすでに中国の古来の道徳の中にあり、三民主義はこの中国固有の道徳によって基礎づけられ、そのことによって民族の統一と諸階層の大同を実現するのでなければならないと考えたのである。孫文の三民主義は、儒教的な伝統の基盤に近代の自由民主主義的な方法を受け容れていったという点で、非ヨーロッパの伝統とヨーロッパ近代との融合形態とみてよいであろう。非ヨーロッパの伝統の中にヨーロッパ的形態を取り入れることによって、ヨーロッパから自立していこうというのが、孫文の運動であった。

孫文の三民主義は、それ自身、革命運動の実践を通して次第に形づくられてきたものであるが、それは、何よりもヨーロッパ近代文明と非ヨーロッパの伝統文化との出会いの中で生まれた思想であった。それは、ヨーロッパ近代思想を受け容れることによって、旧来の中国の陋習を変革するとともに、同時に、その背後で伝統的精神を維持しようとしたひとつの成果であった。そこには、ヨーロッパ近代思想の中国化がみられると同時に、中国の伝統思想のヨーロッパ化がみられる。

実際、一九一一年の辛亥革命によって、孫文を中心にして中華民国の建国が宣言されるが、それは、三民主義に基づいてヨーロッパ風の近代国家を形成するとともに、ヨーロッパ列強からの自立をはかろうとするものであった。この革命事業は、紆余曲折を極め、十分成功したとは言えなかったが、しかし、軍閥間の抗争が続く中で、孫文は、三民主義に基づいて国民党を結成し、一九二一年、中華民国政府を立てる。これとともに、孫文は、三民主義を厳密に定義しなおし、〈民族主義〉は中国全民族の列強からの独立と共和、〈民権主義〉は、司法、立法、行政、考試、監察の五権の分立、〈民生主義〉は土地の公平な再分配をはかるものとしたのである。

スカルノの五原則――独創的な国家理念

インドネシアの自立運動の中でも、例えば、ストモとスラジによって一九〇八年につくられた「プディ・ウトモ（最高の英知）」という団体は、ヨーロッパ的近代教育の普及とともに、ジャワの文化的伝統の尊重を二大方針とした。これも、伝統と近代の融合によるヨーロッパからの自立を目指すものであった。なるほど、この運動は、やがて穏健中立化し、オランダとの協調をはかりつつ、上からの近代化をしていこうとする方向をとるようになっていったが、これを切っ掛けにして、インドネシアでは各種の団体が結成され、オランダからの自立運動が盛んになった。

後、スカルノによって提唱された五原則（パンチァ・シラ）も、これらの運動の発展形態として創造されたものだと言えよう。五原則は、民族主義、国際主義、民主主義、社会福祉、神への信仰を謳い、インドネシア共和国の建国の理念となったものである。それは、全インドネシアの統一と独立を目指すとともに、排外主義を排して国際的友愛を強調し、ナショナリズムとインターナショナリズムの調和を理想とし、代議政治の原則を示し、経済的平等を強調し、イスラム教徒もキリスト教徒も相互信頼に基づいてそれぞれに神を尊崇し、この信仰を国家形成に組入れるべきことを説いたものであった[17]。これは、イスラム教をはじめ、共同体の伝統的慣習を重んじながら、同時に、そこへヨーロッパ由来の民主主義の理念をみごとに盛り込んでいるという点で、孫文の三民主義同様、伝統と近代の融合の上につくりあげられた独創的国家哲学であった。

ガンジーとネルー——不服従運動とスワラジ運動

インドにおいて、ヨーロッパ主義と反ヨーロッパ主義がからみあい、それがインドを自立した近代国家にしていく運動へと結集していったのは、セポイの反乱の失敗以後、一八八五年、国民会議が成立してからのことであった。これは、後、二十世紀の初頭、スワデジ運動（国産愛用運動）とスワラジ運動（自治要求運動）となって、より反英色を強めていった。近代という時代は、ヨーロッパでも非ヨーロッパでも国民主義の時代であり、これによって近代国家は成立するが、インドでは、これが国民会議運動という形で開始されたのである。

非ヨーロッパでは、ヨーロッパ近代文明の流入という文化的・社会的・経済的な危機が契機になって、近代国家への国民的自覚が促される。しかも、ここには、自らヨーロッパ風の近代国家の形式を獲得しようというヨーロッパ主義と、同時にそのことによってヨーロッパから自立していこうとする反ヨーロッパ主義の両方がある。インドでも、両者の結合によって近代化への動きが開始された。インドの近代国家としての枠組は、ある意味で、イギリスの統一と支配によってすでに用意されていた。このことによって、かえってインドは民族的同一性を再自覚するとともに、土侯国的あり方を打破して自ら近代国家になろうと目指したのである。

この反英運動の指導者として登場してきたガンジーの非暴力による不服従運動は、より反ヨーロッパ主義的方向をとった。ガンジーは、宗教的信念に基づく徹底した伝統主義者であり、反近代主義者であり、頑固な反ヨーロッパ主義者であった。インドの自立を目指すには、どうしても民族的自覚が必要であった。その民族的同一性の自覚のための精神的指導者がガンジーであった。彼の中には、古来のヒンズー教、なかでもインドの下層民に根づいていたバクチの教義が甦えっている。それが、インドのヨーロッパからの自立の精神的エネルギーになったのである。

彼は、インド人は近代文明の示す方向を歩むべきではないと考え、ヨーロッパの近代技術の侵入はそのままインドの伝統の破壊につながるとみた。彼が、イギリスの機械的綿製品生産に対抗して、手紡ぎ車による綿製品生産で対抗しようとしたのは、そのためである。彼は、機械は近代文明の象徴であり、重大な罪悪であり、インドばかりでなく、ヨーロッパをも荒廃させていると考えた。文明は、人間の徳性をなくさせ、文明自身を破滅に追いやるとみたのである。そのようなガンジーの反近代主義は、民族的同一性の自覚を促すには意味があった。しかし、すでにインドでも、植民地化という形ではあるが、特に都市部では、インド人自身の手で機械生産も行なわれていた。それだけ、インドはすでにヨーロッパ化していたのである。そのため、インドの都市部の商人達は、この点では必ずしもガンジーに従わなかった。ここに、ガンジーの悲劇がある。

ガンジーのナショナリズムは、確かに、イギリスへの反逆から独立へと向かう精神的運動としては、大きな力を発揮した。しかし、このヨーロッパからの自立が、同時にヨーロッパ的近代国家の建設を目指していた以上、インドのヨーロッパ化は避けることのできない流れであった。それは、ちょうど、日本で言えば、尊皇攘夷によって維新は成就できたが、その後は、開国によってヨーロッパ化していく以外にはなかったのと同じである。近代ヨーロッパ文明の前では、伝統文化はそのままでは生きのびることはできない運命にある。

かくて、インドの自立への意志結集のためにガンジーが何度か展開した不服従運動は、やがて内部分裂を起こして挫折、その後、議会参加に同意したネルーらのスワラジ党が国民会議派を指導することになった。ネルーは、ガンジーとは反対に、徹底したヨーロッパ主義者であった。彼は、インドの伝統社会は盲目的で、遅れていると考え、インドはこの桎梏から離れて近代化しなければならないと考えた。したがって、具体的にはイギリスとの協調をはかり、ヨーロッパ近代風の政治形態を導入しながら、インドの自立と近代国家化をはかろうとした。このように、インドにおける反ヨーロッパ主義とヨーロッパ主義、伝統主義と近代主義は、独立運動の中では、ネルーとガンジーの違いとなって現われた。もっとも、それは力点をどこにおくかの違いであって、両者ともそれぞれ相反する別の面をもっていたことは注目しておく必要はあろう。

エジプトにおける自立運動

エジプトでも、イギリスの支配が強化されるに従って反英感情が醸成され、イギリスに対する反抗が起きてきた。その先頭に立ったのは、パリ帰りの留学生達であった。彼らは、イスラム教徒であると同時に、フランス流教育によって自由・平等の思想を学び、ヨーロッパ風の自由主義思想に慣れ親しんだ。アラビ時代の国民クラブを再編成して国民党を組織したカメールも、このような自由主義的・民族主義的反英主義を代表している。彼らは、イギリス軍の撤退、憲法の制定、独立した議会の設立などを政策に掲げた。そのかぎり、これは、ヨーロッパ主義的政策であったと言えるが、そこには同時に、エジプトの自立を目指す民族主義的精神があったと言わねばならない。

つまり、エジプトの反英主義は、反ヨーロッパ主義であるが、同時に、その政策においては、ヨーロッパ主義という面をもつ。ヨーロッパ的な近代国家をつくることによって、ヨーロッパから自立し、独立を回復しようとしたのである。非ヨーロッパのヨーロッパ化の中では、いつも、ヨーロッパ主義にして反ヨーロッパ主義という相反する二面をもった複雑な動きがある。イギリスへの抵抗詩を作って尊敬された詩人イブラヒムも、フランス式の教養を身につけながら、同時にエジプトの民族主義者でもあり、反ヨーロッパ主義者でもあった。このような知識人像は、日本の明治の知識人には多くいたが、エジプトも同様であった。ここには、ヨーロッパ的なものと非ヨーロッパ的なものの融合形態が見られる。第二次大戦後、エジプト革命を起こして、イギリスからの自立を果たしたナセルも、若い時からアフガニーやアブドゥー、カワーキビーやカメールらの著作の影響を受けている。彼は、エジプトを強化するためには、革命によって真の独立を達成し、エジプトを近代的な国家に仕立上げる以外にないと考えた。そのかぎり、それはヨーロッパ主義的・近代主義的方向をとっているが、それとともに、そこには、それによってイギリスから自立し、民族の自尊心を回復しようとするものがあった。その点では、伝統主義的・反ヨーロッパ主義的側面を同時にもっている。

二面をもつイブン・サウドの政策

サウジ・アラビアを建国したイブン・サウドも、アラビアの伝統とイスラム精神を復興するとともに、同時に、そのもとに近代ヨーロッパ風の国家をつくろうとした。彼も、ヨーロッパ主義と反ヨーロッパ主義の両面をもつ。イスラム聖地を奪回したり、偶像崇拝を禁止したりしたという点では、伝統主義であり、反ヨーロッパ主義である。それに対して、ベドウィンを定着させ、農業を興し、近代産業を興そうとした点では、近代主義であり、ヨーロッパ主義であった。イブン・サウドも、他の非ヨーロッパの建国者がそうであったのと同じように、近代と伝統の融合の上に国家をつくろうとしたのである。

彼は、砂漠の砂のように離散してしまうベドウィンをひとつにし、統一国家をつくるために、力と公正による政策を実行し、社会事業としてベドウィンの定着化をはかった。ベドウィンの定着化は、アラビアの近代化事業として、イブン・サウドが初めて行なったことである。近代化によりヨーロッパ風の国民国家をつくるには、まずもって離散している部族をまとめ上げる必要があった。彼は、まず宗教上の長老の協力を得て、屯田兵組織の同胞団を募り、農耕を教え定着させた。その数は次第に数を増し、屯田兵は王国建設のための軍隊の中核になっていった。しかも、この近代主義的政策が、イスラム精神の復興とひとつになっていたのである。

ケマルの青年トルコ党の革命――徹底した伝統からの離脱

このように、多くの非ヨーロッパ諸国では、伝統と近代の融合によって近代国家をつくり、そのことによってヨーロッパからの自立を果たすということがなされたが、トルコにおいては事情は大きく違っていた。

トルコが近代ヨーロッパ化にさらに追い立てられたのは、一八七七年から七八年の露土戦争の敗北を切っ掛けにしてであった。それ以来、憲法の復活や議会再開を要求する自由主義青年達の運動が進展し、その結果、一九〇八年のケマルらによる青年トルコ党の革命が成功する。ところが、第一次大戦でトルコは敗北。イギリス、フランス、イタリアに占領され、独立を失い、中国やインドのような状態になる。ケマルを主導者とする民族解放運動が起きたのは、この時点であった。第一次大戦までは、トルコは、むしろロシア・日本型の近代ヨーロッパ化を進めていたが、これ以後、トルコは中国・インド型の自立運動に入っていった。

ヨーロッパ諸国も第一次大戦ですでに疲弊していたから、この民族解放運動は短期間で成功した。独立を回復したケマルは、主権在民を確認、ついでスルタン制を廃止、共和国宣言をし、カリフ制も廃止、国家を宗教から分離した。

この民族解放闘争は、他の植民地化された非ヨーロッパ諸国同様、ヨーロッパからの自立運動であった。ただ、他の非ヨーロッパ諸国と大きく違っている点は、このケマルの民族自立運動が、ケマルの事実上の独裁を前提してのことではあるが、徹底した自由主義革命によってなされたという点である。それは、共和主義、民族主義、民衆主義、国有産業主義、世俗主義、革新主義の六原則からなる徹底した革命であった。

他の非ヨーロッパでは、多かれ少なかれ、伝統的精神を加味した上で、それとの融合のもとで近代ヨーロッパ化が行なわれたが、ここでは、むしろ、ロシアや中国における共産革命に匹敵するほどの徹底した伝統からの離脱が行なわれた。宗教と国家を厳しく分離し、政治の非宗教性を宣言し、イスラムの伝統を破ったのである。この点で、同じイスラム圏でも、エジプトやアラビア、インドネシアとも違った際立った特徴をもっている。彼は、トルコ人民を強力にするためには、彼らをできるかぎり純粋にヨーロッパ化する必要があると考えた。ところが、イスラムは、彼にとって強さの要素ではなく、むしろ弱さの要素であった。ケマルの改革は、近代化・ヨーロッパ化が、結局のところ、伝統の破壊なくしてはありえないという面を表現している。それは、徹底したヨーロッパ主義であり、徹底した文化破壊であった。ただ、ケマルは、そうしなければ国家は成り立たないと考えた。

ケマルの内政改革は徹底したものであった。神秘主義教団・僧院の閉鎖、女性のベールや男性のトルコ帽の禁止、一夫多妻制の禁止、グレゴリウス暦の採用、スイス民法の採用、イタリア刑法の翻案、ドイツ、イタリアに習った商法の発布、イスラム国教化条項の削除、ローマ字をもとにしたトルコ文字の採用、婦人の選挙・被選挙権の承認などであった。どれも、政治と宗教の分離を目指し、イスラムの伝統文化からの離脱を目標にしたものであった。それによって、彼は、近代ヨーロッパの産業技術を習得し、トルコを近代化しようとした。トルコの革命は、衣服からアルファベット、政治、立法まで、ヨーロッパのルネサンスから産業革命までの大変革を一度に行なおうとするようなものであった。

当然のことながら、この急激な改革に対しては、反ケマル派から反対運動が起き、カリフ制の復活と共和制打倒が唱えられた。これは、ケマルの徹底したヨーロッパ主義に対する反ヨーロッパ主義的運動であったが、鎮圧された。また、必ずしもこのような反ヨーロッパ主義ではないが、ケマルとともにトルコ革命に貢献したゴカルプは、ケマルと違って、ヨーロッパの科学技術の導入にあっても、その基盤には民族文化の興隆がなければならないと考えた。彼は、イスラム以前の古代トルコの歴史と文化を再掘するとともに、イスラムの精神もまた精神的土台として認められるべきだとした。彼は、トルコのアイデンティティを確立することなくして、西洋の価値を教条的に導入することは危険だと考えた。その点では、彼は、ケマルの急進的改革には批判的であった。だが、このゴカルプの考えは、ケマルの改革においては生かされることはなかった。[18]

共産主義による自立

共産主義による非ヨーロッパの自立も、ケマルの自由主義による自立と同様、ヨーロッパ主義による自立に属するであろう。中国における毛沢東の共産主義運動も、直接はソ連からの波及であるが、遠くフランスをはじめヨーロッパの共産主義に源泉をもっている。毛沢東は、第二次世界大戦中、ソ連の援助のもとに、アメリカ・イギリスの援助する蒋介石政権、および、日本軍と日本軍の援助する汪兆銘政権と戦いながら、第二次大戦後、国共内戦に勝利し、中華人民共和国を樹立した。

かくて、戦後の中国は、共産主義による近代ヨーロッパ化の道を歩むことになった。ヨーロッピズムの観点からみれば、ロシア同様、これは、ヨーロッパ由来の共産主義の非ヨーロッパへの拡散現象であり、中国のヨーロッパ化のひとつの表現である。実際、共産中国は、その成立当初から工業化の促進と農業生産の向上を目標としていた。人民公社方式による「大躍進」政策にしても、文化大革命の失敗後の開放政策にしても、あらゆる面における〈現代化〉つまり近代化を目標にしていることに変わりはない。しかも、それはまた、同時に、このことによって、ヨーロッパ諸国、および、すでにヨーロッパ化した先進国に対抗していこうとするものでもあった。

ベトナムにおけるホー・チ・ミンの共産主義運動も、中国同様、ヨーロッパ主義による自立に属すると言えよう。ホー・チ・ミンは、フランス、ソ連、中国を経て、その間マルクス主義を受容、フランス支配からのベトナムの解放を目指してインドシナ共産党を成立させた。そして、フランス帝国主義打倒、民族独立、土地再分配をスローガンとして抗仏運動を展開。フランスは、これを徹底的に弾圧。そこへ日本軍が進駐し、フランス軍は撤退、これを契機に、ホー・チ・ミンの共産ゲリラも蜂起、フランスと日本を打倒するために、ベトミンを結成、日本軍の敗退とともに、一九四五年、ベトナム民主共和国成立を宣言した。

このベトナムへの共産主義の流入も、共産主義というヨーロッパ由来の近代主義の非ヨーロッパへの波及の一環であり、やはりヨーロッパの拡散現象のひとつとみなければならない。逆に言えば、これはまた、共産主義という近代主義によって自国を独立した近代国家にしようという努力である限り、非ヨーロッパのヨーロッパ化の一形態でもある。しかも、そのような形でのヨーロッパ化を目指すことによって、同時にヨーロッパに対して反抗し、ヨーロッパからの自立を果たそうとした点でも、非ヨーロッパ一般に共通した動きであった。

アフリカの自立運動

アフリカの自立運動は、他のアジア諸国とは相当遅れたが、ヨーロッパ諸国の植民地化を通して近代化を意識したアフリカ人達は、第一次大戦後、民族主義に目覚め、第二次大戦後にかけて、特にヨーロッパのそれぞれの植民地領土の境界内で民族国家を形成しようとしていった。

ヨーロッパからの自立運動は、第一次大戦前では、北部、西部アフリカの極く一部に限られていたが、第一次大戦後、次第にこの意識は高まり、第二次大戦によるヨーロッパ諸国の疲弊とともに、異常な高まりを見せた。かくて、第二次大戦後、アフリカ人は次第に植民地政庁の内部でより大きい発言権を要求するようになった。特にイギリスやフランスの勢力圏内では、政庁の中にアフリカ人の代表者も参加するようになった。

独立への動きは、地域によって様々な方向を辿った。北アフリカは、比較的早く、モロッコやチュニジアが独立した。サハラ砂漠以南のヨーロッパ人入植者が少ない地域では、第二次大戦直後から、ある程度現地人代議制が導入され、それは民族主義運動と直結した政党の形成へと広がりを見せたが、ヨーロッパ人の入植者の多いところでは、この現地の代議制政治は、形式的なものにとどめられることが多かった。だが、これらの動きを通して、ガーナやナイジェリアは独立にこぎつけられた。かくて、一九六〇年代には、中部アフリカ、東部アフリカにもこの独立の動きは広まり、一九七〇年までにはほとんどのアフリカ諸国が独立した。

このアフリカの自立運動をみると、北アフリカや西アフリカの比較的強い伝統文化をもった諸国では、そのもとにかなり早くからヨーロッパ近代の諸制度が受容され、他と比べて早めにヨーロッパからの自立が達成された。逆に、中東部の伝統文化の弱かったところでは、急激なヨーロッパ主義の流入によって、かえって混乱し、ヨーロッパからの自立はかなり遅れたことが分かる。

11　二十世紀後半の非ヨーロッパ

東西問題の中のアジア・アフリカ

二十世紀後半、つまり第二次大戦後の非ヨーロッパを規定したのは、アメリカとソ連の対立であった。このいわゆる東西問題は、ヨーロッピズムの視点から眺めるなら、自由主義と共産主義という近代ヨーロッパの生み出した相対立する二つの思想の非ヨーロッパへの拡散と、その抗争とみることができる。第二次大戦後のアジア・アフリカ諸国は、どこでも、この二つの近代主義の間に立たねばならなかった。第二次大戦後のアジア・アフリカ諸国が、米・ソという非ヨーロッパの超大国の対立に巻き込まれたという現象の背後には、そのような意味があった。

それは、中国の国共内戦、朝鮮戦争、コンゴ紛争、その他中東紛争などとなって、アジア・アフリカの非ヨーロッパに現われたが、特にベトナム戦争は、この二つの近代主義の戦いと、その勢力圏争いを象徴するものであった。そして、それらは、また、ソ連という、より遅れて世界史に登場してきた国家の権利主張でもあった。アジア・アフリカの非ヨーロッパ諸国は、かつてヨーロッパ諸国の勢力圏争いに組込まれたように、第二次大戦後は、アメリカを中心とする自由主義陣営とソ連を中心とする共産主義陣営のはざまに立たざるをえなかったのである。しかし、どちらの主義をとるにしても、それらによって、より一層の近代化を目指していたことには変わりはない。

しかも、二十世紀の世紀末にあたる今日、この第二次大戦後の米ソの世界支配構造は、すでに崩壊しつつあり、したがって、自由主義圏と共産主義圏の明確な区別も次第に難しくなり、相互に入り乱れて混乱しつつある。共産圏における中国の抬頭や、自由圏における日本の抬頭は、これを物語っている。しかも、今日、ソ連も中国も、その自由化政策や開放政策によって、ともに、より自由主義圏に近づきつつある。東西の対立という第二次大戦後四十年程続いた世界図式も終焉を迎えているのである。アジア・アフリカ諸国も、これに応じて、新しい時代への対応を急いでいるのが、今日の状況である。

南北問題の中のアジア・アフリカ

第二次大戦後のもうひとつの目立った現象は、米ソ二大陣営のいずれにも与せず、積極的中立策をとろうとした非同盟諸国が、相当な発言権をもつようになったということである。もちろん、完全な中立はありえず、非同盟諸国も絶えず米ソのどちらかに片寄り、動揺しつつではあるが、しかし、ここには、より近代化しヨーロッパ化した先進国に対する、それにより遅れた後進国の権利主張がみられる。このいわゆる南北問題も、第一次大戦後の世界を規定したもうひとつの大きな要素であった。

それは、具体的には、アジア・アフリカ会議の開催、アフリカ統一機構への動き、イランの石油国有化戦略やエジプトのスエズ運河国有化戦略、さらにアラブの石油戦略などとなって現われた。これは、ヨーロッパ諸国とその延長上にある先進国に対する第三世界からの挑戦であった。そこで示されたスカルノやネルーやナセルの主張は、確かに、米ソの冷戦構造を破る第二次大戦後の新しい動きであった。

アジア・アフリカなど非ヨーロッパ諸国がヨーロッパからの自立を果たしたことが明確に表明され、ヨーロッパの退潮が確認されたのは、一九五五年に、スカルノのイニシアティブのもと、インドネシアのバンドンで開催された第一回アジア・アフリカ会議においてであった。

また、第二次大戦後独立が相ついだアフリカ諸国でも、アフリカの統一を目指す会議が開かれた。一九五八年のアフリカ諸国会議をはじめ、一九六三年のアフリカ統一機構の形成に至るまでの一連の動きの中で、植民地主義からのアフリカの解放とアフリカの政治的統合が目標として掲げられた。

さらに、一九五一年のイランの石油国有化戦略も、ヨーロッパ先進国への挑戦のひとつであった。ソ連寄りになったモサデグ首相のアングロ・イラニアン会社の国有化宣言に対して、イギリスは、米ソの冷戦の中で、大きな力を発揮することができず、撤退せざるをえなかった。

一九五六年のナセルのスエズ運河国有化も、同じく、ヨーロッパ諸国とヨーロッパ化した先進国の支配への挑戦であった。このスエズ運河国有化に対して、イギリス、フランスは軍事介入に出たが、米ソの力の前に撤退せざるをえなかった。ヨーロッパ諸国は、すでに世界史から後退し、代わって、米ソという巨大な非ヨーロッパ諸国の対立の時代に入っていたのである。

このエジプトの反撃は、一種の形を変えた戦争であり、ヨーロッパ諸国への逆襲であった。ナセルは、第二次大戦後の米ソの冷戦の谷間にあって、積極中立政策をとり、インドのネルーらとともに、第三世界独自の路線を打ち出した。この第三世界の自立の主張は、ヨーロッパ諸国、あるいはヨーロッパ化した先進国に対する権利主張であり、そのように先進諸国を揺さぶりながら近代化を果たすのが第三世界の狙いでもあった。もちろん、エジプトも、純粋に非同盟中立を守れたわけではなく、ナセルはソ連寄りになり、その後のサダトはアメリカ寄りに転換し、絶えず動揺してきた。しかし、どの方向をとるにしても、軍をはじめ、経済、社会の近代化が主眼であったことに変わりはない。

また、六〇年代は、アラブの石油ナショナリズムが抬頭した時代であった。一九六〇年にはOPECが成立し、産油国を中心とする第三世界の統一戦線ができる。一九七三年、第四次中東戦争と同時にアラブが発動した石油戦略は、イランの石油国有化戦略、ナセルのスエズ国有化戦略とともに、一種の形を変えた戦争であり、ヨーロッパ諸国とその延長上にある先進国に対する新しい挑戦であった。それは、とりもなおさず、アラブ諸国がいかにして近代化をしていくかという過程の中にあり、その中で起きた「持たざる国」からの逆襲だったのである。この問題は、米ソ二大国による世界支配構造が崩壊しつつある今日においても、否、そうであればなおのこと、世界史を動かす大きな動因として、二十一世紀にも、なお絶えず形を変えて現われてくるであろう。

伝統と近代の相克

非ヨーロッパ諸国には、ソ連や日本のように、すでにヨーロッパ諸国を凌いで近代化したところもあれば、アフリカ諸国のように、まだ近代化途上にあるものまで様々な段階があり、国情はそれぞれの段階で違っている。しかし、これらの途上国は、どれも、より一層の近代化に向かっていることに変わりはない。そして、今日、これら後進国や中進国は、かつてロシアや日本が苦闘した伝統と近代の相克に直面し、苦悩と混迷を深めているというのが現状であろう。

例えば、第二次大戦後のイランの動きは、伝統と近代の相克を最もよく表現している。イランでは、二十世紀初頭、レザー・カーンによって樹立されたパーレヴィ王朝は、トルコのケマルの革命にならった積極的な近代ヨーロッパ化策によってイギリスからの自立をはかり、第二次大戦後もこの近代ヨーロッパ化を推進した。石油国有化政策もその過程の中にあったが、これを進めたモサデグ首相はソ連寄りにこれを進めたために、アメリカは青年皇帝ムハマド・パーレヴィを後援してモサデグを追放。イランは、アメリカの援助のもとで急激な近代化策を急ぐことになった。パーレヴィは、イラン人の手で石油を開発し、石油産業を経営するために、教育、政治、軍事、すべてにわたる急激な近代化を行なおうとした。

しかし、それはまた、急激なイスラムの伝統の破壊につながったから、この近代化策の反作用として、一九七九年、イスラム共和国化を目指すホメイニーの反革命が起きる。これは、パーレヴィの急進ヨーロッパ主義に対する伝統の側からの反抗であり、徹底した反ヨーロッパ主義であった。もっとも、それは、同時に、石油を中心とする工業化と矛盾するものではなく、宗教と政治を合体させ、自らのナショナル・アイデンティティを再確認しながら、近代化を果たそうとするものではある。

しかし、イランは、この急激なヨーロッパ主義と反ヨーロッパ主義、近代化と伝統復帰指向の間で絶えず動揺し、バランスがとれていない。これが、イランの近代化・ヨーロッパ化を遅らせている原因である。実際、ヨーロッパ化を進めれば、例えば、女性はチャドルを脱ぎ、働かねばならなくなるが、しかし、そうすると、伝統的なイスラムの風習は壊われる。これを壊わさないでおこうとすれば、近代化は遅れることになる。今日のイランは、なお伝統と近代の相克の中で、混迷を深めていると言わねばならない。

このことは、また、トルコでも言えることであって、第二次大戦後、トルコでは、ケマルの独裁による急激なヨーロッパ化、近代化策に対する反作用が現われ、イスラム教を国教に近いものにする政策がとられた。もっとも、それは、民主化運動、自由主義経済政策とひとつになったものであったが、ここにも、伝統と近代の間でいかにして均衡をはかっていくかの苦悩がみられる。一九七〇年代になって登場してきたN・エルバカンの救国党の政策、つまり、イスラムの世界観の再確立と工業化の促進、および社会福祉と社会的道義心の育成などは、この伝統と近代の均衡をはかろうとする努力に他ならない。

組織化と自由化の相克

また、同じ近代化・ヨーロッパ化を推し進めていくとしても、その方法には組織化と自由化の二通りがあり、非ヨーロッパの発展途上国は、多かれ少なかれ、この両者の矛盾に直面せざるをえなかった。近代化・ヨーロッパ化には、より一層の能率化・組織化を目指して近代国家建設を行なおうとする方向と、より一層の自由化・民主化を求める方向と、二つの方向がある。それは、ヨーロッパ十九世紀の国民主義と自由主義の二つの原型に対応する。このバランスをとっていくのも、非ヨーロッパの途上国にとっては、なお重大な課題として残されている。

例えば、第二次大戦後のタイでは、組織化の方向を軍部が代表し、自由化の方向を学生、知識人、文民政治家などが代表し、二つは絶えず相対立しながら、ともに近代化を目指した。これは、日本で言えば、明治藩閥政府による上からの近代化と、自由民権運動や大正デモクラシーの下からの近代化の対立に当たるものであり、非ヨーロッパの近代化前期に共通する特徴だと言えよう。タイにおいても、相続く軍部政権は、より一層の能率化と組織化のために、独裁的方法によって、行政機構の集権化、経済開発、産業投資奨励、義務教育の充実、大学の設置など諸改革を行なった。それに対して、逆に、これらの政策で育っていった学生、知識人は、より一層の民主化を求めて、軍部独裁を批判し、一切の封建的制度の追放を掲げ、社会的公正・平等の必要を強調した。また、労働組合や農民連盟も組織化され、その運動は、労働関係法や土地改革法の制定となって実を結んでいる。この自由化の動きは、ある意味で、軍部独裁によってつくられた近代的組織による社会的な富のより広範な配分を要求するものであった。その意味で、それは、より一層の近代化・ヨーロッパ化であるが、両者のバランスを保つのは、必ずしも容易ではない。

インドネシアでも、バンドン会議後、反乱が相継ぎ、議会も少数政党が乱立し、政情不安定が続いた。スカルノは、秩序の回復のために政党解消論を持ち出し、ヨーロッパ型議会民主主義の無批判な受け容れが混乱の原因であるとし、一国一党の立場に転換。議会を解散して、国民評議会に移行、多数決ではなく、話合いによる全会一致制を採用、内閣から国民生活のあらゆる面における〈一致協力〉のスローガンを掲げた。ここにも、途上国における自由化と組織化の矛盾が現われており、非ヨーロッパの近代化の少なくとも初期においては、上からの近代化のために、一種の独裁制が必要であることを物語っている。スカルノの共産党寄りの姿勢を批判して、西側寄りの姿勢を打ち出したスハルト政権も、組織化という点では同じ方向をとっている。

今日、アジア・アフリカの多くの発展途上国では、より一層の近代化のために、独裁的な手法によって、国家の組織化が行なわれているが、これによってある程度の近代化が成功すれば、やがて自由化の要求が高まっていくであろう。それは、すでに、タイ、フィリピン、韓国などでみられたことであり、ビルマ（ミャンマー）でもその兆候が現われている。共産主義を採用した諸国家の独裁制についても、複数政党制導入などを要求する自由化への胎動は、これと同じような近代化の過程の中で捉えることもできるであろう。

〈非ヨーロッパのヨーロッパ化〉の力学

一般に、異なった文明がひとつの文明の中に流入してくると、必ずそれへの同化と反撥の運動が起き、受け容れた方の文化は動揺し、変容していく。非ヨーロッパのヨーロッパ化において、共通してみられた二通りの反応、ヨーロッパ主義と反ヨーロッパ主義の抗争は、流入するヨーロッパ近代文明をどのように受け留め、受け容れるかの苦悩の表現であった。非ヨーロッパでは、この二つの反応を交互に繰り返しながら、それぞれが次第に変容され、時に融合し、時に反撥しながら、結局ヨーロッパ近代文明へ同化していくという過程を描いている。
そして、この二つの相反する動きの調整をどのようにとっていくかというのが、非ヨーロッパ諸国の最も苦闘した点であった。日本の場合は、少なくとも近代化初期においては、どちらかというと、伝統と近代、反ヨーロッパ主義とヨーロッパ主義の間で動揺しながらも、両者の融合、折衷に成功し、ヨーロッパ近代文明への同化を果たした例であろう。

タイでも、伝統を基盤としながら積極的にヨーロッパ化を推し進めていこうとするヨーロッパ主義運動が主流を占め、多くの政情不安にもかかわらず、どちらかと言えば、伝統と近代、また、組織化と自由化との対立の調和をはかりながら、ヨーロッパ化を推し進めようとしているとみてよいであろう。

同様に、インドネシアの場合も、イスラム教を中心とする反ヨーロッパ主義の挫折から、植民地政策を通してのヨーロッパ主義の普及を通して、イスラムの伝統と近代ヨーロッパを融合させ、近代国家を形成していった。このことによって、インドネシアは、ヨーロッパからの自立を果たすとともに、近代ヨーロッパ化していこうとする流れの中にあったと言えるであろう。

一般に、日本を中心として、韓国、台湾、ＡＳＥＡＮ諸国は、伝統と近代の折衷・融合のもとに、近代ヨーロッパ化を推進してきた。それが、今日の自由アジアの抬頭をもたらした秘密であったであろう。しかも、それは、今日、大西洋から太平洋への世界史の重心の移動をもたらしつつある。

それに反して、ロシアや中国やベトナムでは、この伝統と近代、反ヨーロッパ主義とヨーロッパ主義の調和・融合が必ずしもうまくいかず、両者が分離してしまった。それが近代化の立ち遅れとなって現われ、後になって、共産革命による急激な近代化の道、つまり〈遅れて出てきた調整〉を行なわねばならなかった原因だったと言えよう。

中東諸国でも、このヨーロッパ主義と反ヨーロッパ主義の融合は、必ずしも成功してはいない。トルコやイランなどにみられるように、ここでは、急激なヨーロッパ主義改革がなされたかと思えば、またそれに対する反ヨーロッパ主義的抵抗が繰り返され、しかも、両者が十分かみあわず、絶えず動揺し、そのため、これが近代ヨーロッパ化を遅れさせる原因となった。

文化的伝統は、ヨーロッパ化にとって障害になるとともに、また、自由アジア諸国にみられたように、それをうまく変容していけば、逆にヨーロッパ化のエネルギーにも利用していくことができるものである。

〈非ヨーロッパのヨーロッパ化〉という現象は、そのような力学をもって動いてきた。その結果は、程度の差こそあれ、世界中がヨーロッパ風の近代文明によって覆い尽くされるという現象であった。しかも、ヨーロッパは、その過程において次第に後退していったというのが、特に二十世紀後半の目立った現象であった。だが、そのことによって、かえって、ヨーロッパが生み出した産業組織、自由主義や平等主義を旗印とする社会組織などは、地球上に充満することになったのである。

補遺　ヨーロッパにして非ヨーロッパ――アメリカ――

アジア・アフリカを中心に非ヨーロッパのヨーロッパ化の過程をみると、特に、アメリカは、特殊な地位を占めているように思われる。それは、ヨーロッパでもなく、非ヨーロッパでもなく、両方の性格を同時に兼ね備えている。したがって、これは、ヨーロッパと非ヨーロッパの両面から、特別に取り出して考察するのが適当であろう。

二つの顔をもつアメリカ

ヨーロッパ諸国の植民活動によって成立したアメリカは、近代のヨーロッパ文明を、それ以前の桎梏なしに純粋なしかたで実現した。その意味で、アメリカは純粋のヨーロッパ近代である。

もしも、ヨーロッパ諸国の植民活動によって、インディアン諸部族が滅ぼされずに、少なくとも今日のアフリカのように、二十世紀になってヨーロッパの支配から自立するようなことが仮に可能であったとすれば、アメリカは、むしろ非ヨーロッパとして、アフリカなどと同じ運命を辿ったであろう。しかし、アメリカにおいては事情は違い、インディアン達は自立する力のないほど打撃を受け、今日ではアメリカ近代文明の中に吸収され、文明の担い手としては滅亡してしまった。アメリカは、かくて、ほとんど非ヨーロッパ諸民族の近代的抵抗なしに、純粋にヨーロッパ近代の物質文明を体現して登場した。だからこそ、日本や中国などからみれば、十九世紀末の門戸開放を要求してのアメリカの来航は、ヨーロッパ近代文明の襲来に他ならなかった。アメリカは、ヨーロッパ近代文明をヨーロッパ以上に実現し、巨大な実用主義的文明をつくりあげ、ヨーロッパを凌いで超近代国家をつくりあげたのである。

しかし、同時にまた、アメリカは、地理的にみれば、ヨーロッパにとって一種の非ヨーロッパである。そればかりでなく、二十世紀、特に第一次大戦以後は、ヨーロッパの支配力が弱まり、ヨーロッパは、一方ではソ連、他方ではアメリカに凌駕され、その直接的・間接的影響力のもとに立たねばならなかったから、ヨーロッパからみれば、アメリカは巨大な非ヨーロッパとして映る。このように、アメリカは、〈ヨーロッパにして非ヨーロッパ〉という二つの顔をもったヤヌスである。非ヨーロッパからみればヨーロッパであり、ヨーロッパからみれば非ヨーロッパであった。

十七・十八世紀のアメリカ文化

アメリカ大陸へのヨーロッパ人の進出は、他の非ヨーロッパ諸国と同じように、地理上の発見時代に始まっている。そして、十六・十七世紀にかけては、スペイン、オランダ、イギリスが進出し、十七世紀前半には、イギリス国教会の信仰を拒んでオランダに逃れたピューリタンの他、多数のピューリタンが渡来し、植民地を建設した。その後、イギリスは、スペイン、オランダ、さらに、カナダや北アメリカ中部に進出してきたフランスと勢力圏争いをして、これに勝利、北アメリカへの支配権を確立した。

このようにして、十八世紀の中ごろまでには、北アメリカはほとんどイギリスの植民地になった。しかし、このころまでのヨーロッパ諸国の進出は、他の非ヨーロッパ地域と同じく、商業中心であった。なるほど、北アメリカは植民地になったが、もともと、ここには、それほど伝統のある反撥力をもった文化が存在しなかったから、ヨーロッパ諸国が持ち込んだ文化が、そのままアメリカの文化となった。そのようにみれば、アメリカの十八世紀までの文化は、ヨーロッパの十七・十八世紀の世俗主義的文化と同じであり、その延長にすぎなかった。ヨーロッパが重商主義的経済によって世俗文化を築き、その背後でなおキリスト教文化を持続していたように、アメリカでも、彼らはピューリタニズムを中心に同じような種類の文化を形成した。

特に、荒野に植民していく時には心細さが伴うから、彼らはまず教会をつくり、深く神を崇敬し、これを中心にしてヨーロッパ風の共同体をつくった。彼らがヨーロッパでもっていた生活習慣を、なるべくそのまま持ち込もうとしたのである。アメリカは伝統をもたない国だと言われるが、しかし、十七・十八世紀の間には、一種の伝統文化が形成されようとしていたのである。

これが、さほどの抵抗もなしに壊れていくのは、十九世紀の産業主義が勃興してからである。伝統は短かかったから、壊れるのも早かった。アメリカは、伝統を形成し終えるまえに、現代の自由主義的産業主義文明に突入してしまったのである。それだけに、アメリカは、また、何の伝統の足枷もなく、純粋の市民社会として成立したから、アメリカでは途方もない産業の発展が可能であった。アメリカは、十九世紀以後、精神的にも地理的にも何の障害もない場所で、純粋な形でヨーロッパ近代の物質文明を体現し、発展させていった。

ヨーロッパからのアメリカの自立

十八世紀後半、産業主義を進展させつつあったイギリスは、時を同じくしてアメリカの植民地に対して強圧的態度をとるようになり、様々の搾取を行なうための条令を出した。つまり、このころから、アメリカのイギリス植民地は、アジア諸国のような〈植民地的状況〉に落とされそうになったのである。それに反抗して起きたのが、アメリカ独立革命であった。だから、このアメリカのイギリスに対する反抗は、アメリカが一種の非ヨーロッパ的勢力になっていく過程の出発点であったと言ってもよい。しかも、このアメリカの独立革命が近代国家建設を目指していたという点でも、後に出てくるアジアにおける諸独立運動と一脈通じたものがある。それは、ヨーロッパからのアメリカの自立であり、ヨーロッパ的原理によるヨーロッパへの反抗だったのである。アジアの非ヨーロッパ諸国が、ヨーロッパ的原理を受け入れることによってヨーロッパに反抗し、ヨーロッパから自立し、ヨーロッパに逆襲したように、アメリカもまたこれと同様な道を歩んだ。アメリカ人にそのような自覚はなくとも、純粋な非ヨーロッパからみれば、そのようにも解釈することができる。

もちろん、アメリカが産業主義を背景にした近代文明を携えてアジアに進出してきた時は、アジアの非ヨーロッパ諸国にとっては、それは一種のヨーロッパ近代の侵入であった。その意味で、アメリカは、〈ヨーロッパにして非ヨーロッパ〉〈非ヨーロッパにしてヨーロッパ〉という二重性格をもっている。

一七七六年の独立宣言は、基本的人権の擁護、人民主権、革命権、連合諸州の自由独立など、ロックの社会契約説や自然法思想、さらに啓蒙思想に基づく民主主義に根ざすものであった。さらに、一七八七年に制定された合衆国憲法では、共和制による連邦国家制が規定された。これらは、どれも、アメリカが近代的な原理によって統一ある近代国家として自立していくための基本精神であった。イギリス、フランスと大体時を同じくしていた。あるいは、それより早かった面もある。これ以来、アメリカは、民主主義を国家的同一性を保つ精神的基盤にした。そして、これが後の近代産業の発展に大きく寄与した。かくて、アメリカは産業主義と自由主義の純粋培養地となった。社会的にも、信仰の自由が確立され、半封建的遺制が廃止され、自営農民が大量に育成され、重商主義的規制が排除され、商工業が進展した。アメリカは、より純粋なしかたで近代ヨーロッパ文明を実現していくことになったのである。この点では、アメリカはヨーロッパの延長にあった。

アメリカの産業革命

かくて、アメリカは、一八一〇年ころから産業が著しく発達する。アメリカは、もともと市民社会として出発し、旧制度の規制がなかった上に、広大な国内市場をもち、資源が豊かであったから、産業主義が典型的なしかたで発展した。

一八四〇年代には、西部発展が目覚しく、フロンティアは急速に拡大し、アメリカは、十九世紀中頃までに、大西洋と太平洋にまたがる大陸国家を形成した。この広大な大陸国家を形成したこと、および、南北戦争を機に連邦国家制を確立したことが、後、アメリカが単なる国民国家の枠を超える超近代国家に発展し、ヨーロッパを凌駕する基盤となった。

一八六一年から六五年に起きた南北戦争は、工業を中心とする北部と、農業を中心とする南部との対立から生じたものである。これが北部の勝利に終わり、奴隷解放がなされたことは、アメリカが産業主義を推進力とする実質的な連邦国家として歩み出したことを意味している。したがって、これも、近代ヨーロッパ文明の純粋な形での発展の一環としてあったとみることができる。奴隷問題は、アメリカ独自の問題であったが、この解放によって自由な工業労働力が形成されたことは、ヨーロッパにおける自由・平等のイデオロギーによる社会の平均化と同じ意味をもっていた。実際、この南北戦争終結を機に、アメリカの産業主義は飛躍的に発展する。大陸横断鉄道も敷設され、工業生産も飛躍的に上昇し、これに応じて多くの大企業家が登場した。

もちろん、これは、アメリカ社会の大変動を意味したから、都市への人口集中や農村の荒廃、拝金主義の横行など、社会の無秩序化、平均化、組織化をもたらし、さらに、識字率の上昇とともにジャーナリズムが発達し、かくて文化の低俗化をもたらした。したがって、文化的には、これに対する反作用も生じた。十九世紀のアメリカの文学、例えば、ホーソン、メルヴィル、ポーなどの文学にある暗いイメージの背景には、そのような文化の低俗化に対する危機感がある。建国以来のアメリカの伝統と理想に基盤をもっていた文学者達にとって、この時代は幻滅の時代であった。例えば、自由と開拓精神に裏打ちされたアメリカ的理想への強烈な信仰をもっていたメルヴィルは、十九世紀後半の物質主義のはびこるアメリカ社会を暗黒時代とみて、それへの深い絶望を表明した。その意味で、十九世紀後半は、また、アメリカにとっても文化の危機でもあった。というより、アメリカの優れた古典的文化は、むしろ、この危機状況を背景にして生み出されたのである。

アメリカの非ヨーロッパ的性格

他方、一八二三年に発せられたモンロー宣言は、南北アメリカ大陸に対するヨーロッパの干渉を排除することを宣言するものであったが、このモンロー主義は、アメリカの非ヨーロッパ的性格を示している。モンロー宣言は、アメリカが、一種の非ヨーロッパとして、ヨーロッパに対抗しようという従来からもっていた姿勢を、外交上から明確にしたものである。と同時に、それはまた、アメリカがラテン・アメリカをも勢力圏におこうとする世界政策の宣言ともなった。つまり、アメリカは、一種の非ヨーロッパとして、ヨーロッパに対抗しながら、自らの支配権を拡大しようとしたのである。この点、それは、後の日本やロシアが歩んだ道と同様である。アメリカは、このモンロー主義によって、一種の非ヨーロッパとして、独自の道を歩み出したのである。

このことは、南北戦争後明らかになる。南北戦争後急激に発達したアメリカの産業は、一八九〇年代になると、工業生産を飛躍的に伸ばし、イギリスを凌いで世界第一位となった。この産業の発展とともに、アメリカは海外に進出するようになる。ハワイ、フィリピンを占領した他、一八九九年には、中国におけるヨーロッパ列強の特殊権益独占を排除するため、経済上の機会均等と、中国領土の保全とを主張する。このいわゆる門戸開放宣言は、中国進出に遅れをとったアメリカが、ヨーロッパ列強に割り込み、市場を開放しようとしたものである。さらに、一八八九年には、第一回汎アメリカ会議を開催し、アメリカを中心にラテン・アメリカ諸国を政治的・経済的に結びつけようとした。これらのアメリカの対外進出は、ヨーロッパに対する対抗という意味をもっていた。その意味では、ここでは、アメリカは一種の非ヨーロッパ的立場に立ったことになる。

アメリカの優位の確立と衰退

二十世紀初頭、一九一四年に起きた第一次大戦はヨーロッパの自決行為であったが、この時、アメリカは戦局に決定的影響を与え、連合国を有利に導いた。パリ講和会議では、アメリカ大統領ウィルソンが主導権を握り、平和十四ヵ条などを提唱した。第一次大戦を機に、ヨーロッパ諸国は疲弊、急激に衰退、代わりにアメリカが大きな力をもつようになったのである。これは、ヨーロッパからみれば、アメリカという非ヨーロッパがヨーロッパに代わって世界史に登場したことであり、ヨーロッパにとっては大きなショックであった。それは、ヨーロッパの優位の崩壊という世界史の大きな転換点をなすものだったのである。

第一次大戦後は、むしろ、アメリカ、日本、ソ連など非ヨーロッパ諸国が世界の覇権を争い、ヨーロッパの力は相対的に減退した。アメリカの優位は、このヨーロッピズムの時代におけるひとつのエポックを画したのである。独立戦争以来、ヨーロッパに対抗してきたアメリカは、ここではじめて非ヨーロッパとしての強大な力を示すに至った。これは、第二次大戦および第二次大戦以後さらに明確になり、アメリカは自由陣営の指導者として世界を支配するに至った。これに対抗したのが、大戦中は日本であり、大戦後はソ連であった。

第二次大戦後は、米ソによって世界は二分され、いわゆる冷戦構造ができあがった。しかし、一九七〇年代に至って、アメリカはベトナム戦争で敗北。今日、アメリカは、その自由主義と個人主義の頽落および物質万能のコマーシャリズムのために、かえって国内の精神的頽廃と経済力の衰微、社会秩序の悪化を惹き起こし、その支配力を弱めつつある段階にきている。

このような、アメリカ文明の精神的頽廃については、第一次大戦から第二次大戦中に登場してきた多くの知識人や文学者によって、すでに指摘されていたことでもあった。ビジネス文明にすぎないアメリカの文化的不毛に、彼らは疎外感を感じ、絶望し、これを批判するとともに、そこから新しい価値を見出そうとした。しかし、アメリカの大衆文化はそれらをも呑み込みながら、これをもコマーシャリズムの中に吸収し、ビジネス文化にしてしまうような種類のものであった。そして、そのような大衆文化の危険性が目に見えるしかたで現われてきたのが、第二次大戦後だったのであり、今日の結果だったのである。経済繁栄は精神的頽廃を結果し、それがまた文明の衰退をもたらす。しかも、それは、自由主義を取り入れ、経済発展を遂げた他の非ヨーロッパ諸国、例えば日本などの将来をも暗示している。

第四章　ヨーロッピズムの終焉
——ヨーロッパの後退と世界の合一化——

1　ヨーロッパの後退

第一次大戦は何を意味したか

一八〇〇年を境にしてヨーロッパが文化的に崩落、代わりに巨大な産業技術文明を生み出し、それとともにヨーロッパ近代文明が非ヨーロッパに拡大して、非ヨーロッパがヨーロッパ化し、かくて世界中がヨーロッパ近代文明によって覆い尽くされたのが、他ならぬヨーロッピズムの時代であった。

ところが、このヨーロッピズムの時代の後半、つまり二十世紀においては、ヨーロッパは、その膨張の反動として、逆に、突如として縮小する運命に出会うことになった。古代ギリシアにとってのペロポネソス戦争がそうであったように、近代ヨーロッパにとっては、第一次大戦の結果がそれであった。ちょうど、ペロポネソス戦争が、アテナイとスパルタ両国を同盟の主にして、弱小都市国家の利害がからんで起き、その結果ギリシア都市国家群は荒廃し、二度と立ち上がれなかったように、第一次大戦においては、イギリス・フランスを中心とした連合国とドイツを中心とした同盟国とが、バルカン諸国に対する利害を発火点にして戦い、そして互いに消耗していった。

この第一次大戦は、大きくみれば、ヨーロッパの膨張がアジア・アフリカの隅々にまで行き渡り、もうこれ以上膨張できないという限界にきたとき起きたと言えよう。この飽和状態に達したとき、今度は、ヨーロッパ諸国同士で共喰いをする以外になかったのである。その意味では、第一次大戦は、ヨーロッパの拡大の結果であった。だが、それはまた、どの国もその力を全部出し切るまで戦う消耗戦でもあったから、ヨーロッパ諸国は互いに疲弊した。それは、ヨーロッパ全体の自決行為だったのである。第一次大戦は、ヨーロッパの自壊の最終形態であったと言うことができるであろう。ヨーロッパは、文化的・社会的には、すでに十九世紀から自壊していた。そして、それは産業主義の膨張を生み出したが、しかし、それが限界にきたとき、目に見えるしかたで自壊の形式を表現しなければならなかったのである。

ヨーロッパは、むしろ、その世界的拡散と同時に、崩壊しつつあったとも言えるであろう。ドーソンが語っているように、ヨーロッパの膨張はまたヨーロッパからの逃亡であり、ヨーロッパ文化の外部に対する威信が最高潮に達しているときに、ヨーロッパ自体は内部闘争によって支離滅裂となりつつあったのである。(1) 第一次大戦はその結末である。その点では、第一次大戦というヨーロッパの不幸は、ヨーロッパの自業自得でもあった。それは、ほとんど運命的なものであった。もともと、それは欲望の無限の膨張に根差しており、はじめから理性を失っていたから、その拡大も狂気じみており、その最後の結果も、狂気じみた戦いになったのである。

コラールも、『ヨーロッパの略奪』の日本語版序文の中で、〈略奪（rapto）〉とは、単にヨーロッパ文明をそれに無縁な諸民族が収用することだけを意味するだけでなく、自己自身から縁遠くなる、疎外されることをも意味していると語って後、次のように述べている。

「ヨーロッパは、他者によって〈奪われる〉と同時に、みずから〈自己を奪う〉のである。ヨーロッパは、自己自身によって〈自己を疎外し〉、その果てついには病理学的錯乱にまで達しさえしたのである[2]」と。

ヨーロッパは、拡散するとともに、そのことによって自己崩壊したのである。かくて、一九一八年でヨーロッパの膨張は終わりを告げる。

ヨーロッパの縮小

ヨーロッパは、このとき以来、トインビーの言うように、急激に矮小化していった。トインビーは、『試練に立つ文明』の中の「ヨーロッパの矮小化」という章で、第一次大戦前までは、ヨーロッパは誰はばかることなく世界に優勢を誇っていたが、大戦を経てヨーロッパは急にその地位が低下し、かえってアメリカやソ連、その他の非ヨーロッパ世界によって矮小化されたのだと言っている[3]。ヨーロッパは、第一次大戦以来、世界の中心であることをやめだし、主導権を失った。確かに、ヨーロッパは世界中をヨーロッパ風の文明で覆い尽くしたが、しかし、そうし終わったとき、皮肉なことに、ヨーロッパは内部崩壊を起こし、ヨーロッパは、ヨーロッパ化された世界の中の一地方になってしまったのである。

コラールも、『ヨーロッパの略奪』の中で、次のように述べている。

「第一次世界大戦において、ヨーロッパ外の諸民族との最初の軍事的衝突に際して、わがヨーロッパ大陸は、それら諸民族のあいだにも、自己と同様に強固な勢力が存在することを発見した。そしてヨーロッパ自身が、それら外部のものと同等の歴史的勢力のうちの一つであるにすぎない、ということを知るとともに、みずからの優越と覇権の自負が覆えされるのを知ったのである[4]」と。

事実、第一次大戦後、第二次大戦を経て、主導権は、ヨーロッパの延長上にあるとともに、同時に地理的には一種の非ヨーロッパでもある超近代国家アメリカに移り、その後、さらにソ連が抬頭してきた。相変わらず国民国家の枠から抜けだせないまま、ヨーロッパ諸国がふと気づいたとき見出したものは、アメリカとソ連という強大な非ヨーロッパ諸国に支配されている自分であった。ヨーロッパが疲れて倒れたとき、この両国が、いわば口をあけて待っていたのである。

バラクラフは、『転換期の歴史』の中の「ヨーロッパの検屍」という章の冒頭で、次のように言っている。

「一九四五年、戦雲が晴れわたったとき、身ぐるみはがれた裸の一個の死体が、戦場の隅によこたわっていた。それは、われわれが知りすぎるほどよく知っていたふるくて親しみ深いヨーロッパであった。……だから、それが塵の中に、よそおいも乱れた死体となってよこたわり、しかも二人の若々しい巨人が所持品を争ってとりあっているのを見いだしたとき、不快きわまる衝撃をうけたのである。(5)」

それればかりでなく、特に第二次大戦後は、ヨーロッパによって植民地化されていた非ヨーロッパ諸国が、まるで屍から去っていくように独立していった。非ヨーロッパが、ヨーロッパの弱体化を見越すように、ヨーロッパの鎖から解き放たれ、自立していったのである。そして、それによって、ヨーロッパは、さらにその支配権を失っていった。しかも、この非ヨーロッパの自立は、ヨーロッパ文明を受容し、これを自己のものとするということによってであった。それは、民族主義による反ヨーロッパ主義の表現でもあったが、しかし、同時に、ヨーロッパ的な近代国家の建設を目指すものでもあった。植民地化という形でヨーロッパ化した非ヨーロッパ諸国は、その反動として、民族主義による独立運動という形で、ヨーロッパからの自立を目指したのである。この動きは、第二次大戦後顕著に現われ、第二次大戦以後を特徴づけるものとなった。

一方、植民地化せずに積極的にヨーロッパ文明を受け容れてきたロシアや日本などは、逆にヨーロッパ諸国に反撃していった。第二次大戦における日本と第二次大戦以後のソビエト・ロシアの動きは、そのようなヨーロッパへの反撃という意味をもっていた。

その意味では、ちょうど、ライオンも、死すれば、ハイエナの餌食になるように、ヨーロッパは、非ヨーロッパに略奪されていくということによって、弱体化したと言えるであろう。別の言い方をすれば、ヨーロッパは、非ヨーロッパに拡散し、吸収されるということによって、空白化していったのだとも言えよう。確かに、それでもなお、ヘレニズム文明同様、ヨーロッパ文明は、そういうしかたで、世界中に広がり、世界を支配している。しかし、それは、もはやヨーロッパの没落を救うものではなかった。なるほど、コラールなどにおいては、ヨーロッパは没落しても、ヨーロッパは全世界に満ち溢れたという考えがある。しかし、これは何の救いにもならない。ヨーロッパの拡大は、また非ヨーロッパの文化的崩壊をも生起させたからである。ヨーロッパは、いわばその先駆けだったのである。

第二次大戦は何を意味するか

そのようにみていくなら、第二次大戦は、ヨーロッパのみに限れば、第一次大戦の繰り返しであったと言えよう。疲弊したヨーロッパが、さらに疲弊するものであった。ただ、第一次大戦と第二次大戦の違うところは、第一次大戦がヨーロッパの自決行為であったのに対し、第二次大戦は、さらに、それに非ヨーロッパの逆襲が加わったことである。日本は、ヨーロッパ列強に対する絶望的な戦争により、アジアを植民地化していたヨーロッパに逆襲しようとしたし、また、アメリカやソ連は、第二次大戦への参戦により、ヨーロッパに対する発言力を確固ならしめた。実際、第二次大戦以後、アジア・アフリカはヨーロッパの支配から次々と独立していったし、また、ソ連は東欧を勢力圏に収め、アメリカとともに世界分割を行なった。どれも、ヨーロッパの矮小化をもたらすものに変わりはなかったのである。

そのように、ヨーロッパからの自立とヨーロッパへの逆襲という逆現象が起きたのは、ヨーロッパがあまりにも拡散しすぎたことの反動であった。コラール風に言えば、非ヨーロッパ諸国が、いわばヨーロッパを略奪し、逆に、ヨーロッパはその分後退をして行くという現象が起きたのである。ヨーロッパからすれば、自らが世界中に普及した思想や技術によって、逆に襲われているということになる。例えば、ガンジーなども、イギリスに留学し、近代法を学んで、本国に帰って、それをヒンディズムの精神によって裏打ちし、逆に反イギリス運動を開始する。それは、インドの独立と近代国家建設を目指してのことであったが、ヨーロッパ特にイギリスにとっては、思わぬしっぺ返しでもあったことになる。

このように、ヨーロッピズムの視点から現代世界史の流れを眺めていくなら、特に二十世紀の趨勢は、世界中がヨーロッパ化していく中で、ヨーロッパがむしろ十九世紀以来の膨張の限界に達し、逆に後退をし、反対に、ヨーロッパを受容した非ヨーロッパが、その空白を埋めるように抬頭してきた時代であった、と言うことができるであろう。二十世紀の現代世界史は、〈ヨーロッパの世界化〉と〈世界のヨーロッパ化〉が急激に進展するとともに、そのために、かえってヨーロッパ自身が後退していった時代だったのである。

他方、第二次大戦は、第一次大戦と違って、イデオロギー戦争という形態をとった。つまり、自由主義と全体主義の戦いという意味をもった。しかし、両方とも、もともとヨーロッパの自壊現象として生じたものであるという点では、同じような地盤をもっている。自由主義は、産業主義とともに、古き良きヨーロッパの社会を切り崩すものであったし、ナチズムやファッシズムなどの全体主義は、もともと自由主義の矛盾の極に現われた崩壊現象であった。自由主義と全体主義が相戦ったとしても、それは、家が傾いているときに、仲の悪い兄弟がさらに喧嘩をしだしたようなものであった。なかでも、ナチズムは、ヨーロッパの崩壊現象の極端な表現とみてよいであろう。ここには、十八世紀末以来行なわれてきたヨーロッパの変革のあらゆる膿、民主主義を詐称した国家主義、権力主義、社会の平均化とその組織化など、崩壊現象の極端が集約されている。それは、近代の近代自身への復讐だったのである。

また、第二次大戦は、第一次大戦とともに、ヨーロッパ近代文明が進展した先端で起きた。だから、それは科学技術を使った消耗戦、物量戦という形をとった。ちょうど平時に発展膨張していった技術文明の裏返しとして、これをいわば食い潰す形で現われた。ここでは、非戦闘員も含めて、すべてが消耗戦の道具とされ、大量の戦死者を生み出すことになった。これほど悲惨な戦争は、十九世紀以前には絶えてなかったことである。これをもたらしたものは、ヨーロッパの近代である。ヨーロッパ近代は、今まで礼讃されてきたほど幸福なものではない。二度の大戦は、ヨーロッパ近代文明とヨーロッパそのものの崩壊を象徴するものだったのである。

2 ヨーロッパの非ヨーロッパ化

ヨーロッパに対する非ヨーロッパの逆影響

〈ヨーロッパの世界化〉と〈世界のヨーロッパ化〉という現象は、ヨーロッピズムの時代の目立った現象である。しかし、また、他方では、ヨーロッパの矮小化とともに、ヨーロッパが様々な形で非ヨーロッパの反撃を受け、かくて、ヨーロッパが逆に非ヨーロッパの影響を被るようになるという現象も、後期ヨーロッピズムの現象として、見逃すことはできない。それは、ちょうど、ヘレニズム時代において、ギリシア都市国家群がマケドニアやローマの影響下に立つようになったのと同じである。トインビーも、『試練に立つ文明』の中で、いまや全世界がヨーロッパの提供した一種の教育によって恩恵に浴しているが、しかしまた、ヨーロッパも、逆に、他の諸文明がヨーロッパによる世界の合一化から学びとったところの再教育を、自ら受けねばならない運命にあるという意味のことを述べている。(6) トインビーは、ここでは、主に宗教的な逆影響のことを念頭においているようであるが、しかし、これと同じことは、もっと目先の政治的・経済的影響についても言うことができるであろう。

事実、アメリカが、すでに第一次大戦後から、疲弊したヨーロッパに代わって、ヨーロッパ経済の復興という形で、ヨーロッパに対する政治的・経済的影響を行使し出した。トインビーも、第一次大戦後のヨーロッパへのアメリカ人の旅行客の増大や、アメリカの債権国への早変わりを例にあげて、ヨーロッパとアメリカの力の逆転について例証している。しかも、この第一次大戦後のアメリカからの債権の供与は、結局ヨーロッパの自滅のための資金にすぎなかったし、第二次大戦後のそれは、両大戦によるヨーロッパの荒廃の修復にすぎなかったとみている。(7) アメリカ経済のヨーロッパ進出なども、そこから発展したものであり、それは、少なからぬ影響をヨーロッパに与えている。アメリカ経済は、経営の一層の機能化とシステム化を行なって、生産性をより向上させるとともに、これを武器にして、ヨーロッパ市場に進出した。ヨーロッパも、否応なしにそれに巻き込まれ、その影響のもとに立たざるをえなくなったのである。

同時にまた、第二次大戦後は、アメリカとともにソ連が抬頭してきて、その共産主義によって、東ヨーロッパばかりでなく、西ヨーロッパにも深い影響を及ぼした。この二つの国は、いずれも、ある面でヨーロッパ以上にヨーロッパ化し、ヨーロッパ近代の原理がもっていた二つの可能性を、その極端にまで推し進めていった国家だと言ってよい。これが、逆に、まるでブーメランのように、ヨーロッパ自身に反作用となって影響を及ぼすことになったのが、両大戦後の趨勢であった。

しかも、これは、文化、社会的にも深い影響を及ぼすものであった。アメリカがヨーロッパ以上に純粋に推し進めた民主主義や、ソ連の共産主義は、単に政治的影響にとどまらず、社会的にも思想的にもヨーロッパ人に大きな影響を与えた。かつて、非ヨーロッパが、ヨーロッパの経済的・軍事的進出に伴って、その文化、思想をも受け容れねばならなかったように、今度は、ヨーロッパが、逆に、様々なしかたで、文化・社会的にも、非ヨーロッパの影響を被ることになったのである。

つまり、第二次大戦前後から、現代世界史は、ヨーロッパを受け容れることによって力をつけてきた非ヨーロッパが、逆にヨーロッパ自身に影響を及ぼすという意味で、〈ヨーロッパの非ヨーロッパ化〉という反作用の段階に入ったのである。いわば、ヨーロッパから起きてきた近代文明の波が、非ヨーロッパの岸辺にぶつかって、逆に反射波となってヨーロッパの方へ帰ってきたのだとも言えよう。

第二次大戦以後、ヨーロッパが西欧と東欧に分かれ、それぞれがアメリカとソ連の軍事力の影響のもとに立ち、主導権を奪われてしまったのも、〈ヨーロッパの非ヨーロッパ化〉という逆現象の中に数えることができるであろう。ヨーロッパは、これによって、米ソという非ヨーロッパの二つの強大な力を被ることを余儀なくされた。ヨーロッパは、米ソという二つの非ヨーロッパの超近代国家によって分割されてしまったのである。なるほど、ヨーロッパも、その間、それなりに更なる近代化を推し進めていってはいるが、米ソの力はそれ以上であり、米ソはすでにヨーロッパよりも先を歩んでいた。

共産主義の思想も、もとはと言えば、ヨーロッパ生まれの思想に他ならなかった。ところが、それが、ロシアという非ヨーロッパに受け容れられ、ロシア型の専制主義的共産主義に変容されて強大な力を持つに至った。そして、それは、東ヨーロッパをその支配下に取り込むということによって、逆に、ヨーロッパに攻勢をかけることになったのみか、西ヨーロッパの共産主義にも影響を及ぼすことになったのである。いわゆるユーロ・コミュニズムは、独裁主義に陥ったロシア型共産主義を、ヨーロッパの自由主義的伝統の中で消化し、変容しようとする努力であり、共産主義と自由を融和させようとするものである。これも、非ヨーロッパからのヨーロッパへの逆影響のひとつとみてよいであろう。コラールも、『ヨーロッパの略奪』の中で、ロシア型共産主義とそのヨーロッパへの影響について、こう言っている。

「（ヨーロッパ文化の）合理性は、外部の異民族の手に操縦されるや、単純化され融通の利かない頑なものとなってヨーロッパに逆流するにつれ、ヨーロッパの内部分解の過程を助長することになったのである[8]」と。

ヨーロッパの将来――統一ヨーロッパは可能か

オルテガは、このようなヨーロッパの支配力の低下の原因を、ヨーロッパがいつまでも国民国家の枠にとどまっているというところにみている。そして、国家は決して固定的なものではなく、どこまでも生成発展するものであるから、ヨーロッパも国民国家の枠を破って統合に向かうべきことを説いた[9]。確かに、人口面だけでみても、国民国家の規模は大体五千万人前後であるのに対して、今日の超近代国家は、少なくとも一億以上の人口を抱えている。当然、ここでは、国家の組織化の度合も格段の差があるし、生産力においても大きな差が出てくる。世界史は、すでに国民国家の時代を終えて、超近代国家の時代に入っていることを告げている。国民国家としてのヨーロッパ諸国の世界支配は、二つの大戦を経て終わったのである。

ヨーロッパが超近代国家の力を排除して、再び米ソと同等の力を獲得するとともに、日本などに負けない経済競争力をつけるには、ヨーロッパは、国民国家の枠から抜け出して、それ自身で超近代国家にならなければならないであろう。今日試みられている統合ヨーロッパの形成の動きは、市場統合をテコに経済統合から政治統合まで目指しているが、それは、地位低下したヨーロッパ諸国が、ひとまとまりになって超近代国家化しようという努力である。それは、いわば、非ヨーロッパからの反射波に対するヨーロッパからの逆対応だと言えよう。

しかし、この統合ヨーロッパの形成は、古代ギリシア都市国家群の対マケドニア同盟のように、脆弱なものに終わってしまうことも十分考えられる。完全な〈統一ヨーロッパ〉の形成は、ヨーロッパ各国の多様な伝統が足枷になって、困難を極めるであろう。統一すれば、ヨーロッパ近代の伝統は壊れるし、統一しなければ、弱体化するという矛盾を、今日のヨーロッパは抱えている。何よりも、統合のためには、国家主権の制限が必要であるが、これは、各国の国益や利害がからんで、いわれるほど容易ではない。このような矛盾を抱えながら、ヨーロッパは、もしかしたら化石化していくかもしれない。マケドニアの抬頭しつつあったとき、ギリシアでは、イソクラテスとデモステネスの対立があった。一方は、マケドニアの武力を借りてギリシアを統一すべしと主張し、他方は、マケドニアの脅威に対抗して、ギリシアは反マケドニア同盟を結んで団結すべしと主張した。この古代ギリシアで起きた事態は、今日のヨーロッパが抱えている運命でもある。トインビーも、『試練に立つ文明』の中で、ドイツ関税同盟の歴史を念頭においたナウマンの〈中央ヨーロッパ〉の考えを紹介し、さらに、それを推し進めた〈汎ヨーロッパ〉の構想について言及した上で、〈統一ヨーロッパ〉の可能性とその障害について吟味しているが[10]、これは、なお、今日のヨーロッパにとって困難な課題として残されている。

3　危機に立つ二十世紀の文化

ヨーロッパ文化の危機意識

第一次大戦を境にして、ヨーロッパは、政治的にも、経済的にも、文化的にも、自己崩壊を起こした。それは、すでに十九世紀の世紀末の思想家達によって予感されていたことであったが、それが誰の目にも見える形で明らかさまになったのである。このことは、当然のことながら、ヨーロッパの心ある人々にとっては深刻な問題を投げかけた。第一次大戦後から第二次大戦の間に次々と出てきた一連の時代批判の系譜は、そのことを反映している。一九三〇年代の思想家達、ヤスパースやハイデッガー、オルテガやホイジンガ、マルセルやピカートなどは、皆同じ状況の認識に立っている。彼らは、それぞれの立場から、そろって現代の文化的状況に対して鋭い批判を投げかけている。事実、ヨーロッパは、第一次大戦後精神的にも疲弊し、創造力を失いつつあった。ニーチェが予言していたニヒリズムの時代、つまり、ものみな生命力を喪失していく時代が到来したのである。一九三〇年代の思想家達は、そのようなヨーロッパの精神的状況において、ヨーロッパはどう生きていったらよいかを指し示そうとした。

シュペングラーの『西洋の没落』や、トインビーの『歴史の研究』なども、第一次大戦を境にしたヨーロッパの自己崩壊の明確な自覚から出ていた。ここでは、すでにヨーロッパ中心史観は没落し、ヨーロッパ文明も他の諸文明と相対的な関係にあるものとみられ、その絶対的優位は否定されてしまっている。と同時に、古代、中世、近世と歴史は進歩してきたという進歩の歴史観も崩壊してしまっている。ヨーロッパ人の歴史観のこれほどまでに大きな転換が行なわれたのは、第一次大戦を境にしたヨーロッパの崩壊なくしてはありえなかったであろう。ただ、しかし、第一次大戦から第二次大戦の間のヨーロッパ人は、そのように、むしろ危機を危機として自覚することによって、独創的なものを生み出そうとしていたのだと言うべきかもしれない。

崩壊期の中の思想

もちろん、このようなヨーロッパの精神的崩壊にあって、これを表現する思想は、二十世紀になっても生み出され続けていた。例えば、マルキシズムとフロイディズムは、二十世紀を導いた二大思潮であったと言われる。

十九世紀後半に誕生したマルクス主義は、二十世紀初頭のロシア革命の成功を機にして、有力な社会思想として二十世紀前半の思潮を支配した。それは、なによりも非ヨーロッパの共産化に貢献したばかりでなく、ヒューマニズムと結びつくことによって、ヨーロッパ先進国の知識層をも支配した。というのは、社会主義思想は、ヨーロッパでも、資本主義や国家主義に対する批判として根強く働いていたからである。実際、マルクス主義をはじめ社会主義思想は、資本主義の修正という役割を二十世紀においても果たしてきたのである。それればかりでなく、それは、歴史や社会の下部構造を重視し、世界はそれによって動かされるという壮大な世界観をもっていたために、近代という神なき時代の擬似宗教として強力な呪縛力をもった。

フロイトの精神分析学も、マルクス主義とともに、二十世紀を動かした大きな思想であった。フロイディズムは、人間存在を下意識によって支配されるものと考えた。ちょうど、マルクスが、宗教や文化や政治のいわゆる上部構造を、社会・経済の下部構造、最終的には生産力よって支配されるものと考えたように、フロイトも、人間の意識を支配するものとして、リビドーという絶対的なものを設定した。かつてまだキリスト教の精神が生きていた時代においては、人間の魂は神によって創造されたものと考えられていたが、ここでは、人間の魂は下意識によって支配された機械仕掛けのものとして扱われ、人間観は全く裏返されてしまった。神なき時代においては、神に代わるべき絶対者が創造されねばならなかったのである。マルキシズムやフロイディズムはそれを表現した。これらも、ヨーロッパの伝統的精神の崩壊のひとつの表現であったとみることができるであろう。

科学的真理に真理の絶対的基準をおくいわゆる科学主義も、神なき時代の思想として十九世紀以来盛んに喧伝されたが、二十世紀においても、イギリスなどを中心に、科学哲学または分析哲学という形で引き継がれていった。それは、科学的な真理、つきつめれば矛盾律に根本の原理をおき、そこから宗教的・形而上学的なものを不合理なものとして否認し、すべてを科学的真理に還元していく。そこでは、不合理なものを内包しながら動いていっている人間存在の生きた現実や生の事実は捨象され、ただ単に論理的に矛盾のない世界だけが抽象され、その抽象化された世界でのみすべてが割り切られてしまう。これも、十九世紀以来の人間精神の抽象化、生命力の喪失のひとつの表現であったとみてよいであろう。

第一次大戦後世間に風靡した実存主義思想も、十九世紀のニーチェやキェルケゴールに源泉をもちながら、人間存在の限界状況を問題にしたという点で、二十世紀の精神的状況のひとつの表現であった。ヨーロッパの伝統的な精神、つまりキリスト教的世界観が崩壊し、それによって基礎づけられていた人間存在も、その拠って立つ基盤を失ったために、この裸になった人間存在だけが疑問に付されることになったのである。それは、人間存在を取り囲む外部の有機的世界がもはや失われてしまったこと、かくて現代の人間が孤独になってしまったことを表わしている。実存主義も、伝統的精神の喪失という二十世紀の時代精神のひとつの表現だったのである。

芸術の崩壊

このような二十世紀の精神的状況は、文学や美術にも現われている。ヨーロッパの古典的な文学においては、人間が描かれていても、その描かれている人間を通して、さらに人間以上の世界が表現されていたが、十九世紀以来、二十世紀にかけて、文学の世界では、そのような人間を超える世界がもはや遠い背景に退いてしまった。それだけ文学が矮小化され、文学が小さな世界に閉じ籠ってしまったのである。そのような形で、近代文学は古典的精神の崩壊を表現していた。

絵画においても、フォービズムやキュビズム、表現主義やシュール・リアリズムの登場は、十九世紀以来加速されてきた型の崩壊が最終段階にきたことを表わしている。これらは、古典的な世界で描かれていた調和ある外部世界がすでに崩れ去ってしまったことを象徴している。それどころか、ここでは、対象を生かす調和ある世界が失われてしまったために、対象をどこまでも分解し、変形し、変容しようとすることがなされた。絵画が、対象の破壊の可能性の実験の場になってしまったのである。ゼードゥルマイヤーの言うように、現代芸術は中心を喪失し、光を失っている。それは、なお神なき時代のひとつの表現なのである。(11)

一九三〇年代の思想家達は、このような様々な主義主張の乱立する精神的・文化的状況を、ヨーロッパ文化の危機として捉えたのである。

非ヨーロッパの危機意識

このような現代文明の危機の自覚は、ヨーロッパの心ある思想家達によって自覚されたばかりではなく、非ヨーロッパの高貴な精神によっても自覚された。ヨーロッパ文化が自ら崩壊していくとともに、同時にまた、それが世界中に拡散して、非ヨーロッパにも深刻な影響を及ぼしたというのが、ヨーロッピズムの文明史的状況であった。非ヨーロッパは、自らの伝統文化の上にヨーロッパの近代文明を受け容れざるをえなかったが、そのことは、同時に非ヨーロッパの伝統的世界の崩壊をもたらした。この文化的な危機が、非ヨーロッパの高貴な精神をして、ヨーロッパ近代文明の批判、あるいは、その超克へと向かわせたのである。ロシアのドストエフスキーや、日本における漱石や鷗外は、そのような位置に立っていた。彼らは、流入するヨーロッパ近代文明と崩壊する伝統的精神との葛藤の中で苦闘し、その苦闘の中から、あるべき本来的世界を志向したのである。

この近代ヨーロッパと非ヨーロッパとの出会いは、ひとつの文化的な危機であったが、その危機状況にあって、それは、また、両者の融合というしかたで創造的文化をも生み出した。例えば、日本における西田哲学などは、東洋の伝統的思想を西洋の論理を使って新しく表現し、東西を打って一丸とする新しい哲学を打ち出した。中国の胡適やインドのタゴールなども、同様な位置に立っている。二十世紀の文化的状況をひとつの視野の中に収めるには、ヨーロッパ文化の崩壊とその拡散、および非ヨーロッパのヨーロッパ化という諸局面をもったヨーロッピズムの視圏を開かねばならないであろう。

4　二十世紀の国際関係と近代化

第一次大戦から第二次大戦へ

十九世紀以来、ヨーロッパ諸国は、競って近代化の航海に就いた。当然、そこでは、早く近代化した〈持てる国〉と、遅く近代化した〈持たざる国〉の間に、対立と競争が起きる。植民地の争奪戦は、このヨーロッパにおける近代化競争の現われであった。そして、二十世紀初頭の第一次大戦は、このヨーロッパにおける近代化の矛盾から生じたものであった。それは、主に、近代化に先んじ、植民地争奪戦でリードしたイギリスやフランスと、近代化に遅れ、植民地争奪戦に遅れをとったドイツとの戦いだったからである。後進国には、近代化に遅れたという不利な条件からくる焦りと劣等感があるから、それが先進国との戦争という形で現われたのである。しかも、これは、同時に、そういうしかたでのヨーロッパの自己崩壊であり、没落でもあった。

それから約二十五年後に、世界中を巻き込んで起きた第二次大戦は、いわば第一次大戦の非ヨーロッパへの拡大であり、したがって、これも第一次大戦と同じ原理によって起きている。近代の構造は、どこまでも自己の領分を拡大し自ら膨張していこうとするところにあったから、近代化競争も、ヨーロッパ世界だけにはとどまりえず、ヨーロッパ以外の世界にまで拡散していくことは避けることができなかった。その結果、第二次大戦は、近代化のより進んだ〈持てる国〉、イギリス、フランスおよびアメリカと、近代化のより遅れた〈持たざる国〉、ドイツ、イタリアおよび日本との戦いとなって生じたのである。これは、すでに近代化の矛盾が、ヨーロッパ世界にのみとどまりえず、より早く近代化つまりヨーロッパ化した非ヨーロッパ諸国にも広がり出したことを表現している。

東西問題から南北問題へ

その意味では、第二次大戦以後約三十年続いたアメリカとソ連の〈冷戦構造〉も、同じ原理で解釈することができる。それは、近代化のより進んだ〈持てる国〉アメリカと、より遅れた〈持たざる国〉ソ連の戦いだったとみることができるからである。

ソ連は、共産革命によって、以前よりももっと速く近代化つまりヨーロッパ化を推し進めて行こうとしたが、その出発点においても、そのやり方においても、アメリカより遅れてしまっていた。このソ連のアメリカに対する焦りが、冷戦構造となって現われたのである。それはまず、第二次大戦終結時におけるドイツ分割や東欧の獲得から始まり、中国の共産化や朝鮮戦争やベトナム戦争というしかたで戦われた。こうして、世界の諸国は、米ソの二大陣営に分かれて反目し合うことになった。この戦いによって生じたドイツや朝鮮、中国やベトナムなど、いわゆる分断国家は、いわば〈持てる国〉アメリカに対する〈持たざる国〉ソ連の権利主張から生じたものであり、一種の形を変えた植民地争奪戦だったのである。

このように、ひとつの国民国家が、他の超近代国家の力によって、事実上二つに分割されるという現象は、第二次大戦を境にして国民国家の時代が終わりを告げ、少くとも、世界を支配する力としては、それ以上の規模をもった国家の時代に入ったことを表わしている。第二次大戦以後の冷戦構造のもうひとつの意味がここにある。

しかも、この冷い戦争のソ連にとっての大義名分は、アメリカ帝国主義の支配からすべての民族を解放するという共産主義の民族解放のイデオロギーであった。ただ、第二次大戦と違うところは、この戦いが、当事者同士で直接戦われずに、いつも、〈代理戦争〉という新しい戦争の形態で戦われたことである。

このようにみるなら、共産主義の資本主義に対する戦い、つまり「東西問題」も、第一次・第二次大戦同様、近代化の遅れた〈持たざる国〉の、それに先じた〈持てる国〉に対する戦いであったとみることができるであろう。その意味では、アメリカも、そしてソ連も、以前と同じ帝国主義の戦いを繰り返したことになる。

そして、しかも、ここでの目立った特徴は、もはやヨーロッパ諸国は世界史の舞台から退き、米ソという非ヨーロッパ諸国同士で勢力圏争いが行なわれたということである。ヨーロッパの退潮はぬぐうべくもなかった。ヨーロッパ諸国は、むしろ、アメリカとソ連の勢力争いの恰好の餌食にされたのである。西ヨーロッパ諸国がＮＡＴＯに加盟し、東ヨーロッパ諸国がワルシャワ条約機構に加盟し、互いに対立することになったのは、その最も顕著な表現である。これは、米ソという非ヨーロッパのヨーロッパへの逆襲でもあった。世界史の重心は、すでに、ヨーロッパという円のひとつの中心から、米ソという楕円の二つの中心に移動してしまっていたのである。

さらに、今日、「東西問題」以後、特に国際政治上重要課題になったきた「南北問題」も、同様に、近代化つまりヨーロッパ化のより進んだ先進国と、より遅れた後進国との矛盾から生じていることは明らかである。この問題は、第二次大戦以後、アジア・アフリカの非ヨーロッパ諸国つまり第三世界が次々と独立していった時から、すでに始まっている。バンドン会議などを通して、アジア・アフリカの非同盟国家群が登場し、その後、これらの国々は、いろいろのしかたで近代化を推し進め、先進諸国に追いつこうと努力してきた。その中で、特に先進国と後進国の格差が問題になり、このことが世界の政治情勢にとって無視できない問題になってきたのも、近代化の矛盾からであった。石油を武器としたアラブ・イスラム勢力の抬頭も、遅れて近代化してきた国の、先進諸国への形を変えた戦いであった。アラブ世界が注目を浴びたのは、アラブ諸国が、近代化つまりヨーロッパ化の過程で先進国に対抗してきたからである。かつての日本やソ連、そして中国がそうであったように、一般に、〈持たざる国〉は、〈持てる国〉をたたきながら前へ進んでいく。

その意味では、約三十年続いた中国とソ連の対立も、いわば共産圏内で生じた「南北問題」だったとも解釈することができる。つまり、中ソ対立は、同じ共産圏にありながら、近代化の進んだ〈持てる国〉ソ連と、近代化の遅れた〈持たざる国〉中国との争いだったとみることができる。中国の主張する〈第三世界論〉〈反覇権論〉は、ソ連の〈帝国主義論〉と同じく、遅れて近代化してきた国の権利主張だったのであり、自己主張なのである。しかも、この共産圏での戦いを、中越戦争やカンボジア問題などでみられたように、また同じインドシナ半島などを舞台にしてやろうとしたというのが、最近の事情であった。これもまた、それ以前と同様、一種の植民地争奪戦であり、いわば共産主義による〈列強の進出〉であった。このように考えるなら、この共産圏内における対立は、かつて資本主義諸国間で二度の大戦によって行なわれたのと同じことを、今度は共産主義諸国間で繰り返したのだとみてよいであろう。

一九八九年に実現したいわゆる中ソ和解は、いわば、この共産国同士の覇権争いの終結宣言であった。しかも、それは、ソ連の後退のひとつの現われでもあり、中ソ両国のアジア・太平洋地域からの利益導入のための調整であった。

世界史における近代化あるいはヨーロッパ化の流れは、国家エゴの熾烈な戦いであった。近代戦争の原因を資本主義の必然的運命に求める見方があるが、この考え方は間違いである。近代の戦争は、近代化に先じた国に対する遅れた国の対立から起きるのであってみれば、近代戦争は、資本主義のみの矛盾ではなく、共産主義をも含めた近代主義全体の矛盾だと考えるべきであろう。だからこそ、共産国同士でも相争うのである。

ナショナリズムと近代化レース

さらにまた、近代になって、〈ナショナリズム〉が様々な形で出てくるが、これも近代化あるいはヨーロッパ化と深く結びついている。近代化していくためには、それまでの地方分権的なあり方から国家を統合して、中央集権国家をつくり、生産力を上げていく必要がある。そのためには、絶えず国家の同一性が求められねばならないが、このときの国家統合の大きな絆がナショナリズムである。これは、近代化に遅れた国のどちらかというと前期に高揚され、しかも、それは資本主義・共産主義を問わない。特に、これは、近代化に遅れた国のどちらかというと前期に高揚され、しかも、それは資本主義・共産主義を問わない。特に、これは、近代化に遅れた国のどちらかというと前期に高揚され、しかも、それは資本主義・共産主義を問わない。特に、これは、近代化に遅れた国のどちらかというと前期に高揚されたように、これは、より遅れて近代化・ヨーロッパ化を始め、これを急がねばならなかったところに多くみられる現象である。

十九世紀以来の世界史は、ヨーロッパから非ヨーロッパへ、世界全体が近代化していく過程の中にあり、その過程の中で、近代化に先じた国と遅れた国とが、様々なしかたで闘争を繰り返してきた。第一次大戦から南北問題に至るまでの二十世紀の様々な国際的緊張も、このような観点から眺めれば、統一的に理解することができるであろう。

様々なイデオロギーは、この戦いの着る衣にすぎない。こうして、それぞれ遅れ先立ちはあるにしても、近代化に目醒めた国々は、まるでゴールのないレースをやっている走者のように、絶えず闘争を繰り返しながら、〈近代化レース〉を、追いついたり、追い越されたりして、どこまでも走っていく。第二集団である後進国は、第一集団である先進国に追いつき追いこすことを目標に、ただひたすら走り、第一集団は、追い越されまいと、さらに先に走っていく。それは、なお、ヨーロッパ近代文明が非ヨーロッパに拡散して、世界全体がヨーロッパ化していく〈ヨーロッピズム〉の過程の中にあると言えるであろう。

5　ヨーロッピズムの中の共産主義

ヨーロッパの近代化と社会主義思想

十九世紀のヨーロッパは、自由民主主義から国民主義、資本主義から社会主義まで、多くの近代思想を生み出してきたが、十九世紀後半、ヨーロッパに登場してきた共産主義思想も、他の思想同様、ヨーロッピズムの過程の中で捉えなおすことができるであろう。

産業革命以来、ヨーロッパの生み出した社会経済思想は、資本主義思想と共産主義思想の相対立する両極に分かれていったが、これらは、いずれも、以前の有機的な社会の秩序を大変革するものであった。ヨーロッパの有機的社会を変革したのは、はじめ、産業資本主義の方であった。マルクスの共産主義思想は、この産業資本主義の矛盾の解決として登場してきたのだが、しかし、だからと言って、それは社会の有機性を取り戻すものではなかった。それは、その結果からも分かるように、社会を平均化し、これをより一層機械的組織にまで組み立てようとする〈全体主義〉になる可能性を、最初からもっていた。その意味では、共産主義思想も、社会の平均化・組織化という点で、近代化の過程の中にあったと言うことができよう。

もしも、共産主義をこのように近代化の一方法として捉えるなら、共産主義が結局近代ヨーロッパ社会では純粋な形では実現されなかったということも、十分理解することができる。ヨーロッパは、すでに産業革命以来、資本主義によって近代化が推し進められていたからである。共産主義思想は、近代ヨーロッパにおいては、むしろ社会主義という形をとって、より一層の近代化つまり社会の平等化に寄与し、その後の資本主義の修正の役割を果たしながら生きのびてきたと言うべきであろう。

実際、資本主義の先進国であったイギリスでは、資本主義の矛盾が露呈してくるに従って、社会主義勢力が強くなってくる。だが、一八七一年以降、この運動も国家によって公認されるようになり、フェビアン協会など多くの社会民主主義的な団体が登場し、一九〇六年には労働党が成立する。これは、マルクス主義をとらず、漸進的改革によって社会主義を実現しようとするものであり、事実、それは、多くの社会改革を行なって、労働者の地位向上に寄与した。ドイツでも、一八九〇年には社会民主党が成立し、マルクス主義に基づくエルフェルト綱領が採用されたが、後、これは、ベルンシュタインの改良主義とローザ・ルクセンブルクのマルクス主義と、左右に分かれ、結果としては改良主義的方向に動いていった。フランスでは、はじめ、無政府主義の系譜をひく過激なサンジカリズムが盛んになり、一八九五年労働総同盟ができて各国に広がるが、これも第一次大戦以後急速に衰えた。一方、一八七九年には、マルクス主義に基づく社会主義労働者同盟が成立したが、後、分裂、一九〇五年に改良主義的色彩の強い統一社会党が成立している。どれも、これらの動きは、ヨーロッパ先進諸国では、社会主義思想が、資本主義の階級矛盾などの修正の働きをしたことを表わしている。

非ヨーロッパのヨーロッパ化としての共産主義

純粋の共産主義が実現したのは、逆に、非ヨーロッパの後進国、ロシアにおいてであった。そして、それは、その後、東欧、中国、朝鮮、インドシナ、キューバ、アフリカ諸国へと、まるで癌細胞のように膨張していった。それは、いわば、遅れて出てきたヨーロッパ近代主義の拡大でもあった。共産主義もまた、産業資本主義とともに、どこまでも自己の領分を拡大し、自ら膨張し、拡大していこうとする共通の運命をもっていた。そのため、これもまた、ヨーロッパ世界だけにはとどまりえず、必然的にヨーロッパ以外の世界にも拡大拡散していったのである。二十世紀になって、ヨーロッパ生まれの共産主義が世界的に膨張し、非ヨーロッパを席捲していったという現象も、ヨーロッピズムという世界史の大きな潮流の中で捉えねばならないであろう。共産主義も、ヨーロッパ近代の非ヨーロッパへの拡散、つまり近代化の過程の中にあったのである。逆に言えば、さきにあげた非ヨーロッパ諸国は、共産化するということによって、ヨーロッパ化、つまり近代化しようとしたのだと言える。

ヨーロッパの近代は、自由主義や国民主義、資本主義や共産主義など、相対立する様々な社会思想を生み出したが、非ヨーロッパ諸国は、ヨーロッパ化するにあたって、それらのうちから、それぞれ何を選択すべきか、苦闘してきたのだとも言えよう。ヨーロッパは、単に自由民主主義だけを非ヨーロッパに輸出したのではなかったと言わねばならない。

例えば、ロシアでは、十九世紀以来、あらゆるヨーロッパの近代思想が流入し、その近代化を加速していったが、経済的には、上からの近代化策によって、最初資本主義が進展し、その進展とともに、次第に自由主義や社会主義も流布し、逆にツァー体制を揺るがすようになっていった。マルクスの共産主義思想が流入してきたのも、このロシアの近代化、つまりヨーロッパ化の潮流の中においてであった。そして、一九一七年、レーニンによる共産革命が成功したことによって、ロシアは、共産主義による近代化の道を歩むことになったのである。

かくて、一九一八年から一九二〇年にかけて、ロシアでは、強力な共産主義体制が敷かれ、急激な共産主義政策がとられるに至った。例えば、中央統制による経済体制の樹立、つまり土地・工場の国有化、銀行・貿易業務の国営化、農民からの強制穀物拠出、労働者による工場管理などは、その政策の主なものであった。これは、ロシアに残存する旧体制を暴力的に破壊し、近代化の素地をつくるのに、ある意味で寄与したとも言えるであろう。

ところが、この過激なやり方のために、工業生産、農業生産ともに激減し、一九二一年の飢饉では数百万の餓死者を出してしまった。そのために、一九二一年から一九二八年には、新経済政策が立てられ、中小企業の個人経営や農民の農産物販売の自由化などが行なわれ、資本主義を一部復活することによって、経済の発展と近代化がはかられた。

この退却は、共産主義も、近代化の一方法であったことを実証していると言えよう。共産主義も、そのイデオロギーはともかく、目的は生産性の向上にあり、経済発展と生活水準の向上を目指すものであった。そのためには、本来の共産主義の考え方も修正され、しばしば資本主義的な方法が加味されもしたのである。共産主義の一部資本主義化は、すでにレーニンのころから始まっている。今日のソ連が、ゴルバチョフのペレストロイカ、グラスノスチなど自由化路線によって国内経済の立て直しを計っているのも、その成功・不成功は別にして、目的は、生産性の向上と生活水準の向上、つまり近代化にある。また、中国が、今日、文化大革命路線から現代化路線へと急転換し、資本主義と市場主義を復活させ、改革開放路線をとっているのも、近代化のために他ならない。

近代化のために共産主義がしばしば修正され、資本主義化していったのは、資本主義が社会主義的政策をとって修正されていったのと同様に、世界史の大きな流れが、他ならぬ近代化にあったということを物語っている。フルシチョフが、かつて「アメリカに追いつき追いこす」ことをモットーにしたのは、すでに共産主義が、そのイデオロギーのように資本主義の後にくるものではなく、むしろ後から資本主義に追いつこうとするものであること、つまり近代化の一方法であったことを表わしている。

ロシアの共産主義が、近代化のための一方策であったということは、また、スターリンの政策の中にもみられる。彼は、数次にわたる五ヵ年計画を通して、むしろソ連が遅れていることを強調し、ヨーロッパの近代技術を急いで習得し、農業と工業の近代化を急がねばならないことを繰り返し強調した。ここでは、すでに、共産主義は、資本主義に追いつくための思想にすぎなくなっている。だが、このことは、さきに述べたように、レーニンにすでにみられたことでもある。レーニンにおいて、ヨーロッパ由来のマルクス主義は、ロシアの近代化のイデオロギーに変質している。彼は、能率的な組織国家の形成、文化水準、物質的・生産的設備の程度などにおいて、ロシアはヨーロッパの最も遅れた国より遅れていると、革命当時すでに考えていた。だから、彼は、ヨーロッパに追いつくために、教育の普及、農業と工業の振興、行政技術と組織の整備の仕事に邁進し、生産性の向上を目指したのである。

マルクス主義の矛盾は解決される

「何故に、資本主義の最も発達したヨーロッパの諸国家に共産革命が起きずに、ロシアという非ヨーロッパの後進国に起きたのか」というのは、マルクス主義の歴史観の矛盾のひとつである。古典的なマルクス主義では、この矛盾を解くことは難しく、そのため、いささかスコラ学化したマルクス主義の研究者達は、どうにかしてこの矛盾を解決しようとして、様々の苦心をしてきたようである。しかし、このことは、ヨーロッピズムの観点に立つなら、なにも不思議なことではなく、なんら矛盾でもない。共産革命が、かつてのロシアばかりでなく、今日でも主に非ヨーロッパの後進国で起きているという現象は、共産主義も〈ヨーロッパの拡大〉つまり〈非ヨーロッパのヨーロッパ化〉という世界史的過程のうちにあったからである。

非ヨーロッパの後進国では、どうしても急速な近代化をしていかねばならない。この急激な改革という面だけをみるなら、暴力的に旧秩序を破壊する共産主義は一面適していた点をもっていたとも言える。また、上からの近代化を推し進めていくには、自由主義よりも、全体主義的・国家主義的な共産主義の方が、やりやすかったということもあったであろう。さらに共産主義の用意していた階級闘争のイデオロギーは、後進国が、先進国に搾取されているということを理由にして、先進国に対抗していくための恰好のイデオロギーになったという点もある。いずれにしても、共産主義は近代化の一方法としてあったのであり、しかも、そのやり方はむしろ後進国に適していたのである。だからこそ、共産主義は、主に非ヨーロッパの後進国に受け容れられ、実現されたのである。

非ヨーロッパにおける共産主義は、ソ連や中国にみられるように、それによって近代化を推し進めようとする運動に変質していった。共産革命による近代化は、むしろ、わが国で言えば明治維新の大改革に当たる。したがって、わが国では、それ以後の自由民権運動や大正デモクラシーなどの運動によって、一層の近代化が必要であったように、今日の共産国家でも、そういう自由化の動きが必要な段階にきていると言える。そういうしかたで、共産主義はさらに変質していくのである。それどころか、この自由化の動きは、共産主義そのものの終焉をすでに暗示している。

「本来インターナショナルであったはずの共産主義が、それに反して、現実にはナショナリズム化していくのは何故か」というのも、マルキシズムの矛盾のひとつである。しかし、これも、ヨーロッパ由来の共産主義思想を、非ヨーロッパが自分達独自のナショナリズムの基盤の上に受容し、これを同化していこうとした世界史的過程の中にあったのだと理解するなら、なんら不思議なことではない。だからこそ、ロシア的共産主義や中国的共産主義が生まれ、両者がナショナリズム的対立を引き起したりもしたのである。共産主義も、ナショナリズム化することによって、近代化のエネルギーになっていったのである。あるいは、逆に、そういうふうに絶えずナショナリズムの基盤に受容されながら、同時に国際的に膨張していくのが、共産主義の独特の動きであったと言えよう。

マルクス主義の歴史観を捨てて、ヨーロッピズムの流れの中で歴史の現実をありのままに理解し直すなら、歴史観と歴史的現実とのギャップに悩む必要はない。歴史的現実を理解するには、なによりも歴史的現実そのものから出発しなければならない。歴史観も歴史の現実の中にあるからである。

ヨーロッパへの逆襲としての共産主義

一方、ソ連の共産主義は、それによって自ら近代化を推し進めていくと同時に、世界革命をも行なおうとした。そして、これは、第二次大戦後、東欧を勢力圏に収めた時から現実化した。特に東欧の共産化は、ソ連によるヨーロッパへの逆襲という意味をもっていた。共産主義というヨーロッパ由来の近代思想を積極的に受け容れた非ヨーロッパ・ロシアが、まさにその同じ武器でヨーロッパ諸国に対抗し、自らの勢力圏を求めて拡大したのである。

レーニンの帝国主義論によれば、資本主義が独占資本の段階に達し、この独占資本が市場を求めて海外に資本を投下しようとするところに、帝国主義は成立し、これが列強の激しい進出をもたらしたと言われる。しかし、このようなことは、資本主義ばかりでなく、共産主義についても言えるのであって、ソ連のような高度に発達した重化学工業国の世界進出は、いわば帝国主義的段階にあたるとみてよいであろう。このソ連のいわば社会帝国主義的政策は、主に第二次大戦以後展開された。その意味では、共産主義も、資本主義が演じたことと同じことを、遅れて演じていたのだと言うことができよう。

第二次大戦後みられた戦争の多くは、主に共産主義の進出が原因で起きている。すでにみてきたように、近代戦争は、ただ単に資本主義の矛盾からのみ起きるわけではなく、共産主義をも含めて、近代主義一般の矛盾から起きるものである。帝国主義論による現代世界史の叙述は、今日すでに破綻している。なるほど、第二次大戦までの資本主義の優勢な段階までは、ある程度帝国主義論で説明できる部分があるかもしれない。しかし、第二次大戦以後行なわれたソ連の進出や中国の進出、さらにこの両者の対立や中越戦争などは説明できない。帝国主義論によれば、共産主義はいつも平和勢力であって、共産主義国では戦争は起きないはずである。しかし、これは、すでに世界史の現実によって打ち破られている。

マルクス・レーニン主義の唱えた帝国主義論は、むしろ、社会帝国主義の進出の大義名分にすぎなかったと言うべきである。帝国主義からの人民の解放というイデオロギーは、共産主義がそういうしかたで世界中に膨張していくためのイデオロギーにすぎなかったのである。第二次大戦以後の世界史の現実を考慮に入れるなら、もはやマルクス・レーニン主義の歴史観で現実を解くことはできない。まして、今日の共産主義国にみられる急激な自由化の胎動は、むしろ、共産主義そのものの崩壊さえ暗示しており、マルクス・レーニン主義の終焉を物語っている。今日の状況は、新しい現代史観を必要としていると言えるであろう。

6　国際化と文化の混在

文化の混在と文化の画一化

ヨーロッパ近代文明が世界的に拡大するとともに、非ヨーロッパがヨーロッパ化し、ヨーロッパ諸国も非ヨーロッパ諸国もこぞって近代文明という同一の舞台に登場して、互いにぶつかりあう時代、それがヨーロッピズムの時代である。多くの国々が入り乱れて、相互に作用を及ぼす〈国際化時代〉は、このようにして到来した。ここでは、種々の国際会議や国際競技が催され、政治家や経済人や学者やスポーツ競技者が絶えず世界中を動きまわり、留学生や旅行者がこと繁く往来し、多くの民族が入り乱れて人種の混淆も行なわれ、かくて、様々な文化が混在し、混合される。

この混合の最初の段階では、違った伝統をもった国家と国家の交流や競争、あるいは利害の調整の中で、かえって相互の文化の違いが意識される。インターナショナルなものを背景にして、逆にナショナルなものが意識されるのである。ところが、混合がさらに進んでいくと、互いの文化の違いは次第に薄められ、次第に一様化され画一的なものになっていく。人々は、やがて無国籍化し、自己の拠って立つ文化的な伝統を忘れ去っていく。世界中が近代文明で覆われる中で、様々なものが一様化し画一化する時代は、このようにして、支柱を失いアトム化した個人を大量に生産する。

現代は世界の合一化に向かっている。ここでは、諸文化がその多様性と独自性を失って空白化するが、このような合一化をもたらしたものは、巨大な近代の産業技術文明である。それは、時間と空間を無化して、画一化された文明世界をつくりあげ、その中に個人も国家も呑み込んでいく。国際連合が設立され、絶えず世界の平和と国際的相互理解の必要性が提唱される今日の様々な動きは、確かに、世界がひとつになることに向けて進んでいる現象である。しかし、それが文化の水平化・平均化をもたらさないとは誰も保証できないであろう。

創造力の喪失と学問の専門化

この時代には、学問の分野でも、比較文化論が、程度の低いものから程度の高いものまで流行する。ヨーロッパの近代文明は、近代以前の文化を壊して登場してきたものだが、しかし、そうでありながら、同時に、それはなお、ヨーロッパの伝統的文化の性格を引き継いでいる。また、非ヨーロッパも、ヨーロッパの近代文明を受け容れて近代化したとはいえ、自らの伝統的な文化の性格をなおそこに引きずってきている。比較文化論では、この残存している文化の性格が比較されるのである。この時代は、文化の混在・混合の時代であるから、各々の文化の特色が比較されるのだが、この単なる比較からは、もはや創造的なものは生み出されないであろう。比較文化論ばかりでなく、一般に、文化の混在の時代には、各々の文化独自の内的な創造性は失われる。

この文化の混在の時代は、また、価値観においては多くの混乱をもたらすから、人々は、もはや何を信じて生きていけばよいのか行き惑う。かくて、この時代に世界共通の普遍性をもつものは、唯一、科学技術だけということになる。科学技術は、雑多なものが混在する世界でのわずかの共通言語なのである。十九世紀以来、科学が隆盛を極めたのは、科学がヨーロッパのキリスト教的世界から独立し、その枠組みを拭い去って独走し、万国共通のものを成立させ、提供したからである。それが、ヨーロッパの拡大とともに世界中に広がり、世界の共通項となった。今日の超近代的な技術とタイアップした巨大科学などは、その最もよい例である。

ヘレニズムやローマの頃にも自然科学や技術が発達したが、これらも、今日と似かよった意味をもっていたであろう。この時代も文化の混在の時代であり、人々は何を信じて生きていったらよいのか、行き惑い、不安な時代だったのである。ヨーロッピズムの時代も、科学が技術化し、技術が科学化し、両者が結びついて、巨大な産業技術をつくりあげた。文化の混在・価値観の混乱の時代には、この産業技術こそ画一的普遍性をもつ。科学技術の発達は、そういう意味と背景をもっている。

このように、各文化圏の文化が、すべてを水平化する産業技術の舞台の上で混在し、その独自の創造力を失っていく時代においては、逆に、古今東西の諸々の文化遺産が大量に蓄積され、堆積される。そして、学問は、ただ、それらの遺産の訓古注釈のみに費やされるようになる。あらゆる古典が収集され、集大成され、翻訳され、解説され、解釈され、宣伝されるが、その代わり、そこからは、創造的なものは生まれてこない。ただ、おびただしい量の文献が氾濫し、人々はその情報量に引きまわされるだけとなる。人々は実に多くの思想や文物に接することができるが、しかし、人々の精神はただ散乱するだけで、それらは何ひとつ生きた支柱にはならない。ここでは、おびただしい数の注釈家や翻訳者、解説者など、専門家が氾濫するだけで、時代が進むに従って独創的な思想家や文学者は登場しにくくなる。学問が、すでに発見された真理についての解説にのみ終始するようになるからである。こうして、学問は、専門分化すると同時に、俗耳に入りやすいものに還元され、世俗化される。

ヘレニズム時代にも、エジプトのアレキサンドリアなど多くの学問都市で、膨大な量の古典文献が集大成され、各国の学者によって解釈研究がなされたが、そこからは、独創的なものはそれほど生み出されなかった。アレキサンドリアの大図書館から眺められたエジプトの落日は、遠く後の時代のローマの滅びを暗示していたかのようでさえある。今日もまた、このヘレニズム時代と同じことがなされていると言えよう。

この時代は、言語においても、どこの国でも外来語が氾濫し、母国語は頽落する。文化の混在という現象は、言語においてもそういう形で現われるのである。そして、ヘレニズム時代にコイネーというギリシア語が共通語になったように、ヨーロッピズムの時代には、英語が共通語になり、それが画一的文化を表現し、この時代の巨大組織と符合する。

文化の創造は、偉大な個性が、文化的伝統という特殊性を通して普遍的なものを生み出すことからなされるが、この時代には、この特殊性の地盤が崩れるために、普遍性も個性も頽落するのである。

7　二十一世紀への展望

されるであろうか。

二十一世紀への展望――移動する世界史の重心

このようなヨーロッピズムの諸状況を眺めていくなら、今日の世界は、将来、どのような方向へ進んでいくと予測されるであろうか。

ヨーロッパ諸国、米ソ、日本など、第一世界、第二世界は、様々の闘争の末、すでに近代化を完了している。とすれば、二十世紀の最後の十数年から二十一世紀の初頭は、アジア・アフリカ、ラテン・アメリカ諸国など第三世界の近代化の問題が、これまでよりも一層重要な問題として、つまり、世界史を動かす大きな問題として現われてくるであろう。その意味では、南北問題が重要な位置を占めてくるであろう。特に、貧困に喘ぐ南と繁栄を謳歌する北との格差是正の問題が、いろいろの形で問題となってくるであろう。人口の激増、食糧の不足と飢餓、資源問題、累積債務問題など、今日の世界がかかえている重要問題は、どれも、この南と北の摩擦を惹き起こす引き金になりうる。

東西問題の方では、南北問題ともからんで、今まで米ソの勢力圏争いが続けられてきたが、しかし、米ソともすでにその膨張の限界に達したから、今後は、逆に、米ソの後退という現象が目立って現われてくるであろう。米ソは、戦後、世界支配を企図して、経済援助から宇宙開発、核戦略に至るまであらゆる力を出し切り、互いに鎬を削ったために、かえって国力を消耗したのだともみることができる。今日推進されているソ連の〈ペレストロイカ政策〉も、なお根強く残る官僚主義的抵抗のために、アメリカが進めてきた〈強いアメリカ政策〉同様、十分な成功を収めることはできないであろう。

したがって、自由主義圏では、アメリカが後退する分、日本やアジアの新興工業国をはじめ、第三世界の発展途上国が抬頭してくるであろう。また、共産圏においても、二十一世紀の初頭にかけて、ソ連が後退する分、中国が、これまで以上に大きな力をもつようになるであろう。

さらに、共産圏内での南北問題として、ソ連の後退とともに、ソ連によって支配されている諸民族共和国や他の社会主義衛星国とソ連との亀裂が、顕在化してくるであろう。事実、ソ連邦からの離脱の動きは、すでに、アルメニア、アゼルバイジャン、バルト三国、白ロシア、ウクライナ、モルダビア、グルジアにみられ、ハンガリーやポーランドや東ドイツなどの衛星国の態度も注目されている。これらの動きは、かつて、ヨーロッパ諸国の植民地からアジア・アフリカ諸国が次々と独立していった動きに似ている。

逆に言えば、そのように米ソの影響力の低下が明確化したとき、東欧と西欧の歩み寄り、さらに東西ドイツや南北朝鮮、二つの中国の統一の可能性も出てくるであろう。これが、差し当たり、現段階から予想可能な二十一世紀への見通しである。

これまでの世界史をみると、時代の変遷に応じて、世界史を動かす強い力をもった民族なり、国家なり、文化圏が、地理的に移動してきたことが分かる。それを世界史の重心というとすれば、十九世紀という時代は、この世界史の重心を西ヨーロッパ諸国が担った時代であったと言える。西ヨーロッパ諸国は、一八〇〇年前後から、急激に近代化を推し進めるとともに、世界に進出し、誰はばかることのない世界史的優位を確立した。十九世紀の世界史の中心は、ヨーロッパにあったのである。軍事的にも、政治的にも、経済的にも、ヨーロッパを中心に、その力は世界に放射していた。私達が列強の進出と呼んでいたものがそれである。

しかし、二十世紀になると、第一次大戦と第二次大戦の二度の過酷な戦いによって、ヨーロッパは互いに疲弊し、急激に後退、これに代わって、アメリカさらにソ連が抬頭し、この二国は世界を二分するほどの力を持つに至った。この時以来、世界史の重心は、ひとつには、アメリカを中心とする大西洋へ、もうひとつは、ソ連を中心とするユーラシア大陸へと移った。

ところが、二十世紀末の今日においては、二十世紀後半四十年も続いたこの米ソ二大国による世界支配も、終わりを告げつつある。少なくとも、第二次大戦後の世界体制はすでに終焉を迎え、それとともに、世界史の重心はアジア・太平洋地域へと移動してきた。自由世界での日本やアジアの新興工業国の抬頭という一九八五年以降特に目立ってみられる現代世界史の現象は、世界史の重心が、次第に、アジア・太平洋地域へと移りつつあることを表わしている。十九世紀初めから二十世紀終わりにかけて、約二〇〇年の間に、世界史の重心はいわば地球を一回転したのである。

かくて、二十世紀の世紀末の今日の状況は、すでに、ヨーロッピズムの時代も終焉を迎えていると言わねばならない。かつてヘレニズム時代において、ギリシア文明の拡大に対して、カルタゴやローマがこれを受容して逆に大きな力をもって出てきたように、二十世紀も、ヨーロッパを凌いで、初めは米ソが抬頭し、今日では、日本やアジアの新興国が抬頭してきた。ヨーロッピズムにおける作用と反作用の時代も、すでに完了したのである。世界は一様化し、もはや〈ヨーロッピズム〉の枠では捉えきれない時代に入りつつある。

世界国家は可能か

このように、ヘレニズムとヨーロッピズムのある程度の類似性を手懸りに考えるとすれば、ヘレニズム末期にローマによる地中海世界の統一がなされたように、少なくともポスト・ヨーロッピズムの時期に、今日の諸国家を統合する一大世界国家がこの地球上に出来るのではないかという問題は、考慮に値する問題であろう。

ヨーロッピズムは、最初、国民国家という規模において出発し、やがて、それは、第一次・第二次大戦を通して、米・ソという超近代国家主導に変わり、これが世界を分割することになった。そして、それに対抗するように、ヨーロッパ諸国も、ヨーロッパ共同体を形成することによって超近代国家としての規模を備えようとしてきた。さらに、第二次大戦後のNATOやワルシャワ条約機構などの集団安全保障体制も、防衛に限ってではあるが、すでに国民国家の枠組みを越える方向を指し示していた。今日の世界は、国民国家の時代を終えて、国家間の連合形態に入っている。とすれば、このような動きは、確かに、さらにより大きな統一国家に向けて発展していく可能性をもつものだとも言えよう。

ヨーロッピズムにおいて、国民国家から超近代国家へ、国家規模を加速度的に膨張させていったのは、他ならぬ産業技術文明のとめどない力であった。現今の科学技術や情報産業の進展による経済のより一層の発展の可能性を考え合わせれば、世界の諸国家の相互依存がさらに深まって、これが超近代国家よりももっと大きな規模の国家を必要とし、ついには、それが世界国家にまで成長するという可能性もないわけではない。

もちろん、世界国家が必ず形成されるという保証はなく、いくつかの国家が互いに凌ぎを削って自滅していくという可能性もないわけではない。次々と新しい国家が登場しては後退していくということが繰返され、そのうち現代文明そのものが衰微していくということも十分考えられる。いずれにしても、今後登場してくる世界国家は、どれも、巨大な産業技術文明によって支えられた怪物国家であることに変わりはなく、帝制ローマのような空虚な国家になるであろう。

世界宗教は可能か

現代文明つまりヨーロッピズムの文明を、ヘレニズム文明とのアナロジーで考えるなら、トインビーが期待しているように、このヨーロッピズムの終焉期に、ヘレニズム・ローマ文明同様、新しい世界宗教が登場してくる可能性も予測しうるかもしれない。しかし、文明の種の違いを無視して、何もかもギリシア・ローマ文明とのアナロジーで考えることは危険を伴う。ヨーロッピズムの文明は巨大な産業技術文明に支えられた文明であって、ギリシア・ローマ文明とは違って、宗教的なものの否定から出発しており、徹底的に無精神的であった。

なるほど、今日、科学技術によって支配された時代であるにもかかわらず、いやそれゆえにこそ、科学技術では解けない問題が残され、人々の不安は昂じ、この不安に乗じて実に多くの新宗教が登場してきており、必ずしも無宗教の時代とは言えない。しかし、このおびただしい数の宗教も、今日の巨大技術文明に対応して、アトム化した大衆を糾合した巨大組織になっているところをみれば、これ自身が産業技術文明のひとつの表現にすぎないとも考えられる。もちろん、遠い将来、この文明が衰退に向かうに従って、人々の不安が募り、そこから高度な宗教が登場してくることはありうる。しかし、キリスト教でさえ、古代ローマの滅亡を食い止めることができなかったように、今日の文明も、新しい宗教によって救われることは必ずしもない。それは、わずかに、文明のもたらす精神的不安の表現として、力をもつことになるであろう。

現代文明の将来——危機は克服されうるか

ヤスパースは、私達の文明を紀元前五〇〇年ころのいうところの枢軸時代に源泉をもつものと捉え、今日、それは近代の科学技術によって危機に面しているとみた[12]。確かに、私達の文明は、大きくみれば、ソクラテスやイエス、仏陀や孔子によって導かれた文明であったと言えるであろう。そして、私達の時代の危機は、いわばこの四聖時代が巨大な産業技術の世界大的拡大によって終わりを告げようとしているということであろう。なぜなら、ヨーロッパ近代文明の世界的拡大によって、ギリシア文化とキリスト教精神に源泉をもつヨーロッパ文明ばかりでなく、イスラム文明やインド文明、中国文明、および、それらの影響下において発展した諸文明も、この中に組み入れられ崩壊していくからである。数千年も続いた古代エジプト文明がヘレニズム文明に同化して安楽死したように、近代以前から築き上げられてきた諸文明も、ヨーロッパ由来の近代文明に同化して安楽死するかもしれない。しかも、この文明の解体は、このヨーロッピズム文明に内在する内的な頽廃から起きてくることだけは確かである。

なるほど、今日の時代は西洋と東洋の出会いの時代であり、危機に面している西洋近代文明は東洋の伝統文化によって乗り越えられねばならないという考えも成り立つかもしれない。しかし、西洋近代文明の潜勢力はあまりにも巨大であるから、それは、今日、東洋の文化をも呑み込んで、世界の諸文化を一色に塗り潰し、あらゆるものを低い方へと平均化し、混沌の中へと混合しようとしている。このような単なる混淆を諸文化の創造的融合と見誤ってはならないであろう。東洋文化への回帰の叫びも、単なる文化の混在と衝突というヨーロッピズム文明の一特徴がもたらしたものにすぎないともみることができる。ニーチェは〈ヨーロッパのニヒリズム〉の到来を予言したが、ニヒリズムの波は単にヨーロッパにのみとどまるものではなく、世界中に押し寄せ、あらゆる文明を呑み込んでいるのである。

註

第一章　ヨーロッピズムの時代

（1）Toynbee, *Civilization on Trial*, Oxford U.P. 1949. ch.11.I.（『試練に立つ文明』深瀬基寛訳　現代教養文庫　社会思想社　一九七三年　三〇〇〜三〇一頁）

（2）Toynbee, *A Study of History*, Oxford U.P. 1979. Vol.VIII.IX.（『歴史の研究』「歴史の研究」刊行会　一九六九年　第十六巻　第十七巻）

（3）夏目漱石「現代日本の開化」「漱石全集」第二十一巻　岩波書店　一九七九年　四四〜四五頁

（4）Jaspers, *Die geistige Situation der Zeit*, Sammlung Göschen Bd.1000.1953. S.9.f.（『現代の精神的状況』飯島宗享訳　ヤスパース選集28　理想社　一九七八年　一六〜一七頁）

第二章　ヨーロッパの拡大

（1）アンリ・ピレンヌは、このイスラムの脅威が、ヨーロッパ世界をひとつの世界として成立させるための大きな要素になったことを指摘した。ヨーロッパの成立を考える場合、ローマとの接触とともに、このことには十分注意を払わねばならない。（ピレンヌ『ヨーロッパ世界の誕生―マホメットとシャルルマーニュ』中村宏・佐々木克巳訳　創文社　一九七二年　参照。）

（2）ユングは、このヨーロッパのキリスト教の深層にある異教的要素に注目し、ヨーロッパ精神の源流を明らかにした。彼によれば、ヨーロッパ中世の精神は、このヨーロッパ精神の低層流に支えられていた。そして、このときにのみ、ヨーロッパ精神はそのバランスを保ちうると考えた。（ユング『心理学と錬金術』池田紘一・鎌田道生訳　人文書院　一九七六年　参照。）

（3）Kuhn, *The Copernican Revolution*, Harvard U.P. 1957. p.127.ff.（『コペルニクス革命』常石敬一訳　紀伊國屋書店　一九七六年　一八一頁以下）

（4）Toynbee, op.cit. Vol.VIII. p.97.ff.（前掲書　一九七一年　第十六巻　一七二〜一八六頁）Vol.IX.（前掲書　第十八巻）

（5）Toynbee, *An Historian's Approach to Religion*, Oxford U.P. 1956. ch.13, 14（『一歴史家の宗教観』深瀬基寛訳　社会思想社

一九六七年　第十三〜十四章）
（6）山本新『トインビーと文明論の争点』勁草書房　一九七一年　二六一〜二六三頁
（7）同書　二八九頁
（8）Weber M., *Die protestantische Ethik und der Geist des Kapitalismus*, II.1., Gesammelte Aufsätze zur Religionssoziologie I. J.C.B. Mohr, 1986.（『プロテスタンティズムの倫理と資本主義の精神』梶山力・大塚久雄訳「世界の名著」50―ウェーバー　中央公論社　一九七五年　第二章一）
（9）Toynbee, *Civilization on Trial*, Oxford U.P. 1949. pp.165-6.（『試練に立つ文明』深瀬基寛訳　現代教養文庫　社会思想社　一九七三年　二二九〜二三〇頁）
（10）今までに興亡盛衰を繰り返した幾多の文明は、その解体期に、多くの場合、その文化が宗教的規制から離脱して、無神論的・感覚的なものに変化し、感傷的・懐疑的な気分に覆われた。その意味では、ヨーロッパ文明も、十九世紀前後から、ソローキンのいう「感覚型文化」、バグビーのいう「大衆文化の時代」に突入したと言えるであろう。
（11）ヘーゲルの哲学体系は、例えば『エンチィクロペディー』などに示されている。その第一部「論理学」は、いわば神の創造以前の世界計画の理念を明らかにし、第二部「自然哲学」と第三部「精神哲学」は、神の自己否定としての世界創造の営みを記述し、この「精神哲学」の第三篇「絶対精神」において、世界は再び自己を否定して神に帰っている。ヘーゲル哲学の体系は、このように、キリスト教的世界観の哲学的表現だったのである。
（12）Hegel, *Grundlinien der Philosophie des Rechts*, Ph.B. Felix Meiner S.17.（『法の哲学』藤野渉・赤澤正敏訳「世界の名著」35―ヘーゲル　中央公論社　一九七八年　一七四頁）
（13）Löwith, *Weltgeschichte und Heilsgeschehen*, Kohlhammer 1953. S.38.ff.（『世界史と救済史』信太正三・長井和雄・山本新訳　創文社　一九七八年　四六頁以下）
（14）Nietzsche, *Der Wille zur Macht*, *Kröners Taschenausgabe* Bd.78. 1964. S.3.（『権力への意志』原佑訳「世界の大思想」2―9―ニーチェ　河出書房新社　一九七三年　九頁）
（15）Kierkegaard, *Eine literarische Anzeige*, Gesammelte Werke 17. Eugen Diederichs 1954. S.72.ff.（「現代の批判」桝田啓三郎訳「世界の名著」40―キェルケゴール　中央公論社　一九七二年　三七一頁以下）

（16）Burckhardt, *Briefe*, Sammlung Dieterich Bd.6. S.175.

（17）Toynbee, *A Study of History*, Oxford U.P. 1979. Vol.VIII. p.198.（『歴史の研究』「歴史の研究」刊行会　一九七一年　第十六巻　三四九〜三五〇頁）

（18）和辻哲郎は、この十五・十六世紀のヨーロッパの拡大のもたらした世界的視圏が、世界史的な意味での〈近世〉を成立させたとみている。これにならえば、ヨーロッピズムでは、十九世紀のヨーロッパの拡大のもたらした世界的視圏が、世界史的な意味での〈現代〉を成立させたと言えるであろう。（和辻哲郎『鎖国』「和辻哲郎全集」第十五巻　岩波書店　一九七八年　参照。）

（19）コラール『ヨーロッパの略奪』小島威彦訳　未来社　一九六二年　三六頁

（20）同書　三一頁

（21）Toynbee, op.cit. Vol.VIII. p.542.ff.（前掲書　第十七巻　三四〇頁以下）

（22）古代ギリシアで生まれたオリンピアの競技も、ギリシア文化の地中海世界への拡散に伴って、地中海各地に移しかえられていった。このヘレニズム時代にみられた現象と、今考察している〈ヨーロッピズム〉の時代の現象は、パラレルな関係にある。ヨーロッピズムの時代でも、近代オリンピックはまずヨーロッパでつくられ、その後、ヨーロッパ近代文明の世界的拡散とともに、非ヨーロッパ各地に広まっていき、オリンピックそのものの他、それに類した国際競技が、今日世界各地で催されている。このような些細な現象にも、ヘレニズムとヨーロッピズムの併行関係が読み取れる。

（23）Weber M., *Gesammelte Aufsätze zur Religionssoziologie* I. J.C.B. Mohr 1986. S.1.f.（『宗教社会学論選』大塚久雄・生松敬三訳　みすず書房　一九八六年　序言）

（24）コラール　前掲書　六八頁

第三章　非ヨーロッパのヨーロッパ化

（1）Toynbee, op.cit. Vol.VIII. p.198.（前掲書　第十六巻　三四九頁）

（2）ibid. p.236. p.237.（同書　四一三頁　四一五頁）

（3）ベルジャーエフ『ロシア思想史』田口貞夫訳　創文社　一九五八年　一三〜一八頁

（4）山本新　前掲書　二八六頁

(5) Toynbee, op.cit. Vol.VIII. p.209.ff.（前掲書　三六六頁以下）
(6) ibid. p.233.（同書　四〇九〜四一〇頁）
(7) Toynbee, *Civilization on Trial*, Oxford U.P. 1949. p.79.f.（『試練に立つ文明』深瀬基寛訳　現代教養文庫　社会思想社　一九七三年　一〇八〜一一〇頁）
(8) Toynbee, *A Study of History*, Oxford U.P. 1979. Vol.VIII. p.201.（『歴史の研究』「歴史の研究」刊行会　一九七一年　第十六巻　三五三〜三五四頁）
(9) ibid. p.602.（同書　第十七巻　四四四頁）
(10) ibid. p.558.ff.（同書　三六八頁以下）
(11) Toynbee, op.cit. Vol.V. p.155.（前掲書 一九六九年　第九巻　二三七頁）
(12) Toynbee, op.cit. Vol.VIII. pp.603–4.（『歴史の研究』「歴史の研究」刊行会　一九七一年　第十七巻　四四七〜四四八頁）
(13) 西田幾多郎『働くものから見るものへ』「西田幾多郎全集」第四巻 一九七八年　岩波書店　六頁
(14) タゴール「東洋と西洋」蛯原徳夫訳「タゴール著作集」第八巻　第三文明社　一九八一年　一八四頁
(15) 夏目漱石『それから』「漱石全集」第八巻　岩波書店　一九七九年　一〇五頁
(16) Barraclough, *An Introduction to contemporary History*, Pelican Books, 1964. p.153.（『現代史序説』中村英勝・好子訳　岩波書店　一九七六年　一八〇頁）
(17) アリフィン・ベイ『インドネシアのこころ』奥源三訳　文遊社　一九八三年　一一九〜一二二頁
(18) アリフィン・ベイ『近代化とイスラーム』文遊社　一九八一年　七二〜七四頁

第四章　ヨーロッピズムの終焉

(1) Dawson, *Understanding Europe*, Sheed & Ward, 1952. pp. 41–2.（『ヨーロッパをどう理解するか』高谷毅・中内正夫訳　南雲堂　一九七八年　五五頁）
(2) コラール　前掲書　一〇〜一一頁
(3) Toynbee, *Civilization on Trial*, Oxford U.P. 1949. pp.102–3.（『試練に立つ文明』深瀬基寛訳　現代教養文庫　社会思想社

一九七三年　一四六〜一四七頁）
（4）コラール　前掲書　五一〜五二頁
（5）Barraclough, *History in a Changing World*, Greenwood Press 1984. p.154.（『転換期の歴史』前川貞次郎・兼岩正夫訳　社会思想社　一九七八年　二四二〜二四三頁）
（6）Toynbee, op.cit. pp.83–4.（前掲書　一一三頁）
（7）ibid. p.112.（同書　一五七頁）
（8）コラール　前掲書　七二頁
（9）オルテガ『大衆の反逆』第一部14　寺田和夫訳「世界の名著」56—マンハイム・オルテガ　中央公論社　一九七四年　五〇四頁以下
（10）Toynbee, op.cit. p.121.（前掲書　一六七頁）
（11）セードゥルマイヤー『中心の喪失』石川公一・阿部公正訳　美術出版社　一九六五年　参照。
（12）Jaspers, *Vom Ursprung und Ziel der Geschichte*, Piper 1952.（『歴史の起源と目標』重田英世訳　ヤスパース選集9　理想社　一九七八年）

〔なお、全般に歴史的事実を知る上では、講談社の『世界の歴史』、山川出版社の『世界各国史』シリーズなどを参照した。〕

あとがき

ここ十数年来の著者の主な関心は、〈現代とは一体どのような時代なのか〉という問題に集中されていた。現代の内実にわたる吟味は、すでに、前著『欲望の体制』の中で記述しておいた。

『ヨーロッピズム』と題する本書もこの関心事の延長上にあり、これは、主に〈現代〉という現象の歴史的面からの記述である。つまり、本書は、文化史・精神史的観点をも加味しながら、〈現代〉を世界史の大きな枠の中で捉え、現代世界史がどのように推移してきたか、その図式を提示することによって、私達が立っている〈現代〉の位置を解明しようとするものである。

本書の意図を要約するなら、十九・二十世紀の現代世界史を〈ヨーロッピズム〉の時代として捉え、十九世紀をその前半に、二十世紀をその後半に位置づけて、その意味を理解するということに尽きる。ヨーロッパ近代文明の拡大という作用と非ヨーロッパからの反作用の歴史構造を〈ヨーロッピズム〉と名付けるとすれば、十九世紀はその作用、二十世紀はその反作用の時代だったからである。

現代世界史を〈ヨーロッピズム〉という概念で大づかみにし、現代史の諸達成をその枠組の中で位置づけてみようという発想を得たのは、もうすでに二十年前にも遡ることができる。トインビーの『試練に立つ文明』を読んでいて、彼の現代史への認識が、私の関心からみても、すぐれて啓発的であったことからであった。したがって、私は、この

『ヨーロッピズム』の叙述の中で、かなりの程度、『歴史の研究』をはじめ、トインビーのいくつかの著書を参照した。もちろん、トインビーの考えをすべて首肯してのことではないが、細かな点での批判や不満点についてはなるべく触れずに、共通する点や参考になる点のみを引用するにとどめた。コラールやバラクラフについても同様である。ただ、私の叙述は、どちらかというと、非ヨーロッパ、特にアジアの視点からの記述が重きをなしている。

本書の記述の中で採用した歴史的事実は、全く常識程度のものにすぎず、何ひとつ新しい事実を付け加えたことはない。ここでの主眼は、歴史的事実の〈叙述〉にあるのではなく、むしろその〈解釈〉にある。したがって、歴史的記述に関しては素描の域を出ず、本当はもっと詳しく記述する必要もあろう。しかし、あまりにも詳しく記述すると、膨大なものになってしまうばかりか、かえって全体の図式がみえなくなってしまう恐れもあったため、あえて詳しい事実は割愛したというのが実情である。

最近は、わが国でも、第二次大戦後の歴史研究の成果として、世界各国・各文化圏の歴史の事実研究も相当進展し、その方面の業績も上がりつつある。これらの専門的研究は多くの利益を生み、学問の発展に大きく寄与することであろう。しかし、また、そのような専門研究・事実研究ばかりでなく、積み上げられた事実研究を相互比較し、そこに現われた共通のパターンを取り出し、全体として、現代世界史がどのような過程とどのような力学をもって動いてきたのかを、ひとつの像にまとめあげるという仕事もまた必要なのではないか。そのためには、歴史を大きな視野から把握する独自の観点も必要になってくるであろう。

著者の記述しようとしたことは、そのような観点のもとになされたことであり、そこには、事実追究上の多くの欠点や不満が見られはするが、なお、現代の世界史的全体像を抽出することにおいては、ある程度の意味をもつものと思われる。

〈現代とはどのような時代なのか〉という問題に関心をもつ人々、また、二十世紀の諸達成を反省し、来たるべき二十一世紀を見据えてみようとする人々のために、何ほどかの参考になれば幸いである。

平成元年（一九八九年）初夏

二十世紀とは何であったか

――鎮魂と追悼の百年――

はじめに　二十世紀の光と影

冷戦終結のもたらしたもの

一九七四年、旧ソ連のブレジネフ政権によって国外追放を受けたソルジェニーツィンは、翌年、フランスのル・モンド紙（一九七五・五・三一付）に「第三次世界大戦は終わった」と書いたことがある。しかも、その結果は、共産主義の勝利・自由主義の敗北に終わったという考えであった。この年、一九七五年四月、長い間泥沼化していたベトナム戦争がアメリカの敗北に終わり、その後南ベトナムは北ベトナムによって統一され共産化されてしまったのである。ソルジェニーツィンはこれを〈第三次世界大戦〉の終結と捉えた。

彼の考えによれば、第二次大戦後の〈東西冷戦〉では、多くの国が共産主義に隷属し、多くの人々が虐殺されていった。それは、むしろ、二十世紀における第三番目の世界大戦だったのではないかと言う。〈第三次世界大戦〉は将来いつかは起きる可能性のあるものというようなものではなく、すでに起き、しかも、それは、自由主義の敗北という形で終焉を迎えたのだと考える。確かに、振り返ってみれば、旧ソ連は、第二次大戦後、東欧、中国、朝鮮、ベトナム、中東、アフリカにまでその勢力圏を最大限に拡大した。そして、ベトナム戦争終結時には、旧ソ連は、アメリカを中心とする西側陣営に勝利したかに見えたのである。

ところが、歴史というものは分からない。歴史はいつも予測不可能なものを含んでいる。二十世紀末の世界史の事実は、ソルジェニーツィンの考えを否定した。彼は、一九七五年の時点で、ソ連の勝利とアメリカの敗北を見て、

〈第三次世界大戦〉の終結を確信したのだが、彼が語っていた〈第三次世界大戦〉つまり〈東西冷戦〉は、実際には一九九一年まで続いていたと言わねばならない。一九八九年、東ヨーロッパ諸国の共産政権が次々と崩壊し、その余波を受けるように、一九九一年ソビエト連邦そのものが崩壊し、この地球上から消滅してしまったのである。

ソルジェニーツィンの言った〈第三次世界大戦〉、通常〈冷戦〉と言い慣わしている米ソの対立は、一九四七年のコミンフォルムの形成あたりから明確になり、その熾烈な戦いは、一九九一年まで四十年あまり続いた。二十世紀後半、半世紀近くも続いた〈東西冷戦〉は、アメリカとソ連が直接は闘わずに、他の同盟国を巻き込んで間接的な闘争をやり、それによって勢力圏争いをしようとした戦いであった。ソ連は、すでに、第二次大戦前から世界制覇を狙っていた。だが、アメリカは、第二次大戦中は、特にドイツと日本を敵に回していたために、このソ連の意図を見過ごし、むしろドイツと日本を降伏させるために、ソ連と手を結んだ。アメリカがソ連の世界制覇の意図に気づき、警戒し出すのは、第二次大戦終結後二年、一九四七年のことであった。その後、アメリカは次第にソ連封じ込め政策へと突入していく。それ以来、互いに直接は闘わないことを前提にして勢力圏争いをするという変則的な戦争を、米ソは四十年あまりも継続したのである。

通常戦力による代理戦争は、その間接闘争の手段の一つであった。それは、例えば、中国内戦、朝鮮戦争、中東戦争、コンゴ紛争、そしてベトナム戦争、アフガニスタン紛争などとなって現われた。これらの戦争や紛争で、米ソは、直接は闘わずに、武器援助や経済援助によって、それぞれの紛争地域の当事者同士に闘わせる代理戦争という形をとった。もっとも、米ソの一方が直接軍事介入を行なったことはしばしばあったが、それでも、米ソが直接軍事衝突をしたことはなかった。二十世紀後半続いたこれらの戦争や紛争や内戦を一続きの戦争と考えるなら、合わせれば実に多くの血が流れている。犠牲者の数は何千万にものぼった。冷たい戦争ばかりでなく、熱い戦争も行なわれていたのである。とすれば、これは、ソルジェニーツィンにならって〈第三次世界大戦〉と呼んだ方がふさわしいかもしれない。

核兵器の開発競争も、この米ソの間接闘争の重要な手段であった。それは、一応核兵器そのものは使わないということを前提にして、その量や質を争い、世界政治において主導権を握ろうとする別の形の戦争であった。また、集団安全保障体制の構築も、米ソの間接闘争の手段の一つとして寄与した。ヨーロッパではＮＡＴＯとワルシャワ条約機構が対峙し、アジアでは、アメリカは各国家と二国間安全保障条約を結び、共産圏と対峙した。そういうしかたで相拮抗しつつ、力の均衡をはかりながら、直接戦うということは回避するとともに、互いが互いの隙をみて勢力圏争いをしてきたのである。さらに、宇宙開発競争、経済援助、情報戦、心理戦、思想戦、すべてが両国の間接闘争の手段となった。平和共存とかデタントという平和戦略でさえ、この間接闘争の手段のうちであった。それは、あらゆる手段を使った闘いであった。

このアメリカとソ連の戦いによって、二十世紀後半の世界は二つの勢力圏に分裂した。それは、あたかも米ソ二国による世界分割の様相を呈した。なるほど、共産圏でも自由圏でも、その内部では対立や分裂もなかったわけではない。また、どちらの陣営にも属さない非同盟諸国も存在した。しかし、それでも、二十世紀後半の世界の主導権を握ったのは、アメリカとソ連であった。そのために、第二次大戦後のヨーロッパは東欧と西欧に分かれ、それぞれ東側陣営と西側陣営に入った。二十世紀後半のヨーロッパは、いわば米ソという二つの非ヨーロッパ諸国によって分断されたのである。東アジア地域も、多かれ少なかれ同じような様相を呈した。だからこそ、朝鮮や中国、一時期のベトナムのような分断国家が生じたのである。非同盟諸国も、絶えず東西のどちらかの陣営に揺れ動いた。四度も起きた中東戦争も、〈東西冷戦〉の影響を絶えず受けた。かくて、〈東西冷戦〉はアフリカ、中南米にまで及び、米ソの勢力圏争いは地球的規模に達した。

この米ソの〈冷戦〉の結末は、一九九一年のソ連邦の崩壊という結果で終わる。そのかぎり、この四十年戦争で敗北したのはソ連の方であった。しかし、同時に、アメリカの方もこの長い戦争で国力を消耗し、疲弊したことも否定できない。むしろ、〈東西冷戦〉の結果は、ソ連の崩壊とアメリカの後退という現象をもたらした。アメリカとソ連は、徹底した軍拡競争、宇宙開発、経済援助、あらゆる面で勢力圏争いをし、鎬を削ってきた。そして共に膨張し、その膨張の限界近くまできた。限界にきたのはソ連の方が先であったが、しかし、アメリカも深傷を負ったことは確かである。人間は愚かなもので、互いに鎬を削って戦っていると、互いに疲弊し、共倒れになってしまうことのあることを忘れてしまう。アメリカとソ連も、長い熾烈な戦いの中で、互いに消耗してしまったのである。

他方、〈東西冷戦〉の結果は、その間隙を縫うようにして、アジアの新興工業国の抬頭という現象をもたらした。二十世紀末、世界の富はアジアの方へ引き寄せられ、世界経済の重心はアジア圏に移動してきた。米ソ相闘ってあらゆる軍事力の限りを尽くしているうちに、時代は予期せずして経済力の時代に移っていた。そのため、軍拡競争に米ソが血道をあげている間に、経済発展に血道をあげていたアジア諸国が抬頭してきたのである。四十数年の〈東西冷戦〉は、旧ソ連の崩壊とアメリカの後退、さらに、アジア諸国の抬頭という二つの大きな結果をもたらしたのである。

第二次大戦と第一次大戦の意味

だが、このアジア諸国の抬頭という現象は、一朝一夕にもたらされたものではない。これは、差し当たりは、一九六〇年以降の日本の経済発展とそれのアジア諸国に与えた影響が直接の原因となって起きた現象である。しかし、その源泉をさらに尋ねるなら、第二次世界大戦にまで遡ることができる。第二次大戦でのヨーロッパ諸国に対する日本の反撃とアジア諸国のヨーロッパ植民地からの独立の動きこそ、二十世紀末のアジア諸国の抬頭をもたらしたものであった。第二次大戦後のアジア諸国の独立がなかったなら、アジアの抬頭という現象もなかったであろう。

第二次世界大戦は、普通、ドイツ、イタリア、日本を中心とする枢軸国に対する、イギリス、フランス、アメリカ、ソ連など連合国の戦いであったと言われる。イデオロギー的には、枢軸国側の全体主義に対する連合国側の自由主義の戦いであり、その結果は、連合国側の自由主義の勝利であったとみられている。しかし、このような立場だけから第二次大戦を断定してしまうと、見誤ってしまう。連合国側にソ連という全体主義国家が加わっていることからも、この図式は不十分である。第二次大戦は、むしろヨーロッパ地域とアジア地域に分けて考えるべきであろう。

ヨーロッパ地域の戦線では、膨張するナチス・ドイツとイタリア・ファシズムに対して、フランス、イギリスが、アメリカとソ連の参戦を得て、それを阻止した。しかし、その結果は、ドイツやイタリアの壊滅ばかりでなく、フランス、イギリスの疲弊とヨーロッパ全域の壊滅を招いた。第二次大戦は、ヨーロッパ地域にのみに限れば、第一次大戦の打撃に加え、ヨーロッパの再度の疲弊をもたらすものであった。その意味では、ヨーロッパ地域における第二次大戦は、ヨーロッパ全体の再度の自決行為であった。

なるほど、フランスやイギリスやアメリカから見れば、この戦いは全体主義に対する自由主義の戦いと受け取られたかもしれない。しかし、例えば、ナチス・ドイツが当時最も進んだ民主主義を奉じたワイマール共和制から発生してきたように、全体主義はいわば自由主義の鬼子として登場してきたものであり、その源泉はヨーロッパの近代文明自身の中に根を張っている。ナチズムやファシズムなどの全体主義は、自由主義によって断片化し、平均化し、水平化した社会の極端な組織化であり、それは、むしろ自由主義の矛盾の極に現われた異常現象であった。ヨーロッパ地域における第二次大戦が、自由主義の全体主義に対する戦いであったとしても、それは同じ近代ヨーロッパ文明に源泉をもつイデオロギー同士の戦いであり、したがって、その熾烈な戦いはヨーロッパそのものの自滅と後退をもたらした。

他方、アジア地域での第二次大戦は、これとはまた別の様相を示した。日本の欧米諸国に対する絶望的な戦いは、日本の壊滅をもたらしたが、しかし、それにもかかわらず、イギリス、フランス、オランダのヨーロッパ勢力は後退し、戦後アジアに復帰することはできなかった。

かくて、これらヨーロッパ勢力によって植民地化されていたアジア諸国、インド、ビルマ（ミャンマー）、マレーシア、ベトナム、インドネシアなどは、第二次大戦後独立を果たしていくことができた。もちろん、このアジア諸国の独立の背景には、十九世紀末以来、二十世紀の第一次大戦、第二次大戦とかけて、長い間試みられてきた各民族の独立運動の長い歴史があった。その長い闘争の積み重ねなくして、独立はありえなかった。これと、日本の反撃、さらにヨーロッパ戦線でのヨーロッパ諸国の疲弊が連動して、多くのアジア諸国の独立はもたらされた。しかも、この独立の動きは、戦後、燎原の火のようにアフリカ諸国にまで及んだ。こうして、遠く十七世紀以来二十世紀半ばまで、三五〇年あまり続いたヨーロッパ植民地勢力の世界支配は終焉を迎え、ヨーロッパ勢力は後退せざるをえなかった。

このようにして、第二次大戦は、ヨーロッパ地域でもアジア地域でも、ヨーロッパの後退をもたらした。そして、その代わり、第二次大戦への参戦によって発言力を強めたアメリカとソ連が大きな力をもち、大戦後世界分割を行なうことになった。また、これと同時に、アジア・アフリカ諸国はヨーロッパの支配から次々と自立して、世界図式を大きく変えていったのである。とすれば、第二次大戦は、〈ヨーロッパの後退と非ヨーロッパの抬頭〉という二十世紀の最も大きな世界史の事実を形成する分水嶺になったと言えるであろう。

しかし、この第二次大戦がもたらした〈ヨーロッパの後退と非ヨーロッパの抬頭〉という二十世紀を特徴づける現象は、すでに、二十世紀初めの第一次大戦の結果として現われていたことでもある。第一次世界大戦は、イギリス、フランスを中心とした連合国側とドイツを中心とした同盟国側とが、植民地争奪戦の極限状況のもと、バルカン諸国に対する利害を発火点にして勃発し、その結果、連合国側がアメリカの参戦を得て同盟国側に勝利を収めた戦争だとみられている。だが、実際には、ヨーロッパを主な戦場にして世界中を巻き込んだこの最初の世界大戦は、壊滅的打撃を受けたドイツはもちろん、勝利を収めたはずのイギリス、フランスをも疲弊させた。それは各国がその国力を出し尽くして戦う消耗戦であったから、ヨーロッパ各国は互いに消耗した。それはヨーロッパ全体の自決行為だったのである。

十九世紀には、ヨーロッパ諸国はそのすぐれた産業技術文明を背景に世界中に雄飛し、この産業技術文明を世界中に普及させるとともに、世界中を植民地化して、誰はばかることのない優位を世界史上に打ち立てた。十九世紀は〈ヨーロッパの世紀〉であった。二十世紀初頭でも、このヨーロッパの優位はまだ崩れてはいなかった。ヨーロッパ人達は、相変わらず、自分達こそ世界に冠たる民族であり、ヨーロッパを中心にして世界は回り、ヨーロッパの力によって世界の安定と繁栄はあるものと確信していた。誰も、ヨーロッパの世界的優位を疑うものはなかった。二十世紀初頭、ヨーロッパ勢力はアジア・アフリカの隅々に及び、その膨張は最高度に達していたからである。人生がそうであるように、ヨーロッパ人も、十数年後の自らの運命を知るべくもなかった。

だが、膨張の極限は膨張の限界でもある。ヨーロッパはまもなくその膨張の限界に達し、その反動として、急激に縮小する運命に出会う。第一次大戦の結果がそれであった。かくて、一九一八年を境にして、ヨーロッパの世界的拡大は終わる。そして、ヨーロッパ諸国は急激に弱体化し、その代わり、第一次大戦への参戦によって主導権を握ったアメリカが急に大きな力をもつに至った。と同時に、第一次大戦で連合国側につき終戦前に脱落したロシアも、革命によって世界最初の共産主義国となり、ソビエト連邦を形成して、これが第二次大戦後無視できない力をもつに至った。いずれにしても、第一次大戦を境にして、〈ヨーロッパの後退と非ヨーロッパの抬頭〉という二十世紀を特徴づける現象が明確に現われる。

非ヨーロッパの世紀

とすれば、二十世紀は次のような時代であった。第一に、第一次大戦でヨーロッパがそれまでの世界的優位を失い、その代わり、アメリカが世界史を動かす主導権を握る。第二に、第二次大戦でヨーロッパがさらに後退し、その代わり、アメリカとソ連が世界の覇権を獲得する。と同時に、アジア・アフリカ諸国が自立する。第三に、東西冷戦で今度はソ連が崩壊し、アメリカも後退して、その代わり、アジア諸国が抬頭してくる。そのような時代であった。いずれも、二十世紀は非ヨーロッパ諸国にその活躍の舞台を与えた時代であった。その意味では、第一次大戦が終結した一九一八年、第二次大戦の終結した一九四五年、そして冷戦が終結した一九九一年は、二十世紀の大きな転機をもたらした年として、二十世紀のメルクマールとなった年であった。その間、約百年の間に、世界史の重心は、ヨーロッパ地域から、一つは大西洋を越えてアメリカ大陸へ移り、もう一つはユーラシア大陸の内陸部に移り、最後にアジア・太平洋地域に移って、地球を一周した。こうして、十九世紀が〈ヨーロッパの世紀〉であったのに対して、二十世紀は〈非ヨーロッパの世紀〉となったのである。

〈非ヨーロッパの世紀〉としての二十世紀を、その前半から後半にかけてリードしたのは、主にアメリカ、そしてソビエト・ロシア（ソ連）であった。しかし、両国とも、必ずしも、第一次大戦でのヨーロッパの後退によって、急に勃興してきたというわけではない。十九世紀末、アメリカとロシアは、その国力においてすでにヨーロッパ諸国を脅かしつつあった。しかも、この両国がやがて大きな勢力として勃興し、そのためヨーロッパ諸国は衰退するかもしれないという危惧感は、つとに十九世紀後半のヨーロッパの心ある思想家には懐かれていたことであった。実際、その危惧感は、二十世紀になって、第一次大戦後アメリカが抬頭し、ヨーロッパが矮小化されたことによって現実となった。さらに、第二次大戦後、アメリカを中心とするＮＡＴＯとソ連を中心とするワルシャワ条約機構に、ヨーロッパが分断されてしまったことによっても決定づけられた。二十世紀の半ばで、世界史の主導権は、ヨーロッパから非ヨーロッパに移動してしまっていたのである。

第二次大戦後の冷戦の時代は、自由主義と共産主義の対立抗争の時代と捉えられたが、それも、イデオロギーの仮面を取り外すなら、むしろ非ヨーロッパ同士の覇権争いにすぎなかったのかもしれない。アメリカとソ連は両方とも広大な領土をもつ国家であり、同時に、一方は海洋国家として、他方は大陸国家として、地球上の覇権を争った。そのため、国民国家の枠にとどまったヨーロッパは片隅に追いやられ、逆にこれら非ヨーロッパの大国に従属し、その狭間で生存していかねばならなくなったのである。

しかし、だからと言って、ヨーロッパは必ずしも完全に後退してしまったというわけではない。現に、アメリカが推し進めた自由主義もソ連が採用した共産主義も、どれもヨーロッパ近代が生み出した思想にその根をもっていた。日本やアジア・アフリカ諸国が目標としてきた国民国家の組織も、ヨーロッパ近代の国家形態を模範とするものであった。その点では、ヨーロッパ近代文明はなお世界を支配している。

アメリカやソ連、そして日本は、むしろ、ヨーロッパ近代文明をヨーロッパを凌ぐほどまでに成就した国家であった。これらの非ヨーロッパ諸国はヨーロッパ近代文明を独自のしかたで受容し、逆に、二十世紀に至って、こぞってヨーロッパに反撃していったのである。これらの非ヨーロッパ諸国は、いわばヨーロッパ近代文明を略奪することによって、ヨーロッパに逆襲したことになる。ヨーロッパ側から言えば、皮肉にも、自らがつくりだした近代文明が異質化されたり純粋化されたりして、非ヨーロッパ諸国から逆流し、それに苦しめられることになったのである。ヨーロッパ近代の同じ武器によってヨーロッパへの逆襲が行なわれるという逆作用が二十世紀になって生じたのは、十九世紀にヨーロッパ近代文明があまりにも拡大しすぎたことの反動であった。二十世紀は、ヨーロッパ近代文明がなお世界中に普及するとともに、そのため、かえってヨーロッパ自身が後退していった時代だったのである。

なるほど、二十世紀末、冷戦の終結とともに、ソ連は崩壊し、アメリカも後退し、それに代わってアジア諸国が興隆してきた。二十世紀は、その末まで考慮にいれるなら、ヨーロッパの後退ばかりでなく、この世紀の半ばを支配したアメリカとソビエト・ロシアの後退の時代でもあった。

二十世紀は〈アメリカの世紀〉とも言われたが、同時に、アメリカの後退の世紀でもあった。また、二十世紀は、ソ連を中心としたコミュニズムの勃興の世紀でもあったが、同時に、その崩壊の世紀でもあった。歴史は無常なものである。二十世紀は、〈アメリカニズムの盛衰〉と〈コミュニズムの興亡〉という二つの現象を見事に描き上げた。二十世紀末、このアメリカニズムとコミュニズムの衰微という現象があったからこそ、アジア諸国が、主にその経済力によって、世界史に対して無視することのできない影響力をもつに至ったのである。二十世紀初頭まだ歴然として存在していたユーラシア大陸の極西地域の絶対的な主導権も、二十世紀末には、すでに見る影もない。この点でも、二十世紀は、なお〈非ヨーロッパの世紀〉であった。

しかし、誤解してはならない。二十世紀末アジアが抬頭してきたと言っても、決してアジアの文化が再生してきたというわけではなく、まして、それがヨーロッパ由来の近代文明を克服しているというわけでもない。逆に、それは、積極的にヨーロッパ近代文明を受容しわが物としようとしてきたアジアの長い苦闘の成果としてもたらされた現象である。ここにも、ヨーロッパ近代文明の略奪によるヨーロッパ近代文明の拡散という二十世紀を特徴づける性格が、集約して現われている。

二十世紀は、戦争と革命の連続の時代であった。この時代には、世界大戦を二度、または解釈によっては三度も経験し、文字通り相続く戦争や動乱の世紀であった。さらに、これら世界規模の戦争を契機にして、独立運動に伴う多くの革命や内戦を経験してきた世紀でもあった。これほど多くの戦争や革命があった世紀もなかったであろう。その激動の背後でうごめいていたものは何だったのか。近代化に先んじた国に対する近代化に遅れた国の焦燥感、ナショナリズムとナショナリズムのぶつかり合い、自由主義と全体主義のイデオロギー上の反目、それらが渦巻いて、多くの戦争や革命が勃発した。二度の大戦も、東西冷戦も、数多くの独立戦争も、ある意味で、近代化の矛盾という同じ原理によって動いていた。そこでは、勝者必ずしも勝者ならず、敗者必ずしも敗者ならず、勝利を収めたものが疲弊したり、敗北した者が盛り返してきたり、下剋上の激動の世紀であった。それは、結局、ヨーロッパ近代の産業技術文明を他の非ヨーロッパ諸国が略奪することによって、あるいは覇権を求め、あるいは権利主張をしようとした過程の中にあったと言えるであろう。

二十世紀の矛盾

十九世紀以来、ヨーロッパは、何度かの産業革命を通して科学技術を発展させ、物資の大量生産と大量消費を可能にする産業機構をつくりあげ、そのために人民主権の政治制度を築き、社会を平等化して、巨大な産業社会を形成することに熱中した。非ヨーロッパ諸国も、その後、遅れ先立ちはあるにしろ、このヨーロッパの産業社会を目指して、それに追いつき追い越すべく近代化の努力をしてきた。

二十世紀は、この巨大な科学技術文明を地球的規模でつくりあげようとした人類の飽くなき営みの中にあったと言える。確かに、このことによって、二十世紀の人類は、十九世紀以上に、科学技術による便利さ、産業の発展による豊かさ、近代的政治制度による自由・平等など、より進んだ文明を手に入れ、世界は一体化した。

しかし、このより進んだ文明を獲得するために、人類はまた多くの戦争や革命を経験しなければならなかった。二十世紀は、二度の大戦をはじめ打続く数多くの戦争によって、幾千万となき人々が犠牲になっていった悲惨な時代でもあった。二十世紀の戦争は急速な進歩を遂げた科学技術を使った消耗戦という形をとったために、大量の戦死者を生み出すことになったのである。これほど悲惨な戦争は十九世紀以前にはなかったことであり、二十世紀が生み出した最大の災いであった。しかも、二十世紀は、戦争を抑止することに成功しなかった不幸な世紀であった。

二十世紀の科学技術の絶え間ない進歩も、一方では、自然を破壊して、自然への畏怖の念を奪い、社会を機械化して持続ある時間を奪い、人類を不安にさせなかったわけではない。より多くの豊かさを約束した産業主義も、爛熟するに従って、逆に過度な拝金主義を生み出した。広く知識や情報を民衆に解放した二十世紀の大衆社会も、また、文化の低俗化を引き起こした。豊かな文明を獲得したために、人類はかえって貪欲になり、必ずしも幸福になったわけではない。

より多くの自由を約束した自由主義も、進展するに従って、逆に社会の無秩序化をもたらした。自由の獲得によって、人々は、逆に、安定を失って、何とはなしの不安を懐き続けねばならなくなったのである。

より多くの平等を約束した共産主義も、実際には自由・平等の喪失に陥り、前世紀までにはなかったような悲惨な圧政をもたらした。この共産主義や国家社会主義など、二十世紀が生み出した全体主義国家では、また、多くの人々がゆえなく粛清され、虐殺されさえしていったのである。

これら二十世紀の文明の矛盾は、すでに、十九世紀ヨーロッパの近代文明そのもののなかに内包されていたものであった。ヨーロッパは、この矛盾を、二十世紀初頭に集約したしかたで表わした。したがって、また、このヨーロッパ近代文明を積極的に受容し獲得しようとした非ヨーロッパ諸国も、同じような矛盾を抱えねばならなかった。二十世紀末のアメリカやロシアの苦悩もそれを物語っている。二十世紀末抬頭してきたアジア諸国も、文明を獲得するほど、それに伴う矛盾はより増幅し、二十世紀文明の抱える多くの病弊を免れることはできない。文明が爛熟すればするほど、文明の毒ものみこまざるをえないからである。この文明の毒をのみこむためにさえ、過去百数十年、アジアの民も、打続く独立戦争や革命の中で、数多くの犠牲を払わねばならなかった。

二十世紀は、深い嘆きと痛みの感情、そして深い哀悼と鎮魂の想いの中に記憶されねばならない。

第一章　非ヨーロッパの世紀

1　ヨーロッパの後退

ヨーロッパの優位とそのかげり

十九世紀も末、一八七〇年代から一八八〇年代にかけて、ヨーロッパは、イギリスをはじめフランスもドイツも、新しい工業の発展による経済繁栄に沸き返っていた。鉄道はすでに網の目のように敷設され、大量の原料や製品を間断なく輸送し、大型汽船も定期的に就航して、大量の工業製品や原料を絶え間なく運んでいた。通信網も完成の域に達し、経済活動上での連絡に不便することはなかった。そのような生産基盤の上に、ヨーロッパは、素材ばかりでなく、繊維製品、化学製品、重工業製品を大量に生産して、世界中に輸出し、その見返りとして、世界中から原料や食料や贅沢品を輸入し、ヨーロッパ各国は豊かな物資に満たされていた。

ヨーロッパ人達は、この経済繁栄を背景に、自分達の世界史的優位を信じて疑わなかった。最高度に進歩したヨーロッパ文明が世界の他の地域に広く普及し、ヨーロッパ外の人々が自分達の先進文明に学ぶのは、当然のことだと思っていた。そして、ヨーロッパ各国が世界中に植民地をもって、それを原料の調達地や製品の市場として支配することは、世界史の必然であると考えていた。また、地球上の片隅で起きたどのような問題も、ヨーロッパ各国間の政治的調整によって解決されないものはないと思い込んでいた。ヨーロッパ人が築き上げた文明はあらゆる野蛮を克服し、世界無比であり、そのような文明を生み出したヨーロッパ人の世界支配は神から与えられた使命だとさえ考えていた。その文明がやがて二度にもわたる悲惨極まりない野蛮を引き起こそうとは、予想さえしなかったのである。

繁栄の頂点は、しかし、没落の出発点でもある。十九世紀末、一八八〇年代、繁栄の頂点にあったヨーロッパも、すでに、遠く大西洋を隔てたヨーロッパの出先アメリカと、遠くヨーロッパ大陸の内陸部に控えていたロシアによって、次第に追い上げられてもいた。特にアメリカが勃興してきて、そのために、ヨーロッパが衰退していくかもしれないという危惧感は、すでに十九世紀半ばに、トクヴィルやブルクハルトなど心あるヨーロッパの思想家には懐かれていたことであったが、それが現実化してきていたのである。

アメリカは、十九世紀後半、南北戦争で黒人奴隷を解放して、工業発展のための豊富な労働力を獲得し、急速に産業を発展させていた。さらに、石油開発にもいち早く乗り出し、世界最初の発電所を建設して、次の世紀の新しい技術を切り開いていた。新大陸の石油と電気は、やがて石炭と蒸気機関を中心とする旧大陸の産業を凌駕することになる。このようにして、アメリカはヨーロッパを急速に追い上げ、世紀末の一八九〇年代には、ついに工業生産高でイギリスを凌駕し、ヨーロッパを追い越すまでになった。

ロシアも、十九世紀後半、農奴を解放して多くの近代化政策を実行し、ヨーロッパの新しい産業主義を導入し、次第に頭をもたげつつあった。そして、十九世紀末一八九〇年代には、重工業の目ざましい発展をみせ、シベリア横断鉄道にも着工し、次第に無視できない影響力をもつに至っていた。

　ヨーロッパは、十九世紀末には、西方からも東方からも脅かされていたのである。そのため、ヨーロッパは、繁栄の頂点にあったにもかかわらず、あるいは、それゆえにこそ、自らの地位を失いはしないかと焦り出してもいた。それがまた、逆に、世界的規模での植民地争奪戦を激化させていった。ヨーロッパ各国は海外の植民地をより拡大していくとともに、そこへ大量の資本を投入し、利益を得ようと血眼になった。二十世紀初頭のヨーロッパは、そのような状況にあった。

ヨーロッパの自壊

　一九一四年、バルカン半島の利害を発火点にして、第一次大戦がヨーロッパ全域を戦場にして起きたのは、そのような植民地争奪戦が極限状態にきた時であった。ヨーロッパは膨張の限界に達し、今度は、ヨーロッパ諸国同士で共食いをする以外になくなったのである。そのため、ヨーロッパ諸国がその国力を出し切って戦われた第一次大戦の結果は、戦勝国も戦敗国も共に壊滅的打撃を受け、互いに疲弊し、共に自滅していく他、道はないようなものであった。かくて、ヨーロッパは、第一次大戦後その世界支配力を急速に弱め、急激に縮小していく。ヨーロッパは熾烈な内部抗争によって内部崩壊を起こし、主導権を失って、世界の中心であることをやめた。ヨーロッパは十九世紀末に誇っていた世界史的優位を失い、にわかに自信喪失に陥ったのである。その代わり、世界史上に抬頭してきたのはアメリカであり、不気味な可能性を示しだしたのが、共産革命に成功したソビエト・ロシアであった。

　現に、アメリカは、一九一七年第一次大戦に参戦し、戦局を連合国側に有利に導くとともに、大戦後のパリ講和会議でも、ウィルソンの平和十四ヵ条を掲げて、イニシアチブを握った。さらに、戦後のヨーロッパの復興に借款や物資で大きな貢献をしたのも、アメリカであった。ヨーロッパは、もはやアメリカの力を借りることなくして、立ち直ることはできなかったのである。

他方、ロシアは、アメリカが参戦した同じ一九一七年に共産革命を成功させ、レーニンの率いるボルシェヴィキが政権を握った。そして、ヨーロッパやアメリカとは明確に対立するイデオロギーを掲げ、米ソ二大勢力の対立時代の出発点をつくった。大戦後の指導原理としても、無併合・無賠償の原則を宣言して、イニシアチブを握ろうとした。こうして、ソビエト・ロシアは、第一次大戦後から第二次大戦にかけて、アメリカに対抗する勢力として成長していったのである。

異なったイデオロギーを掲げた米ソ二大勢力の対立という第二次大戦後の図式は、すでに、この第一次大戦にその萌芽をもっている。第一次大戦後、ヨーロッパ諸国は自己決定権を失い、次第に、米ソが掲げるイデオロギーの分裂に巻き込まれていったのである。もっとも、アメリカが掲げる自由主義にしても、ソ連が掲げる共産主義にしても、どれも、もとはヨーロッパの近代が生み出した思想であった。このヨーロッパ近代の二つの可能性が、アメリカとソ連の両極に分かれ、巨大な発展を遂げ、遂にヨーロッパを巻き込むようになったのが、二十世紀であった。ヨーロッパは自らが生み出したものに席捲され、次第に自信を失っていった。

第一次大戦後のヨーロッパの自信喪失は、文化的・精神的にも現われた。シュペングラーの『西洋の没落』の第一部が一九一八年に出版され、ベストセラーになったのも、ヨーロッパ人の自信喪失の現われであった。シュペングラーは、ヨーロッパ文明も他の諸文明と全く相対的・同時代的な位置にあり、ヨーロッパ文明が他の文明に対して優位していることはないとみて、従来のヨーロッパ中心史観を打ち破った。そして、ヨーロッパ文明も、過去の他の文明と同じように、春夏秋冬、季節が循環するように、誕生から死に至るサイクルを描くものと考えた。しかも、ヨーロッパ文明の現段階は都市文明の段階にあたり、大衆が土から離れて大都市に移動し、感覚的で刹那的な文化を形成する冬の時代に突入しているとみた。したがって、ヨーロッパ文明は没落する以外にないと断定したのである。

この『西洋の没落』の記述は非合理な独断に満ちており、必ずしも全面的に支持しうるものではない。しかし、ここで従来のヨーロッパ中心史観を捨て、さらに歴史の進歩に対する先入観を切り崩して、ヨーロッパ人の歴史観を大きく転換させた点は、評価しなければならないであろう。しかも、それは、第一次大戦を境にしたヨーロッパの自滅と自信喪失を反映するものであった。シュペングラーを引き継いだトインビーの『歴史の研究』も、第一次大戦でのヨーロッパの自滅の衝撃を契機とするものであった。

すでに、自然科学の分野では、二十世紀初頭の一九〇〇年にプランクの量子論が発表され、物質世界が確率論的に出来ており、不確定なものであるという考えに道を開いていた。さらに、一九〇五年にはアインシュタインの特殊相対性理論が発表されて、相対的宇宙観が登場し、従来の絶対的宇宙観が崩れ去っていった。ヨーロッパ人の宇宙観・世界観が、不確定なもの・相対的なものになっていったのが、二十世紀のヨーロッパの最も大きな変化であった。ちょうどそのような世界観の変化を表わすように、歴史観においても相対的・多元論的歴史観が生み出されてきたのである。それは、ヨーロッパそのものの相対化を表現するものであったであろう。しかも、それは、第一次大戦でのヨーロッパの自己崩壊ということなくしては、気づかれえなかったことである。

大衆社会の狂騒

だが、依って立つ根拠が相対化し無定形になるとき、人々は逆に疑似の絶対性を求めるようになる。民族の絶対性を掲げて大衆の絶大な人気を得て登場してきたドイツのナチズムは、そのようなヨーロッパ人の苛立ちを表現するものであった。

第一次大戦から第二次大戦の戦間期の前半は、第一次大戦に対する厭戦気分がヨーロッパ中を覆い、その気分を反映するように民主主義と平和主義の気分が蔓延していた。大戦後の経済的苦境と復興の労苦の中で、人々は二度と戦争はあってはならないと考え、民主主義と平和主義の確立によって世界の平和は獲得できるという希望をもった。一九一九年ドイツに成立したワイマール共和制は、主権在民の原則を確立し、二十才以上の男女の普通選挙制度や直接選挙による大統領選挙を規定し、当時としては歴史上最も民主的な政体であった。これも、民主主義による平和への希望を託したものであったであろう。

しかし、この民主主義と平和主義の風潮は、第一次大戦によってヨーロッパ社会が最終的に解体され、根無し草のような大衆社会が登場してきたことの表現でもあった。無定形で絶えず右や左へと流動していく大衆は、戦間期の前半には、厭戦気分も手伝って、民主主義と平和主義に希望を託した。だが、大衆社会は常に流動的で不安定で、感情的で刹那的であるから、民主主義と平和主義の気分が一転して民主主義や平和主義の反対のものに転化していく可能性も秘められていた。大衆の心は振幅が激しく、人の心と歴史は移り気なものである。すべてが相対化し、何を信じて生きていけばよいのか取りすがるべきものを失ったヨーロッパの大衆は、確かに、はじめのうちは民主主義や平和主義に希望を託したが、一旦状況が変われば別のものを絶対化する可能性があった。

戦間期の後半一九三〇年代、イタリアにムッソリーニを中心とするファシズムが、ドイツにヒトラーを中心とするナチズムが登場し、それが、イタリアやドイツばかりでなく、他のヨーロッパ諸国にもそれなりに賛同者を得たのも、第一次大戦後形成されたヨーロッパの大衆社会を前提していたであろう。

なるほど、ファシズムやナチズムがヨーロッパに登場してきた原因には、様々な要因があげられる。ドイツの場合には、ヴェルサイユ体制であまりにも過酷な要求が突きつけられたこと、民族問題の処理があまりにも戦勝国側の勝手な解釈に委ねられたことなどがあげられるであろう。イタリアの場合には、イタリアが遅れて近代国家を形成し、イギリスやフランスに絶えず先を越されていた焦燥感も考えられるであろう。また、イタリアにもドイツにも共通して言えることは、一九二九年の世界恐慌から始まる経済不況が、後進性を宿していたドイツやイタリア社会を直撃したこともあげられるであろう。

しかし、同時に、その背景には、第一次大戦の打撃によってヨーロッパ社会が流動的な大衆社会になってしまい、大衆が時と場合によってはどのようなものにでも結びつきうる存在になってしまっていたということがあった。ファシズムやナチズムが掲げた民族の団結や国家の統合原理は、そのような大衆の不満を吸収していく装置としてふさわしい条件を備えていた。かくて、一九三〇年代、ヨーロッパは、それまでの二〇年代に醸し出されていた民主主義と平和主義の風潮をかなぐり捨てて、国家主義と民族主義の風潮が吹き荒れる。そして、ヨーロッパは再び悲惨な総力戦に突入していったのである。

ヨーロッパの再自壊

こうして、ヨーロッパは再度自滅の道を歩まねばならなかった。科学技術の力を最大限利用して、大量の破壊と殺戮をもたらした第二次大戦の惨状を前にして、ヨーロッパ諸国は再び愕然とせざるをえなかった。ナチズムやファシズムを滅ぼしたとは言え、それに払った犠牲はあまりにも大きかった。

しかも、今回も、ヨーロッパ諸国だけでは、この戦争を終わらせることができなかった。ここでも、アメリカの参戦とソ連の参戦なくしては収拾できなかったのである。ヨーロッパはすでに自己決定能力を喪失していた。そればかりか、大戦後のヨーロッパは東欧と西欧に分断され、それぞれソ連とアメリカの勢力圏に組み込まれた。そして、東欧と西欧は、やがてワルシャワ条約機構とＮＡＴＯに属し、相対峙することになったのである。ドイツに至っては、同じ民族が東西に分断されるという屈辱を味わわねばならなかった。一九〇〇年前後、世界中を植民地化していたヨーロッパの優位は、ことごとく潰え去った。かつてのヨーロッパの栄光は見る影もなく、ヨーロッパの没落は明らかであった。

国際政治は、すでにヨーロッパの国民国家の枠を超えて、米ソという合衆国制や連邦制の超近代国家によって決定される時代に移っていたのである。事実、大戦後の世界は、アメリカとソ連の二超大国によって分割され、両極化していった。自由主義と共産主義の対立は、両国による世界分割の単なるイデオロギーにすぎなかったのかもしれない。

ヨーロッパ諸国の世界史上からの後退は、第二次大戦後の米ソの覇権によってのみもたらされただけではない。ヨーロッパ諸国によって植民地化されていたアジア・アフリカ諸国が大戦後次々と独立していったことによっても、ヨーロッパの後退は決定的なものとなった。第二次大戦中、ヨーロッパは、ヨーロッパ大陸を中心にして戦われた熾烈な戦争に埋没していたために、アジア・アフリカの植民地を十分顧みることができなくなっていた。そのヨーロッパ諸国の弱体化に乗じて、大戦後、一九四五年から一九六〇年代にかけて、アジア・アフリカ諸国はヨーロッパの軛から離れていったのである。ヨーロッパ諸国は、アジア・アフリカの国々に次々と独立を与える以外に、なすすべはなかった。このことによっても、ヨーロッパは、かつて誇っていた世界に対する指導力を失っていった。

一九五六年のエジプトによるスエズ運河国有化宣言でも、米ソの圧力もあって、イギリスはこれといったこともできず、撤退せざるをえなかった。これも、ヨーロッパの主導権喪失の一つの現われであった。また、フランスが、アルジェリア問題やインドシナ問題を解決できず、結局撤退に追い込まれていったのも、この例に数えてよいであろう。

十九世紀から二十世紀初めにかけて、アジア・アフリカを植民地化し、絶大な覇権を世界史上に確立していたヨーロッパ諸国が、五十年後にはその植民地を次々と手離していかねばならなくなった原因には、ヨーロッパ諸国が世界中に拡大してあまりにも勢力を伸ばしすぎたことがあげられるであろう。植民地の人々は、進出してきたヨーロッパ諸国に服従すると同時に、ヨーロッパの新文明に接触し、これを学んだ。そして、逆に、その学んだ社会的知識や社会的技術を武器にして、ヨーロッパの支配から自立していったのである。ヨーロッパとしては、アジア・アフリカの隅々にまで勢力を拡張したために、かえって自分達のつくった近代文明の領域にそれらの諸民族を引き込んでしまい、そのため、皮肉なことに、ヨーロッパ自身が空白化していくという運命に出会うことになったのである。

このことは、すでに、十九世紀末、ヨーロッパの植民地政策が最高潮に達していた時から内包されていた問題でもあった。アジア・アフリカの隅々まで植民地化しようとするヨーロッパ各国の競争意識は、ある意味で各国にとって重荷でさえあった。その莫大な投資ほどには、植民地からの利益は意外と上がってきていなかったし、それどころか植民地住民との衝突を絶えず招いていたのである。この度重なる衝突によって醸し出されてきたアジア・アフリカ諸国の独立の機運は、二度の大戦の結果ヨーロッパが弱体化すると、もはや止めようにも止めることのできない勢いとなった。そして、これが、ヨーロッパの後退にとどめを刺すことになったのである。

ヨーロッパからのアジア・アフリカの離脱という現象は、第二次大戦後の目立った特徴の一つである。第二次大戦中、イギリスやフランスやオランダがドイツやイタリアとの戦いに釘付けにされている間に、手薄になった東アジア地域のヨーロッパの軍事力は弱体化した。さらに、大戦中、東アジア地域において、ヨーロッパ勢力が日本から受けた衝撃も大きかった。そのこともあって、アジア諸国の独立の機運は増幅され、イギリス、フランス、オランダは大戦後東アジア地域に復帰することができなかった。こうして、ヨーロッパ諸国がアジアに築き上げた世界支配の秩序は崩壊したのである。

二十世紀初頭には、ヨーロッパ諸国の世界支配は全地球に及んでいた。しかし、膨張の極限は膨張の限界でもある。かつての古代ローマ帝国がそうであったように、あまりにも大きくなりすぎた版図は、逆に帝国自身を圧迫するようになる。ヨーロッパにとって、二度の大戦はその現われであった。半世紀にも満たない間に大戦争を二度も戦うことによって、ヨーロッパ諸国はその国力をほとんど消耗してしまった。そして、それが、ヨーロッパ文明の内部崩壊をもたらし、危機をもたらしたのである。その代わり、ヨーロッパ文明を受容した非ヨーロッパ諸国、アメリカやソ連、日本やアジア・アフリカ諸国が抬頭してきたのが、二十世紀という時代に他ならなかった。

ヨーロッパの将来

なるほど、一九八九年東欧の共産政権は次々と崩壊し、ワルシャワ条約機構も解体し、ベルリンの壁も壊され、翌年には東西ドイツも統一された。冷戦の終結とともに、米ソによって分断されていたヨーロッパは、一つのヨーロッパとして復活したかにみえる。

それとともに、一九六三年から試みられてきたヨーロッパ共同体の動きも、市場統合から通貨統合、さらに政治統合に向けて、その動きに拍車をかけてきた。このヨーロッパ共同体の動きは、ヨーロッパのアイデンティティを再確立する上で注目される動きである。ヨーロッパがアメリカやアジアに対抗して再び影響力を回復するには、ヨーロッパ諸国の力が結集され、ヨーロッパ諸国が国民国家の枠を超えて統合される以外にないであろう。それは、ヨーロッパを略奪することによって力をつけてきた非ヨーロッパに対して、ヨーロッパから発しうる唯一の応答かもしれない。しかし、この統一ヨーロッパの形成は、必ずしも明るい将来が約束されているわけではない。ヨーロッパ各国の文化の違いや経済格差など、国民国家としての枠組みの障害を考えれば、統一ヨーロッパの将来には多くの困難が待ち構えていると言うべきであろう。

十九世紀末、ヨーロッパは、科学技術、経済、政治、軍事どの面でも、世界史的優位を保っていた。だが、非ヨーロッパ諸国は、その当時から、すでに近代ヨーロッパが生み出した科学技術や政治・経済システムを急速に学び、国力をつけつつあった。そして、二十世紀に至って、アメリカやソ連や日本など非ヨーロッパ諸国は、このヨーロッパから獲得した同じ武器によって、ヨーロッパを凌駕し反撃し出した。ヨーロッパは非ヨーロッパによって略奪され、反対に逆襲されたのである。二十世紀はヨーロッパへの逆襲の時代であった。第一次大戦後のアメリカの政治的・経済的影響や、第二次大戦前後、ソ連が共産主義によって与えた影響や、二十世紀末日本が与えた経済的影響などは、そのようなヨーロッパへの逆襲の例である。統一ヨーロッパの形成の努力は、この非ヨーロッパからの逆襲に対する対応の試みではあるが、それでもなおヨーロッパは不安の中にあると言わねばならない。

2　アメリカニズムの盛衰

アメリカの抬頭

十六世紀以来アメリカ大陸に次々と移民してきたヨーロッパ人達が何よりもはじめに体験したことは、未開拓の広大な土地に対する希望と怖れ、そして、いかなる桎梏もない自由と不安だったであろう。アメリカが純粋な形でヨーロッパ由来の産業主義文明を形成しえたのは、アメリカ大陸が地理的にも歴史的にも何の制約もない新世界だったからである。アメリカ人達は、自由と希望のもと、広大な土地を開発するために大規模な機械を発明し、産業主義を発展させていく出発点に立った。移民によって成り立ったアメリカ社会は、歴史的伝統から切り離された市民社会として成立したから、自由民主主義を社会基盤として、巨大な産業主義文明を築き上げえたのである。

現に、十九世紀初頭ヨーロッパの産業革命の波が押し寄せてくると、アメリカはこれを純粋な形で発展させ、豊かな資源と豊富な国内市場を背景に、ヨーロッパ近代の物質文明を大規模化して具現した。特に、十九世紀後半、南北戦争で黒人奴隷が解放され、豊富な工業労働力が確保されると、アメリカの産業主義は急速に進展した。大西洋横断海底電線が敷設され、大陸横断鉄道が完成し、ニューヨークに地下鉄が開通し、鉄道網が大陸の隅々にまで建設され、通信社や石油会社や電力会社が創設され、火力発電所や水力発電所が建設され、パナマ運河が起工された。また、電話機、蓄音機、白熱電灯、写真フィルム、写真機、映画など、新時代を象徴する発明がベルやエジソンやイーストマンなどによってなされ、アメリカの工業生産は飛躍的に向上した。ロックフェラーやカーネギーやモルガンなど大企業家が登場したのも、そのような経済成長を背景にしてであった。

かくて、一八九〇年代には、アメリカは、工業生産においてヨーロッパ諸国に追いつき追い越してしまった。フロンティアが消滅して巨大な大陸国家になるとともに、ハワイ、フィリピン、中国など太平洋地域に進出し、ラテン・アメリカを結束させたのも、この急速な産業発展が背景になっている。こうして、アメリカは、豊かな夢の国として人々の憧れの的になり、ヨーロッパからもアジアからも大量の移民を呼び寄せた。

一九〇〇年、二十世紀が始まったころ、アメリカの経済的・政治的自信は、相当なものであった。アメリカには無限の繁栄が約束されており、アメリカは、あらゆる産業が繁栄し、その繁栄を誰もが享受できる世界一の国家になるであろうと、人々は信じていた。物質的豊かさと民主主義を、国内はもちろんのこと、世界中に普及させる使命をアメリカは帯びているという主張に、政治家も各新聞も与した。

パックス・アメリカーナ

このアメリカの自信に対して、ヨーロッパ諸国では、ヨーロッパもやがてアメリカ化され、世界の重心はアメリカに移ってしまうのではないかという危惧感も広まった。事実、その危惧感は、二十世紀初頭、特に第一次大戦後、現実化する。アメリカは、第一次大戦に参戦するとともに、ヴェルサイユ体制の構築でも、民族自決の原則を謳った平和十四ヵ条を提唱して、大戦後の世界平和の実現を目指し、さらに、ヨーロッパ諸国の戦後復興にも大きな力を発揮した。アメリカは、これを境に、世界史にその偉大な足跡を残すことになる。

一九二九年、ニューヨークのウォール街の株価大暴落から始まった世界恐慌からも、アメリカは、適切な経済政策によって、かなり早くに立ち直り、世界一の生産力をいち早く回復した。それだけの力を、アメリカはもっていたのである。

経済が順調なときには、誰でも自信をもつものであるが、アメリカ人達も、かつてのヨーロッパ人がそうであったように、世界で最も活力ある自国に対して大きな自信をもっていた。現に、「アメリカは飛行機やラジオや映画を世界中に広めるばかりでなく、科学や芸術も広めなければならない。さらに、国際経済における自由主義体制の発展に指導的立場を取らねばならない。また、国際秩序の確立においても、デモクラシーの精神を普及させ、世界の精神的指導者とならねばならない」というような自信に満ちた声も聞かれたのである。

アメリカが孤立主義の立場を捨てて第二次大戦に参戦したのも、そのような使命感に駆られたという面もあったかもしれない。アメリカは、第二次大戦でも指導的役割を果たし、その巨大な国力を見せつけた。ヨーロッパ地域でも、アメリカの参戦があってはじめてドイツやイタリアを降伏させることができ、連合国側を勝利に導くことができた。アジア・太平洋地域でも、アメリカの戦力なくして、日本を壊滅させることはできなかったであろう。アメリカの世界史的優位は疑うべくもなかった。大戦後も、廃墟と化したヨーロッパや日本の復興に、アメリカの経済力は大きな役割を果たしたし、戦後の平和維持機構の構築にも、アメリカは大きく貢献した。

こうして、アメリカは、第二次大戦後、世界の自由陣営を指導する超大国として、世界に君臨したのである。アメリカは、実際、第二次大戦後、西欧や日本などすべての自由世界を、その豊かな経済力と強力な軍事力によって統合し、一方の相対立する陣営の指導者ソ連と世界を二分した。二十世紀は〈アメリカの世紀〉とも言われるが、二十世紀の半ばすぎにあって、パックス・アメリカーナは少なくとも世界の半分以上の地域において実現したのである。

十九世紀前半では、アメリカはまだヨーロッパの風下に立っており、全くの未知数であった。十九世紀後半のアメリカは、確かに頭をもたげつつあったが、それでもまだヨーロッパ諸国に警戒感を与えた程度であった。ところが、第一次大戦後、ヨーロッパの崩壊とともに、アメリカは巨大な力を発揮するようになり、その後の世界を支配するに至ったのである。

アメリカの科学技術と大衆消費社会

アメリカのこの巨大な支配力を支えたのは、大規模な科学技術の力であった。近代の科学も技術も、もとはヨーロッパ近代において生み出されたものであった。アメリカはこれを早いうちから受容し、それを地理的にも歴史的にも何の制約もない広大な大陸に移し替えて、大規模化し、大量生産・大量消費のシステムをつくることに、ヨーロッパ以上に成功した。

例えば、二十世紀は自動車の世紀とも言えるが、この自動車の大量生産システムをつくったのもアメリカであった。一九〇八年、フォードがT型乗用車の量産システムを作ることに成功して以来、自動車は急速なしかたで大衆に普及し、アメリカ独自の大衆消費社会をつくりだした。上流階級のものであった自動車を大衆のものにするために、大量に生産し大量に消費していくシステムをつくりあげたのは、二十世紀前半のアメリカであった。自動車ばかりでなく、飛行機、電話、ラジオ、テレビ、冷蔵庫、洗濯機、掃除機など、二十世紀を象徴する文明の利器を大量に生産し大量に普及させたのは、アメリカの技術力であった。それによって、二十世紀の人類の生活形態は、十九世紀と比較しても比べものにならないくらいに大きく変化した。

映画も、アメリカが生み出した大衆娯楽であった。映画は、それまで劇場で生の人間が演じる芝居でしか楽しむことのできなかった演劇や、それほど簡単には見聞することのできなかった世界中の出来事などを映像化して、大量の大衆に一挙に伝え楽しませることを可能にした。もっとも、それは、映像という単なる複製を介しての疑似体験を伝達するにすぎなかったが、このような映像文化をつくりあげたのがアメリカ文明に他ならなかった。さらに、この映像文化は、二十世紀後半のテレビに引き継がれて、家庭の隅々にまで直接入り込むことが可能になった。しかも、大衆に対して平等に文化の享受を可能にする映像技術は、アメリカの理想でもあるデモクラシーと深く結びついていたのである。アメリカ人は、映画に代表される映像文化を、アメリカ・デモクラシーの生み出す偉大な芸術として誇りをもった。

自動車や映画ばかりでなく、画一化されたものを大量に生産し、これを大量に販売し、これを大量に消費する社会、つまり大衆消費社会を、アメリカは二十世紀においてつくりあげた。この大衆消費社会は、広告によって過度なほどまでに大衆の欲望を刺激し、物や情報を大量に消費させることによって、それらを大量に生産することを可能にするようなシステムであった。このような大衆消費社会の経済システムに乗って、人々は争って自動車を買い、映画を見に行き、ラジオやテレビを買い、家庭電化製品で家中を満杯にし、さらにそれらを速やかに使い捨てていった。今日では当たり前になってしまったこのような大衆消費社会の風景を世界に最初につくり出したのが、特に一九二〇年代以後のアメリカだったのである。アメリカは、この大衆消費社会を世界に先駆けてつくることによって、未曾有の物質的繁栄を謳歌した。このことによって、アメリカは、出身や階級において多種多様な人々を、アメリカ人として統一したのである。

デモクラシーという政治的・社会的システムのもと、出身や階層、思想・信条の相違を越えて、自動車、家電製品、映画、ミュージカル、ジャズ、ロック、レコード、ジーンズ、ハンバーガーやコーラを誰もが享受するというのが、二十世紀のアメリカの生み出したアメリカン・ウェイ・オブ・ライフであった。科学技術に支えられた大衆消費主義、物質主義、それが二十世紀のアメリカニズムだったのである。

しかも、この人々の欲望を無限に刺激するアメリカニズムは、どんなに伝統のある社会でも拒否することはできなかった。ヨーロッパの心ある知識人達がこのアメリカ文化の軽薄さをどんなに批判しようとも、このアメリカの物質主義は急速な勢いでヨーロッパにも広がり、二十世紀のヨーロッパはたちまちにしてアメリカ化された。ヨーロッパ人の生活も、また、自動車や映画、家電製品その他の消費文化で満たされたのである。このアメリカナイゼーションという現象は、ヨーロッパばかりでなく、一九二〇年代および第二次大戦後の日本も例外ではなかった。日本人の生活様式も、急速にアメリカ化されていったのである。かくて、アメリカ的生活様式は世界中の羨望の的になり、アメリカは世界を席捲した。二十世紀は〈アメリカの世紀〉だと言われてきたが、実際には、このような形での〈世界のアメリカ化〉の時代が二十世紀だったのだと言えよう。

だが、この世界のアメリカ化は、また、世界中の文化の軽薄化をもたらした。例えば、映画の普及は、単なる複製の映像を真の芸術と思い込む擬制をつくった。確かに、それは大量の大衆を一挙に楽しませることに成功したけれども、それはまた大衆を画一化することでもあった。同じことは、テレビについても言えるし、テレビを通してなされる広告宣伝についても言える。情報にしても、製品にしても、それを大量に生産し大量に消費していく経済システムは、同時に社会の規格化と平均化、そして何よりも文化の低俗化をもたらした。世界中に広がったアメリカ文化は、文化の上品さ、持続ある時間、優雅な空間を奪い、人々の精神を空洞化させてもいったのである。

もっとも、これは、すでに十九世紀のヨーロッパが産業革命以来百年かけてつくりあげてきた近代文明の延長上に出てきたものでもあった。アメリカは、十九世紀にヨーロッパがつくりだした大量生産と大量消費システムを、何の足枷もない広大な土地に移植し、それをより大規模化したのである。アメリカは、この大規模化によって、稀に見る繁栄を築き上げた。

アメリカの衰退

だが、繁栄の頂点は、また後退の出発点でもある。豊かさは衰退を胚胎し、繁栄は没落を内包する。

アメリカは、テクノロジーの力と大衆消費社会の形成によって、世界中にアメリカ文明を普及させるとともに、ソ連をはじめとする共産圏に対抗し、世界を二分してきた。ところが、一九七〇年代、ベトナム戦争への介入の失敗からくる国内の混乱を切っ掛けとして、アメリカはその支配力を弱め、後退していった。そして、アメリカは、政治的にも、経済的にも、社会的にも、次第に魅力を失っていった。

二十世紀初頭から一九六〇年代まで、半世紀以上も世界を支配してきたアメリカが後退していかざるをえなかったのは、軍事費の過度な膨張によって国力を消耗しすぎたことにもよるであろう。アメリカは、第二次大戦後、ソ連を中心とする共産圏に対抗していくために、その封じ込めを策し、ヨーロッパ地域でもアジア地域でも軍事同盟を形成して、世界各地にアメリカ軍を派遣した。アメリカの防衛線は伸びきっていたのである。同盟国への軍事援助や経済援助は、次第にアメリカ経済を圧迫した。さらに、核兵器の開発、軍事目的をもった宇宙開発など、軍事力の拡張に伴う軍事費の膨張は、アメリカの国力を消耗させた。

それればかりでなく、それに伴う軍産複合体が既得権を主張し、これを縮小できなかった。アメリカは、軍産複合体を維持しなければ経済が成り立たないが、同時に、これを維持すれば経済が後退するという矛盾に面していた。アメリカはある意味で軍事国家であった。軍事産業が発展しなければ他の産業も発展しないという構造になっていた。しかも、アメリカは四十年あまりもソ連と戦ってきたばかりでなく、それ以前にもドイツや日本と戦ってきたから、それは、二十世紀のアメリカを一貫して支配してきた構造でもあった。軍産の複合はアメリカの癌でもあった。ベトナム戦争の敗北は、その矛盾を露呈したのである。なるほど、ソ連との戦いでは勝利を収めた。しかし、アメリカもまた国力を消耗し、結果として自らの後退をも招いたのである。かくて、アメリカはその支配力を弱めていった。

軍事費の圧迫は、当然ながら経済力の低下をもたらした。アメリカが、一九八五年に、貿易赤字と財政赤字を抱えて世界最大の債務国に転落してしまったのも、そのためである。だが、このアメリカの経済力の後退は、すでに、一九七一年に起きたドル・ショックあたりから始まってもいた。それ以来、アメリカ経済は次第に後退した。さらに、経済の混乱は社会の混乱をも招き、麻薬の横行や犯罪の急増、家庭の崩壊、人種問題や階級格差など、社会的退廃現象は加速度的に進行した。

アメリカ人達は、科学技術文明の進展とそれによる大衆消費社会の実現が素晴らしい未来を約束すると考えていた。しかし、科学技術文明の発達は大都市への人口の集中と社会の退廃をもたらし、大衆消費社会の実現は享楽主義と拝金主義を蔓延させた。そして、それは貧富の格差を増大させ、社会の不満を増幅し、次第にアメリカ社会を解体に導いていったのである。

経済的繁栄は必ずしも幸福を約束するわけではない。アメリカが誇りとした自由民主主義は、商業主義に支えられた物質主義を生み出し、やがて道徳的退廃や社会の無秩序化をも招いた。そのような精神的退廃が、アメリカ文明の衰退をもたらしたのである。こうして、世界の人々の憧れの的であったアメリカ的生活様式も色あせていった。

何事も常住不変ではない。いかなる文明も永遠に繁栄したことはない。どの文明もその繁栄によって膨張し、やがてその膨張した勢力圏を支えきれなくなって、衰退の道を歩み出す。さらに、その文明の繁栄が精神的退廃を招いて、その文明を内部から浸食してもいく。古代ローマ帝国もそうであったし、十九世紀から二十世紀初頭のヨーロッパ諸国も同じ運命を辿った。二十世紀のアメリカも例外ではなかった。しかも、愚かなことに、その衰退がどこでどのようにして始まるかということに、人々は気がつかない。歴史は人間の愚かさによって成り立っているのである。

十七世紀以来のアメリカ文明の発展を支えた精神は、勤労と禁欲を尊ぶピューリタン精神であり、広大な大地に立ち向かう開拓精神であった。それが、また、十九世紀以来のアメリカの産業技術文明の発展の基礎にもなっていた。だが、このピューリタン精神は、自分達が額に汗してつくりあげてきた文明を支える理念は最高の美徳であり、その文明とそれを支えた理念は世界に広く普及させねばならないという一種の宗教的なミッション精神をもっていた。アメリカが、第二次大戦後の過剰なまでの自由世界への政治的・軍事的介入によって、かえって自らの国力を消耗させることにさえなった背景には、そのようなミッション精神があったであろう。アメリカ的価値観はすなわち神の意志であり、それは普遍性をもつはずだから、当然世界に普及しなければならない、アメリカは進んでその使命を果たさねばならないというピューリタン精神が、かえってアメリカの躓きの石にさえなったのである。

どの文明も、自らが発展してきた原理によって衰退する。デモクラシーを基礎とするアメリカの理念を科学技術の力と経済力によって地球大的に普及しようという意欲が、二十世紀を〈アメリカの世紀〉としたのだが、同じ意欲が〈アメリカの世紀〉の栄光を終わらせることにもなったのである。二十世紀は、コミュニズムの勃興と滅亡の世紀であったが、同時に、アメリカニズムの隆盛と後退の時代でもあったのである。

3　コミュニズムの興亡

コミュニズムの勃興

二十世紀はアメリカニズムの支配した時代であったと同時に、コミュニズムが蔓延した時代でもあった。アメリカは、主に、デモクラシーを背景とした生活文化の魅力によって世界を惹きつけたのに対して、ソ連を中心としたコミュニズムは、万人を解放し平等な社会をつくるというイデオロギーの魅力によって世界を惹きつけた。二十世紀は、このコミュニズムの挑戦を受けた世紀でもある。

もっとも、二十世紀初頭のヨーロッパやアメリカでは、経済繁栄のもと人々は明るい希望をもっていたから、ロシアに共産革命が起き、それが二十世紀の有力なイデオロギーの源になるだろうとは誰も予測することはできなかった。二十世紀初頭の世界は、ヨーロッパも、アメリカも、そしてロシアさえも、産業主義の発展の先端にあるかに見えたのである。

しかし、そこに矛盾がなかったわけではない。二十世紀初頭の繁栄は、貧富の格差や劣悪な労働条件など、社会矛盾を抱えた上での表面上の繁栄にすぎなかった。さらに、遅れて世界史に登場してきたロシアでは、近代ヨーロッパ化がツァー体制による上からの近代化策によるものであったから、十分な産業資本や企業家も育成されていなかった。ロシアの近代化は後進性を残したままでの近代化にすぎなかったから、そこには多くの矛盾が残存していた。

レーニンが搾取の一掃と階級分裂の廃絶を謳って登場してきたのも、そのような帝政ロシアの矛盾を背景にしている。もちろん、レーニンによるマルクス主義革命が、ロシアの矛盾を解決する唯一の手段であったわけではない。一九〇五年の第一革命によってツァー体制を揺るがすことができたのも、日露戦争でのロマノフ王朝の疲弊という背景があってのことである。また、一九一七年の十月革命に、レーニンの率いるボルシェヴィキが勝利を収め政権を奪取しえたのも、第一次大戦でのロマノフ王朝の疲弊という背景があった。歴史は偶然に満ちている。もしも、帝政ロシアが日露戦争や第一次大戦であれほど消耗せず、近代化のための国家改造にもっと適切に対処していたなら、レーニンの共産革命は成功しなかったかもしれない。さらに、その後のソビエト政権による近代化程度のことは、帝政ロシアによってでも成し遂げられたであろう。したがって、ロシア発のコミュニズムの蔓延という二十世紀を特徴づける現象も起きなかったかもしれない。歴史に必然というものはない。レーニンのボルシェヴィキ革命が偶然に助けられて成功している面も、見逃すことはできない。

レーニンの考えによれば、当時のロシアでは、社会主義革命を受容しうるほど資本主義も成熟していず、労働者階級も成長していない。しかし、だからと言って、資本主義の成熟を待っていることはできないから、その段階を飛び越して、人為的に労働者階級を代表する革命家集団を形成し、それによって革命は成し遂げられねばならない。この革命家集団によって、労働者や農民は指導され、革命のエネルギーとして組織化されていくのでなければならない。労働者や農民の階級意識も、そのような革命的エリートによる教育があってはじめて成長してくるものであるという。そのため、レーニンの革命運動では、労働者階級の利益を代表する前衛党が歴史の必然を自覚し、これを積極的に宣伝し、革命に向けて積極的に情勢をつくっていくことになる。したがって、このボルシェヴィキ革命が成功したときには、職業的革命家集団が絶対的権力を握る全体主義的独裁制がつくられる可能性は最初からあったのだと言わねばならない。

こうして、レーニンを指導者とするロシア社会民主労働党の多数派は階級闘争理論に基づく真理を独占して、革命の目的を達成するためのすべての権力を掌握した。しかも、その目的を達成するためには、秘密警察組織による統制から、反対派や批判者の徹底的な粛清まで、手段を選ばなかった。現に、レーニンは、権力を掌握すると、革命目的を達成するために、力を背景にした恐怖政治を開き、富農、資本家、司祭、貴族、さらにボルシェヴィキに対する批判者や反対派を、次々と党の名において粛清していった。このような暴力を背景にして、一人の手にすべての権力が集中する全体主義体制は出来上がっていったのである。革命後短期間で、土地・工場の国有化、銀行・貿易業務の国営化、農民からの強制穀物拠出、労働者自身による工場管理など、中央統制による経済体制が確立したのも、このような恐怖政治を背景にしてであった。

一国社会主義の光と影

独裁者スターリンが登場してきたのも、このレーニンがつくった恐怖政治のもとでであった。スターリンは巧みにレーニンを神聖化し、自らをその後継者とし、自己一個の上にあらゆる権力を集中させて、自らを神格化していった。こうして、彼は自らを社会主義建設の象徴的存在に仕立てるとともに、暴力を核としたあらゆる国家権力を掌握して、人民を社会主義建設に駆り立てていった。スターリンにおいて、一人の独裁者とそれを取り巻く少数の追従者によってすべての人民が支配される全体主義体制は完成した。この体制のもと、あらゆる団体が巨大な党官僚組織に組み込まれ、政治、社会、経済、文化すべてが、スターリンの命令下で動く極く少数の党指導者のもとで一元的に管理計画されるようになったのである。

かくて、この一元的な計画のもと、社会主義建設のために、各地で工場が建設され、鉱山が発掘され、鉄道が敷設され、集団農場が組織されていった。しかも、人民大衆は、スターリンという神格化された偶像のもと、社会主義建設への熱狂に駆られるように、大挙してこれらの労働に参加したのである。そのため、スターリン時代には、ソビエト・ロシアは急速な経済成長を遂げ、一大工業国家に変貌していった。電力、鉄鋼、機械、自動車など重化学工業の生産力は、短期間のうちに何倍にも増加した。とともに、中央の計画に基づいて、人口は農村から都市へ急激に移動し、都市人口は急増した。

スターリンが目指したものは、ロシアの工業化に他ならなかった。しかも、スターリンは、このロシアの工業化のためには、あらゆるものを犠牲にした。マルクス主義では国家は最終的に消滅すべきものであったが、スターリンのもとでは、社会主義はほとんど国家主義と同じものに変質した。スターリンが繰り返して行なったソビエト・ロシアの国威発揚は、その現われである。また、社会主義は最終的には世界革命を目指すものであって、本来インターナショナルなものであったが、スターリンはこれを捨て、一国社会主義に転じ、ナショナリズム化していった。世界同時革命を目指したトロツキーが排除されたのは、そのためである。

スターリン主義のもとでは、社会主義思想のインターナショナルな面は、逆に、ソビエト・ロシアの対外膨張のためのイデオロギーに変質していった。現に、彼は、第二次大戦中、ヒトラーとの密約によってポーランドに進駐し、フィンランドに進撃し、バルト三国を併合し、東欧諸国を手中に収め、ドイツを分割し、多くの国家を社会主義体制の中に組み入れた。東欧が共産化したのは、スターリンにいわば侵略されてのことであった。さらに、第二次大戦後はコミンフォルムを結成して、事実上ソ連圏を形成し、アメリカと世界を二分し、東アジア各国の内戦を援助して、ソ連圏を拡大していった。このソビエト・ロシアの膨張は一種の帝国主義的世界政策であり、ある意味で、ツァー時代以来続けられてきた膨張政策を継承するものであった。そのため、社会主義本来の国際主義は無視され、すべてはソビエト・ロシアの国益のために犠牲にされていったのである。

そればかりか、このスターリンの一国社会主義の建設と対外膨張の背後では、ソ連国民の多大な犠牲があった。スターリンは、社会主義建設という目標のためには、レーニン同様、手段を選ぶことはなかった。スターリンに対する批判者は、革命の同志たりとも、次々と粛清されていった。また、欧米並の工業国家建設というスターリンの野望のために、それに邪魔になった富農、元貴族、軍人、少数民族、宗教活動家や農業集団化を躊躇した農民などは、あるいは銃殺され、あるいは強制収容所へ送られ、あるいはシベリアへ送り込まれた。このスターリン時代の大抑圧による犠牲者の数は、数千万人にものぼったという。スターリンの社会主義建設は、このような大量殺戮による多くの犠牲者を礎にしていた。さらに、一九三〇年代初期の農業集団化政策のために起きた大飢饉での餓死者も含めると、その犠牲者は計り知れない数にのぼる。幾千万の罪なき人々が、飢餓や拷問や殺戮の地獄に追い込まれていったのである。共産主義国家という神の国のごとき理想社会をこの地上に建設しようという途方もない幻想は、これを実現させようとしたとたん、想像も出来なかったような地獄をこの地上に現出させたのである。それは二十世紀の罪であった。

コミュニズムの幻惑

遠くの国のことは美しい風景のように見える。スターリンの一国社会主義の目ざましい発展の背後で、そのような生き地獄が演じられているとは、当時の西欧の人々には知るよしもなかった。むしろ、ロシア革命後十年の間は、西欧をはじめ世界のどこでも、ソ連の社会主義はバラ色の未来を約束するもののように思われていた。さらに、その後も、多くの人達が、スターリンの一国社会主義による目ざましい工業化の実績に惑わされて、ソ連の計画経済の素晴らしさを称讃した。そこには、大恐慌に続く一九三〇年代の経済停滞に対する西側の人々の苛立ちもあったであろう。それが、社会計画という国家主導の方法に対する期待にもつながったのである。

そればかりでなく、社会主義が振りまく未来への幻想は、特に西側の知識人達を幻惑し、強力な呪縛力を発揮した。第二次大戦および第二次大戦後の東西冷戦の間も、社会主義は少なくとも西側の知識人の間では広く信奉された。人間は幻想を追い求める動物である。このような一種宗教にも似たイデオロギーの呪縛力によって、社会主義思想は西側世界へも浸透し、二十世紀をコミュニズムの勃興の時代としたのである。

さらに、このコミュニズム思想は、発展途上のアジア諸国にとっては大きな魅力であった。急いで近代化を果たしていくためには、強力な中央集権国家をつくり、上から近代化していく以外にない。この近代化のために、ソ連の社会主義の方法は魅力ある方法として、アジア各国に受け入れられていったのである。かくて、第二次大戦後、中国、北朝鮮、ベトナム、ラオス、カンボジアと、共産革命の波は大きな広がりを見せ、ソ連はこれら共産圏の盟主となった。

急激な近代化を求めるアジアの後進国にとっては、暴力的に旧秩序を破壊し、速やかに巨大な中央統制国家を形成する共産主義の方法は、魅力的なものと映ったのである。さらに、共産主義の階級闘争のイデオロギーも、先進国の搾取から一刻も早く解放されたいと願っていた後進国には適《かな》っていた面もあったであろう。このこともあって、共産主義は、アジアさらにアフリカの後進国に受け入れられていったのである。アジア・アフリカの後進国は急いで貧困から脱出し、自立しなければならなかった。そのためには、ヨーロッパ諸国が何世紀もかかって成し遂げたことを、短期間で成就しなければならなかった。そのモデルを提供したのがソ連だったのである。ソビエト・ロシアが実現したマルクス主義国家は、アジアの後進国に急激な経済発展を約束した。二十世紀のアジア・アフリカの指導者達が、ソ連の掲げるイデオロギーに幻惑されたのはそのためである。

毛沢東による共産中国の樹立もその一つであった。日中戦争をくぐり抜け、国民党との内戦にも勝利を収め、一九四九年、中華人民共和国を樹立した毛沢東は、人民公社方式による大躍進政策から文化大革命まで、一貫して共産主義による近代化を目指してきた。マルクス主義を独自に解釈し、プロレタリア革命理論を農民に適用した毛沢東は、農業国家であった中国を、イデオロギー上も社会組織上も掌握した。

だが、この毛沢東の独裁による中国の共産革命も、大躍進政策に現われているように、その目的とするところは、自国の農業と工業部門での近代化に他ならなかった。だから、本来インターナショナルであったコミュニズム思想がナショナリズム化していったのも、不思議ではない。近代化は、スターリンのソ連でそうであったように、毛沢東の中国においても、ナショナリズムと深く結びついていった。大躍進政策が終息するとともに、一九六〇年前後から起きた中ソ論争は、その現われであった。毛沢東は、ソ連の国益追求の道具と化した国際共産主義運動に反撥し、それに代わって、中国が社会主義のモデルとなるべきだと考えた。中国は、それを、毛沢東思想と人民公社方式に求めたのである。一九六六年から約十年間続いた文化大革命も、そのような考えに基づいてのことであった。

コミュニズム国家の解体

西欧諸国の知識人やアジア諸国を幻惑したスターリンの一国社会主義の背後に、おびただしい数のソ連国民の犠牲があった事実を明らかにしたのは、フルシチョフであった。フルシチョフは、一九五六年の秘密報告でスターリン批判を開始するとともに、一九六一年にも公然とスターリン批判を発動した。強制収容所生活を描いたソルジェニーツィンの『イワン・デニーソヴィッチの一日』が大きな反響を呼んだのも、このスターリン批判の流れがあってのことであった。

フルシチョフの行なった仕事は、官僚機構の改革、アメリカとの平和共存路線の実現などであるが、この間人類初の人工衛星の打ち上げにも成功し、ソ連の社会主義体制はなおその力を持続していた。現に、フルシチョフは、一九六一年の党大会で、七〇年までにアメリカに追いつき追い越し、八〇年には共産主義の時代に入るという空想的な綱領を採択した。

ところが、実際には、ソ連は、ブレジネフ時代の後半一九七〇年代に至って、アメリカを追い越すどころか、経済的にも社会的にも停滞していった。腐敗した党官僚による締めつけはますます強くなり、官僚組織に巣くう特権階級がはびこり、経済は停滞せざるをえなかった。ソ連の国民総生産も急速に落ち込み、技術革新でも遅れをとり、ソ連の産業は恐るべき非能率を露呈していった。衛生状態も悪化し、平均寿命も下がり、環境破壊も日増しに進行していった。さらに、ソ連はアフガニスタン侵攻にも失敗し、膨大な軍事費が消費経済を圧迫して、社会不安は広がっていった。ソ連も、アメリカ同様、防衛線は伸びきっていたのである。ソルジェニーツィンが国外追放を受けたのも、このブレジネフ時代の後半であった。それはスターリン主義の復活を思わせた。

一九八五年に登場してきたゴルバチョフが、グラスノスチ（情報公開）、ついでペレストロイカ（再編）政策を掲げ、改革に乗り出したのは、このようなブレジネフ時代の沈滞を打破しようとしてのことであった。このグラスノスチ政策によって、腐敗官僚の職権乱用や官僚組織の非能率などがあからさまにされるとともに、スターリン時代の弊害も見直された。さらに、ゴルバチョフは、ペレストロイカ政策によって、官僚主義を是正し、権力を分散させ、停滞する経済を活性化させるために、市場原理を導入しようとした。

しかし、これらの改革路線は時すでに遅く、高級官僚の特権に対する民衆の不満を煽り、消費財の不足への不満に拍車をかけるだけであった。それでいて、民衆は、改革路線に沿って経済再建に乗り出そうとはしなかった。それは、一層の経済の混乱を招くだけであった。

そればかりか、この改革路線は、それまでソビエト体制によって押さえ込まれていた連邦内での民族問題を露呈し、バルト三国をはじめ多くの民族国家の自立への要求が高まり、各共和国はこぞって主権宣言を行なうに至った。さらに、それまで度々の弾圧にもかかわらず抵抗の姿勢を見せていた東欧諸国が、一九八九年、ソ連軍の介入がないことを確認するや、次々と共産主義を捨て、民主化という名においてソ連から離反、民族自立に成功し、一九九〇年、東西ドイツも統一されるに至った。東欧諸国は第二次大戦でソ連に侵略され、その後、一九五六年のポーランド、ハンガリーの民族主義運動や一九六八年のチェコの民主化運動などで抵抗を示していたが、その度ごとにソ連軍によって弾圧されていた。だから、ソ連軍の介入さえなければ、離反するのは早かったのである。

こうして、ゴルバチョフの改革路線は、その実を上げる前に、ソビエト体制の解体を招くことになった。ソ連社会は、すでにロマノフ王朝末期のように、改革して建て直そうとすることがかえって崩壊を招く状態に達していたのである。かくて、一九九一年ソビエト連邦そのものが解体し、一党独裁と国有制を基本とした社会主義体制は七四年の幕を降ろした。何事も永続するものはない。共産主義国家の建設という二十世紀の大実験は、このようにして、大いなる幻滅に終わったのである。

ソ連は、多くの無理をしてのことではあるが、その中央統制的な計画経済によって、少なくとも重化学工業までは近代化を果たし、アメリカに並ぶ超大国としての地位を維持してきた。ところが、この計画経済という名の命令経済は、その後の情報化革命にそぐわず、この二十世紀末の技術革新に立ち遅れてしまった。そのため、農業経済から素材産業、消費財産業、流通などの諸部門で、その非能率を暴露してしまった。さらに、膨大な軍事費と軍事産業への偏向が国民生活を圧迫し、その不満が党の特権官僚に対する不満となっても現われ、社会の活力が失われ、最終的に限界に来てしまったのである。

なるほど、中国では、文化大革命の失敗を契機に、市場原理と競争原理を考慮した経済開放路線が鄧小平によって敷かれ、中国は、政治改革を先行させたソ連とは違った道を歩んだ。しかし、ここでも、自由化された経済原理が政治の原理をものみこんで、一党独裁と国有制を基本においた共産主義は、大きな矛盾を露呈し熔解する方向に進んでいる。

コミュニズムの滅亡

資本家階級を労働者の革命によって打ち倒し、労働者だけによる国家を形成し、私有制を廃止して、共有制のもと共同して生産に当たれば、搾取のない社会が出来る。そして、能力に応じて働き、必要に応じて分配を受けられる自由で平等な社会が出来る。このような段階に至って、はじめて人類は解放されるであろう。このように語って、地上における神の国のごとき理想社会の実現を謳ったマルクスの予言は、一種の宗教の教義にも似て、あるいは詐欺師の甘言にも似て、人々を惹きつけるものであった。特に、資本主義の矛盾が露呈していた十九世紀末のヨーロッパでは、不満をもつ労働者をはじめ知識人をも巻き込んで、人々に未来への希望を懐かせた。さらに、ロシアのように遅れて近代化の道を歩みだした矛盾の多い社会では、その社会矛盾を解決していくために、マルクス主義はそれなりに大きな力をもった。ヨーロッパでもロシアでも、マルクスの社会主義思想は、虐げられた者の未来を約束する教義として、大きな魅力をもったのである。

資本家階級を倒して労働者階級の独裁を打ち立てねばならないという社会主義者の掲げるイデオロギーは、社会正義に満ちており、大衆の嫉妬心を煽るのに十分であった。それは、単純なスローガンから、人類の歴史や社会を解明する堅固な理論まで、あらゆるものを用意していたから、大衆から知識階級まで、あらゆる層に対して大きな呪縛力を発揮した。一種の詐欺にかかったようなものではあったが、二十世紀はこの社会革命理論の巨大な実験の世紀であった。

だが、その実験の結果は、人民を代表する党によって人民が完全支配される全体主義国家をつくることになってしまった。プロレタリアートによる革命や独裁は、プロレタリアートを指導する党による革命や独裁に変貌し、共有制は国有制に変貌し、共同生産という理念は、巨大な官僚体制による計画管理に変貌してしまった。そのため、現実に実現された共産主義社会は、人民大衆が国家により搾取される自由も平等もない社会になってしまった。それどころか、この国家は、一人の独裁者にあらゆる権力が集中し、それに少しでも批判的な者があれば、次々と粛清されていく恐怖政治の支配する国家にさえなってしまったのである。

現に、レーニンやスターリンや毛沢東などの独裁によって粛清されていった犠牲者はおびただしい数にのぼった。革命期の処刑者、革命後の処刑者、元軍人、役人、貴族、地主、僧侶、資本家、富農、自営農民、強制移住による死亡者、粛清された共産党員など、ソ連や中国や東欧において命を奪われた犠牲者の数は幾千万人にも達した。それが、二十世紀におけるコミュニズムの実験のために供された人身御供だったのである。さらに、強制収容所で長期間悲惨な生活を送らねばならなかった人々、迫害されたそれらの家族の痛苦を思うなら、この実験に払われた犠牲はあまりにも大きかった。ソルジェニーツィンが『収容所群島』の中で示そうとしたことは、国家によっていとも簡単に大量殺戮が行なわれうるこのような体制に対する告発であった。それは、歴史上かつてなかった途方もない犯罪であった。

共産主義国家ではイデオロギーが絶対の力をもち、また、このイデオロギーを権力によって所有している独裁者が強大な力をもつから、その意図に反した者は容易に人民の敵というレッテルを貼られ、抹殺される。たとえ抹殺されなくても、この国には、指導者を自由に批判する言論・思想上の自由はない。それどころか、人民は上からの宣伝によって操作され、健全な判断力や批判精神を奪われ、国家の奴隷のような状態に陥れられて、自由を剝奪されていく。共産主義国家の指導者は、自分達こそ真理を所有しており、自分達が信奉しているイデオロギーとそれに基づいて行なわれる支配は絶対に正しいと考えていたから、それに反する考えや行動は力によって排除しなければならないと考えた。そのような独善性から、粛清という悲惨な事態も起きたのである。このような恐怖の支配する社会では、もはや指導者を批判する者がいなくなるから、指導者はどこまでもその権力の座に居座りつづける。そして、彼らは、その権力を利用して特権階級を形成し、権力を乱用し、権力闘争に明け暮れる。

他方、人民の方は、上からの計画に基づいて動かされるだけだから、次第に生産意欲を失い、そのため生活物資にさえ事欠くようになってしまう。国家のあらゆる部門で硬直化した官僚機構のみが巨大化し、国民はこの硬直化した官僚機構に管理され計画される歯車にすぎなくなる。このような体制のもとでは、国力は衰退するであろう。共産国が農業生産でも絶えず停滞し、工業技術でも立ち遅れたのは、そのためである。こうして、強力な権力機構をもった全体主義国家も、その強力な権力機構のゆえに、限界に達してしまったのである。

資本主義の矛盾を正し、人類を解放しようという理想は、逆に、自由も平等もない抑圧社会を生み出した。神の国のごとき理想社会を建設しようとして、逆に、想像もできなかったような地獄をつくりだしてしまった。合理性と倫理性に裏づけられた社会をつくろうとして、逆に、不合理で非倫理的な圧政を生み出してしまった。労働者を代表する誇り高い党が指導に当たるはずであったのに、その党自身が労働者を抑圧する機構になってしまった。これほどの歴史のアイロニーもなかったであろう。これほど愚かなこともなかったであろう。

確かに、歴史や社会は人間がつくるものではあるが、しかし、それは人間の考えている通りには動かすことができない。人間の歴史や社会は不合理に満ちており、理論通りに動かしていくことはできない。もしも、それを理論通りに動かし改造していこうとすれば、そこに、すかさず人間の権力欲や支配欲、憎悪や嫉妬、自惚れや狂信など様々の不合理なものが入り込んできて、結果は悲惨なものになってしまう。

コミュニズムは、近代の矛盾の根源を私有制というところにみて、これを廃止して共有制の社会をつくれば、真に自由で平等な社会が出来、人間性も最高に完成されると考えた。確かに、それは、理想社会の建設によってこの世の矛盾はすべて解決されるという幻想を人々に懐かせ、その教義の実現のために人々を駆り立てるだけの力をもっていた。しかし、人間のつくりだす社会は理論の命じるようにも動かないし、指導者が計画した通りにも動かない。人間の手では、人間の歴史を思うように動かすことができないのである。人間の手で人間の歴史を計画的に動かすことができると考えたところに、この二十世紀の大いなる実験の誤りがあったと言えるであろう。この誤りに気づくのにさえ、人類は七十数年の歳月を必要とし、おびただしい数の人命の犠牲を必要としたのである。この悲惨な抑圧の中で死んでいった人々の心情を思えば、コミュニズムの勃興と滅亡を目撃した二十世紀は、大いなる悲しみの世紀でもあったと言うべきであろう。

4　アジア・アフリカの自立と苦悩

自立への道

二十世紀は、二度にわたる世界大戦を通してヨーロッパ勢力が後退、その代わり、アメリカとソ連が抬頭して両者が対立した時代だと考えられている。しかし、それればかりではない。それ以上に、二十世紀を特徴づける事件は、二度の大戦によるヨーロッパ勢力の後退に乗じて、それまでヨーロッパ勢力によって植民地化されていたアジア・アフリカ諸国が次々と独立を果たしていったことであろう。そのことによって、四世紀ほども続いたヨーロッパの世界支配に終止符が打たれたからである。

なるほど、十九世紀末から二十世紀初頭にかけて、ヨーロッパの植民地主義は極限に達していた。だが、この極限に達した時、アジア・アフリカの人々はヨーロッパ勢力に対して反撃を開始したのである。そして、二十世紀、二度の大戦を経てヨーロッパ勢力が疲弊すると、それに比例して、アジア・アフリカ諸国の自立への動きはもはや止めることの出来ない勢いとなり、特に第二次大戦後、数多くのアジア・アフリカ諸国がヨーロッパ勢力から独立していった。二十世紀の歴史を振り返るとき、二十世紀を特徴づけるその他のいかなる事件よりも、アジア・アフリカのヨーロッパ勢力からの自立という事件ほど重要なものはないであろう。ヨーロッパに対するアジア・アフリカの反撃こそ、二十世紀の歴史で最も特筆すべき事柄であった。

アジア・アフリカ諸国の中には、インドやインドネシアのように、遠く十七世紀から徐々にヨーロッパの植民地にされていったところから、アフリカ諸国のように、近く十九世紀末から二十世紀初めにかけて分割されたところまで様々である。だが、アジア・アフリカ諸国では、どこでも、ヨーロッパの植民地経営の中に組み込まれるというしかたで、ヨーロッパの文物は流れ込み、ヨーロッパの近代文明はかなりの程度浸透してもいった。もっとも、それは植民地各国の伝統的生活様式を破壊するものであったから、それに対する反抗が、十九世紀末、特にアジアおよび中東諸国を中心に、植民地政府に対する反乱というしかたで現われた。それが、アジア・アフリカ諸国のヨーロッパ植民地勢力に対する最初の反撃の試みであった。この反乱は、大概の場合ヨーロッパ植民地勢力の強力な軍事力の前に鎮圧されてしまった。だが、その失敗の反省から、自分達も近代的な政治社会技術を身につけて、それによって自立していかねばならないという考えが出てきた。このどこまでも戦おうとする闘志と勇気が、やがて独立達成へと実を結んでいく。

例えば、十九世紀末インドで国民会議派が結成され、その運動がやがて自治要求につながり、反英色を強めていったのも、その一つの例であろう。事実、一九〇五年、「ベンガル分割令」によって宗教的対立をベンガルに持ち込み、民族運動を抑えようとした老獪なイギリスに対して、国民会議派は、イギリス製品のボイコットをはじめ、国産品愛用（スワデシ）運動と自治（スワラジ）要求運動を決定、かえってこの運動は盛り上がっていった。それに対して、イギリスは「集会取締り条例」を布いて弾圧したが、必ずしもこの運動を抑え込むことはできず、結局ベンガル分割は取り消されることになったのである。

また、エジプトでも、十九世紀末から二十世紀初めにかけて、イギリスの支配が強化されるに従って、反英感情がわきあがり、留学生達が先頭に立って、イギリスへの反抗が試みられた。彼らは、ヨーロッパでの教育によって自由・平等の思想を学んだリーダーであったと同時に、敬虔なイスラム教徒でもあった。このような自由主義的・民族主義的反英主義者の一人であったカメールは、国民クラブを再編成して国民党を組織し、イギリス軍撤退、憲法制定、独立議会の設立などを要求した。このような先駆的な運動が、第二次大戦後のナセルによるエジプト革命につながっていったと言えよう。

第一次大戦後

しかし、第一次大戦前の抵抗運動にはおのずと限界があった。ヨーロッパ諸国は、なお軍事力においても、政治力においても、経済力においても、絶大な力を保持しており、いかなる抵抗運動でも容易に鎮圧し、懐柔しえたからである。このヨーロッパ諸国の絶大な力が弱体化したのは、第一次大戦を境にしてであった。第一次大戦で、ヨーロッパ諸国は互いに死力を尽くして戦い、互いに疲弊して、急激に力を失っていった。そのため、ヨーロッパ諸国のアジア・アフリカ支配にかげりが生じ、それはますます拡大していった。それどころか、イギリスなどは、第一次大戦でドイツ、トルコと戦うために、中東諸国に将来の独立を約束することによって参戦させ、戦線を有利に導こうとさえしたのである。

さらに、第一次大戦後のパリ講和会議では、アメリカ大統領ウィルソンが民族自決の原則を提唱し、アジア・アフリカ諸国の人々にも自立への希望をもたせた。もっとも、ヴェルサイユ体制では、ヨーロッパ諸国の策動のために、この原則はヨーロッパの一部地域にのみ適用されただけで、ヨーロッパ各国の植民地に適用されたわけではない。しかし、それでも、これは、アジア・アフリカ諸国の民族自決運動に弾みをつける役割は果たしたのである。また、一九一七年、革命に成功したレーニンは、第一次大戦後の世界について、アジア・アフリカの諸民族は帝国主義支配から離脱すべきであることを提唱していた。これも、ヨーロッパの植民地支配に苦しんでいたアジア・アフリカ諸国にとっては勇気を与えるものであった。大戦が終わってみると、ヨーロッパ諸国が世界のあらゆることを決定する時代は、すでに過ぎ去っていたのである。

しかも、アジアでも、アフリカでも、留学を通してヨーロッパの近代教育を受けた指導層が育ち、彼らは、帰国すると、自由・平等の思想や民族独立に関する新しい考えを鼓吹し、多くの賛同者を得つつあった。皮肉なことに、アジア・アフリカの自立運動に対して思想的にも政治的にも示唆を与え啓蒙したのは、ヨーロッパ自身だったのである。

例えば、エジプトでは、第一次大戦後の一九一九年にワフド党が結成され、エジプトの完全独立を求めて全国的な反英運動が起き、その結果、一九二二年、イギリスは形式的にではあるがエジプトの独立を宣言せざるをえなくなった。さらに、一九一九年にはアフガニスタンが独立し、一九二一年にはレザー・カーンのクーデタが成功してイランが自立し、一九三二年にはイブン・サウドによるサウジ・アラビア王国が成立し、同じ年イラク王国が独立した。これら中東諸国の自立は、第一次大戦でのヨーロッパ諸国の弱体化が前提になっている。

インドの独立運動も、第一次大戦後は、ガンジーを中心として以前にも増して盛り上がった。一九一五年に南アフリカからインドに戻ったガンジーは、会議派とともに、サティヤー・グラハ（真理の保持）と名づけられたインド大衆に根差した非暴力不服従運動を展開、一九一九年に行なわれた同盟罷業が各地で成功した。アムリツァーの大虐殺でもインド人の憤激は頂点に達し、ガンジーは会議派を指導して反英不服従運動を全土に渡って展開した。その後、ガンジーの逮捕によってこの運動は一時下火になったが、一九二九年、会議派は完全独立を要求、ガンジーは再び〈塩の行進〉など不服従運動を展開、運動は盛り上がった。

中国でも、一九一一年の辛亥革命で、孫文が三民主義を掲げて清朝を倒し、すでに中華民国を樹立することに成功していたが、その後後退。第一次大戦後の一九一九年、五・四運動で排日運動とヴェルサイユ条約反対運動が盛り上がったのを機会に、中国国民党を結成し、革命運動を続行した。五・四運動は中国革命の大きな転機となったと言えるであろう。第一次大戦が終わりパリ講和会議が開かれた一九一九年は、自立運動の盛り上がった年として、中国でも、インドでも、中東でも、互いに連動していたのである。しかも、このような時代であったからこそ、多くの独立の英雄も生まれえたのである。

第二次大戦以後

アジア・アフリカ諸国の独立の動きは、第二次大戦中および第二次大戦後さらに加速され、二十世紀の大きな潮流を形づくった。第二次大戦で、再度熾烈な兄弟殺しをして、ヨーロッパ諸国が無残な姿をさらけ出した時、ヨーロッパ諸国によって植民地化されていたアジア・アフリカ諸国は、まるで屍から去るように独立を果たしていった。相手が弱くなってからの戦いは成功する。疲弊しきったヨーロッパを踏み越えて、アジア・アフリカ諸国は次々とヨーロッパの軛から解放されていったのである。このことによって、ヨーロッパはさらに世界史への影響力を失ってもいった。

しかも、このアジア・アフリカの自立は、ヨーロッパ近代文明を受容し略奪することによってであった。それは、民族主義（ナショナリズム）によるヨーロッパへの反逆であったが、しかし、同時にヨーロッパ的な近代国家の樹立を目指すものでもあった。もともと、ナショナリズムはヨーロッパ近代の国民国家の精神的支柱であったが、この同じナショナリズムを、ヨーロッパによって植民地化されていた国々が略奪していったのである。

現に、第二次大戦が終結した一九四五年にはインドネシアが独立を宣言し、一九四七年にはインドとパキスタンが独立し、一九四八年にはビルマ（ミャンマー）が独立し、一九四九年には中華人民共和国が成立し、一九五四年には、エジプトが、ナセルの革命によって名実共にイギリスの支配から離脱した。さらに一九五七年にはガーナが独立し、六〇年代にかけてアフリカ諸国が相次いで独立していった。

アジア・アフリカ諸国二十九ヵ国が参集して、一九五五年にインドネシアのバンドンで開かれた第一回アジア・アフリカ会議は、アジア・アフリカ諸国のヨーロッパからの自立を宣言するものであった。この会議で、ヨーロッパの支配に対する明確な拒否と植民地主義の終焉が宣告された。ヨーロッパ諸国が、ユーラシア大陸の極西地域で、血で血を洗うような内部闘争を繰り返しているうちに、世界史の舞台は大きく回転して、状況は一変したのである。

このアジア・アフリカ諸国の独立に至る道は様々であった。例えば、第二次大戦中のインドでは、イギリスに協力して第二次大戦に参戦し、その見返りとして自治を獲得しようとする派、ガンジーのように、再びイギリスに対して不服従運動を展開する派、さらに、チャンドラ・ボースのように、日本と協力してインド国民軍をつくりイギリス軍と戦おうとした派など、多様な派が多様な行動をとっている。しかし、これらの動きは、インドの独立という同じ一つの目的に向かって動いていた。そのような様々の努力があって、はじめて、インドは第二次大戦後の独立を勝ち取ることができたのである。

インドネシアでも、一九四二年に進出してきた日本によってオランダ勢力は一掃され、インドネシア国民党を率いていたスカルノやハッタを中心に、独立への要求が高まり、日本は、少し遅れてではあるが、独立を承認した。第二次大戦後復帰してきたオランダ軍も、インドネシア人民の独立への情熱の前に撤退せざるをえなかった。一九五五年にスカルノが開いたバンドン会議は、その成果であった。

このアジア地域での独立の動きは中東にも及び、イギリスからの実質的な独立とアラブ世界の統一を目指したナセルによる一九五四年のエジプト革命となって現われた。さらに、この運動は一九五六年のスエズ運河国有化宣言に発展、軍事出動をしたイギリスとフランスは、アメリカの圧力のもと撤退せざるをえなかった。

このエジプトでの動きは、さらにアフリカ諸国にまで及び、アフリカ諸国は、一九五七年から一九六〇年代にかけて、次々と独立を達成していった。このアフリカの独立運動は、アジアと比べれば相当遅れたが、それでも、第一次大戦前の北部・西部アフリカから始まり、第一次大戦後次第に高まり、第二次大戦後のヨーロッパ諸国の疲弊とともに盛り上がっていった。一九五〇年代には、北アフリカ四ヵ国の他、ガーナとギニア、一九六〇年には、ナイジェリアなど十七の独立国、さらに、一九六八年までに十五ヵ国の独立国が生まれた。これらのアフリカ諸国の独立を指導した指導者は、ガーナを独立に導いたエンクルマなどに代表されるように、欧米諸国で知識を獲得し政治的技術を身につけた世代であった。ここでも、独立がヨーロッパ近代の略奪によって成立していることが窺える。

二十世紀初頭一九〇〇年代まで、過酷な争奪戦を演じながら、ヨーロッパ諸国は地球全体を包み込むほどまでに植民地を拡大した。それが半世紀ほどのうちにほとんど跡形もなく消えてしまい、それぞれヨーロッパの軛から離脱してしまおうとは、誰も予想しなかったに違いない。

しかし、そのような可能性は、もともと十九世紀以来のヨーロッパの植民地経営そのものの中に内包されていたことだと言わねばならない。確かに、十九世紀以来、ヨーロッパは産業技術文明を発達させ、それを運用するための政治的・社会的技術を開発し、その力によって、アジア・アフリカを次々と植民地化するとともに、その支配を強化してきた。その力は、誰も抗することのできない強力な力のようにみえた。だが、ヨーロッパ諸国は、植民地支配を強化し、そこから利益を最大限上げるために、植民地のより合理的な経営を試み、ヨーロッパ本国で開発された近代的な機械工業、運輸・通信施設などを、次第に植民地各国へ移し替えていった。また、植民地各国の現地人エリートを留学させ、有能な植民地官吏を育てようともしたのである。このことが、植民地各国の人々がヨーロッパの近代文明に触れ、その背後にあるヨーロッパの科学技術、政治・社会の仕組、思想などを学ぶことを可能にした。そのような物質的・精神的影響を通して、ヨーロッパの産業技術や近代的運営の技術は、アジア・アフリカの植民地にもかなり早い速度で伝わっていった。

したがって、そのようなところから、今度はヨーロッパと同じような近代的な国家をもちたいという要求が植民地そのものから出てくるのも、不思議はなかった。歴史は皮肉なものである。アジア・アフリカの植民地の離脱の種を播いたのは、アジア・アフリカを植民地化していたヨーロッパ自身だったのである。アジア・アフリカの諸民族はヨーロッパ近代の技術や制度や思想を学び、逆に、それをヨーロッパからの自立の手段にしていった。それが、アジア・アフリカ諸国の独立を可能にした最大の理由である。

なるほど、ヨーロッパの植民地からの離脱はそれほど容易な道ではなかった。その長い苦難の過程では、多くの人々が犠牲になっていったことを忘れることはできない。現に、十九世紀までの反抗はほとんど失敗に終わっている。しかし、今から振り返ってのことではあるが、二十世紀になって、ヨーロッパ自身が二度の大戦で自壊すると、自立への道は意外と容易につかめもしたのである。

自立の苦悩

しかし、アジア・アフリカも、ある意味で独立までが華であった。創始そのものは容易でも、それを発展させることは容易ではないからである。アジア・アフリカ諸国も、独立に向かって運動を盛り上げていく間は、それなりに明確な目標があり、共通の敵もあって強力な団結も得られた。だが、一旦独立を勝ち得、目的を達成すると、その後の自国の自主的な運営は、どこのアジア・アフリカ諸国も難渋を極めた。光あれば影があり、そこには多くの矛盾が内包されていた。

なかでも、近代化と伝統の相剋の問題は、アジア・アフリカ諸国にとって深刻な問題を投げかけた。もともと、ヨーロッパの植民地から独立しようとしたこと自身が、ヨーロッパ風の近代国家を形成することを目的にしていたから、アジア・アフリカ諸国は、独立とともに、政治システムの中央集権化、経済の活性化、軍の組織化など、近代化政策をすぐさま実行に移した。しかし、それは、単に政治、経済、軍事のみにとどまらず、ただちに文化・精神的な問題を引き起こした。あらゆる方面での急激な近代化を実行するには、伝統的な社会構造や生活形態、思想をも根本的に変えていく必要があった。しかし、そのような文化・精神的方面まで近代化していくと、当然のことながら伝統的根幹は崩れ去り、国家のアイデンティティまであやふやなものになりかねない。近代化すれば伝統が崩れ、伝統を守ろうとすれば近代化できないという矛盾に、アジア・アフリカの各国は直面したのである。

この伝統と近代の問題は、独立運動の当初からアジア・アフリカ諸国の抱えていた問題であるが、独立運動の過程では、この矛盾は比較的隠蔽されていた傾向がある。というわけは、国家の独立のためには、国民のアイデンティティを確立し、それを独立のエネルギーに仕立て上げていく必要があるが、その面のことは各国の伝統的な精神に訴えることができたし、伝統精神はそれに十分応えた。他方、独立の目的は近代国家の建設というところにあったから、近代と伝統は目的と手段で分業しえたのである。したがって、独立運動の過程では、近代化と伝統の矛盾はそれほど明確な形では現われず、むしろ、両者は互いに補完し合って独立への潮流をつくっていったと言えるであろう。

例えば、インドの独立運動の過程でも、伝統的精神の方はガンジーが代表し、近代精神の方はネルーが代表し、両者はそれほど矛盾することなく相補っていた。ガンジーは宗教的信念に基づく徹底した伝統主義者であった。彼は、西洋近代の機械文明は人間を毒すると考え、インドの伝統的な生き方や思想に自らの運動の根拠を置いていた。そして、それは、独立にとって必要な民族的同一性の自覚を促し、独立の精神的エネルギーにしていくには適っていた。しかし、同時に、インド独立の目的は西洋風の近代国家の建設であったから、政治、経済、社会、軍事あらゆる面での近代化が必要であった。この近代的な面はネルーが代表した。西洋主義者であった彼は、ガンジーとは反対に、インドの伝統社会は遅れていると考え、インドは伝統の桎梏を離れて急いで近代化しなければならないと考えた。それゆえに、彼はイギリスとの協調をはかり、議会参加に同意して、自治を獲得していこうとしたのである。インドの独立運動の中では、この互いに相反するガンジーとネルー、伝統主義と近代主義が比較的うまくかみ合って動いていたと言えよう。

ところが、いざ独立して近代国家の建設段階に入ると、近代化と伝統の矛盾が露呈してくる。インドでも、独立後、ネルーとその後継者によって近代化政策が打ち出され、農業生産の向上や運輸・発電部門の強化、さらにそれらを基盤にした重工業化が推進されていくと、それら近代化の流れとインドの伝統文化とが矛盾し、停滞を余儀なくされたのである。インドの底流にあるヒンズー教の伝統、残存するカースト制、多様な言語や宗教など、伝統文化と近代化策とが絶えず齟齬《そご》をきたし、近代化は困難な道を歩まねばならなかった。この停滞を克服してより高度な近代化を果たしていこうとすれば、これらの伝統文化を破壊していかねばならないが、破壊すれば民族的同一性を失ってしまうという危険性にぶつかったのである。共通の敵を失って、伝統と近代は仲違いをしたのだとも言えよう。

近代化の矛盾

人生同様、歴史はいつも陽の当たる道を用意しているとは限らない。第二次大戦後、独立を勝ち取り、植民地主義に終止符を打つと、すぐにアジア・アフリカは新しい困難な問題を抱えた。ネルーやナセル、スカルノなどの華々しい外交の成果の背後には、近代化に伴う国内の難しい問題が山積していた。アジア・アフリカ諸国が、米ソの冷戦つまり東西問題の狭間で、あるいは自由主義陣営寄りになったり、あるいは共産主義陣営寄りになったり、大きく振幅を描きながら右往左往しなければならなかったのも、近代化に伴う困難から来ていたであろう。アジア・アフリカ諸国は、産業を育成して生活水準を上昇させ、自国を近代国家に仕立て上げていくために、自由主義と共産主義という二つの近代主義のどちらか一方、あるいは両者の中間などを選択しなければならなかったのである。だが、どれを選択するにしても、近代化と伝統の矛盾を抱えて、アジア・アフリカ諸国は苦悩せざるをえなかった。

アフリカ諸国の苦悩はそれを代表している。近代化は、あまりにも伝統の力が強すぎても遅れてしまうが、しかし、アフリカ諸国のように伝統の基盤が弱すぎても、かえって混迷し、近代化は遅れてしまう。アフリカ諸国の独立は、アジア諸国の独立の余勢を借りて、意外と容易にしかも短期間に完了した。しかし、いざ独立してみると、独立直後の熱狂はすぐに醒め、厳しい現実にぶつからざるをえなかった。

確かに、アフリカ諸国の民族主義運動も、そのエネルギーを自分達の歴史的伝統から得ていた。そして、それとヨーロッパ近代の要素を融合させて、新しいアフリカの近代国家をつくらねばならないと人々は考えていた。しかし、そのアフリカの伝統は、十六世紀のポルトガル人の進出以来、イギリスをはじめヨーロッパ各国が行なった植民地支配によって寸断されてしまっていた。そのため、アフリカの伝統はアフリカ諸国の近代化に十分貢献できなかった。さらに、アフリカ諸国の独立が旧ヨーロッパの植民地の領域の範囲内での独立だったために、独立国家という近代的領域と言語や文化など民族の伝統的領域とが齟齬をきたしてしまった。そのため、アフリカの場合、伝統文化から近代化の知恵を得てくることが困難であった。また、ヨーロッパの植民地支配が過酷を極め、近代国家運営のための十分な官僚組織も育たなかったため、近代国家の形成と維持そのものが困難を極めざるをえなかった。部族間闘争や絶えざる軍部のクーデタなどでアフリカ諸国が停滞してしまったのは、そのためである。アフリカ諸国が飢餓や貧困などで悲惨な状況に陥ったりしているのは、自然環境の厳しさばかりでなく、そのような人為的原因にもよるのである。

東西問題が終焉した二十世紀末の段階では、これら近代化に苦悩するアジア・アフリカ諸国と近代化を成し遂げた先進諸国との矛盾、つまり南北問題が、世界史を動かす重要な問題になっている。しかも、これは、おそらく二十一世紀の世界史を動かす最も大きな動機になるであろう。

なるほど、二十世紀末のアジア地域は、近代化と伝統のバランスを比較的うまくとって、経済発展の道を歩み、近代化に成功した。そればかりか、この地域はすでに世界経済の重心の一つにさえなっている。しかし、今日のアジア地域が推進している経済成長の原理は、どこまでも、ヨーロッパ近代が生み出した産業技術文明の原理に基づいている。とすれば、ヨーロッパ近代文明が持っていた多くの弊害は、アジア地域でも免れることはできないであろう。現に、アジア地域でも、近代化が進み、文明が爛熟すればするほど、人心は荒廃し、社会倫理も混乱してきている。アジアの時代にも、近代化に伴う多くの病弊や矛盾が内包されているのである。

アジア・アフリカの独立は、もともと、ヨーロッパ並の近代国家をつくるために、ヨーロッパと同じ政治・社会システムをつくり、生産を向上させ、軍事力をつけていこうとした動きなのだから、当然のことながら、ヨーロッパ近代文明がもっていた弊害をものみこんでしまう。科学技術文明が進展する分、自然環境は破壊され、伝統社会も壊されて、従来の美風は失われていく。次第に大衆の欲望は肥大化し、国家はそれにのみこまれていく。大衆を喜ばすための低俗な文物が蔓延し、文化は低落し、人々の精神は荒廃する。プラスはマイナスを伴う。アジア・アフリカ諸国も、近代ヨーロッパ化を決断したときから、それがもたらす恵沢とともに、同時にその病弊をも背負ったのである。恵沢のみ得て、病弊を背負わないでおくことはできない。近代化に成功した東アジアも、近代化に成功したがゆえに、近代の暗い影の中に包み込まれてもいくのである。

かつて、中国の孫文は、三民主義を掲げて中国の自立と近代国家化を目指した。三民主義のうち、民族主義は、ヨーロッパ諸国からの自立を目指すものでもあったから、これは実現されたと言えよう。だが、民権主義や民生主義は、少なくとも大陸では実現されなかった。さらに、この三民主義の背景にあった伝統的儒教精神が、実際には生かされなかった。三民主義は中国固有の道徳の中に基礎づけられ、その道徳に基づいて民族の統一と各階層の大同を実現しなければならないというのが、孫文の考えであった。しかし、この理想は、今日の中国では必ずしも実現されてはいない。急激な革命とその後の経済成長のために、儒教精神は衰退し、大同精神よりも利己主義や拝金主義や腐敗が蔓延していっているのが現状である。中国は、孫文が理想としたところとは違った道を歩んだのだと言わねばならない。

インドのガンジーが目指したインド独立の理想も実現したわけではない。ガンジーは西洋近代文明を否定し、インドは西洋とは別の道を歩まねばならないと考えた。しかし、その後のインドは、むしろ西洋近代文明を追い求めるのに苦しんできたのである。ガンジーは、機械は近代文明の象徴であり、重大な悪徳であり、インドばかりでなくヨーロッパをも荒廃させていると考え、人間の徳性をなくさせる機械文明を拒否した。しかし、ガンジーのこの強烈な近代批判の理想は、その後のインドでは生かされることはなかった。

孫文やガンジーは、アジアをヨーロッパの軛から解放した偉大な思想家であり、実践家であった。彼らは、それぞれ、血のにじむような実践から気高い理想を掲げ、アジアの独立に貢献した。しかし、それによって実現したアジアの諸国家は、必ずしも彼らが目指した方向には進まなかった。今日のアジアも機械文明の悪徳に感染し、伝統的倫理観を喪失し、精神を荒廃させつつあるからである。その意味では、孫文やガンジーの理想は悲劇に終わったと言うべきである。

だが、偉大な理想は、悲劇に終わることによって長らく生きつづけ、人類の将来を予告するものなのであろう。

第二章　科学技術文明の進展

1　科学技術の巨大化

偉大な革新

二十世紀初め、アメリカでは、一九〇三年にフォード社が設立され、それまで上流階級の乗物であった自動車の大量生産方式が開発された。そして、一九〇八年にはT型フォード車が爆発的な売れ行きを示し、自動車は大衆のものになった。また、一九〇三年ライト兄弟が飛行機による空中飛行に成功、これは後急速に改良されて、第一次大戦では戦闘機として活躍、やがて旅客機や輸送機としても長足の進歩を遂げた。

他方、イギリスでは、一九〇一年マルコーニが大西洋横断無線通信に成功、その後の電磁波を使った通信や放送の第一歩を踏み出した。また、一九〇二年にはラザフォードが原子崩壊の原理を発表し、ドイツでは、一九〇〇年プランクが量子論を発表、さらに、一九〇五年にアインシュタインが特殊相対性理論を発表している。二十世紀初頭には物理学が原子核の内部にまで踏み込み、これが基礎になって、第二次大戦以後の原子爆弾や原子力発電など核エネルギーの解放が可能になったのである。

二十世紀初頭、すでに、その後の一世紀を特徴づける科学上の発見や技術上の発明が行なわれ、また、その企業化の出発点が形づくられている。二十世紀は、科学技術の目覚ましい発展の見られた時代であり、この科学技術の発展によって人間の生活が大きく変化した時代であった。生活ばかりでなく、社会も国家も文明もすべてが一変した。二十世紀を考えるとき、この科学技術文明の進展ということを除外して考えることはできない。

もっとも、この二十世紀初めの科学技術の進展は、すでに十九世紀末に源泉をもっている。エンジン、白熱電球、蓄音機、電話、無線通信、人絹など、どれも、十九世紀の最後の三十年あまりで発明されている。これらが改良されて大量生産され、大衆の日常生活にまで影響を及ぼしたのが、二十世紀であった。また、この十九世紀末の科学技術では、科学理論の応用による新技術の開発が意識的に行なわれるようになった。この点でも、それは二十世紀の科学技術の先駆をなすものであった。それだけに、その進展の度合いは急速であり、人々の日常生活に与えた影響も甚大であった。エネルギー源一つをとっても、十九世紀末には石炭から石油、電気へと転換され、この点でも、十九世紀末は二十世紀の先駆をなした。

確かに、二十世紀は石油と電気の世紀であった。石油は、何よりも自動車、航空機、船舶の動力源として、発電や暖房のエネルギー源として、さらに、数多くの合成製品の原材料などとして活用され、二十世紀の人間の生活を大きく変えた。それとともに、石油資源をめぐって埋蔵地帯の争奪戦も演じられ、石油は二十世紀の世界政治さえ左右したのである。

また、電気ほど、二十世紀の人間の日常生活から社会形態、産業形態まで一変させたものもなかったであろう。それは、何よりも照明のエネルギー源に使われ、二十世紀から闇を追放した。大都会の煌々とした夜景は二十世紀がつくりあげた景観であり、十九世紀にはなかったものである。十九世紀に発電機が発明されてからどれほども経たないうちに、文明国のほとんどの地域が電線網で覆われ、どこの家庭でも照明をはじめ多くの電化製品を縦横に使いこなせるようになったのも、驚異と言わねばならない。それは、さらに、動力源としても、二十世紀を支える産業にはなくてはならないものとなり、また、運輸、通信、エレクトロニクスあらゆる部門に応用されて、われわれの生活空間を激変させた。だからこそ、世界に先駆けて共産革命を成し遂げたレーニンでさえ、共産主義はソビエト権力と電化だとさえ言ったのである。共産主義でも資本主義でも、二十世紀は、電力に代表される科学技術に支えられ、その発展を目指すことには何ら変わりはなかった。

自動車も、二十世紀を一変させた象徴的な交通手段であった。一九〇八年にT型フォード車の第一号が製作されて以来、自動車は急速な勢いで普及していった。初めはアメリカで、さらに全世界へと普及し、二十世紀の人間生活を大きく変えるとともに、人々の考え方まで一変させた。自動車道路も縦横につくられ、都会をはじめ地方の景観も大きく変化した。

合成化学の発達も、二十世紀の生活を変えた大きな要素であった。それは、染料や肥料の合成から始まり、ゴム、繊維、プラスチックの合成など、石油化学と手を携えながら、二十世紀の重化学工業を支える基盤になった。なかでも、カロザースによって発明され、一九三七年に工業化されたナイロンをはじめ、数多くの合成繊維の開発は、二十世紀の人々の衣服からファッションまで革命的な影響を与えた。

通信や放送分野での二十世紀の技術革新も、目を見張るものがある。一九〇一年にマルコーニによるイギリス・カナダ間の無線電信が成功して以来、一九〇七年には音声の無線伝送が成功し、一九二〇年にはアメリカで商業用ラジオ放送が始まり、一九三九年にはテレビジョンの放映が行なわれた。この電波を使った通信放送技術の目覚ましい発達は、地球上の空間を一挙に縮めるとともに、不特定多数の大衆に音声や映像を送ることを可能にした。しかも、ラジオやテレビという形をとって、世界中のあらゆる情報が家庭内に直接入り込むようになったことは、驚くべき生活革命であった。二十世紀末は情報化革命の時代と言われてきたが、この革命は、すでに二十世紀の初めから急速な勢いで進行していたのである。二十世紀は情報化の時代でもあったのである。

また、電気冷蔵庫、電気洗濯機、電気掃除機など家庭電化製品が普及して、家庭内での主婦の労働が大幅に軽減され、余暇が増え、生活革命が起こされたのも、二十世紀であった。人は便利さには勝てない。この革命は、一九二〇年代のアメリカでいち早く起き、第二次大戦をはさんで、瞬く間に世界中に広まった。

エレクトロニクスの発達も、二十世紀の驚くべき技術革新であった。それは、一九一六年の真空管の発明に始まり、一九四八年のトランジスタの発明へとつながって、やがてIC、LSI、超LSIへと最高度に高密度化していった。それは、ラジオ・テレビはもちろんのこと、二十世紀後半にはコンピュータの発達を可能にし、さらに通信技術とも結びついて情報化革命を起こした。この革命は、また、省資源、省力、自動化をも可能にし、経営はより合理化され、生産性は向上した。

航空機やロケットも驚異的な発達を遂げた。二十世紀初頭、ライト兄弟が人類初の動力飛行に成功してから、一九六九年、宇宙ロケットで人類が初めて月に着陸するまで、七十年とかかっていない。二十世紀は航空技術と宇宙飛行技術の両方を成功させた世紀であるが、この技術の驚異的発達には、二度の大戦で戦闘機や攻撃用ロケットの開発が急激に行なわれたことも寄与した。これらの技術は、短時間のうちに遠距離の場所に行くことを可能にすると同時に、人間の行動範囲を宇宙にまで拡大した。こうして、人類の行動半径は飛躍的に拡大し、人類は時間と空間を征服することに成功したのである。

原子核のエネルギーを解放し、それをコントロールする技術を獲得したのも、二十世紀が人類の歴史に刻んだ大きな業績であろう。二十世紀の初頭、ラザフォードが原子の崩壊の可能性を予言し、特殊相対性理論の中で、アインシュタインが質量とエネルギーの同等性を結論づけて以来、これら物理学の成果は急速な勢いで技術に応用され、第二次大戦を経て原水爆や原子力発電を可能にした。この核エネルギーを人類が手にしたことは、人類が初めて火を手にした時以来の革命的な事件であった。それは、火の発見がそうであったように、偉大な恵沢をもたらすとともに、大きな災厄ももたらしたからである。

このような二十世紀の科学技術の急激な革新と、それが人間生活に与えた革命的な影響を考えると、二十世紀は、人類史上でもそれまでになかったような驚くべき世紀だったように思われる。それは、人類が火や農耕技術や鉄器を発見した時の革命的な変化に並ぶ、あるいはそれ以上の変化を、人類にもたらしたのである。

大量と巨大への情熱

二十世紀の技術がそのような巨大な力を発揮しえた背景には、技術が科学と結びついたということがある。ヨーロッパの近世に成立した自然科学は、人間を、自然に対する認識主体と考え、自然を、人間によって認識される対象とみた。そして、帰納法や演繹法を用いて自然の機械論的構造や数学的法則を明らかにし、それを実験によって実証するという方法を確立した。そこには、人間によって自然を再構成しようとする意欲が働いている。そのかぎり、そこにはすでに自然科学の技術的性格が潜んでいる。したがって、自然科学が技術と結びつきうる可能性は、最初からあったのだと言わねばならない。近代の技術は、自然を人間のための存在とみ、自然を支配し改造することによって、人間は偉大な力を発揮することができると考えた。近代の自然科学と近代の技術は、人間を自然に対する主体と考える点で共通していたのである。科学技術が成立したのはそのことによる。それ以来、科学と技術は結びついて、車の両輪のように互いに進歩発展していった。二十世紀の科学技術文明は、そのようにして成立したのである。

事実、石油化学、電力、自動車、合成製品、通信、放送、家電、エレクトロニクス、航空機、ロケット、原子力など、二十世紀を代表する高度技術は、どれも、電磁気学、熱力学、高分子化学、量子力学、相対性理論などを利用して成り立っている。このような科学と技術の協働があったからこそ、二十世紀の科学技術の巨大な進歩があり、その進歩が二十世紀の人々の生活を一変させたのである。二十世紀人の科学や技術への信仰は、これに由来する。

大量生産のシステムを開発したことも、科学技術の成果を大量の大衆に普及させて、この時代を技術の時代とすることに寄与した。大量生産方式は十九世紀以来のものではあるが、二十世紀は、この量産システムを十九世紀以上に巨大化した時代であった。この点では、特にアメリカがすぐれていた。二十世紀初頭フォードが開発したベルトコンベア・システムが、この出発点であった。それ以来、二十世紀の生産技術は、一貫して、均質なものをいかに大量に生産するかに向けられてきた。その結果、高品質の消費財が大量に生産され、安価な製品となって、大量の大衆に供給されるようになった。この安価で均質化された商品の大量生産が、また、大衆による大量消費を促したのである。この大量生産と大量消費のシステムをつくるために、巨大な企業がつくられたのも二十世紀であった。そこでは、製品をより多くより早くより安く生産するために、精確さや効率が徹底的に追求された。二十世紀が生み出した工業化社会は、そのような大量生産と大量消費のシステムを中心に出来上がっていったのである。

十九世紀の技術と比べた場合、二十世紀の技術が途方もない巨大さを誇るようになった点も、この世紀特有の現象である。この巨大技術は、大量生産を目指して建設された化学プラントや自動車プラントや半導体プラントばかりでなく、国家的にも巨大な計画のもと実現された。アメリカのニューディール政策で実行されたテネシー峡谷計画なども、その例である。テネシー川を巨大ダムで堰止めて発電所をつくり、産業を誘致し、農業生産を高めるために、計画的にあらゆる技術が動員された。原子爆弾開発を目指したマンハッタン計画も、途方もない数の科学者を組織的に動員し、各々特定の研究に集中させ、それを総合して、わずか三年で原爆を完成した。人間の月到着を可能にしたアポロ計画も同様であった。この点では、アメリカの技術開発は、自然改造から宇宙開発までを目指したソ連の巨大プロジェクトと、それほど変わらない。どのような政治体制にあっても、国家的計画によって巨大組織をつくり、科学を組織的に利用する巨大技術が隆盛を極めたのである。二十世紀は、企業の生産設備にしても、都市にしても、国家プロジェクトにしても、何事につけ、巨大なものが計画的につくられた時代であった。二十世紀の科学技術文明は、このような大量と巨大への情熱によって支えられてきたのである。

巨大技術のもたらしたもの

二十世紀の技術はあまりにも巨大化したために、社会や国家、文明にまで影響を及ぼさずにはおかなかった。今日見られる工業化社会や大都市文明は、この巨大技術のもたらしたものである。大量生産システムは巨大な企業を生み出し、この企業と企業が集合し、膨大な人口を集めて大都市を形成し、さらに、その大都市は急速に成長して巨大都市へと成長していった。それにつれて、人口は農村から都市へ急激に移動し、農村地帯は過疎化し、大都市は過密化した。そして、大都市には故郷と大地を捨てた人々が密集し、巨大な大衆社会が形成されたのである。このような現象はすでに十九世紀から顕著になってきた現象ではあるが、二十世紀はこれをより大規模に実現した時代であった。

当然、国家も、このような大都市文明と大衆社会化現象に対応して変化していかざるをえなかった。国家の管理機構が巨大化していったのは、そのためである。また、どこでも、自国の生存をかけて計画的に工業化を進めねばならなかったから、国家自身が、このような大都市文明と大衆社会の形成を加速しもしたのである。こうして、科学技術の巨大化と国家の巨大化は相乗的に進行していった。

工業化に伴うこのような変化は、十九世紀のヨーロッパで最初に起き、その影響は急速な勢いで世界中に拡大して、世界中を変えていった。ヨーロッパ諸国の植民地の拡大も、このような工業化に起因していた。工業化に伴って、ヨーロッパ諸国は原料と市場を求めて世界中に進出し、ヨーロッパ近代文明そのものを拡大させていった。その拡大のエネルギーを形づくっていたものが科学技術の力であり、それに支えられた軍事力、経済力であった。このヨーロッパを震源地とする近代の技術文明が世界に及ぼした影響は大きく、非ヨーロッパ諸国は、否応なく、このヨーロッパ近代文明の支配下に組み込まれざるをえなかったのである。

二十世紀は、このヨーロッパ由来の科学技術文明がアメリカやソ連、アジア諸国に受け継がれて、より巨大化し、より全地球的なものになった時代であった。何事も大きなことの好きなアメリカは、広大な土地を背景に、大量と巨大への情熱に支えられて、科学技術文明をヨーロッパ以上に発展させ、世界を席捲した。デモクラシーと大衆文化を基調とするアメリカニズムが世界中を魅惑したのも、アメリカが開発した巨大な科学技術の力が背景にあってのことである。だから、この科学技術の力が弱まるとき、その文明の影響力も衰弱する。

ソ連も、相当無理をしてのことではあるが、国家計画によって、アメリカが実現した科学技術文明を後追いした。現に、ソ連は、国家計画による大規模な動員によって巨大なコンビナートをつくり、それを中心に大都市を形成して重化学工業を興し、アメリカに追いつき追い越そうとした。このソ連が二十世紀末崩壊せざるをえなかったのも、このようなしかたでの科学技術文明の追求が限界にきてしまったからでもある。

アジア・アフリカの自立という二十世紀を特徴づける現象も、同じように、工業化という名においてこの科学技術文明を追求し、近代国家を形成しようとするものであった。そして、その苦悩も、科学技術文明そのものに伏在する苦悩だったとも言えよう。科学技術文明が伝統社会を破壊することは、避けることのできないものだったからである。

また、二十世紀初めのヨーロッパの後退も、科学技術文明のもつ矛盾からきていたとも言える。ヨーロッパを決定的に後退させていった第一次大戦は、科学技術を駆使した軍事力の消耗戦であったが、その消耗戦が、ヨーロッパそのものを消耗させたのである。どんなに発達した科学技術も、人間の知恵までは発達させなかったのである。

その意味では、二十世紀は、ヨーロッパが自ら開発した科学技術文明によってかえって後退し、その代わり、この科学技術文明をより巨大化した非ヨーロッパ諸国が抬頭した世紀であった。そのようにして、世界が一様に科学技術文明に覆われて急速に一つになっていった世紀が、二十世紀であった。二十世紀は、自由主義と全体主義、資本主義と共産主義の対立の時代として捉えられたが、どれも、科学技術文明の進展と豊かな社会の形成を目的としていたことに変わりはない。だからこそ、体制の差違にかかわらず、どこでも共通して、工業化社会が形成され、大都市が構築され、大衆社会がつくられてきたのである。二十世紀の科学技術文明はこのようにして形成され、かくて、巨大な物質文明が地球を覆い尽くしたのである。

2　メディアの復讐

人間と環境の中間者

どんな生命体でも、環境から働きかけられ、また環境に働きかけ、環境との相互作用の中で自己を維持していこうとしている。環境からの働きかけを受け取り、環境に対して働きかける生命体の媒体が、身体である。身体は、生命体と環境の中間にあって、生命体の意志の表現として受動と能動の二つの働きをし、生命体と環境の相互作用を仲立ちする。それは、微小な単細胞生物から植物、動物まで、変わらずにもっている生命の構造である。特に、生命体が身体を通して環境に働きかける能動的な作用に注目するなら、この能力は高等動物になればなるほど増大する。それどころか、高等動物になると、身体の延長である簡単な道具まで作って、環境に働きかけ、自己保存をはかっていく。

人間は、道具を使って積極的に環境を作り変える動物の最も進化したものである。この道具を使って環境を作り変える行為が、技術である。そのかぎり、人間は技術的動物である。人間は、二足歩行を発見し、手に石器を持って獲物を追いかけだした時から、身体の延長である道具を使って、環境を生存に適したように改変し、そのことによって生きのびてきた。人間は、手や足など身体の働きを道具として表現し、環境に働きかけ、環境を作り変える。人間と環境は、直接連続しているのではなく、道具を介してつながっている。道具は、人間と環境のメディア、中間者なのである。メディアとしての道具は、人間の身体の延長として人間に直結していると同時に、それ自身自然の産物から出来ており、外の環境にも直結している。メディアとしての道具を通して、人間と環境は一つであり、心と物とは一つに結びつけられていたのである。

二十世紀の科学技術が生み出したもの、自動車、航空機、大型船舶、宇宙ロケット、オートメーションの機械装置、家庭電化製品、電話、無線通信、ラジオ、テレビ、コンピュータ、ロボット、これらも、人間の手や足、口や耳、目、さらに頭脳の延長として発達してきたものである。二十世紀の人間は、これらのメディアを通して環境とつながっている。特に、二十世紀のメディアの特質は、それぞれのメディアが巨大化しつつ複合して、ついに頭脳の延長にまで及んだことであろう。このことによって、二十世紀のメディアは、極大から極小の世界まで捉えることができるようになり、その結果、二十世紀人の環境もまた拡大したのである。

これら文明の利器を縦横に使ってものを大量生産する企業も、企業を中心に出来上がっている大都市も、人間の身体の巨大な延長である。それらを通して、人間は自然環境とつながるとともに、自然環境を改造してきた。

メディアの反乱

ところが、二十世紀の技術はそのスケールがあまりにも巨大化し、しかも、ほとんど自動的に膨張していったために、それは巨大な怪物と化し、逆に、人間をも、まわりの環境をも支配するようになった。

二十世紀の技術も、人間の身体の延長として、人間と環境を結ぶメディアであった。だが、二十世紀は、この手段であり、中間者であり、メディアであったものが自己目的化し、それ自身として巨大な膨張を遂げた。そのために、本来の目的であった人間や自然までが、逆に手段化してしまった。人間も自然も、巨大な技術文明をつくるための資源にすぎなくなったのである。それでいて、この自己目的化した巨大な技術文明の膨張の行き着く先は、不確定で無目的なのである。ここでは、人間から道具へ、道具から自然環境へ、自然環境から道具へ、道具から人間へという連続的円環が破壊され、その代わり、メディアそのものがただひたすら自己膨張していく。そのため、人間からは自然が遠ざかり、自然からは人間が遠ざかってしまった。そこに目に見えて存在するものは、諸メディアが複合して巨大化した機械的世界である。人間はこの巨大化した道具の道具になってしまった。

人間のつくったものが人間にとって疎遠なものになるという現象は、すでに十九世紀から認識されていたことであるが、二十世紀の巨大科学技術文明は、この疎外現象の極限であった。よくSF小説などで描かれるロボットの反乱は、遠い将来起きる現象ではなく、すでに起きてしまった現象かもしれない。現に、二十世紀人が生み出した機関銃や毒ガスや原子爆弾など、種々の武器や殺戮兵器によって、どれだけ多くの人々が殺されていったか。どれだけ多くの人々が虐殺され粛清されていったか。また、二十世紀人が自分達の便利のためにつくりだした自動車や航空機の事故によって、どれだけ多くの人々が死んでいったことか。それらが人間に与えた恵みも大きかったが、それらが人間に与えた災いも途方もないものであった。

また、チャップリンが「モダン・タイムズ」の中で揶揄したように、二十世紀の巨大企業が生み出したベルトコンベア・システムでの長時間にわたる単純労働の中で、労働者がどれほど機械化し歯車化してしまったことか。なるほど、そのような二十世紀前半の過酷な労働環境は、二十世紀末には大幅に改善された。最先端では、全工程が自動化した無人工場まで実現し、人間は単純労働から解放されつつあるようにみえる。しかし、ものごとは、考えたほどうまくはいかない。今度は、無人工場の保守・管理のために、計器の単純な注視を長時間続けねばならなかったり、機械の故障を知らせる警報に絶えず振り回されることにもなる。人間が機械の主人なのではなく、皮肉にも、機械が人間の主人になってしまう。

確かに、工場のオートメーション化は、人間を単純労働から解放し、産業の重心をサービス部門や情報部門に移行させせた。だが、この場合でも、なお過労死やテクノストレスはあとを絶たない。また、現代の医療が、人間を機械仕掛けのロボットのように扱い、高度な医療機器を使って、あたかも機械を修理するかのようにして患者を治療している様子を見ても、患者はまるで医療機器というロボットのロボットになっているようではないか。二十世紀の人間は、機械仕掛けの文明の中で、自ら機械化し、機械に支配されてしまった。

それにもかかわらず、二十世紀人は機械仕掛けの科学技術文明の中を生きてきた。鉄とコンクリートで固められた巨大な都市文明の中を蟻のように動き回り、自動車で高速道路を走り抜け、ラジオやテレビ、電話やコンピュータから間断なく発信される情報の洪水の中を生きてきた。そのようなしかたで、人間は巨大な科学技術文明によって支配されるようになったのである。

現代を支配しているものは、巨大化したメディアである。人間は、この怪物のようなメディアの奴隷のようにして生きている。二十世紀は、怪物化したメディアが神になった時代なのである。以前の神々と同様、この二十世紀の神も、文明の利便という恵沢とともに、人間性の喪失という災厄も与えた。人間が自らのためにつくったメディアによって、人間自身が復讐されたかのようである。

環境の破壊

巨大な科学技術文明によって破壊されたのは、人間性ばかりではない。人間の外なる環境も、また重大な損傷を被った。二十世紀も後になればなるほど、この科学技術文明がもたらす環境破壊の度合いは増幅されていった。一九七〇年代には、まだ震源地の特定が可能な公害が問題とされるだけであったが、一九八〇年代には、震源地の特定されない地球環境全体が問題とされてきた。

大量生産と大量消費を至上命令とする巨大な技術文明は、地球から資源やエネルギーを無限に引き出し、大量の廃棄物を無限に吐き出すことを前提していた。産業システムから家庭生活まで、その構造は変わらない。そのことを前提して、二十世紀の技術文明は膨張に膨張を重ね、飽くことのない利益追求をしてきたのである。

この資源の無限の浪費と廃棄物の無限の排出は、結果として、大気汚染や酸性雨、森林破壊や水質汚染、土壌流出や砂漠化、海洋汚染や野性生物の絶滅、温暖化やオゾン層の破壊などをもたらした。技術文明の破壊の手は、地球の内にも外にも及んだのである。二十世紀人以外に、これほど凄まじい勢いで、これほど大規模に、自然環境の駆逐を行ないえた人類もいなかったであろう。巨大な技術文明の中で、技術者も科学者も政治家も経済人も一般大衆も、それぞれが盲目的に目先の利益と享楽を追求していった結果として、このことは起きてきたのである。もしも、人間がその限界を意識していたのなら、これほどの規模にまで破壊が進むということもなかったであろう。

二十世紀は、その当初から、大量生産と大量消費のための大規模なシステムを発明した世紀であったが、それは、大量の資源を使って、大量の製品を作り出し、大量の大衆に消費させるシステムであった。したがって、製品の売れ行きをよくするには、販売した製品をすぐに使い捨てさせる必要があった。デザインなどを短期間に変えて、製品を陳腐化し、消費の回転速度を早める方法が取られたのは、そのためである。だが、それは、ますます資源を浪費し、大量の廃棄物を排出し、大規模な環境破壊をもたらすことになった。

人間がつくりだした巨大技術というメディアは、それ自身無限に自己膨張して、まわりの環境を無限に駆逐した。人間と環境の中間者であることをやめ、限りなく自己膨張していく二十世紀の巨大なメディアは、すでに、山や川、草や木、大地や海、空や宇宙までも征服し、支配下に治めたかのようにみえる。しかし、そのことによって、地球環境の破壊がもたらされ、人類自身の生存さえ危うくなってきているとすれば、人類は、ここでも、愚かにも、自らつくった巨大なメディアによって復讐されているのだと言わねばならない。

生命の操作

このメディアの途方もない発達は、二十世紀末には、生命の操作さえ可能にした。二十世紀が始まった一九〇〇年、生物学では、メンデルの遺伝法則が再発見され、染色体中の遺伝子の存在が理論的に予言されていた。これが、遺伝学さらに分子生物学へと、生物学を急速に発展させていく出発点になった。予言されていた遺伝子の正体がDNAであり、その中にすべての遺伝情報が組み込まれていることが発見されたのが一九四四年、一九五三年には、DNAが二重螺旋構造をもっていることが発見され、以来、遺伝学や分子生物学は飛躍的な発展を遂げていった。その結果、下等動物から高等動物に至るまでのDNA中に組み込まれた遺伝情報の解読が進み、遺伝子組み換え技術や生殖技術の発達ともあいまって、二十世紀末には種々の生命操作が可能になった。

例えば、遺伝子組み換え技術を用いた遺伝病の治療も可能になり、また、遺伝子組み換え技術、細胞培養技術などを用いた医薬品の大量生産や農産物の大量生産など、バイオ・テクノロジーも発達してきている。さらに、遺伝子組み換え技術、多排卵操作、複数受精卵移植手術を用いた家畜の大量生産も可能になってきている。他にも、人工受精による代理出産や脳死状態からの臓器移植など、様々な生命操作が実際に行なわれている。

そればかりでなく、ホルモン操作による動物の性転換をはじめ、両性具有の動物をつくることも、動物に複式妊娠を起こさせることも、遺伝子操作によってビッグサイズやミニサイズの動物をつくることも、動物のクローン（コピー）をつくることも、キメラ（異種合体）をつくることも可能になった。このことは原則として人間にも適用できる。戦慄を禁じえないことだが、遺伝子操作を行なえば、体細胞を使った生殖技術によって、全く同一の人間を大量生産することも理論的には可能だという。

二十世紀は、科学上の発見がすぐに技術に応用されて、大きなビジネスに発展する時代であったが、生物学の成果も例外ではなかった。二十世紀末、生命操作が可能になって、人間はついに生命創造という神の業に手を触れたのである。高度に発達したメディアが神の代理を務め、神そのものになろうとした世紀、それが二十世紀であった。

なるほど、生命操作技術の発達によって、不妊の悩みはなくなり、遺伝病は克服され、農産物や畜産物が大量に生産され、人類は幸福になれるかのようにみえる。だが、これらの技術を駆使している科学者や技術者は盲目である。かつて原爆製造にかかわった科学者がそうであったように、彼らは、自分で自分が何をしているのか知らずに、ただ目先の科学的・技術的目標に向かって突き進んでいる。そこに、どのような危険性が待ち構えているかは分からない。

それよりも何よりも、この生命操作技術の発達によって見失われたことは、生命の神秘性への畏敬の念であった。この技術の発達によって、生命は機械仕掛けのものとして扱われ、したがって、死も機械仕掛けのものとして理解され、ともに軽視されるようになった。それが、この技術の発達がもたらした最大の危険性であろう。巨大な科学技術文明の中では、人間はまるで機械仕掛けで生まれ、機械仕掛けで死んでいく物体でもあるかのようである。二十世紀が生み出した高度技術というメディアは、生命の領域にまで食指を伸ばし、生と死の意味さえ駆逐してしまったのである。

自動車と核兵器

二十世紀人が生み出した高度技術は、人間と環境の単なる中間者であることをやめて、それ自身の原理で自己膨張し、人間も環境も変質させ、駆逐せずにはおかなかった。例えば、二十世紀が生み出した輸送手段、自動車についても、このことは言える。自動車が大量生産され広く大衆に行き渡ったことは、確かに、人間の行動半径を広め、短時間のうちに遠距離に出向くことを可能にした。しかも、自動車は、ドアからドアへ、個人の意志通りに走り移動してくれる。自動車によって、二十世紀人は空間と時間の主人になったかのようにみえる。二十世紀の人間は、自動車を通して、どれほど多くの便利さを手に入れたか知れない。

しかし、この便利な輸送手段が世界中に充満することによって起こされた弊害も、少なくなかった。何より、交通事故が多発して、死者が急増した。また、地方にまで及んだ自動車革命は、人々の行動範囲を大きくしたから、村の共同社会の結びつきを弱め、農村そのものを激変させていった。さらに、自動車は、人間に時間と空間に対する征服感を与え、ますます、人間を自然支配の独裁者のようにしていった。それでいて、人間は、この自動車を使いこなしているうちに、自動車と同じ機械人間になってしまい、外界のものに対する実在感さえ失っていった。

それればかりでなく、自動車は、人間の外なる環境をも激変させた。通勤距離の拡大とともに、都市は郊外へどんどん膨張し、その分、まわりの緑は次々と駆逐されていった。また、自動車道路の建設のために野や山は切り開かれ、排気ガスによる大気汚染さえ招いた。二十世紀は、メディアの自己膨張によって、人間も環境も復讐された時代なのである。

このことを語る最先端の事件は、第二次大戦以後の核兵器の出現であろう。二十世紀前半にその可能性が予言されていた核エネルギーの解放は、第二次大戦での熾烈な戦いの影響もあって、驚くべき速さで核爆弾の製造を可能にした。アメリカは、第二次大戦中のマンハッタン計画で、約二十億ドルを投下、七千人の科学者、技術者を動員、最高時十二万五千人の従業員を使用し、政府、軍、産業界による巨大な軍産複合体を形成し、瞬く間に原子爆弾を作ることに成功した。しかし、この計画に参加した科学者や技術者は、最終的に自分達が何をすることになるのかについての明確な見通しをもってはいなかった。原爆が途方もない破壊力を示し、今だかつてなかったような予想外の惨状をもたらすことを、彼らが知ったのは、一九四五年の広島、長崎への原爆投下があってからのことであった。たった一発の爆弾で、広島では約十四万人、長崎では約七万人が被爆し、五年以内の死者を含めて、二十七万人あまりが死亡したと言われる。それは、核戦争というものがいかに悲惨な結果を招くかを、身をもって示したのである。それは、人類への最大の犯罪であった。

ところが、一旦開発されたものは極限まで進む。その後も核兵器の開発はとどまることなく、すぐにソ連も追随、他の主だった国々も先を争って、原爆さらに水爆を開発していった。その結果、特に第二次大戦後の米ソを中心とした核兵器開発競争によって、地球上は核兵器で充満し、その数は地球上の人類を何度でも滅ぼしうるほどまでになってしまった。核兵器の破壊力も、ここまでくれば、すでに限界線をはるかに超えてしまっている。人類は賢いのか愚かなのか分からない。地球上の人類を何度でも滅ぼしうるほどの破壊力をもった膨大な数の核兵器を、当の人類が開発したことほどのアイロニーもなかったであろう。そのため、核兵器は、もはやそれを使うことができないというところまできてしまった。核兵器の巨大な破壊力は、核兵器から、兵器としての本来の意味を剥奪してしまったのである。

それでいて、二十世紀後半の人類は、このダモクレスの剣のような核兵器への恐怖感に、絶えず苛まれてもきた。愚かなことに、自らつくった途方もない兵器に自らおののかねばならないということになってしまったのである。それどころか、これも愚かなことだが、二十世紀末には、核兵器の異常な開発競争によって、アメリカもソ連も国力を消耗し、後退または崩壊していかざるをえなかった。

広島、長崎の原爆によって犠牲になった人々をはじめ、その後の原爆実験で被害を被った人々、さらに核兵器の存在に苛まれてきた二十世紀後半の人類のことを考えれば、核兵器というメディアが二十世紀後半の人間に与えた破壊的な影響は計り知れない。それは、人間への最大の犯罪であったが、この最大の犯罪を行なった者がまた人間自身だったのである。核兵器は人間の魂をも破壊した。放射能による環境汚染は言うまでもない。核兵器開発は、人間が生み出したメディアが人間をも環境をも破壊するという現象の最たるものだったのである。人類は、実際の核の投下によっては滅ばないかもしれない。しかし、核を持つことの重荷によって滅ぶことはある。核兵器は膨張の限界を超えた盲目な兵器だからである。核兵器は、巨大メディアという二十世紀の神から人間に与えられた究極の災いであった。人類は、核兵器を手にしたことによって、イカロスのような運命を辿ることになるであろう。

空間と時間の無化

二十世紀に開発された文明の利器、自動車、高速列車、飛行機、宇宙ロケット、どれも、遠距離を短時間で到達するために、無限の速度を求めて、ただひたすら進歩してきた。また、電話、無線通信、ラジオ、テレビは遠方の出来事を瞬時に伝え、厖大な距離を一挙に無にしてしまった。二十世紀後半に高度の進歩をみたコンピュータも、計算時間を短縮するために、より高速の処理能力を求めて、ほとんど極限近くまで開発されてきた。これら二十世紀が生み出したメディアは、どれも無限の速度を追求して、空間と時間を征服してきた。無限の速度による空間と時間の征服、それは、二十世紀の技術が運命的に追求してきた目標であった。

確かに、二十世紀人は、この文明の利器の発達によって、地球のどこにでも行くことができ、地球のどこからでも情報を手に入れることができるようになった。さらに、このような輸送手段や情報伝達手段の進歩によって、空間が縮小されたため、世界はより一体化してもいった。船で動いていた十九世紀末には、大西洋や太平洋を横断して行き来するには、まだ相当な労力を必要としていた。しかし、二十世紀末には、ジェット機の発達に伴って、大西洋も太平洋も、ギリシア・ローマ時代の地中海よりも狭くなってしまった。世界政治でも、首脳達が気軽に集まって問題を解決することができるようになったのは、この技術の発達による。

しかし、文明の利器の発達によって地球が狭くなり、世界が一つになったとしても、そこに至るまでには、人類は、二度の大戦をはじめ多くの戦争を経験してもきた。輸送手段や情報伝達手段の発達のために、かえって国家と国家が入り乱れ、紛争を起こす原因にもなったのである。もしも、十八世紀以前のように、そのような技術がまだ発達していない時代であったなら、ユーラシア大陸一つをとっても、ヨーロッパと東アジアは、それほど紛糾を起こすことなく互いに共存しえたであろう。ところが、十九、二十世紀と時代が降《くだ》るに従って、空間と時間が短縮されてきたために、世界の片隅で起きることでも全世界に影響を及ぼし、国際的な政治摩擦の原因にもなっていった。二十世紀は、このような技術の発達に原因する戦争や紛争の連続だったとも言える。

そのような交通・通信手段の発達によって空間と時間が征服されたために、二十世紀の人間が陥ったことは、過程の喪失という現象であろう。例えば、旅の意義は、単に目的地に到着することだけでなく、目的地に到達する過程での発見、期待、時間、それらすべてを含んでいる。ところが、時代が降るに従い、交通手段が発達し、この過程はますます省略されていった。そのため、二十世紀末の現状では、人々は、旅行をするにも、ただ航空会社や観光会社の企画に乗って、忙しく動き回るだけということになってしまったのである。ここには、過程にあったあの余剰の豊かさがない。

通信手段の発達によって、世界中のあらゆる出来事が家庭内で瞬時に見ることができるようになったことも、二十世紀人の空間感覚を大幅に変えた。それは、何よりも、世界の出来事を知るために時間と距離を必要としなくなったために、人々から実在感というものを奪った。テレビに映し出される世界中のどのような出来事も、単なる映像としてしか受け取られず、実在感をもっては受け取られなくなってしまったのである。そのため、どのような悲惨なことでも、まるで他人事のようにしか受け取られないことになる。

確かに、自動車や列車、飛行機などの高速輸送手段の発達によって、二十世紀人は、遠方へ赴くにしてもそれほどの時間を必要としなくなった。また、電話や無線通信、ラジオやテレビの発達によって、遠方の情報を仕入れるにもほとんど時間を必要としなくなった。どんなに複雑な計算をするにも、コンピュータを使えば、どれほどの時間も必要としなくなった。そのように時間を追放して、人々は、短時間により多くの事を成し遂げ、経験し、見聞することができるようになったのである。

しかし、そのことによって、二十世紀の人間が失ったことも多い。短時間に多くのことを見聞することになったために、新しい情報が次から次へと押し寄せてきて、人々はそれに対応することで忙しく、その結果、じっくりとものを考えたり受け止めたりする持続ある時間というものを失ってしまった。そのため、人々は、外界の様々なものをただ通り過ぎていくだけになったのである。

二十世紀は、家庭の中にラジオやテレビ、電話など、多くの放送・通信機器が入り込んだ時代であった。それによって、われわれは生活の便利さと手軽な娯楽を得た。しかし、その反面、われわれは、次から次へと伝達される情報の洪水の中で、ただ目まぐるしく対応し動いているだけで、次第に判断力や批判力さえ失ってきた。二十世紀の人間ほど、目まぐるしい変化の中で多忙に生活してきた人間もいなかったであろう。加速度的変化の中で持続を失った人間、それが二十世紀人であった。

自らつくりあげてきたメディアによって、過程を失い、持続を失い、人々がただひたすら忙しく世界中を動き回っている二十世紀の風景は、いまだかつてなかった風景であろう。高度に発達したメディアによって時間と空間が追放された結果、二十世紀人から永続への感覚が失われたのである。

機械の人間化と人間の機械化

二十世紀がつくりあげた巨大なメディアは、中間者という本来の限度を越えて、それ自身で自立的な働きをし、鉄とコンクリートで組み立てられた機械的世界をつくりあげた。われわれはこの機械仕掛けの世界を住みかとして生き、環境として生きている。機械的世界は、われわれにとって第二の自然になったのである。人類は、誕生して以来、自らの身体を延長して道具をつくり、それを通して自然環境を改造してきた。だが、二十世紀に至って、この身体の延長である道具が異常に膨張して、逆に、人間自身を組み込む巨大な世界に発展してしまったのである。

二十世紀のメディアも、もとは人間の身体の延長であったから、そこから出来上がる機械的世界もまた人間に似ている。様々な交通機関は足の延長であり、通信機関は目や頭脳の延長である。そのため、巨大な機械仕掛けの世界は、それ自身、人間のように自動的に動く機械のように見える。二十世紀は人間が機械化しただけでなく、機械が人間化した時代なのである。自動制御によって多様な仕事を器用にこなすロボットは、機械の人間化の象徴である。だが、それ以上に、現代の世界そのものが、巨大なロボットと化しているのである。

人間はこの巨大なロボットの中で動く歯車のようである。人間は、巨大な自動機械の中に住んで、自らも機械化してしまった。二十世紀末の今日では、人間は、すでに、起きてから寝るまで、生まれてから死ぬまで、機械仕掛けの世界に住み、自らも機械化している。もともと、人間をも機械仕掛けのものとしてみた科学技術が、人間を機械化してしまうのは当然と言えるかもしれない。人間が機械化してしまう世界では、人々は次第に思考力まで鈍らせ、外部の刺激に対してただ反応しているだけの人間になっていく。そのようなところでは、感受性さえ奪われてしまうであろう。交通手段の発達によって生じる事故や兵器の発達によって生じる戦争などで死んでいく人々の死も、それほど厳粛には受け取られないような世界が出来上がってしまったのは、そのためである。機械が人間化する分、人間が機械化してしまったのである。

何事も機械的に処理されていく世界では、人間の人間としての能力はむしろ退化していく。何でも機械が叶えてくれる世界の中に育って、人間は自分の力で物事を処理していく能力を退化させ、極度に分業化した専門産業にますます依存していく。機械が賢くなる分、人間は馬鹿になる。自らがつくった巨大なメディアの世界の中で、人間がむしろ退化していったのが、二十世紀だったのではないか。

確かに、二十世紀の科学技術文明の進展は、われわれの生活をより便利にし豊かにしてきた。その点では、二十世紀はいまだかつてなかったほどの発展を遂げた世紀であった。しかし、それは、人間を必ずしも幸福にはしなかった。二十世紀は、科学技術の発達のために、悲惨な戦争を繰り返さねばならなかった世紀でもあり、貧困や環境の問題を解決できなかった世紀でもあった。機械文明の危険性を警告してやまなかったガンジーの予言に対して、人類はまだ何の答えも出していない。

第三章　大衆社会の出現

1　大衆消費社会の実現

増大する人口と大都市社会

十九世紀後半から二十世紀初頭にかけて、先進諸国では、科学技術の進展とともに新しい産業構造が形成され、大量生産と大量消費経済は時代を追うごとに大規模化してくる。それに従って、人口は加速度的に都市に集中し、運輸、通信の技術の発達も伴って、都市はますます膨張していった。こうして形成されてきた大都市には、田舎の土地から離れたおびただしい数の人々が密集し、これが、右にでも左にでも容易に動きうる流動的な大衆社会を形成した。しかも、この大衆社会の出現によって、二十世紀は、社会構造から政治形態まで大きく変容していかざるをえなかったのである。

大衆社会の出現は科学技術文明の進展の所産であり、大衆は科学技術文明の落し子であった。人々は、文明の利器によって固められ機械化された大都市空間を第二の環境として自由に動き回り、科学技術文明の与える恩恵を享楽した。不特定多数の人々が大量に出現し、経済はもちろん社会も政治も文化も動かすようになったこと、それは二十世紀の見逃すことのできない事実である。

現に、第一次産業革命、第二次産業革命と、産業構造の大変革が行なわれるたびに、世界の人口は幾何級数的に増大し、その増大した人口はほとんど都市に吸収されていった。そのため、ここ二百年間、地球上には、百万、五百万、一千万という膨大な人口を抱えた巨大都市が、次から次へと生まれていった。単に近代文明の進んだ先進地域ばかりでなく、後進地域でも、多くの都市が巨大化の一途を辿った。ロンドン、パリ、ベルリン、モスクワ、ニューヨーク、デトロイト、サンフランシスコ、メキシコシティ、東京、大阪、北京、上海、カルカッタなどは、その一例にすぎない。これら巨大都市は、産業経済の発達によって、大量の人口を養う能力をもっていた。そのため、人口は、農村部から巨大都市へとますます集中していったのである。

この集中する人口を養うために、大都市には高層ビルが林立し、地下鉄が走り、自動車道路が縦横に伸び、鉄とコンクリートで固められた機械的環境を形成して、大都市はますます膨張していった。そのような欲望の巨大組織とでも言うべき大都市の中で、人々は享楽的な生活を享受したのである。二十世紀の文明は大都市文明でもあった。

このような大都市にひしめき合って生活したのは、膨大な数にのぼる故郷喪失者達であった。彼らは、故郷の共同体を捨て、自由と便利さを求めて都市に流入してきたのだが、しかし、それゆえにこそ、自らの拠り所を失って、右往左往する群衆と化していった。都市において、旧来の秩序が崩壊し、巨大な機械仕掛けの管理体制が必要になったのも、故郷を喪失した大量の群衆が都市に密集するようになってからのことであった。

十九世紀以来、産業技術文明の発展とともに、人々は共同社会から解放されて自由になったのだが、同時に、そのために、人々はバラバラになり断片化してもいった。この断片化した人々を再組織化していったのが、二十世紀の大都市文明であった。企業や労働組合、政党や宗教団体など、様々な集団組織は、断片化された大衆の再組織化の道具であった。近代の自然科学は、物質を細分化して原子にまで至り、それを再統合して物質の組成を明らかにしようとしたが、現代社会も、同じように、断片化した原子のごとき人々を再統合して、多くの巨大組織を形成していったのである。このような大衆社会化は、確かに十九世紀から始まっていたのだが、二十世紀は、これをさらに大規模に実現するとともに、そのような社会構造を地球上に広汎に拡散させていった。

十九世紀も、二十世紀も、産業技術文明の目覚ましい発展とともに、社会の階層的秩序や慣習は瞬く間に崩壊し、人々は平均化され水平化されていった。この平均化され水平化された人々が大都市に群居し、巨大な大衆社会を形成したのである。そのような人々は、旧来の秩序から離反したために、自らのアイデンティティを失って、内面に孤独と不安を抱えていた。そのために、彼らは、また、皆が同じであることを確認するために寄り集まり、様々な標識のもとに様々な集団を形成したのである。現代の大衆社会は、そのような平均人によって形成される多くの集団によってつくられている。そこには、どれほどの個性というものもなく、ただ画一化された群衆が液体動物のようにうごめくだけである。

情報化社会という名の劇場社会

そのような平均化された大衆を一挙に糾合して、情報や映像が間断なく飛び交う均一な社会を築き上げたのが、二十世紀のマス・メディアであった。新聞は言うに及ばず、何より、ラジオやテレビが人々に大量の情報を提供して、人々の意識を支配し、社会全体に君臨した時代、それが二十世紀という時代であった。二十世紀は情報化の時代でもあった。

それまで主に通信に使われていた電波を民間企業に最初に開放し、商業放送を開始したのは、アメリカであった。一九二〇年にペンシルベニア洲ピッツバークのウェスティングハウス社が設立したKDKA局は、世界最初の商業放送局であった。以来、ラジオ放送は世界中に広まり、二十世紀の情報化社会の幕が切って落とされた。ラジオ放送は、ニュース、スポーツ、音楽、演説、ドラマ、娯楽、教養、健康、あらゆる番組を編成し、あらゆる情報を不特定多数の聴衆に伝達して、大衆の心を一挙に捉えた。世界中の情報が家庭の中に直接飛び込んできて、人々は、居ながらにして音楽会やスポーツ競技の雰囲気を味わうことができた。家庭の居間が、そのまま、世界中の情報を獲得し、それに反応し興奮する劇場と化したのである。

ラジオ放送の開始こそ、二十世紀の情報化社会の出発点であり、それは、十九世紀末以来の科学技術の進展の大きな成果であった。しかも、ラジオ放送が最初に開始されたのがアメリカだったというのも、二十世紀を象徴する出来事であった。二十世紀は、アメリカの世紀であり、科学技術の世紀であり、同時に、大衆文化の時代だったのである。

ラジオが普及した二十世紀前半は、また、映画の流行した時代でもあった。映画もアメリカで最初に開発されたものだったが、これも瞬く間に世界中に広がった。映画は、世界中の出来事やドラマを直接目に見える映像として人々に提供し、人々は、それらを楽しむために足繁く映画館に通った。

この映画とラジオを結びつけてテレビジョンとして開発したのもアメリカであり、すでに第二次大戦前には、その実験的な放送が開始されていた。そして、第二次大戦後、テレビ放送は急速に世界中に普及していった。音声ばかりでなく、映像までも伴って、あらゆる情報を直接家庭の中に送り込むことを可能にしたテレビは、ラジオ以上に、社会をますます劇場化していった。テレビの画面に登場する映像は単なる現実の影にすぎなかったのだが、二十世紀後半の大衆は、この現実の影を実在と思い込み、この幻影世界の中で生活するようになった。その幻影が膨大な大衆によって共有され、この共同幻想の中に人々は埋没していったのである。

二十世紀末は情報化革命の時代と言われたが、情報化革命は、実際には、すでに、二十世紀前半から後半にかけてのラジオ・テレビの普及とともに進行していた。二十世紀末は、ラジオ・テレビをはじめとして、電信、電話、映画、テープ、ビデオ、CD、コピー、ファックスなどの複写技術が、コンピュータや集積回路の技術の発達のもと、様々に複合されて、より複雑な情報機器を生み出し、より複雑な情報化社会を形成した時代であった。このマルチ・メディアの発達とともに、社会全体のネットワーク化はますます進展し、社会の劇場化はほとんど極限にまで達した。そこでは、大量の情報が激しくやりとりされ、あらゆる情報が飛び交って充満し、社会は一種の発熱状態を呈した。二十世紀末の段階では、世界各地の事件はほとんど時間をおかずに衛星放送で同時放送され、多国籍企業では、地球全体に張り巡らされた本支店網が二十四時間稼働し、国際金融市場も昼夜休むことなく動き、瞬時に情報が交換されるようになったのである。

二十世紀は、このように、情報化という名のもとに、世界全体が一つの劇場と化していく過程の中にあった。ここでは、思想からファッションに至るまで、束の間の流行が世界中の大衆を支配し、大衆はマス・メディアによって操作され妄動した。大衆は、マス・メディアによって形成される得体の知れない世論に支配され、時折登場してくる大衆煽動家の後を追い、煽り立てられるセンセーショナルな事件に興奮し、独裁者や映画スターやスポーツ選手を偶像化した。

だが、これらマス・メディアが過剰なまでに提供する刺激的な情報も、また、大衆によっていともたやすく消費されてもいった。次々と津波のように押し寄せてくる情報を、人々は十分吟味するということもなく、すぐに忘れ去ってもいったからである。マス・メディアが送りだす政治家や映画スターやスポーツ選手の情報も、単なる商品、消費物資にすぎず、その時々の単なる記号にすぎなかった。二十世紀の情報化社会は、すべてのものを単なる記号に還元してしまったのである。

十九世紀の社会は、主に、人間の手足の延長としての機械が支配した社会であった。それに対して、二十世紀は、特に、人間の目や耳の延長としての機械、つまりマス・メディアが社会を支配した時代であった。二十世紀人は、人間の目や耳の延長としてのマス・メディアを通して、外界を認識した。ラジオやテレビはそのような人間の器官の延長上に発達したものであるが、それらは、登場すると同時に、二十世紀人の知覚器官と化し、二十世紀人はそれなしで外部の世界を捉ええないほどになってしまった。しかも、二十世紀人は、ラジオやテレビがつくりだす世界が実在の世界以上に実在的な世界ででもあるかのような錯覚に陥ったのである。

人間は、昔から、自らの身体を延長して、種々の道具つまりメディアを発明することによって、外界を認識してきた。だが、また、人間の知覚構造は、この人間が発明したメディア自身によっても支配されてきた。メディアの変革と発達に応じて、人間は外界の認識を変革してきたのである。かくて、二十世紀が生み出したラジオやテレビというメディアは、人間の聴覚や視覚を刺激し、広大で感覚的な外界を形成するとともに、大量の感覚的人間を生み出したのである。

二十世紀が開発した電磁波利用技術は、時間と空間を一挙に克服したため、世界中の大量の情報を大量の大衆に一挙に伝えることを可能にした。だが、この大量の情報を受け取る大衆は、洪水のように押し寄せてくる過剰な情報を、ただ感覚的に受け取り、それに感覚的に反応し、すぐに忘却していくだけであった。人々は、与えられるセンセーショナルな情報にしばしば興奮するが、またすぐさま忘却もし、これを繰り返すうちに、逆に無感動な人間にもなっていった。二十世紀の大衆は、ラジオやテレビなどメディアを通してのみ外の世界を知覚するようになったから、次第に外界の自然に対する実在感を失い、思考力や判断力さえ麻痺させていったのである。人々の精神は散乱し、持続を失っていった。それは、メディアというものが二十世紀の人間になした復讐だったのかもしれない。

大量消費社会と使い捨て文化

このようなマス・メディアがつくりだす劇場社会の中で、二十世紀の人々は、耐久消費財からファッションに至るまで、大量の消費生活を享受した。

大量消費生活を最初に生み出したのも、アメリカであった。第一次大戦が終わって、一九二〇年代に入ると、アメリカの大量生産技術は耐久消費財の量産に向かった。ラジオや蓄音機が大量に出回り、電気冷蔵庫、電気洗濯機、電気掃除機、電気アイロン、扇風機など、家庭電化製品が大量生産され、アメリカの家庭を満たした。さらに、すでに二十世紀初頭に大量生産方式が開発されていた自動車も、想像を絶するほどの量産が行なわれ、自動車は大衆レベルまで普及していった。多くの家電製品によって家事労働を軽減し、余った時間でラジオ番組やレコード音楽を楽しみ、週末には自家用車で買い物やピクニックに出掛けるといった、今日の先進諸国では当たり前になった生活様式を最初に編み出したのが、二十世紀前半のアメリカだったのである。それ以来、このアメリカン・ウェイ・オブ・ライフは世界中の人々を魅了し、誰もがこのような豊かな暮らしぶりを夢み、受け入れていった。抗することのできない消費生活への魅力によって、大衆消費生活は急速に世界中に広まっていったのである。

十九世紀半ばにヨーロッパに生まれた百貨店も、二十世紀には、アメリカの大都市で隆盛を極め、大衆の消費意欲を掻き立てた。このデパートという新しい流通産業こそ、二十世紀の大衆消費社会の象徴であった。それは、大衆の欲望を刺激し、消費を奨励し、豊かな生活を演出した。そのことによって、より大量の製品の生産を可能にしようとしたのである。豪華なデパートには多種多様な商品が陳列され、しかも、人々はそれを自由に手に取って選ぶことができたために、買い物は一種の娯楽になっていった。そして、消費者は王様に祭り上げられ、消費は最大の美徳に変わっていったのである。

大量仕入れによってコスト・ダウンをはかり、量販を可能にしたチェーンストア方式を生み出したのも、一九二〇年代のアメリカであった。それは、同じ形の小店舗を広い地域に分散させ、あらゆる面で大幅な経費節減をはかり、安価で豊富な商品群を大量に売りさばいた。

賞賛すべきなのか、批判すべきなのか、同じ頃、アメリカでは、分割払いのクレジット方式も生まれている。それまでの耐久消費財の購入は、貯金をしてお金がある程度たまってから購入するというやり方が一般的であった。ところが、この頃から、クレジット会社が登場し、そのため、金を借りて先に商品を手に入れ、その後に借金返済のために働くという生活形態が生まれた。それによって、大衆の欲望はますます刺激され、消費意欲も掻き立てられ、労働意欲も引き出され、アメリカ経済は膨張に膨張を重ねていったのである。

この大衆の欲望の刺激に貢献したのが、マス・メディアを使った広告であり、それを企業化した広告業であった。それは、大衆の要求に応えるというよりも、むしろ、大衆の欲望を無理に掘り起こし、大衆がもつべき夢を無理強いさえした。大衆は、その夢を追うのに駆り立てられたのである。

二十世紀前半のアメリカ経済の発展を支えていたのは、そのような過剰なまでの欲望の刺激と過剰なまでの消費の奨励によって成り立つ大衆消費社会構造であった。世界の先進国は、どこも、このようなアメリカの大衆消費経済を採用し、自らの経済発展を実現せざるをえなかった。

だが、このようなアメリカ的生活様式は、物の使い捨ての上に成り立つものでもあった。過剰なまでの大量生産を可能にするには、大量の消費を必要とし、その回転をより早くする必要があった。そのために、自動車から家電製品に至るまで、次から次へと使い捨てられていった。他社を追い抜くためにも、自社の新製品を買わせるためにも、自動車や家電製品は次から次へとモデルチェンジがなされ、以前のものは、まだ十分使用に耐えるものでも、人工的に陳腐化され、スクラップ化されていった。企業によってあらゆる商品がファッション化され、そのファッション感覚が売られたのだが、ファッションであるがゆえに、それさえすぐに使い捨てられていった。激しい流行の変化の中で、商品の寿命はますます短くなっていったのである。しかも、企業によって誘導される使い捨て文化の中で、人々は、ますます利那的な時間感覚に支配され、持続するものを失い、飽きっぽくなってもいった。アメリカ的生活の豊かさは、大量浪費経済の上に成り立つ砂上の楼閣のようなものだったのである。浪費の生活を営むには、お金はいくらあっても足りず、ますます拝金主義は募っていった。このような生活様式がアメリカから世界中に広がり、世界を席捲したのが、二十世紀だったのである。

大量消費社会と都市文明

二十世紀の都市文明は、そのような大量消費社会の縮図であった。

大都市では、どこからともなく大量の物があふれ出てきて、どこへともなく消費されていった。ここでは、人々は消費の一単位にすぎず、個性をもった個人としては扱われない。なるほど、大都市の巨大市場では、その発達とともに、消費者の個性にあった商品が売り出され、個性ある消費文化が作りだされていくようではあった。しかし、その個性ある消費文化そのものが、企業によって企画され、画一的に大量生産されたものによって成り立つものであった。個性と言っても、人工的に作りだされた個性にすぎない。個性的な生活ということまでも含めて、すべてのものが画一的に生産されていくために、人々の好みも画一化していった。人々は、そのような画一的な消費文化に否応なくはめ込まれ、消費の一単位としての大衆にされていったのである。

巨大都市は、生活空間を均質化し、人々を平均化したのである。この平均化された大衆が大量の物資を消費し、フッションやレジャーに時間を費やす社会、それが二十世紀の生み出した都市社会というものであった。確かに、都市社会に生まれる文化は、刺激的で変化に富み、人々を魅了するものであった。しかし、それは、また、感覚的で利那的な持続性のない文化にすぎなかった。

巨大な都市文明は、情報、通信、交通網を縦横に巡らし、文明の利器に囲まれた豊かな生活を実現した。人々は、この過剰な体制の中で、まるで玩具を扱って楽しむ子供のように、生活必需品から耐久消費財に至るまで、大量の物を消費し、あり余る余暇を、スポーツや演劇、映画やイベントに明け暮れて暮らすようになった。ここでは、遊びは単なる気晴らしとなり、必ずしも精神の充足が得られたわけではなかった。そこに生み出される消費文化は、マス・メディアが作りだすセンセーションや企業が企画するイベントなど、凡庸な文化にすぎなかったが、大衆は、ちょうど劇場の中の聴衆のように、それらが生み出す幻想を共有し、それに埋没して生きていくようになった。人々は、与えられた豊かな体制の中で、いつまでもそれに満足し、甘えて生きていこうとした。巨大な都市文明の中で、大衆は、まるで文明の寄生虫のように、世界中から集まる物資や情報を消費していった。大衆は、思想でも科学でも、スポーツでもファッションでも、何ものも消費してやまなかったのである。

しかし、このようなことを繰り返していれば、いずれ咎めはある。現に、大量消費経済は、多くの問題を投げかけた。大都市での住環境の悪化や交通渋滞、水質汚染や大気汚染、大量の廃棄物など、大量消費経済のもたらした環境悪化は、次第に大都市の生活空間を蝕んでいった。このまま大都市の生活環境が悪化していくと、やがて富裕層が都市から離れ、その代わり貧困層や第三世界からの労働者が都市に住み着き、都市はスラム化していくであろう。すでに、その傾向は、ニューヨークなどには現われている現象であり、二十一世紀の都市文明の行方を暗示している。

十九世紀以来、世界の都市は膨張に膨張を重ね、その勢いを地方にまで及ぼし、地方をも都市化してきた。しかし、膨張には限界がある。都市文明も、どこまでも膨張していけるものではない。二十世紀が生み出した巨大都市も、やがて人間の魂と環境を浸食して、活力を失っていくであろう。

二十世紀がつくりだした豊かな文明は、同時に、それを消費していく大衆を大量に生み出した。この大衆の消費的な生活は、それを成り立たせた社会そのものを浸食していくことになるかもしれない。そのことによって、二十世紀の豊かな文明も、衰退していくであろう。二十一世紀の文明は、そのような衰退の兆候を内包しながら、しかも、それに人々が気づかないまま浮遊する無定形な文明になるであろう。

2　大衆の国家

大衆民主主義と欲望の肥大化

十九世紀後半から二十世紀にかけての科学技術の進展、産業構造の大規模化、人口の増大などによって形成された大衆社会は、二十世紀の政治形態をも大きく変化させた。自由民主主義を採用した国家も、この大衆社会化現象によって、個人主義的な自由主義から集団主義的な民主主義へと大きく変わっていった。

古典的自由主義では、自立した個人の自由な意思が尊重され、たとえ代議制民主制がとられた場合でも、代議員一人一人の自由で責任ある見解が重んじられた。ところが、工業化の進展とともに人口が増大し、国家の抱える国民の数が膨大な量になって、社会が大衆化してくると、大衆の政治参加の要求は日増しに募り、どの国家でも、次第に普通選挙が実施されるようになってくる。そして、普通選挙が実施される段階になると、代議制民主制も政党中心の政治に変化していった。その結果、代議員も、個人の自由な意見よりも、党の意見に従って行動しなければならなくなり、選挙民も、個人としての代議員より、政党の方を中心に選ぶようになってきた。そのため、各政党は、できるだけ大量の大衆の支持を得るために、絶えず大衆に取り入った。代議員も、大衆の支持を取りつけるための政党の道具とされ、政策決定も、できるだけ多くの大衆の支持を得るために、大衆への迎合に終始することになった。こうして、大衆社会の登場とともに、自由民主主義は次第に大衆の目先的な欲求に左右されるようになった。古典的な自由民主主義は、大衆民主主義へと変貌していったのである。

古典的な自由民主主義から大衆民主主義への変化は、普通選挙の実施あたりをメルクマールにしてみることができる。成年男子による普通選挙が最も早くに発達したのは、十九世紀のアメリカにおいてであった。ついで、十九世紀後半のイギリス、フランス、ドイツなどヨーロッパ諸国やその海外植民地国家が続き、二十世紀になって、日本などにも波及してくる。婦人参政権も、これより少し遅れて、アメリカを先頭に、十九世紀後半から二十世紀前半にかけて実施されるようになった。この選挙民の数の急激な拡大とともに、古典的な自由民主主義は次第に間に合わなくなり、大量の有権者の多様な要求を糾合するめに、政党政治が確立されていったのである。ほとんどの先進自由主義諸国が普通選挙制度を拡大し、政党政治を制度として確立したのは、二十世紀になってからとみてもよいであろう。かくて、二十世紀は、政治が大量の大衆の気分によって左右される大衆民主主義の時代になったのである。

選挙民の数の拡大とともに、複数政党制が確立していったのも、大量の大衆の多種多様な要求を吸収し、政治に反映するためであった。だが、それとともに、政党の力は強大になり、代議員は党議への服従を要求され、一人一人の代議員の価値は次第に低下していった。また、重要な政策に関する決定は、まえもって多数政党やこれと他党との妥協によって決められ、議会での討論は単なる儀式と化していった。議会の地位も次第に低下していったのである。

大きな力を揮うのは多数政党であり、議院内閣制をとっている場合には、この多数党とこれによって形成される行政府であり、政府や政党の長である。やがて、重要な政策決定は、多数党を牛耳る一人または少数の実力者によって決定されるようになっていく。本来の民主主義は、主権をもった多数の国民の意思を反映した各議員が議会で自由に討論し、政策を決定するというところにあった。ところが、この本来の民主主義の理想は、政党政治の爛熟とともに、次第に少数者による支配へと変質していった。選挙民の量が増えるに伴って、選挙民一人当たりの価値も低下していったのである。民主制が、選挙民の量の拡大とともに、一種の寡頭制に逆転していくという矛盾を抱えたのも、二十世紀のアイロニーであった。

しかも、政党は、できうるかぎり多くの代議員を擁し、議会を制する必要があったから、その政党の長には、しばしば、大多数の大衆に人気のある政治家を当てるようになった。政策の立案や実行に関する能力は、二の次にされたのである。こうして、選挙は、次第に大量の大衆による人気投票と化していった。

このような大衆民主主義のもとでは、凡庸な大衆が、自分たちの願望や幻想を託して、凡庸な代表者を、まるで人気投票のようにして選びだしてくるようになる。したがって、選びだされてきた大衆の代弁者は、大衆の願望や幻想を象徴する凡庸人であることが多かった。政治的な定見も手腕もない人格・識見ともに劣った芸人のような政治家が、大量の票を集めて政治家に選ばれたりするようになったのは、そのためである。

一九三〇年代に、ドイツの大衆の不満や苛立ち、不安や願望を一手に吸収して登場してきたヒトラーなども、大衆民主主義の生み出した怪物であった。だが、大衆民主主義の生み出す凡庸な代表者は、ヒトラーのような独裁者だけとは限らない。第二次大戦中、「ユー・アー・マイ・サンシャイン」というよく知られた歌をラジオで歌って、ルイジアナ州知事に当選した歌手、ジミー・デイヴィスなども、大衆民主主義が生み出す典型的な政治家であった。大衆は、大衆とただ共鳴しているだけの凡庸人を押し立ててくるようになったのである。大衆民主主義のもとでは、およそ指導者としての資格のない者が指導者として登場してくる。大衆が自らの凡庸に合わせて凡庸人を偶像化し崇拝し出したのが、二十世紀であり、二十世紀の大衆民主主義であった。

そのような凡庸な偶像を政治指導者として仕立て上げるのに、二十世紀の生み出したマス・メディアの果たした役割は大きい。二十世紀は、ラジオやテレビなどマス・メディアが大量の大衆を糾合し、砂のような大衆社会を一時的な興奮の渦巻く劇場社会に変えた時代であった。政治が、マス・メディアによってつくられる劇場社会を利用しないはずはない。マス・メディアを意識的に利用し、大衆を思うように引っ張っていく大衆煽動家が現われたのも、当然であった。二十世紀前半に、ラジオを利用して出てきたヒトラーなどはその典型であった。だが、政治がマス・メディアを通して意識的にせよ無意識的にせよ大衆操作を行なうようになったのは、二十世紀後半も変わりはなかった。そのため、二十世紀の政治指導者でも、時代を追うごとに、ただ大衆受けするだけの凡庸な政治指導者しか登場しなくなったのである。

かくて、大衆民主主義のもとでは、政治は、大衆の目先的な欲望によって妄動することになった。凡庸な政治指導者は、大衆の欲望の記号にすぎなかったのである。民主主義がその原理とした自由・平等も、欲望の自由、欲望の平等となり、大衆は、自由のもとに、多種多様な要求を突きつけ、平等のもとに、社会的経済的条件そのものの平準化を要求するようになった。

多くの利益団体が結成され、それが政党や議員を動かし、政治そのものを動かすようになったのも、大衆民主主義における欲望の肥大化現象の一つであった。その結果、議員は利益団体と党とのパイプ役に、政党は利益団体と国家とのパイプ役にすぎなくなった。政府は、政府の方で、それら諸政党から上がってくる利益団体の利害の調整役にすぎなくなる。大衆民主主義のもとでの国家は、このようにして、大衆の欲望の溜まり場と化したのである。

二十世紀の国家が時代を追うごとに巨大な組織国家になったのも、大衆の欲望が肥大化の一途を辿っていったからであろう。国家は、利益団体などを通して上がってくる大衆の膨大な量の要求を調整し処理するために、巨大な官僚組織を擁し、しかも、それは巨大化の一途を辿った。そして、逆に、個々人は、この巨大組織に管理されるだけの欲望の一単位にすぎなくなっていったのである。もしも、今日の自由民主主義国家が、このまま大衆の膨大な欲望に還元され、それに指導者が絶えず迎合していく衆愚政治を繰り返すなら、国家は、生産力の低下や経済力の後退、治安の悪化を招いて、衰弱していくことになるであろう。

全体主義の幻影

二十世紀が生み出したナチズムやコミュニズムなど、全体主義国家も、科学技術や産業主義の発展によって形成された大衆社会化現象を抜きにしては考えられない。

過度な欲望の渦巻く二十世紀の大衆社会では、大衆の欲求は無限であり、それが叶えられないと、大衆の不満はいよいよ昂じ、かえって強力な指導者を求めるようになる。そのようなところへ、大衆のすべての不満を吸い上げ、その不満解決を約束して、大衆の人気を博す大衆煽動家が現われ、それが大衆の偶像にのし上がってきたりする。そして、大衆の過剰な願望がこの煽動家一身に託され、かくて、この煽動家はあっというまにすべての権力を掌握し、大衆の名のもとに国家を独占し、一個の独裁者になってしまう。

一九三〇年代のドイツに登場したヒトラーは、そのような独裁者の典型であった。一九二九年の世界恐慌は、第一次大戦の敗北から立ち上がろうとしていたドイツに大きな打撃を与え、経済危機はいよいよ深刻化し、社会は混乱を極めた。そのような状況のもとに抬頭してきたのが、ヒトラーの国家社会主義党（ナチス）であった。ヒトラーは、混迷の中にある国民大衆に、民族の血の団結と大ドイツ主義のスローガンを掲げ、ヴェルサイユ条約の破棄、対外債務の破棄、国家社会主義的諸政策の実行など、ドイツの現状打破を次々と約束していった。こうして、国民大衆の不満を吸収していったヒトラーは絶大な人気を獲得し、その結果、ナチスは、一九三〇年に四議席から一〇七議席に踊り出、三二年には第一党に躍進した。ヒトラーは、翌年には首相に就任、三四年には大統領制を廃して総統制を敷き、大衆の絶対的な支持のもと、民主的手続きによって、その独裁制を確立していった。同時に、ヒトラーは急激に神格化されて、ドイツ国家は、ヒトラーと一部のナチ党員に占有され、強大な全体主義国家に変貌したのである。

一九一七年のロシア革命を成功に導いたレーニンも、同様に、ロシアを強大な全体主義国家に仕立て上げた。マルクスの階級闘争理論を受け入れたレーニンは、第一次大戦での国民生活の破綻とロマノフ王朝の弱体化を契機に、比較的容易に政権簒奪に成功した。そして、権力を掌握すると、共産主義国家建設のために人民を駆り立て、反対者は容赦なく粛清し、独裁制を確立していった。スターリンの恐怖政治も、単にこれを引き継いだにすぎない。

レーニンやスターリンも、ヒトラー同様、大衆をいかに操作し動員するかに心を砕き、それによって国家建設を成し遂げようとした。そのために、報道機関を独占し、「人間による人間の搾取の一掃」「階級の完全な廃絶」「社会主義の建設と勝利」というような目標を掲げて、ユートピア実現に向かって盛んな宣伝戦を展開し、大衆を駆り立てた。その宣伝は一種の宗教的な呪縛力をもち、ヒューマニズムと抑圧への怒りに目覚めた大衆の心を掌握した。全体主義国家にとって、目標とする社会を建設するには、大衆動員は不可欠だったのである。

さらに、大衆の心を捉えるために、コミュニズムは教義を極度に単純化して、諸悪の根源が資本家階級と私有財産制度にあり、これさえ倒せば理想社会が出来るとした。大衆は、紋切型の単純な考えを好む。社会主義国家の大衆も、そのような単純な教義に魅せられて、社会主義建設に向かって熱狂的に行動したのである。マス・メディアはすでに一人の独裁者の意のままに動くようになっていたから、批判意欲や判断力を失った大衆は、一方的に宣伝される教義を信じ、独裁者の命令を繰り返し、それに積極的に協力していった。全体主義国家は人工的につくられた劇場社会であり、したがって、そこに見られたのは、異常な熱狂と集団的狂信現象であった。何度かにわたって実施されたスターリンの五ヵ年計画で目覚ましい経済成長が達せられたのも、大衆の狂信現象に支えられてのことであった。大衆は、熱狂的に、工場の建設、運河の掘削、鉄道の敷設、集団農場の組織に参加した。その結果、スターリンは、神のように崇拝され、讃美され、偶像化されていったのである。

反ユダヤ主義や大ドイツ帝国の建設を叫んで大衆の熱狂的支持を獲得し、一個の独裁者となったヒトラーも、このスターリンの方法を模倣し、大衆を動員して失業を克服し、経済発展を企図し、対外戦争を企てた。大躍進政策や文化大革命で膨大な数の大衆を集団魔術にかけ、人民公社化や走資派追放を実施した毛沢東なども、大衆を意識的に操作した独裁者であった。そのような数々の独裁者に操られた二十世紀は、集団的狂気の世紀であった。二十世紀は、いわば、自分自身を人一倍正気と思い込んでいる狂人に導かれた時代だったのである。

ナチズムにしてもコミュニズムにしても、全体主義が掲げるイデオロギーは、大衆動員と大衆操作を可能にする道具であった。全体主義国家では、イデオロギーが疑ってはならない絶対の真理とされ、しかも、この真理を党や一人の独裁者が独占し、このイデオロギーに基づいて支配が行なわれた。そのため、全体主義のイデオロギーは教条化され、しばしば敵対者の抹殺のためのレッテルに利用されてもいった。だが、そのような単純化されたイデオロギーは、大衆に好まれもしたのである。レーニンやスターリンは、階級闘争のイデオロギーのもとすべてを割り切り、これに抵抗する者は、すべて人民の敵というレッテルを貼って抹殺していったし、ヒトラーも、人種至上主義のイデオロギーのもとすべてを割り切り、ユダヤ人を共通の敵に仕立て上げて、ナチ運動に大衆を巻き込んでいった。

大量虐殺というような戦慄すべきことが起きたのも、イデオロギーの教条化のためでもあった。レーニンやスターリンは、社会主義建設の名のもとに、おびただしい数の人々を虐殺していったし、ヒトラーも、第三帝国の建設のために、ユダヤ人をはじめポーランド人やロシア人を次々と虐殺していった。のみならず、毛沢東の中国革命や文化大革命でも、ポル・ポト派によるカンボジア革命でも、共産社会建設のために、大量の罪なき人々が虐殺されていった。二十世紀の裏面史は虐殺の歴史でもあった。邪教の流行した時代だったのである。

ナチズムにしても、コミュニズムにしても、二十世紀が生み出した全体主義は、どれも未来に素晴らしい国家や社会の到来を約束した。だが、それらが思い描いた理想国家や理想社会は、どれも大いなる幻滅に終わった。そこに残ったものは、ただ、おびただしい数の虐殺された人々の屍だけだったとも言える。二十世紀は、人々が奇妙な幻想にかられた時代であり、しかも、その幻想によって多くの人々が殺されていった時代であった。人間は幻想を求める動物であり、幻想なくして生きていくことのできない動物ではあるが、その幻想によって、自分達自身を殺戮することのできる動物でもあったのである。

戦争の世紀

二十世紀は、戦争の世紀でもあった。この世紀の前半には、二度の世界大戦があり、後半の東西冷戦でも、第三世界を巻き込んで多くの熱い戦争が戦われたことをみれば、〈第三次世界大戦〉が戦われたとみることもできる。二十世紀は、戦争の絶えなかった時代であり、戦争に明け暮れた時代であった。この二十世紀の数多くの戦争によっておびただしい数の人々が犠牲になっていったことを考えれば、二十世紀は悲惨な時代でもあった。大衆消費社会では物が使い捨てられていったが、ここでは、人が使い捨てられていった。

現に、第一次大戦や第二次大戦では、科学技術の発達に伴って、兵器の殺傷力が極度に高まり、戦争は総力戦化し、国民全員が戦争に巻き込まれざるをえなかった。そのため、戦闘員はもちろんのこと、民間の非戦闘員も含めて、犠牲者は膨大な数にのぼった。第一次大戦でも、戦死者八百五十万人、負傷者二千万人、行方不明者と捕虜八百万人にのぼったと言われる。近代兵器を使った戦争が大量の人命と物資と富とを消耗する消耗戦になることを、第一次大戦は証明したのである。

そのことは、第二次大戦でも変わることなく、むしろ、アジア・太平洋地域への戦線の拡大や科学技術の一層の発達に伴って、犠牲者の数は何倍にも増幅した。特に、第二次大戦では、アジアでもヨーロッパでも、発達した爆撃機によって都市空襲が行なわれ、前線から離れた本国の多くの民間人が殺傷され、住む家を焼き払われ、住む土地を失った。さらに、第二次大戦末期にアメリカによって広島と長崎に投下された原爆は、一瞬にして何十万という人命を奪い、傷つけ、生き残った人々も放射能による後遺症に悩んだ。これほど悲惨な戦争もなかったであろう。二十世紀は殺戮の時代であったと言わねばならない。そこには、戦さによる死の名誉はない。それは、高度に発達した科学技術の背後にある空恐ろしい虚無の深淵をあらわにしただけである。技術が発達した分、知恵は退化した。今日われわれが享受している科学技術によってしつらえられた快適な空間も、数多くの屍の上に築かれたものである。

第二次大戦後の代理戦争やゲリラ戦も、戦闘員と非戦闘員の区別をなくし、大量の殺戮を生むことになったという点では、何ら変わることはなかった。二十世紀の戦争ほど悲惨なものはなかった。十九世紀までの戦争では、まだこれほど殺戮兵器が発達していなかったこともあって、戦争はどこまでも政治の延長として戦われ、まだ法と秩序と節度の世界の中にあった。それに対して、二十世紀の戦争では、それらすべてが失われ、無視され、無秩序化したのである。

だが、この二十世紀の悲惨な戦争も、単に好戦的な独裁者や政治指導者のみによって引き起こされたのではない。そこには、大衆の支持があった。発達した科学技術を駆使した二十世紀の戦争は、必然的に前線と本国、戦闘員と非戦闘員の区別をなくしたから、物量戦を遂行していくためには、本国における国民の生産努力が大きな意味をもつようになった。そのため、国家は、国民大衆の戦意高揚のために、積極的にラジオや新聞などマス・メディアを使って、宣伝戦を繰り広げた。このような国家による大衆操作に、大衆はいともたやすく便乗し、敵愾心を剥き出しにし、マスコミも積極的にそれを煽り立てもしたのである。このことは、一人の独裁者によって支配される全体主義国家ばかりでなく、民主主義国家も同様であった。全体主義国家の独裁者や民主主義国家の政治指導者は、そのような大衆の支持と熱狂に基盤をおいて、戦争指導を行ないえたのである。

全体主義にしても、民主主義にしても、ナショナリズムは、大衆の情念を捉えるのに最も適したイデオロギーであった。二十世紀において、国家と国家のナショナリスティックな闘争が可能になったのも、大衆の支持を抜きにしては考えられない。二十世紀は、国際連盟でも、国際連合でも、この国家と国家のエゴイズムのぶつかり合いを抑制することに失敗した世紀である。

二十世紀は、大衆民主主義と全体主義の相対立する二種類の国家を生み出した。民主主義国家では、自由・平等の原則のもと、主権は国民大衆に分散し、国家は大衆の限りない欲望に還元され、無定形な国家となってしまった。それに対して、全体主義国家では、一人の独裁者にあらゆる権力が集中し、国民大衆はその奴隷のように扱われ、国家は恐怖の支配する独裁国家になっていった。一方の国家では、自由は過剰なほどに許され、他方の国家では、自由はあまりにも欠如していた。節度というものが失われたのである。しかも、どちらの国家体制をとるにしても、互いにナショナリズム化して、悲惨な戦争を繰り返した時代が、二十世紀であった。国家というものが国民の性状を表現する一種の作品だとすれば、二十世紀は、国家が人間の中の非合理な面を噴出させ、表現した時代だったと言うべきであろう。

第四章　文化の頽落

1　低俗の崇拝と専門化

映画と音楽とスポーツ

十九世紀後半から二十世紀にかけて、科学技術の発達に伴い何倍にも増加した人口は急激に都市に集中し、流動的な大衆社会を形成した。大衆は、科学技術の成果によって形成された大都市の中で、あふれるばかりの物と情報に囲まれ、快楽に満ちた心地よい生活を送った。そのような大衆に刺激的な情報や映像を提供して社会を糾合したのが、二十世紀に発達したマス・メディアであった。ラジオやテレビ、映画やレコード産業、新聞や出版業が、人々の好奇心を満たす情報や映像を次から次へと提供し、人々の心を捕獲した。

ラジオやテレビは、報道ばかりでなく、スポーツや音楽、ドラマや娯楽番組を毎日編成して、人々を毎時間楽しませ、映画も、サスペンスやメロドラマ、時代物から現代物まで、あらゆる種類の映像を大量の人々に提供した。レコード産業も、ジャズやロック、クラシックからポピュラーソングまで、あらゆる音楽を供給し、新聞は、ニュースやスポーツ記事、出版業は、大衆小説や漫画、時事解説やハウツーもの、ファッションや旅行案内、月刊誌や週刊誌、あらゆるものを作り出し、大衆の娯楽に供した。そのような中から、映画スターや人気歌手、人気タレントや人気作家など、大衆の偶像が次から次へと生み出され、これを二十世紀の大衆は崇拝した。センチメンタリズムやセンセーショナリズムやスキャンダリズムなど、大衆の好みに合わせて製作され、大衆が享受することによって作り出されていく文化、つまり、手軽で軽快ではあるが安易で軽薄な大衆文化を生み出したのが二十世紀であった。

なるほど、十九世紀後半も大衆文化の時代であった。だが、同じ大衆文化でも、映画の登場は、十九世紀と二十世紀を区別する画期的な事件となった。映画は、それまでの演劇とは違って、喜劇でも悲劇でも、フィルムに大量に複写され、それが多数の映画館で再現されることによって、一挙に大多数の大衆を楽しませることを可能にした。その意味で、映画は二十世紀の大衆文化を象徴するものであった。特に、映画が、無声からトーキーへ、モノクロからカラーへと発達するに従って、それは、よりリアルに人々を疑似体験の世界へと誘い込み、大多数の人々の熱狂的支持を得た。

映画がまず最初に産業として隆盛を極め、世界中に影響を及ぼしたのは、もちろんアメリカにおいてであったが、なかでも、ハリウッドで製作された映画は娯楽性に富み、世界中の大量の大衆に受け入れられた。全国各地に雨後の筍のように建てられた数多くの映画館は、次から次へと製作される新作映画を上映し、毎週、大量の観客を集めた。時代を象徴するような大スターが大衆の人気を博して登場してきたのは、そのような状況からであった。二十世紀前半、イギリスからアメリカに渡って大喜劇王となったチャップリンなども、大衆の心をつかんだ独特の演技力とともに、映画という大量複写による大衆文化なくしては登場しえなかったであろう。第二次大戦後、肉体派女優として人気を博したマリリン・モンローなども、繁栄を極め爛熟期にあったアメリカの象徴として、世界中の大衆を魅了した。

　音楽も、レコードという大量複写技術が開発されたことによって、大量生産と大量消費が可能になり、二十世紀の大衆文化の重要な一翼を担った。この音楽の大量複写がレコード産業として最初に興隆したのも、やはり二十世紀前半のアメリカであったが、これは、たちまちにしてヨーロッパや日本にも普及した。特に、二十世紀前半は、ジャズが、その直感性と即興性、自由なリズムと個性的なサウンドによって大衆の人気を獲得し、因習からの解放というその時代の風潮を表現した。第二次大戦後は、特に、ロック・ミュージックが、若い世代の反抗心や怒りや飢餓感に訴え、若者の熱狂的支持を得て、爆発的人気を獲得した。その代表的スター、エルビス・プレスリーやビートルズは、その時代その時代の世界中の新世代の象徴的存在となった。

　スポーツも、十九世紀末以来、二十世紀全体を謳歌した大衆文化であった。巨大な競技場に多数の観客を呼び入れ、しかも、ラジオやテレビや新聞などマス・メディアを通じて大量の大衆に報じられるようになったスポーツは、急速に大衆が見て楽しむ見せ物になっていった。そして、そこでの優勝者はたちまちにして大衆の英雄となり、大衆の熱狂的支持を獲得した。そのような大衆動員力をスポーツはもっていたために、例えば、近代オリンピック競技などは、第二次大戦前にしても、第二次大戦後にしても、ナチス・ドイツやソ連の国威発揚の場にさえなっていったのである。このように、大衆や国家、マスコミや商業主義の支持があったために、各種スポーツは、その本来の紳士的なフェア・プレー精神から次第に外れていくことにさえなっていった。限界近くまでの記録への挑戦のために肉体を極限にまで改造したり、記録争いや勝敗のみにこだわるという幼稚症の症状さえ現わし出したのは、そのためである。人間は、目先的なことにこだわりだすと、本来の目的を忘れてしまい、子供っぽいことに夢中になる。そのような幼稚症こそ、大衆文化の行き着く先でもあったのである。

マス・メディアと出版文化

映画にしても、音楽にしても、スポーツにしても、それらが大衆に知られ、大衆に聴かれ、大衆に見られるのに、ラジオやテレビや新聞など、マス・メディアが果たした役割は大きい。一部のマス・メディアは、大衆の好奇心を買うために、映画スターにしても、人気歌手にしても、有名スポーツ選手にしても、よりセンセーショナルに、よりセンチメンタルに煽り立て、大衆の過度な興奮を誘い、それによって金儲けをしようとさえした。様々な大衆の偶像を作り出し、これを崇拝させるのに、マス・メディアは大きな役割を果たした。それどころか、マス・メディアは、積極的に偶像を作り上げ、仕立てあげて、大衆に売り込みさえしたのである。この大衆の偶像は、大衆の心情や願望を表現する象徴記号にすぎなかった。人間は幻想を追う動物である。マス・メディアが作り出すそのような象徴記号を、人々は、実際に見たことも会ったこともないのに、自己同一視して、偶像として崇めたのである。

だが、また、そのような大衆の偶像は、空しいことに、マス・メディアによっていとも簡単に使い捨てられてもいった。低俗なマス・メディアは、映画スターや人気歌手や有名スポーツ選手のスキャンダルを暴き出し、偶像破壊によっても商売をしようとした。大衆も、薄情なもので、自ら崇めた偶像の墜落を楽しんだ。マス・メディアによって過度な好奇心を刺激された大衆が、次から次へと生み出されてくる大衆の偶像という愚神を崇拝し、同時に、残酷にもそれを使い捨てていった時代、それが二十世紀であった。恥知らずな時代だったのである。そこには、ただ、移ろいやすい空しい記号のみがあるだけで、何一つ永続し、持続するものはなかった。大量の大衆に一挙に同一の情報を提供するマス・メディアの技術が発達しても、それによって表現される内容まで発達するわけではない。むしろ、内実は退化したのである。

二十世紀は、物にしても情報にしても、大量生産と大量消費の時代であった。マス・メディアは、そのような構造の中にあって、情報の大量生産と大量消費を可能にした。だが、大衆のために大量に生産され、大衆によって大量に消費されていく情報は、そこに込められている意味内容を希薄化し、すべてを低い方に引き下げて、平準化してしまう。そのため、二十世紀の大衆文化は民衆文化としても低落してしまったのである。

マス・メディアばかりでなく、二十世紀は、出版文化も低落の一途を辿った。出版文化の大衆化はすでに十九世紀後半から始まっていたことだが、二十世紀も時代を追うごとに出版物のレベルは低下していった。出版の世界でも、大量の大衆のために、大衆向けの通俗なものが商品として大量生産され、そして、大衆によって大量に消費されていった。そのため、出版物は、より興味本位の俗受けするものばかりが幅を利かすようになったのである。

ベストセラーというものが登場してきたのも、十九世紀末から二十世紀にかけてのことであった。それは、どのような種類のものであれ、大衆のその時その時の気分や好み、指向を反映して、短期間に大量に売りさばかれるが、また、速やかに使い捨てられてもいった。だが、それは企業の利益につながったから、商品価値のあるものとして高く評価された。それどころか、逆に、ある種の出版物は、人為的にベストセラー狙いで出版されるようにさえなったのである。そのため、出版物の質は日を追って低下していった。かくて、膨大な大衆によって構成される二十世紀の社会は、低級な出版物で氾濫することになった。消え去るものではあるが、世にあふれるものは、大衆小説や俗受けする言論やジャーナリズムなど、大衆向けの出版物ばかりであった。

ベストセラー作家や気の利いた評論家、芸人のような学者が、まるで映画スターやマスコミのタレントのように登場してきて、あたかも現代の賢人ででもあるかのようにもてはやされるようになったのも、このような出版文化の大衆化という現象を抜きにしては考えられない。そのため、二十世紀は、三流四流の作家や知識人が大衆に迎合してその時々を謳歌する時代になったのである。彼らが生産するものは思想や文学の代用品にすぎなかったのだが、二十世紀の大衆は、それを価値あるものとして尊んだ。

二十世紀の大衆は、自分より卓越したものを畏敬することを忘れ、むしろ自分達におもねる者のみに敬意を表したのである。より高いものが忘却され、より低いもののみがもてはやされるようになったのは、そのためである。印刷術の発達によって出版物の大量生産が可能になったこと、普通教育の普及によって識字率が上昇したことは、大衆の教養を高めるよりも、逆に文化の方を低め、目を覆うばかりの出版物の質の低下をもたらした。大衆による文化の引き下げと、文化の低い方への平均化は、二十世紀全体を支配した抵抗することのできない流れであった。

二十世紀は、より高いものを求める精神を失った大衆が絶大な力をもった時代であり、その大衆によって文化が大量消費されていった時代であった。その大衆の消費傾向に合わせるようにして、大量の低俗文化が生産され、それをマス・メディアが媒介し、ますます文化の水準は低下していった。商業主義の抗しがたい勢いの中で、大衆文化は、興奮と刺激を求めて加速度的に低俗化していった。このようにして、二十世紀の文化は、より低い方に水平化し、平均化されていったのである。大衆は善美なものへの憧憬の念を失い、偽物と本物の区別ができなくなっていたから、二十世紀の文化は、大衆をより高くするどころか、自ら低俗化していったのである。そのため、この低俗文化の大洪水の中で、まだ十九世紀には存在していた教養ある階層は次第に地下に潜り、それに応じて、高貴な精神も次々に時代から隠れていった。大衆が増長し、低俗を崇拝し、文化を引き下げ、高貴なものを排除していった時代が、二十世紀だったのである。

専門主義者の登場

文化の低落は、大衆文化のレベルでのみ起きただけではない。大衆から超絶している高度な文化、例えば学問の分野でも、低落と堕落は加速度的に進行した。十九世紀の少なくとも前半までは、まだ、諸学問はある共通の世界観のもとに統合され、有機的に連関し、一つの全体を形づくっていた。ところが、二十世紀になって、諸科学は、人文・社会・自然どの分野でも、どんどんと細分化され、学問は、時代を追うごとに専門化し、全体像を見失っていった。

確かに、諸科学が細分化し専門化するに従って、諸科学から提出されてくる情報量は膨大な量にのぼっていった。しかし、その分、十九世紀にはまだあった全体的な統一と統合的理念、共通した世界観はますます見失われていった。

二十世紀の社会が極度に分業化し、それに応じて、大量の情報が生産され、伝統的秩序を失ったように、学問の世界でも、それを反映して、学問分野の細分化と情報の大量生産が行なわれ、統一的理念は次第に見失われていったのである。なるほど、政治社会的なイデオロギーは統一的理念を提出してはいたが、これは、二十世紀のほんの百年の間にも、目まぐるしく興亡盛衰を繰り返し、永続する世界観とはなりえなかった。こうして、二十世紀の諸科学はますます細分化し、われわれの生きている世界とは関わりをもたなくなった。そして、一つの学問分野と別の学問分野の間に、何の統一性も共通理解ももてなくなっていったのである。

このような学問の細分化に対応して登場してきたのは、専門主義者であった。専門主義者は、自己の専門領域にのみ閉じ籠って、ますます全体を見通せなくなっていった。この全体感覚を欠如した専門主義者は、二十世紀の機械仕掛けの社会の構造に合致した歯車人間であり、二十世紀の精神の頽落を表現する人間類型であった。彼らにとっては、ただ同類の間だけで通じる言葉を交換し、閉鎖的な学問世界に安穏として生きているのが、何よりの幸福であった。学問が、世界との有機的連関を失ったのである。彼らは、時代というものに責任をもつことなく、それでいて、機械仕掛けの時代に合致して生きていくことができた。

専門主義者は、狭い領域の知識に精通はしているが、専門以外のことは知らず、知ろうともしない。それどころか、専門外のことについて知らないことを権利とさえしている。専門的知識が与えられていれば満足し、その限界内にいつまでもとどまって、無風状態で暮らそうとする。社会や時代がどのように変化していっても、狭い領域の知識に埋没して生きていく。

専門主義者は極く一部の知識にしか通じていないから、自分のやっていることが社会にどのような影響を及ぼすかということには、無関心である。そのような閉塞状態の中で知識や技術が追究されていくために、専門家集団が集まって発展させていく科学や技術の場合、全体としてどのような方向に行くのかということについては、誰も知らず責任をもたない。彼らは閉鎖的世界で業績の競争に血眼になり、一団として視野狭窄的に動いていくために、全体としては空恐ろしいことを実現してしまうことさえある。二十世紀に開発された原水爆なども、そのような科学者の視野狭窄に助けられて実現されたのである。二十世紀末の段階で急速な発展を遂げている生命操作技術も、何を生み出すことになるかは、当の専門領域に埋没している専門家自身にも分かっていないことなのである。

あらゆる科学は、科学という名が示す通り、本来その分野別の限界をもっている。しかし、それぞれの分野は、同時に、ある一つの真理を写し取ってもいる。ところが、専門主義者は、その全体に通じる真理については気づかず、したがって、他の分野への理解を示そうともしない。自分の信じるある一つのパラダイムのもとに、それを際限もなく専門分化させ、その限界内にとどまろうとする。諸科学は、人文・社会・自然どの分野でも、世界をどのようにみ、どのように考えるかという視点を提供するものであった。そして、二十世紀も、偉大な科学者はそのような世界観を提供してもきた。ところが、専門主義者は、ただ、与えられたパラダイムのもとで、極く小さな分野をこと細かく調べ尽くすのみである。人間は世界の内で世界を問うものであるが、彼らは、そのような人間の原初的な問いを忘却してしまったのである。

いつまでも冬眠している動物のように、専門主義者は自己の専門の中に埋没し満足している。彼らは、人生観や世界観については、たとえ自分の学問分野に関することでも、借り物の知識で済ませている。無知を知ることこそ知の出発点になるのだが、彼らは、まるで洞窟の中の囚人のように、専門以外のことに対する無知を、美徳と考えている。彼らは自己の限界を越えて飛躍しようともせず、飛躍し冒険することを極度に嫌う。この知的閉塞状況こそ、二十世紀の学問の低落をもたらした。際限もなく専門分化していった二十世紀の諸科学は、学問としても頽落したものだったと言わねばならない。

なるほど、二十世紀も前半から後半にかけて、各分野からの詳細な情報だけは大量に積み上げられてきた。だが、二十世紀は、同時に、この大量の情報の中から共通なものを見出し、諸学問を統合していく世界観が失われてもいった。二十世紀の諸科学の発展は専門知識の量の増大に支えられていたのだが、知識量が増大すればするほど、世界の全体像は見失われていったのである。

主に、ヨーロッパにおいてのことだが、十九世紀末も、確かに世界像の散乱の時代であった。だが、十九世紀末の文化は、散乱を散乱として自覚した少数の例外者によって持ちこたえられた。また、二十世紀前半の戦間期のヨーロッパも、世界観の混乱の時代であった。しかし、ここでもなお、危機が危機として自覚されることによって、まだしもすぐれた学問が生み出された。だが、第二次大戦後は価値観は混乱したままであり、学問はより細分化し、学問の統一像は失われたままであった。理念というものが見失われたのである。学問の細分化と知識量の膨大化によって、諸科学の体系化が不可能になってしまったのである。学的精神という言葉で、人間と世界の統一像の追究を意味するとすれば、二十世紀は学的精神の崩壊の時代であったと言わねばならない。

現に、今日出版される学術的な著作や論文は膨大な量にのぼるが、しかし、それらは、あたかも最初から博物館にしまいこまれるべき過去の遺物ででもあるかのように、ほとんどのものが社会に何の影響も与えない。それらの著作物は、まるでひとり言を言っているだけにすぎないかのようである。評価されたとしても、せいぜい仲間うちだけでの評価にすぎない。そのような学問は、すでに社会から孤立し孤独になっているのだが、無感覚な専門家はそれを孤独と理解しない。

現代の諸科学では、各専門領域にのみ通じる記号でコミュニケーションが行なわれているだけである。また、学界というところが、そのような専門領域のみのコミュニケーションの場を用意する。この知的野蛮人の巣窟は、社会から隔絶していることを誇りとする。学者は、学界という閉鎖社会の中で互いに肌を温めあい、学閥や派閥を作って安穏としている。自己の殻の中に閉じ籠って満足している学者は、自分の狭い関心のみの中で眠りこけている。

創造的精神の喪失

創造的精神が失われたのである。特に、二十世紀後半の人文科学は、一般に過去の遺産の解釈や解説に終始した。なるほど、先人の遺産に学んで新しい創造的エネルギーを見つけるのが、ある意味で人文科学の精神ではあった。しかし、人文科学が単なる文献学に堕してしまい、過去の文献の一字一句にのみ拘泥し、その議論に時間を費やすようになったとき、研究者は専門技術者にすぎなくなり、学問は創造性を失う。単なる文献学が流行するとき、その時代の学問はすでに終末にきたとみるべきである。二十世紀末の人文科学は精神的衰退期に入り、創造的精神を失ったと言うべきであろう。

過去の研究を専らとする歴史学でさえ、本来は、過去と現在の対話の中で、過去の人々の生き方とその時代の全体像をつかんで、生きた歴史を語り出すべきであった。ところが、歴史学も、時代が降るに従って、ただ過去の微細な歴史事象を調査することだけに満足し、それを高度な学問と勘違いするようになった。歴史学も専門主義化し、袋小路に入り、創造的精神を失っていったのである。

かくて、人文諸科学では、多くの文献が注釈され、解釈され、翻訳されはするが、新しいものを生み出す生命力は失われた。すさまじい情熱ではあるが、東西古今の古典は隅々まで解説され、集大成され、事典化されるが、そこからは、創造的なものはどれほども生み出されなくなった。学問が博物化し、単なる遺産の食いつぶしになってしまったのである。東西の文化遺産は大量に集積され、その量はどの時代にも増して蓄積されたのだが、それでいて、人々は何を支柱に生きていけばよいのか、かえって迷い、多くの思想や文物を前にして、人々の精神は逆に散乱してしまった。人文科学が、かつての偉大な人々が追究した道と同じ道を歩むのではなく、偉大な真理を追究したかつての人々の解釈や解説にのみ終始することになってしまったからである。

二十世紀は、十九世紀と比べても、出版技術がより高度に発達した時代であった。そのため、過去何千年にもわたる膨大な知識が、主に出版物として集積されたのだが、知識量はかえって増大し、統一ある理念は見失われていった。歴史があまりにも長くなりすぎ、歴史の重荷に耐えがたくなってきたのが、二十世紀ではなかったか。どのような些細な分野でも、一人が一生かかっても追跡しきれないほど集積された知識量は、逆に、人文諸科学をより狭小な専門分野に極限化させ、骨董学化させていったのである。

自然科学にしても、人文・社会科学にしても、学問の専門化や技術化、巨大化や百科全書化は、今後も免れえないであろう。自然科学やテクノロジーの面でも、専門分化がより進行するとともに、その分、科学の巨大化はより進行し、行き着くところまで行き着くであろう。宇宙科学にしても、原子力工学にしても、生命科学にしても、二十世紀は、科学の専門化と巨大化が進んだ時代であった。十九世紀とは異なって、科学者は集団化して、巨大計画のもとに共同プロジェクトが進められるようになっていったが、その分、科学者はますます歯車化し、どこへ進んでいくのか誰にも分からないという状態になっていった。科学は、各分野が閉鎖的になってしまったため、ちょうど癌細胞のように、滅ぶまでは巨大化し膨張し続けるようにみえる。専門的知識量の膨大化に比例して、研究分野はより細分化し、科学はより巨大化する。とすれば、科学自身が自らの知識量の重荷に耐えきれなくなる時が来るかもしれない。

2　世界像の喪失と対象の破壊

伝統的世界観の崩壊

現代は哲学の貧困の時代と言われてきた。しかし、よく考えてみれば、二十世紀だけをとってみても、この時代は、ヨーロッパをはじめとして、アメリカでも、アジア諸国でも、ある意味で、多くの思想が過剰と言ってもいいほど生産された時代でもあった。むしろ、新しい思想が次々と目まぐるしく生産されてきたために、何を信じて生きていけばよいのか分からなくなった時代が、二十世紀だったのではないか。人々は、大量に生産されてくる思想をほとんど消化しないうちに、消費してしまい、結果として、全体的な世界像を見失ってしまったのである。

しばしば耳にすることではあるが、二十世紀は、思想的には、フロイトとマルクスに導かれた時代であったと言われる。確かに、フロイトは、人間の自我を無意識の方から解いてみせ、マルクスは、社会の上部構造を下部構造の方から解いて見せ、どれも、ヨーロッパの伝統的世界像を破壊し逆転させたという点で共通していた。

現に、フロイトの『夢判断』が出版されたのが、二十世紀の初頭、ちょうど一九〇〇年であった。それ以来、二十世紀は、人間の自我の基底にある無意識の世界に迷い出ることになった。フロイトは、夢を解釈することによって、人間の意識下にある世界を掘り下げるとともに、その最も奥深くに潜む性の衝動、リビドーを発見した。そして、この性の衝動、リビドーが抑圧されて、他にはけ口を求めることによって、人間の芸術、宗教、実践、あらゆる創造行為が出てくると考えた。人間の自我は、自我意識によっては自覚されえない意識下の衝動に支配されており、それまでの均衡のとれた自律的人間というイメージは幻想にすぎないと考えたのである。

ヨーロッパの伝統的なキリスト教世界では、人間の魂は神によって創造されたものと考えられていたのだが、フロイトはこれを逆転して、人間の魂を意識下のリビドーによって支配されるものとみた。そのため、天才の創造行為も、犯罪者の犯罪行為も、神経症患者の異常行為も、等しく抑圧されたリビドーから解かれ、人間は水平化された。その結果、個人の決断と自由は、機械仕掛けの心理構造の中に溶解してしまったのである。それは、人間破壊の思想であった。フロイトは、理性に基盤を置く人間観を全く逆転させて、ヨーロッパ的伝統に反逆したのである。

フロイトの思想は、それまでの神の代わりに、リビドーという絶対者の代用品を設定することによってすべてを解こうとする悪しき一元論であり、神なき時代の代用思想にすぎなかった。それは、むしろ、ヨーロッパの伝統的精神とヨーロッパ的世界像の喪失の表現にすぎなかった。気違いじみた思想であり、一種の邪教なのだが、このようなフロイト流の人間解釈が堰を切った流れのように普及し、社会観や芸術観、神話解釈にまで広く影響を及ぼしたのが、二十世紀であった。二十世紀は、確かに何ものかを失った時代であった。

一方、マルキシズムも、二十世紀を支配した有力な思想であった。実際、二十世紀も初めのころ、ちょうどフロイトの『精神分析学入門』が出版された一九一七年に、マルキシズムは、レーニンによるロシア革命の成功という形で、地上に実現した。それ以来、マルキシズムは、有力な社会思想として、ロシアばかりでなく、ヨーロッパ、日本、アジアの知識層に深い影響を及ぼした。マルキシズムは、人間の営む社会における宗教、文化、思想、制度、政治など、いわゆる上部構造は、社会の下部構造つまり生産関係に規定されると考えた。人間の営む社会は最終的には生産力によって動かされ、歴史は、その生産力と生産関係の矛盾、つまり、生産力をもつ階級と生産手段を独占する階級との闘争によって動いていくとしたのである。

マルキシズムは、歴史や社会の複雑な事象をすべて生産力によって解き、複雑な人間をすべて階級によって解くという単純な一元論をもっていたために、知識層をはじめ一般大衆にも強力な呪縛力をもった。それは、神という絶対者の代わりに、生産力という絶対者の代用品を設定し、神の国という理想世界の代わりに、共産社会という地上の楽園を設定していたために、神なき時代の疑似宗教として、二十世紀の有力な思潮を形づくり、多くの学問分野へ浸透していった。フロイディズムにしても、マルキシズムにしても、単純な一元論はいつもいかがわしいものを含んでいるものだが、これらは、どれも、ヨーロッパの伝統的世界像の崩壊の表現であった。

他方、十九世紀以来進展してきた自然科学を背景にして、二十世紀になって主にイギリスで展開されてきた科学哲学は、ラッセルに代表されるように、感覚的実在と形式論理という科学的真理に基礎を置く科学主義の立場をとった。それは、感覚的実在と形式論理を尺度にして、今までの宗教的形而上学的哲学を不合理なものとして排除し破壊した。それは、非合理に満ちた人間存在の生きた現実や生の事実を捨象し、すべてを科学的真理に還元していこうとした。

この哲学は、抽象化された無矛盾の世界にのみ閉じ籠ろうとするから、それを超えた人間精神の非合理なものを理解することができなかった。現実の自然科学そのものは、すでに二十世紀の初頭から、相対的なものへ、確率論的なものへ、不確定なものへ、相補的なものへ、流動的なものへと、パラダイムの大きな転換が行なわれていた。そして、それが二十世紀の新しい自然像や宇宙像を切り開いてきていたのだが、科学主義は相変わらず十九世紀的概念にとどまった。自然科学そのものは多くの限界をもち、その限界を自覚しているために、絶えず自然の神秘と非合理にぶつかり、それを取り込もうとして、絶えず自らのパラダイムを変え発展していった。それにもかかわらず、一部の頑固な科学主義は相変わらず形式主義にとどまったのである。

二十世紀の思想の中で一部の無視できない潮流をつくった科学主義は、古典的な科学の神話に依拠し、形式論理の枠内にとどまって、過去の形而上学的構築物を破壊し、そのことに存在意義を見出した。それは、科学への信仰のもと、形式主義と機械主義が支配し、生命力が失われていった現代という時代の思想的反映であった。二十世紀の科学主義も、有機的な世界像を喪失し、精神の砂漠に迷い出た時代の思想にすぎなかった。

デューイに代表されるように、イギリス経験論の流れを汲んで、二十世紀のアメリカで完成されたプラグマティズムも、真理の基準を有用性に置き、日常の生活に役に立つものを価値あるものとして、実用性を超越した旧来の形而上学的諸観念を批判した。価値は、人間が環境に働きかけて得られる経験から創造されるべきものであり、その手段として真理や知識も使われるべきであると考えた。それは、言語にしても、概念にしても、知識一般を経験の道具と考える道具主義の立場に立ち、真理をどこまでも手段価値と捉えた。そこには、知識や科学を自然支配の道具と考える進歩主義的思想があり、二十世紀のアメリカの民主主義的・産業主義的発展の思想的な反映が見られた。したがって、それは、進歩を阻害する伝統的な制度や枠組みを極度に憎悪した。だが、そのようなしかたで、二十世紀人は、また、統一ある有機的な世界像を見失っていったのである。進歩主義という未来信仰に頼らざるをえなくなったのは、そのためである。

十九世紀のキェルケゴールやニーチェに根差し、第一次大戦後流行した実存主義も、大戦後のヨーロッパの精神状況を反映して、ヨーロッパの伝統的世界観の崩壊を表現した。暗い時代には、暗い思想が流行する。第一次大戦によって徹底的に破壊され、旧来の伝統的世界が崩壊したヨーロッパは、人間存在の限界状況を露呈した。そのため、実存主義は、外部の有機的世界を失い基盤を喪失した人間存在そのものを問題にした。根拠を見失い、無の不安にさらされ、裸になった人間存在を捉えようとしたのである。そこでは、もはや、十九世紀以来の体系的主体性の形而上学は不可能になった。それは、科学技術によって支配され、機械的世界に置かれた現代の人間の孤独の表現であり、それ自身、伝統的世界像の喪失の表現であった。

十九世紀末以来、二十世紀の哲学は、ある意味で、ヨーロッパの伝統的世界観の破壊の連続であった。なるほど、二十世紀の思想も、伝統的有機的体系を破壊することによって、新しい世界像を構築しようと努めてはきた。しかし、次々と生み出されてくる新しい世界観も、また、次に登場してくる新しい思想によって破壊されてもいった。一九六〇年代に主にフランスを中心に流行した構造主義の思想潮流も、それまでのマルクス主義や実存主義の世界観を切り崩すとともに、ヨーロッパ近代の合理主義的世界像を根底から覆した。特に、未開社会の研究から出発したレヴィ゠ストロースは、人間生活を囲む無意識の社会構造を明らかにすることによって、それまで支配的であったヒューマニズムや歴史主義や実証主義に鋭い批判を浴びせた。だが、次に続くポスト構造主義の流れの中では、この構造主義にあったシステム思考が破壊され、構造主義にはまだあったヨーロッパ的思考の残滓が破壊されていったのである。

十九世紀末以来、ヨーロッパの伝統的世界観とその体系は破壊され続けてきた。破壊したものを、また、次に続く思想は破壊し、二十世紀は、ある意味で、思想の破壊の歴史だったようにもみえる。何ひとつ永続する思想とてなかった。かくて、二十世紀の世紀末には、ただ、あらゆる思想的構築物が破壊されたあとの精神の廃墟が残っただけであった。

過剰という名の貧困

二十世紀も、哲学は貧困だったわけではない。それどころか、おびただしい数の思想が大量生産され、そして大量消費されていった。思想も、大量生産と大量消費という二十世紀の経済構造と無縁ではなかったのである。二十世紀は、有機的世界が散乱したために、世界に支えられない別々の思想が過剰に生産され消費されていった時代であった。

諸思想を解釈し解説し翻訳することを専らとする思想研究の専門家が大量に出現したのも、そのような構造においてであった。専門家は、それぞれ専門とする思想家の思想を、知的大衆にのみこみやすいように解説し、それを知的大衆は使い捨てていった。そのため、膨大な数の思想が次々と流行し、そして、砂漠に水をまくように消滅していった。二十世紀が目まぐるしい思想の変化をみせ、右往左往したのも、そのためであった。二十世紀の知的大衆は、まるで交通信号に反応するかのように、その時代の流行思想に飛び乗り、そして飛び移っていった。知的大衆にとって、思想は、カセットを回しているようなものにすぎず、その時代その時代の流行の思想を頭に戴いていればよかったのである。マルキシズムにしても、フロイディズムにしても、実存主義にしても、構造主義にしても、その他どのような思想にしても、そのようにして消費され、そして終焉していった。

哲学は次から次へと豊富に生み出されてはきたのだが、それを包み込む有機的世界がなかった。というより、人間そのものを包み込む有機的世界が崩壊した時代が、二十世紀であった。第一次大戦や第二次大戦によってもたらされた廃墟のように、持続ある思考を護る世界が散乱していた。そのため、この散乱の構造は、持続ある思考そのものの中にも住み込んで、思想の体系化を不可能にした。その代わり、人間を取り囲んだものは機械仕掛けのシステムであった。二十世紀の思想は、ちょうどその機械仕掛けのシステムの部品交換のように、目まぐるしく取り換えられていったのである。

このように、おびただしい数の思想が生み出されては消えていく時代の中で、二十世紀人の価値観はかえって混乱し、不安な精神状況を露呈した。多くの価値観が次々と登場してはきたが、それらを統一する中心はなく、ただ次々と消え去るだけであった。そのため、二十世紀人の精神は逆に混濁し、崇高な価値を見失ってしまった。なるほど、二十世紀の前半も後半も、ナチズムやコミュニズムやナショナリズム、その他様々なイデオロギーが登場し、この二十世紀人の不安を隠蔽しようとした。だが、それらも、時代の激しい変化の中で現われては消え失せ、何一つ持続しなかった。二十世紀人は、思想においても過剰という名の貧困の世界を生きてきたのである。

確かに、このように数多くの思想が現われては消えていく中で、人間尊重を主張するヒューマニズムの価値観は、深く難解な哲学とは違って、大衆に受け入れられやすい思想内容と、分かりやすく単純なスローガンをもっていた。それは、誰が唱導したというでもなく、二十世紀人がことあるごとに叫んできた価値観であった。

しかし、二十世紀は、人間性を極度に無視してきた時代でもあり、大量の人間を殺害し、使い捨て、操作してきた時代でもあった。人間は機械化され、画一化され、平均化され、個性を剝奪され、人間そのものが大量消費されてきた。人間が人間を超えるものを忘却したとき、人間性さえ破壊される。二十世紀がかえってヒューマニズムの幻滅の時代となり、現実によって絶えず裏切られてきたのも、当然のことであった。人間は、人間を超えるものとの連関の中で、はじめて人間でありうる。

二十世紀のヒューマニズムは西洋近代以来の人間中心主義の末裔であるが、人間中心主義は人間を破壊し続けるであろう。人々がこぞって人類の将来を問題にし、人類の存続を叫ぶとき、すでに人間性は危機に瀕している。人間を超えるものを忘却し、人間が人類という価値のみを叫ぶとき、人間はすでに抽象化された空虚な概念の中に吸収されてしまっている。個々の人間は、むしろ、無視され、ないがしろにされている。人々が共通して人類の存続を叫び、そのために地球を守ろうとまで思い上がった時代は、人類が病気にかかった時代だと言わねばならない。

二十世紀の時代精神は、時を追うごとに、加速度的に頽落し衰弱してきた。思想や知識や情報の量は膨大化したが、そのために、かえって統一ある世界像が見失われた。二十世紀は、物質が粒子化し、人間も粒子化し、世界像も粒子化して散乱していった。二十世紀は、散乱した知識を堆積してきただけで、それらを統一ある理念に集約する思想体系を、必ずしも生み出しはしなかった。たとえ生み出しても、それは時代の精神とはなりえなかった。構築的体系が無力化したのは、二十世紀という世界の崩壊の時代の表現だったのである。

すでに、十九世紀末、神の死を宣告したニーチェは、来たるべき時代が、生命力を失い、俗物が跋扈し、最後の人間がはびこるニヒリズムの時代になるであろうと予言していた。そして、進歩主義の偽善を剔抉《てっけつ》し、あらゆる価値観を解体した。二度にもわたる世界大戦を経験し、統一ある世界像を見失った二十世紀は、このニーチェの予言をそのまま実現したのである。

芸術の実験化

二十世紀は、また、芸術においても、世界像の喪失という現代的精神状況を表現した。絵画、音楽、建築、文学、詩、演劇など、芸術は、一般に、自己と対象を包む世界を表現し、写し取るものであった。その意味では、二十世紀の芸術も、二十世紀の世界を表現し、写し取った。二十世紀は、科学技術によって支配された機械仕掛けの世界をつくりあげたが、芸術家もそのような世界に生きたから、芸術もこの機械仕掛けの世界を写した。自然科学は物質を細分化し、技術は社会を断片化し、それを再組織化した。世界は散乱し、機械化した。芸術も、また、そのような世界を表現したのである。そのため、二十世紀の前衛芸術では、そこに描かれる対象は、分解され、断片化され、そして再構築され、大幅にデフォルメされていった。二十世紀の芸術が人工的・技術的性格を帯び、実験的なものとなったのはそのことによる。

二十世紀の芸術は、多種多様なスタイルを作り出そうと試みてきた。素材から形式に至るまで、あらゆることが試みられた。二十世紀の芸術は、十九世紀以来の流れを受けて、型の喪失という特徴をもっているとみられているが、それは必ずしも正確ではない。思想と同じく、型やスタイルは、ある意味で過剰に生み出され実験されてきたのである。ただ、次々と間断なく生み出されてくる新型車のように、絶えず新しい型が生み出され、それがまた破壊され続けてもきた。そのことによって、芸術は、二十世紀独自の型を作れなくなったのである。

現に、第一次大戦までは、十九世紀末以来の流れを汲んで、芸術は伝統的形式に対する反逆に終始した。また、第一次大戦から第二次大戦の戦間期には、社会改造の実験が行なわれたのに照応して、芸術においても、あらゆる分野で、あらゆる表現形式の実験が試みられた。そして、第二次大戦後の芸術では、これら戦間期に行なわれた様々の実験が忘却され、無定形化していった。このような二十世紀の芸術の流れの中で、多様なスタイルが作り出されては破壊されていったのである。

そのため、二十世紀の芸術には、自己と対象を超え包む世界が見失われてしまった。現代芸術と言われる前衛芸術に、精神の浄化、カタルシスというものが欠如していたのはそのためである。それは、第一次大戦や第二次大戦で破壊された世界を映すように、精神の破壊と散乱の世界を表現していたにすぎなかったように思われる。

絵画・音楽・建築

例えば、二十世紀初頭登場してきたキュービズムやフォービズムは、対象を分解したり極端にデフォルメして、十九世紀にはまだ残っていた再現前化という表現基調を崩壊させた。現に、キュービズム時代のピカソは、対象を多視角から見て、これを要素に分解し、それを二次元に並列するという実験を繰り返した。なるほど、対象の要素への分解の予兆は、十九世紀末の印象派から始まってはいる。しかし、印象派には、まだ、ものの本質と生命力を捉えようとする強烈な意志があったのに対して、キュービズムでは、本質を捉えるのではなく、本質を破壊することに情熱が傾けられ、従来の形式が完全放棄された。それは徹底した対象の破壊であり、型の破壊であり、第一次大戦でのヨーロッパ世界の崩壊を予知するものでさえあった。

第一次大戦後に絶頂期を形づくったダダイズムやシュール・リアリズムも、キュービズムやフォービズムの流れを受けて、第一次大戦後の世界の崩壊を表現した。捨てられたガラクタを集めて作品を作ったりしたダダイズムは、その時代の不安な精神状況を反映し、意味をもった実在という信仰を破壊して、伝統的価値観を否定した。このダダイズムに続いて起きてきたシュール・リアリズムは、ダリに代表されるように、フロイトの影響のもと、好んで無意識や夢の世界を表現し、現実世界を超えようとした。だが、ここでも、描かれる対象は流動化し無定形化するとともに、理論が先行し、表現はその実験と化していった。この点では、不調和な色彩と大胆な形象の歪曲によって、現代世界の不安を表現しようとした表現主義も、同じような特徴をもっていた。

また、抽象主義も、対象の分解と再構成、型の破壊と無定形化という点で、共通した流れの中にあった。確かに、パウル・クレーやモンドリアンの作品には、目に見えない事物の本質を目に見えるようにしようとする表現意欲が感じられる。しかし、それでもなお、それらは、自然から切り離され抽象化された二十世紀人の世界を表現するものであった。逆に言えば、二十世紀人の世界そのものが一つの巨大な抽象と化したとも言えるのである。

二十世紀は、絵画においても、考えうるあらゆる実験が行なわれた時代であった。特にヨーロッパでは、二十世紀の前半に実験に実験が重ねられ、多くの試みがなされたために、第二次大戦後はかえってそれらが消滅し、絵画芸術はますます混迷していったほどであった。二十世紀の絵画芸術は、徹底的に対象を分解し、変形し、変容し、型を破壊して、世界像の喪失を表現した。それは、第一次大戦や第二次大戦で表現された世界の崩壊、人間と対象の崩壊、そして、価値体系の崩壊を反映するものであった。

同様のことは、二十世紀の音楽についても言える。音楽においても大胆な実験が試みられた。一九二〇年代、シェーンベルクによって開拓された十二音技法による無調音楽は、均衡の取れた形式の中で世界と世界を超えるものを表現した古典主義音楽に終止符を打つとともに、その束縛から離脱した。これも、世界像の喪失と対象の解体という意味で、二十世紀の精神的散乱状況を表現するものであった。なるほど、古典形式の崩壊は、すでに十九世紀から始まっている。主観性の表現を重んじたロマン主義から、感覚の対象としての要素を重んじた印象主義音楽に至る過程で、古典形式は放棄されてきたのだが、二十世紀の無調音楽はその極限状況であった。同じ傾向は、世界を個人の内面に吸収しようとした表現主義音楽にも見られた。ここでも、あらゆる束縛から脱して、自己の感覚像を純粋化することが試みられた。音楽も、また、世界像の喪失と対象の解体という二十世紀の精神世界を表現したのである。
ル・コルビュジエやグロピウスなどによって切り開かれた近代建築様式も、産業社会化を反映して、伝統的様式からの離脱を宣言した。それは、産業主義の発展によって形成された大都市での集合生活と機械文明を反映し、これを建築と一体化させた。それは、機械時代の美学を表明し、徹底的な機能主義と合理主義を追究し、伝統様式を一掃して、技術時代に適応した表現形式を見出した。だが、この機能性と合理性の観点からのみ造られた近代建築は、それ自身機械的組織化の時代の表現であり、そこには、建築が集約して表現するべきコスモロジーが欠けていた。鉄骨とコンクリートによって造り上げられた二十世紀の高層建築は、なお断片の集積にすぎず、世界像の喪失という二十世紀の精神状況を表現するものにすぎなかった。だが、そのような機械時代に適応した建築様式が、ヨーロッパからヨーロッパ外の世界へと急速に拡散し、地球上の多くの大都市を形成していったのが、二十世紀だったのである。

なるほど、一九七〇年代以後、そのような機能性と合理性のみを追究した近代建築様式に対する抗議が、ポスト・モダニズムという形で現われてはきた。しかし、このポスト・モダニズムも、近代的様式や古典的様式や歴史的様式を引用し、混合させ、新しい方向を模索する試みにとどまっている。ポスト・モダニズムも、まだ様式と言えるには程遠く、多くの様式の混合・混在という点で、むしろ、現代の混迷と精神的散乱状況を表現するものにすぎないように思われる。

文学・詩・演劇

文学においても、二十世紀は、世界像の喪失と精神の散乱、対象の解体という時代精神を表現した。確かに、十九世紀末から二十世紀初頭にかけて、すでにチェーホフやリルケなどが表現していたように、文学や詩は、世界の急激な変革の時代を反映して、崩れゆく古い価値観と、そこでの孤独感を表現していた。だが、そのような世界の解体と、世界によって支えられる人間と対象の解体を、最も深刻な形で文学や詩が表現し出したのは、第一次大戦の衝撃を経験してからであった。プルーストやカフカやジョイスの作品に表現されたように、そこに描かれる世界は、論理的脈絡を失い因果関係を失った世界であった。そのため、そこに描かれる人間は、統一性を失い、その存在も無意味と化していた。秩序ある世界が崩壊し、あらゆる確信が崩れ去った世界が露呈している。文学や詩も、また、哲学や音楽、絵画と同様、世界を喪失した存在を表現したのである。深刻な問題ではあった。

そのような精神状況は、第二次大戦後の文学や演劇にも引き継がれた。カミュの作品が描いたように、人間は、すでに世界を喪失し、人生の不条理に耐える存在でしかなかった。イヨネスコやベケットの不条理劇でも、一切が崩壊しつつある世界と、そこでの人間解体、世界の無意味さが表現された。なるほど、二十世紀のすぐれた文学者や詩人や劇作家は皆真摯であり、どれも、崩壊した世界の中で彷徨する人間を描きながら、それを超える世界を求めようとはしていたのだが、しかし、人間を超える明確な世界が見出されたわけではない。その点から言っても、人間と自然を包む壮大な世界の中で描き上げられた古典文学の世界からみた場合、二十世紀の文学は矮小化せざるをえなかった。

詩の世界でも、言語を可能な限り事物から引き離し、言語の別の連関がどこまで可能かという実験が盛んに行なわれた。そのため、そこでは、言葉の無連関な結合によって、連関性の失われた世界が表現された。現代詩のもとでは、ちょうどキュービズム絵画と同様、対象は破壊され、しかも、破壊されたことへの嘆きの感情はもはやない。本来の詩空間では、ある永遠なるものが詩人を通して語り、天地が詩人を通して表現することによって、その作品の中に世界が写し出されていた。ところが、現代詩では、そのような永遠なもの、人間と事物を超える世界が破壊されてしまっていた。言葉と言葉の連関性の破壊によって、ここでも、人間と対象を超える大きな世界が瓦解してしまったのである。同様のことは哲学や科学でも表現されたが、芸術も、同じような世界の崩壊現象を映し出したのである。

なるほど、二十世紀のヨーロッパ外の世界では、文学でも、絵画でも、音楽でも、怒濤のように押し寄せてきたヨーロッパの形式や手法と、伝統的な形式や手法の融合がなされ、伝統に根差す情念や美観が表現された。その点では、ヨーロッパ外の世界では、伝統と近代の融合のもと、芸術においても新しい形式が獲得され、その中でまだ壊されていない世界が表現されたとも言える。哲学でも事情は同様であり、ヨーロッパの思想と伝統的な思想の融合がなされ、伝統に根差す思想や世界観が新しい形式を得て表現された。しかし、二十世紀の後半、特に世紀末には、ヨーロッパ外の世界でも、近代化の進展とともに、人間と自然を囲む世界はより流動化し、無定形化していった。そのため、二十世紀前半で生み出された新しい型も、次第に説得力を失い、混迷の度を深めていったと言わねばならない。

3 精神の散乱と永遠の忘却

精神の散乱と実在感の喪失

世界像の喪失という精神状況は、今に始まったわけではない。ヨーロッパの産業革命と自由主義革命以来、それまで宗教的に統一されていた世界観が崩れ出し、そのとき以来、世界像の喪失という予兆はすでに見えていた。だが、それでも、宗教や哲学の観点からみれば、十九世紀前半までのヨーロッパは、まだ伝統的世界観の中にあり、世界は秩序と調和の中に把握されていた。

世界像の喪失と精神の散乱という精神状況が目に見えてあらわになってくるのは、一八四八年の二月革命あたりから以降、十九世紀後半とみてよいであろう。このころから、ヨーロッパの伝統的世界観は加速度的に崩れ去っていく。

哲学が宗教的世界観から離反し、諸学問が哲学から独立して、自然科学も互いに分化し、そのため、人間と世界の統一的把握が困難になってくる。しかも、この世界像の喪失と精神の散乱現象が、ヨーロッパの産業技術文明と世界政策の波に乗って、ヨーロッパ外の世界に侵入し、ヨーロッパ外の世界の伝統的世界観を切り崩していった。

こうして、二十世紀は、ヨーロッパも非ヨーロッパも含めて、世界大的に混迷状態に陥っていった。二十世紀が経験した二度の大戦は、この地球規模で生じた世界像の喪失と精神の散乱を象徴するものであった。人間中心主義を原理とした近代がいかに人間性の喪失を結果するか、神なき時代がいかに人間の悲惨さをもたらすかを、それらは証明した。二十世紀は、十九世紀以来の精神の散乱と魂の破壊の極限状況をあらわにした。精神のタガがはずれ、拠り所を失った人間が、どれほど不安な生き方をしなければならないかを、二十世紀の歴史は教えたのである。

その意味では、二十世紀がプランクの量子論とアインシュタインの相対性理論で開幕したのも、象徴的であった。これ以後、物理学的世界像は確率論的・相対的なものとなり、すべては流動化し、それまでの安定した基盤は失われた。物理学は、物質を無限分割していった結果、確率論的・相対的世界に突入していかざるをえなかったのである。それと並行するかのように、二十世紀は、社会も流動化し、統一像を見失っていった。二十世紀初頭の第一次大戦は、そのような統一像の破壊と精神の散乱を決定づけるものであった。

これを境にして、二十世紀は、すべてのものが相対化し、散乱する時代になっていった。おびただしい数の主義や思想が登場し、しかも、それが世界中に拡散して、価値観は分裂し、無政府状態になっていった。そのため、二十世紀人の魂は連関のない雑多なもので満たされ、統一と秩序を失った。二十世紀人の魂は、中心を失い、持続を喪失し、錯乱状態のような様相を示した。二十世紀人の精神は散乱し、断片化し、分裂症的症状さえ見せたのである。

世界像が失われ精神が散乱するとき、裸のままの存在が露呈して、一つの問いと化す。第一次大戦後、主に実存哲学の中で、この自明性を失った存在が問われたのはそのためである。存在が確固とした世界像あるいは時代精神に包まれていた時代には、存在は自明であり、意味が与えられ、逆に存在の存在性は隠蔽されていた。ところが、世界が崩壊し、そのベールがはがされるとき、存在は、もはや世界に守られていないために、その意味が失われる。第一次大戦や第二次大戦によって破壊し尽くされた廃墟は、この世界の喪失を象徴した。存在の意味が問われたのは、そのためである。たとえ、その後、その廃墟が瞬く間に復興され、巨大な建造物によって満たされた世界が構築されたとしても、それは、必ずしも、二十世紀という時代が露呈したニヒリズム的世界を克服することにはならなかった。

現に、この二十世紀に再構築された技術的世界の中で、二十世紀人は、まるで洞窟の中の囚人のように、映画やテレビの映像、この存在の影をまるで実在でもあるかのように確信し、次から次へと洪水のように押し寄せてくる情報の中で、物事への素朴な驚きの感情を失っていった。目まぐるしい変化の中で、人々は次第に実在感を失っていったのである。二十世紀がつくりあげた機械仕掛けの世界の中で、存在はむしろ溶解していった。二十世紀は、現実には、存在そのものを問い、その真理を問うよりも、存在から逃避していったのである。

言葉の頽落と持続の喪失

二十世紀は、言葉も溶解し、崩壊していった。言葉は存在を包む場である。精神は言葉の場に宿り、この言葉の場に住み込んで、人間ははじめて人間である。ところが、二十世紀は、言葉が破壊され、そのため存在は溶解し、人間の魂も断片化していった。

二十世紀は、ラジオやテレビや新聞など、マス・メディアが発達した時代であったが、そこで語られ書かれる言葉は、大量に生産され大量に消費されていく消費物資にすぎなかった。そのため、言葉は、現われ出てきたかと思うとすぐに消え去ってしまう。その分、言葉は断片化して、二十世紀の世界は断片語の氾濫の世界となった。

ラジオ、テレビ、新聞を通じて、言葉は間断なく生産され、おびただしい量の宣伝広告の文句がひっきりなしに飛び交い、政治宣伝のスローガンが次から次へと叫ばれ続けた。ナチズムやコミュニズムのスローガン、コマーシャリズムのキャッチフレーズなど、断片化した言語は人々を惹きつけ、人々を動かした。だが、それらも、また、消費される言葉、叫びにすぎず、持続するものではなかった。そのために、かえって、その空白を埋め合わせるように、また、断片語が大量生産され、断片語が氾濫したのである。言葉は単なる音声と化し、大量に生産され大量に消費されていくうちに、その意味は次第に希薄化していった。そのような希薄化した言葉の氾濫によって、言葉の重みが略奪されていったのが、二十世紀であった。二十世紀は、照明器具を発明することによって闇を破壊したと同時に、ラジオやテレビや拡声器を発明することによって沈黙を破壊し、騒音によって埋め合わせようとした時代だったのである。

二十世紀ほど、目まぐるしい変化の中で人々が生きてきた時代もなかったであろう。おびただしい数の事件が次々と起き、人々は、それらをラジオやテレビの報道によって知り、かつすぐに忘れ、落ち着きのない生活を送った。そのうち、新しい事件が次々と起きてこなければ、人々は退屈するようにさえなってきたのである。打ち続く激しい変動の中で、事柄の持続する間隔はますます短くなり、時間は加速度的に過ぎ去っていった。

なるほど、変化は人生の常ではあるが、二十世紀人の人生を取り巻く環境は、激変と言うにふさわしいほど恐るべき変化であった。生活をより豊かにする技術は加速度的に進歩し、そのために、社会は絶えず激しい変化を繰り返した。そのような激しい変化に追い立てられるようにして、熟考する余裕もなく、二十世紀人は、過去を振り捨て、現在を滑り落ち、未来へと突進して、百年を駆け抜けてきた。「ああすべきだ」「こうすべきだ」と終始掛け声をかけながら、絶えず未来を先食いして、忙しく安らぎのない生活を送ってきた。時間が直線的にしか前進しなくなったのである。

そのため、何事も持続するということがなく、長続きしなくなった。この百年というもの、種々雑多な思想や行動様式が恐ろしいほどの速度で波及していったが、また恐ろしい速度ですたれてもいった。次々と新しい思想や行動様式が現われては消える中で、すべてのものが刹那的になり、持続を失った。ベストセラーも次々と登場してきたが、また、すぐに忘れ去られ、次のものに取って代わられた。情報の大量生産と大量消費の中で、すべてが時間的にも空間的にも散乱してしまったのである。二十世紀が、果たして、歴史に残るものをどの程度残せるかは定かではない。歴史に残るものを育む世界が失われ、精神が散乱してしまったからである。歴史はいつの時代も無常ではあるが、これほど時代が目まぐるしく変化していった時代もなかったであろう。

二十世紀の百年、第一次大戦の前と後、第二次大戦の前と後、冷戦終結の前と後の数十年をとっても、それぞれの時代の思潮にほとんど共通性というものがない。右から左へ、左から右へと、価値観は一変した。目まぐるしい変化の中で人は変わり、それどころか、驚くべきことに、同一人物が一変してしまった。平和から戦争へ、戦争から平和へ、それがまた平和から戦争へ、戦争から平和へと変化し、それに応じて、人々の意識も絶えず変化していった。二十世紀人は、一種の精神分裂病にかかったかのようであった。狂気の世紀、それが二十世紀ではなかったか。

持続が失われていく世界で、二十世紀の人間は、その都度その都度押し寄せてくる情報の洪水の中を刹那的に生きてきた。目まぐるしい変化の中で、次々に報道される事件も速やかに忘れ去り、次第に何事にも感動しなくなっていった。心に留められる事柄も少なく、善美なものへの感覚も磨滅し、記憶が失われ、ますます刹那的感覚の中で生きるようになってきたのが、二十世紀人であった。

永遠の忘却

永遠というものが見失われたのである。永遠根源的なものへの畏敬の念が忘却されたのである。そして、散乱の世界に埋没してしまったのである。

十九世紀末のヨーロッパでニーチェが宣告した神の死は、二十世紀になって、おびただしい数の犠牲者を出した第一次大戦の惨状となって露呈した。その惨状を前にして、ヨーロッパ人の魂のうちでも、神によって統一されていたヨーロッパ的世界観の体系が崩れ去った。このときから、二十世紀は、神の死後を生きねばならなかった。第二次大戦の惨状は、いわば、このヨーロッパにおける神の死のヨーロッパ外の世界への拡散であった。それ以来、ヨーロッパ外の世界でも、天地の神々は次第に背後に隠れ、人々の魂の中でも、善美なものへの憧憬の念が希薄化していった。

神々がこれほど無力になった時代もなかったであろう。神々に代わって、これほど人間が叫ばれた時代もなかったであろう。しかも、大規模な戦争や革命によって、人間がこれほど大量に殺されていった時代もなかったであろう。永遠なものへの畏敬の念を失ったために、人間の精神が頽落し、魂が衰弱していった時代、それが二十世紀であった。二十世紀末に問題になった環境破壊も、その源泉を尋ねれば、二十世紀人の魂の混濁と永遠の喪失に至りつく。日や月、雨や風、山や水、大地に宿る神々も力を失ったかのようにみえる。その代わり、人間の限りない欲望が氾濫し、あらゆるものを駆逐していったのである。夜になってはじめて星のきらめきが見えるように、この神なき砂漠を前にして、はじめて、人間が失ったものがいかに大きなものであったかが見えてくるように思われる。

なるほど、この二十世紀の不安を前にして、多くの新しい宗教が登場し、神々は復活したかにみえる。人生を支えていた精神世界が散乱してしまったために、人生はもはや自明なものではなくなり、人生そのものが不安に差しかけられた。その不安の解消を約束して、新しい宗教は続々と生まれてきた。

二十世紀は、故郷を離脱した人々が大都市に充満し、波に浮かぶ浮草のような大衆社会を形成した。そのため、人々は孤独になり、寄る辺のない不安な生き方をしなければならなくなった。なるほど、この断片化した大衆社会は、多くの自由を大衆に与えはしたのだが、その自由は不安と隣り合わせであった。かくて、この自由の重荷を預け、不安から逃れるために、多くの人々が新しい宗教に走った。人間は、安定というものを得られない動物なのである。

二十世紀は、人々に豊かさを約束し、貧困からの脱却を保証した時代であった。だが、豊かさを実現し貧困から脱却したとたん、人々は目標喪失に陥り、豊かさの貧困に陥ってしまった。豊かさによっても、不安は拭えなかったのである。豊かな社会を実現してからも新しい宗教が絶えることなく生み出されてきたのは、そのためである。

だが、それゆえにこそ、また、これら新しい宗教には、同時に、現代社会の不安定な要素が集約して現われてもいる。新しい宗教は断片化した大衆を糾合し、散乱したものを再び束ねて、巨大な組織になっていった。それは、断片化した大衆を糾合した企業、政党、労働組合など、現代的組織と変わらない社会学的現象であった。そこには、何よりも、地縁的生活と密着した有機的世界が欠けていた。それ自身が大地から浮足立った機械的組織に変貌してしまったのである。

確かに、数多くの新しい宗教が登場し、二十世紀は、神の死どころか、神々のラッシュのような様相を見せてはいる。しかし、これらの神々は、二十世紀の人々がそうであったように、孤独で散乱していた。多くの神々が一つのものへ帰一するような世界が、そこには失われていた。神々もまたバラバラのアトムと化し、根無し草のようになってしまったのである。群衆ばかりでなく、神々も孤独であった。新しい宗教も、散乱の時代を象徴する散乱の宗教だったのである。

これら新しい宗教も、神への回帰と人間性の回復を叫んではいる。だが、それも、すでに失われてしまったものへの叫びにすぎない。単なる叫びだけでは、回復されはしないであろう。たとえ回復されたとしても、それが有機的世界の中で生かされることはないであろう。もしも、それが、嘆きや痛み、罪の自覚がないままで、安手の救いや癒しを約束する宗教になってしまったなら、たちまちにして、欺瞞やまやかしに満ちた邪教になってしまうであろう。人間はいつまでも夢見ていたい動物ではあるが、悪魔はしばしばイエスの衣を着て登場し、幻想をまき散らしていく。それは、単に世界が失われ拠り所が欠如したために起きた一つの散乱現象にすぎないのかもしれない。永遠なものはなお見失われたままである。

二十世紀は、なお、深い嘆きの感情と痛みの感覚、大いなる悲しみのうちに包み込まれねばならない。

あとがき

現代の文明論的考察に思いを巡らし、文明批評に属する仕事をしてきて、随分な年月がたった。その成果は、何冊かの著作となって著されているが、今回、『二十世紀とは何であったか』という題で上梓したこの小著も、今までの著作群の流れを汲むものである。

ただ、前著の、例えば『欲望の体制』では、十九世紀も含めて近代二百年を〈現代〉として捉え、その種々の様相を論じて、文化・精神的面からの批判的記述を行なった。また、『ヨーロッピズム』でも、十九世紀を含めた近代二百年を扱うと同時に、その源泉を尋ねてヨーロッパ文化の成立時期にまで遡って、主に文明の出会い論的面から現代の批判的記述を行なった。

それに対して、今回の小著は、問題を二十世紀の百年に絞って、二十世紀の具体例を入れながら、二十世紀そのものを考察してみた。もっとも、同じ種類の現代文明論に属するものであるから、当然、本書も以前に書いてきた著作に通じる面がある。特に前著と共通する面については、今回は簡略化して記述しておいたので、詳しい点については前著を参照していただければ幸いである。

本書は、まず、第一章で、二十世紀の文明史的枠組みを論じ、その最も大きな特徴が、ヨーロッパの後退と非ヨーロッパの抬頭というところにあることを、二十世紀の政治史の具体例も入れながら跡づけた。次に、第二章では、文化史的観点に転じ、二十世紀文明の最大の特徴を科学技術文明の高度な発展というところに見て、二十世紀の科学技術の性格を考察した。その際、科学技術が二十世紀の人間に与えた恩恵とともに、その影の面にも光を当ててみた。それに続いて、第三章では、高度に発達した科学技術のもたらした大衆社会化現象を捉え、それが二十世紀で演じた社会や国家の狂騒を、その具体例を交えながら考察した。さらに、第四章では、この大衆社会化現象が文化に及ぼした影響を探り、それを低俗の崇拝や専門化というところに見た。さらに、二十世紀の思想や芸術の考察を通して、この世紀の精神状況の本質が、精神の散乱と世界像の喪失というところにあることを指摘しておいた。

二十世紀論と言えば、多くの場合、政治史が中心となり、国家間の紛争や摩擦、戦争や革命などが論じられることが多いのだが、しかし、政治史の背後には、より深い文化史・精神史的な問題がある。本書で特に力点を置いたことは、そのような文化・精神史的な面からの二十世紀の精神状況の診断である。二十世紀末の今日、二十世紀全体の文明論的総括をしてみなければならない時でもあろう。本書で述べられた思想は、二十世紀のいわば世紀末思想に当たるかもしれない。

二十世紀は戦争と革命の時代であった。だが、この戦争と革命の背後には、二十世紀の高度に進展した科学技術があり、それによってつくりあげられた産業社会のシステムがあった。そのような豊かな産業社会をめぐって、多くの戦争があり革命があったのである。しかも、それによって、おびただしい数の人々が犠牲になっていった時代が二十世紀でもあった。この点から言えば、二十世紀はまた悲惨な時代でもあった。この二十世紀の光と影に着目し、二十世紀への追悼と鎮魂の想いを込めて書いたものが本書である。

二十世紀の前半、一九三〇年代前後のヨーロッパに登場した一連のすぐれた思想家達、例えば、オルテガやホイジンガ、マルセルやピカート、ヤスパースなどは、第一次大戦で破壊されたヨーロッパの精神世界や第二次大戦の迫っている暗雲の中で、ヨーロッパの運命を深く考察することによって、二十世紀前半の精神状況の診断を行なった。そこでも、やはり、科学技術の発展によってもたらされた機械的世界、それに照応して登場してきた大衆社会の病理、それに伴う文化・精神の低落の問題などが、それぞれの立場から問題にされていた。彼らが照明を当てた二十世紀前半の精神状況は、第二次大戦後、二十世紀後半になっても本質的には変わりはなく、二十世紀末の今日においても同じような状況が見られる。あるいは、それ以上の深刻な状況かもしれない。時代を追うごとに近代化を進めていった二十世紀後半のアジアも、同じ運命を辿っているように思われる。

とすれば、二十世紀全体の精神状況は、相当に深刻に受け取らざるをえないであろう。そして、その延長上で迎える二十一世紀の精神状況についても、同様に、深刻に受け取らざるをえない。したがって、そう軽々しく、素晴らしい未来がやってくるようにも言えないし、手軽な処方箋を出して、「すべては救済される」というような軽薄な予言もできないであろう。

二十一世紀に対して二十世紀が残した問題は、相当深刻なものであった。そのため、二十世紀末の現在、かえって、危機を声高に叫ぶ叫び声や、「こうすべき」「ああすべき」という掛け声や、「こうすれば、すべては救われる」というような新宗教にも似た偽予言がはびこっている。現代は、また、危機を叫んで大衆に戦慄を覚えさせたり、幻想を作り出して大衆に未来を約束したりする偽予言の時代でもある。二十世紀が解決の極めて困難な多くの問題を二十一世紀に託したために、危機や幻想を売る小売り商人が、大衆の歓心を買って登場してきてもいるのである。二十一世紀も、おそらく不安の多い時代になるであろうから、偽予言者は続々と登場してくるであろう。

偽予言は詐欺に似ている。二十世紀は、ナチズムやコミュニズムの振りまく偽予言に惑わされた時代でもあった。それも、ついこの間だというのに、人々は、懲りずに新しい幻想を求めていく。だが、単なる幻想に逃避することなく、偽予言に陥らないでおこうとするなら、現在、足下に伏在している問題にじっと目を凝らし、そこに立ち止まって、踏みとどまる以外にないであろう。

われわれは、堕落し崩壊した世界に生きている。われわれが住んでいる世界は、否応なしに、われわれ自身のうちに住み込む。堕落の家に住めば、堕落が住み込み、崩壊の家に住めば、崩壊が住み込む。このことから目をそらしてはならない。目をそらし逃避することから、偽予言は出てくるのである。もちろん、人間が未来に向かって生きていくためには、希望というものがなければならない。そのために、絶えず安手の予言が流行するのだが、しかし、安手の予言に人々が惑わされ、希望をもって前進している間は、希望をもつことはできないであろう。

現代文明が抱える様々な問題について熟慮を巡らしてきて、すでに何年にもなる。私は、その間、現代文明が抱える問題は人間精神にかかわる極めて困難なものと受け取り、その重荷を見据えてきた。しかし、それでもなお、そこを通して、なお変わらないもの、永遠なものは何なのかを求め続けてもきた。

現在、私が考えていることは、生命の本質から宇宙の真理にまで及ぶ生命論的世界観の中に、人類の営む文明の問題をも包み込み、包越していけないかということである。現代文明の深刻な問題から気軽に救い出されるのでもなく、それを簡単に乗り越えてしまうのでもなく、それを、生命論的世界観の中に包み込みたいと思っている。このことについては、次の著作に譲りたいと思う。

平成六年（一九九四年）六月

二十一世紀を読む

——不安な時代——

まえがき

二十一世紀は、不吉な予感をもって出発した。アメリカで起きた同時多発テロ事件と、それに対するアメリカの報復戦争が醸し出した不安心理である。この戦争の帰趨がどうなるかは、今のところまだ十分には分からない。しかし、その結果がどうなるにしても、これをいきなり〈文明の衝突〉と理解してしまうと、事態を見誤ってしまうであろう。これは一部のイスラム過激派勢力が起こした事件であって、イスラム諸国がこぞって欧米キリスト教諸国に反抗しているわけではないからである。この事件は、差し当たり、冷戦終結後アメリカが意図してきた世界の一極支配に対するイスラム過激派の側からの挑戦とみておかねばならない。とすれば、これは、二十世紀末からずっと続いていた問題であり、これからも、当分の間、手を変え品を変え起きてくる問題であろう。

いつの時代でも、世界の一定地域を支配しようとした世界帝国には、それに反抗する反乱分子がいたことを考えれば、今後、アメリカが、その軍事力と政治力を駆使して、世界の一極支配を策すればするほど、それに対する反撥は跡を絶たないであろう。かつて、古代ローマや漢や唐が、その周辺部の反乱分子によって疲弊させられ、衰退していったように、今回も、世界のグローバルな支配を目指すアメリカが、多くの反抗者によってかえって疲弊させられ、消耗していかないとは限らない。こういう形でも、また、われわれが築き上げてきた豊かな現代文明は衰退していく可能性がある。二十一世紀は、衰退の気分を内包した不安な時代になるであろう。

とは言え、二十一世紀初頭の世界の急激な変化と不安定な動きを見るかぎり、世界史の将来について予測することは、極めて困難なことだと言わねばならない。もともと、未来はどうなるか分からないものであって、予測できるものではない。未来は複雑な要素の連関によって生成してくるものであり、無数の可能性をもっている。だから、そのうちどの可能性が実現されるか、またそれがどのような影響を及ぼすかは、人知の及ぶところではない。この予測できない未来に対して、われわれは、これを、しばしば、現在の延長でとらえようとする。しかし、歴史が突然急変し、予想だにしなかった方向に進行していくことがあることを考えれば、未来を現在の単なる延長だけでとらえることもできないであろう。

ただ、この予測不可能な未来に足を踏み入れ、一歩でも進んでいくためには、われわれは、過去から現在までの歴史の経験に照らし合わせて進んで行かざるをえない。もちろん、過去に起こったことが未来にも必ず起きるわけではないが、それでも、過去から未来に照明を当てながら、未来の闇を進んで行く以外にないであろう。本書の中で、二十一世紀を論じるのに、ヘレニズム・ローマ文明の諸事蹟をモデルに、それとの並行関係で見ていく試みをしたのは、そのことによる。

十九世紀から二十世紀を経て今世紀に至る現代文明の動きと、ヘレニズム・ローマ文明の動きはよく似た動きをしており、パラレルな関係にある。巨大な産業技術によって支配された現代文明の来歴を一瞥するなら、十九世紀はヨーロッパ近代文明の拡大の時代、二十世紀は非ヨーロッパの抬頭の時代、二十一世紀は世界の合一化の時代、とみることができる。この現代文明にヘレニズム・ローマ文明を対置するなら、紀元前四世紀はギリシア文明の地中海世界への拡大の時代、紀元前三世紀から紀元前二世紀はローマの抬頭の時代、紀元前一世紀以後はローマによる地中海世界統一の時代、とみることができる。現代文明とヘレニズム・ローマ文明には、並行関係が見られるのである。

もちろん、二十一世紀の地球文明をとらえるのに、ヘレニズム・ローマ文明との並行関係をもってするとしても、それは、どこまでも思考の典型としてであって、そこから、決定論的な法則を読み取ろうとするものではない。現代文明をヘレニズム・ローマ文明との並行関係からとらえようとした先駆者としては、すでに、二十世紀のシュペングラーやトインビーがいるが、彼らは、この並行関係を決定論的にとらえすぎていたきらいがある。だが、歴史が偶然によって左右されていることを考え合わせるなら、ヘレニズム・ローマ文明で起きたことと同じことが、必ず現代文明でも起きると考えることはできないであろう。

しかし、それにもかかわらず、荒海を航海するにも海図が必要なように、見知らぬ未来に進んで行くには、過去の歴史的経験から引き出されてきた知識が必要である。われわれにとって、過去の歴史はいわば教師であって、それを鑑にして、まだ実現していない未来を見ていく以外にないであろう。本書は、そのような考えを背景にして、特に古代ローマの事蹟を参考に、二十一世紀の地球文明を、政治から宗教まで様々な局面からとらえようとした文明論的試みである。

第一章　統合されゆく世界

1　世界の合一化と地域統合

地球の一体化

人間は移動し連絡する動物であって、そのことによって、他と交流し、文明を形成してきた。交通・通信機関はそのためにある。十九・二十世紀の人類も、その近代的技術を使って、これを高度に発達させてきた。この交通・通信機関の目覚ましい発達が、現代の地球文明の発展に寄与した点は量り知れない。

移動の手段としての交通機関は、十九・二十世紀の延長上に、二十一世紀も極限にまで発展していくであろう。現に、今世紀中には、前世紀に別々に研究が進んでいた宇宙分野と航空分野の技術が融合し、音速の二倍にも及ぶ超音速旅客機が開発され、大西洋や太平洋を一飛びすることが可能になると言われている。この超音速旅客機を使えば、地球上のどの地点からも、他の地点へ移動するのに、数時間ですむ時代がやってくることになる。海上交通や陸上交通でも、超高速船舶やリニア・モーターカーが実用化され、今世紀の交通システムは、その姿を一変させるであろう。二十世紀も、自動車、鉄道、航空機、船舶など、交通機関を高度に発達させて、人の移動を容易にしてきた。二十一世紀は、さらに、これが飛躍的に発達するであろう。

交通機関の発達は、短時間で遠距離の地点に移動することを可能にし、そのことによって時間と空間の障壁をなくし、人の行動範囲を大幅に拡大する。人類は、近代以来、速度を極限にまで追求することによって、時間と空間を征服してきたのである。

情報連絡の手段としての通信機関の発達に至れば、時間と空間はほとんど無化されてしまう。例えば、二十世紀末に登場し、通信の分野に大変革を巻き起こしたインターネットは、今も、地球的規模で日増しに成長し、世界の隅々にその網の目を拡げ続けている。今世紀は、このインターネットが世界中に普及し、世界を一つに結びつける。

インターネットを利用すれば、世界規模の膨大な情報を、地球上の位置に関係なく、自宅や職場で居ながらにして、必要な時に自由に検索し、それを共有することができる。それればかりでなく、インターネットを利用すれば、情報の創作者として、全世界の人々に向かって、自己のメッセージを発信することができる。つまり、インターネットは、情報の受信と発信を双方向あるいは多重方向で行なうことができるから、時間・空間の制約から解放されて、情報の縦横無尽の交換、真の意味のコミュニケーションができる。いつでも自由に世界各国の人達とコミュニケーションができるインターネットの発達は、時間と空間の障壁を完全に打ち破ったものと言える。今世紀は、こうしたインターネット上の仮想社会が、われわれの新しい生活空間になるであろう。

インターネットのような多対多の新しいコミュニケーションとは違って、従来の一対多のマス・コミュニケーションによる大量情報提供の方も、今世紀は大きく変貌する。例えば、テレビ放送も、多チャンネル化したデジタル衛星放送によって、世界各地のどの分野の情報もリアルタイムで見ることができる。二十一世紀は、世界中の多方面な情報を、大量記録の可能なホームサーバーを使って録画し、ハイビジョン化した壁掛けテレビで、見たい時に探し出して見るというのが、日常的なことになる。

さらに、今世紀は、情報のネットワーク化と高度なデジタル技術の発達によって、各分野の技術融合が急速に進展する。放送と通信も緊密に融合し、マルチメディア化する。数字、文字、音声、音楽、静止画、アニメ、動画などの情報がすべてデジタル化して、一つのまとまった情報としてやりとりされる。二十世紀末に急速に普及した携帯電話も、世界中を即時に結びつけ、動画や音楽の伝送もできる。そして、インターネットやデジタル衛星放送とも結びつき、全世界とのリアルタイムの情報交換が可能になる。どれも、従来の一方向ではなく、双方向、対話型、インタラクティブになっていくのが、今世紀の情報通信技術の不可避の方向である。

こうして、われわれのもとには、二十世紀以上に、多くの新しいコミュニケーション機器が入ってきて、直接世界中と結びつく。デジタル衛星テレビや自動翻訳付き携帯電話、世界中と結びついたテレビ電話、ファックス、インターネット、これらのものが日常不可欠な道具になる。われわれ一人一人が世界中の情報により開かれたものとなり、前世紀と比べても、その情報量はより増大し、より広範になる。情報は、時間・空間の限界を越えて、すべて記号化され、われわれの手元に直接入ってくることができるから、われわれは、国境や地域社会や時には隣人や家庭をも飛び越して、ますます世界に開かれたものとなる。われわれ一人一人が、グローバルな情報ネットワーク社会に直接組み込まれていくのである。なるほど、二十世紀においてすでにそうではあったのだが、二十一世紀は、この方向がさらに進展することであろう。

時間と空間の制約を越えて、地球のどこにいても、瞬時に情報を入手し発信することができる二十一世紀の高度情報ネットワーク社会は、地球全体を一つの世界にまとめることを可能にする。すでに、われわれは、時間と空間を超越した単一の世界に住んでおり、世界は一つという感覚をもっている。なるほど、二十世紀も、ラジオ、テレビ、電信、電話などの普及とともに、情報化革命は進展していた。情報網が縦横無尽に張り巡らされ、人々がその体制の中に組み込まれたのは、前世紀以来の出来事である。二十一世紀は、二十世紀以来の高度情報化の進展によって、地球全体を場とするグローバルな文明が形成されるであろう。

国境を越えて地球大的に拡大するのは、情報だけではない。交通・通信のグローバル化とともに、ヒト、モノ、カネの巨大な流れが国境を越えて激しく流動し、世界はますます相互依存度を高めていく。現に、盛んな国際貿易や多国籍企業の活躍などによる経済のグローバル化は、市場のグローバル化をもたらし、その結果、国際金融市場や株式市場で、ヴァーチャル化した巨大なマネーが日々国境を越えて取引されている。このような国境を越えた市場経済は、すでに国民経済という枠組みを消滅させつつあり、世界の合一化をもたらしつつある。

それればかりでなく、地球規模の環境破壊さえもが、国境を越えて、地球の一体化をもたらしつつある。大気汚染物質は国境を越えて地球大的に広がり、酸性雨を降らし、オゾン層を破壊する。地球環境問題は、二十世紀が二十一世紀に残した最大の課題の一つであるが、この問題も、一国だけでは解決することができず、逆に、世界の合一化を促進させる方向に動いている。

人類は、時間と空間を無化して、地球を圧縮し、世界を一体化させたのである。今日、すでに、地球は狭くなり、世界は縮小してしまっている。実際、今日の地球は、古代の地中海以上に圧縮されてしまっているのである。そのため、人々の相互結合性と相互依存はますます増大し、地球上のどの地点で起こったことでも、ただちに全世界に影響が現われる。われわれは、地球のどの地点も、心理的に〈近い〉という感覚をもつに至った。世界は一つになり、単一の場所となったのである。この世界の合一化と単一化という現象は、人類史上初めてのことである。人工衛星から一目で見られた丸く青い地球は、単一な場所としての地球という概念を感覚的に表わした。地球の単一化のもとで、一つの地球的文明が生成しつつあるというのが、二十一世紀初頭の文明史的な位置である。それは、産業革命以来の科学技術文明の進展の最終形態だと言えよう。

地中海世界の一体化

もっとも、地球上の一定地域に限るなら、そこを統合し単一な文明圏を形成した事例は、今までの人類史上にも数多く見られる。多くの民族と文化圏を統合しながら、より大きな生存単位へと向かっていく歴史的動きは、必ずしも今に始まったわけではなく、ずっと昔からあったのだと言わねばならない。もともと、国境を越えるものは、今日の交通・通信システムや経済システムだけとは限らない。古代の交易などに伴うヒト・モノ・カネ・情報の交流や交換にしても、古代の世界宗教の伝播にしても、国境を越えた交流は以前からあったことである。大陸をまたぐキリスト教文明、イスラム文明、仏教文明など、世界宗教がつくりだす文明圏も、ある意味で、かつての〈世界の合一化〉の動きでもあったのである。

なかでも、古代のヘレニズムからローマにかけての地中海世界の統一は、今日の地球全体の一体化にも匹敵するような動きを示している。古代ギリシアの文化を一般化させ、地中海全域をギリシア化することによって、一つの地中海文明をつくりあげたのは、ヘレニズム時代であった。紀元前四世紀のアレクサンドロスの東征と彼の後継者たちの支配によって、古代ギリシアの文化は地中海世界の広大な地域に伝播し、地中海世界はギリシア化した。このヘレニズムの形成によって、古いポリスの時代は終わり、新しいコスモポリスの時代が到来した。それとともに、世界を一つと考える普遍主義が生まれ、人々の居住地域を一体としてみる〈オイクーメネー〉の観念が成立した。今日でいう〈地球村〉という観念に近いものである。

イタリア半島にいたローマ人は、この地中海全域に広がったギリシア文化を積極的に受容し、これに同化して、次第に地中海世界に進出。最終的に地中海世界全域を政治的に統一し、古代ローマ帝国を形成した。古代ローマの地中海支配の完成とともに、地中海世界は、今日の地球全域と同様、単一の世界として統合されていったのである。

古代ローマ帝国が広大な地中海世界を統一し、数百年にわたって支配しえたのは、帝国全土に張り巡らされた道路網によるところが大きい。〈すべての道はローマに通ず〉と言われるように、ローマ市を中心に地中海世界各地に放射していた道路網が、古代ローマ帝国の維持発展を可能にしていたのである。帝国の全版図には、十万キロに及ぶ道路網が整備され、この道路網の上に秩序正しい交通が展開していた。道路には、一キロごとに里程標が設けられ、十キロごとに駅が置かれ、食堂、宿舎、厩舎、貸馬が備わっていた。三十キロおきには、これよりも広くて大きな宿場が置かれ、娼家まであった。この道路網を使って郵便制度も整備され、主に国家の通信に利用された。高地には灯台を建て、光の信号を送り、電報の代わりとした。これは、いわば古代の光通信であるが、古代ローマの道路網は、現代の高速道路と高速通信網の両方を兼ねていたのである。この道路網を、軍隊が移動し、それに必要な物資が輸送され、伝令が行き交い、ローマの地中海支配とローマ文明の繁栄をもたらしたのである。

古代ローマでは、陸上交通ばかりでなく、海上交通や河川交通も盛んで、しかも、道路や河川や海には警備隊が設置され、安全確保の努力がなされていた。このような高度に整備された交通網を通して、ヒト、モノ、カネ、情報の交流や交換が盛んに行なわれ、地中海世界は一つの交易圏、政治圏にまとめられていったのである。この交通網は、古代ローマ帝国の支配の源泉だったばかりでなく、ローマ文化の周辺地域への伝播、また、周辺地域の文化のローマへの伝播にも、大きな役割を果たした。古代ローマ帝国における交通・通信網の整備は、その政治的統一に大きな役割を果たすとともに、地中海世界を一つの世界にまとめあげるのに大きく寄与したのである。それは、今日の交通・通信網の高度な発展が、地球を一体化させるのに大きく貢献しているのと同様である。

経済統合と地域統合

急速な勢いで進展し続ける高度情報化と経済依存の高まりによって、今日の地球は縮小し、世界はすでに合一化しつつある。二十一世紀は、これがさらに進展して、ちょうど単細胞生物が多細胞生物になっていくように、世界全体が、経済的にも政治的にも統合され、古代ローマ帝国のように、単一の社会を形成することになるであろう。

貿易や投資の障害を除去し、国民国家のあり方を越えて経済的統合をはかり、各地域を統合していこうとする今日の動きは、世界の統合の一過程である。現に、ヨーロッパ地域は、EUを中心に経済統合が進展し、南北アメリカ大陸は、アメリカを中心とした自由貿易圏の形成に向かい、アジアも経済の相互依存度を高めている。世界は、EU、アメリカ、アジアを極にして、三つの経済圏に統合されつつある。さらに、この三大経済圏相互の依存度も切り離しがたい。二十一世紀の文明変動は、ヨーロッパ圏、アメリカ圏、アジア圏を軸としながら、世界全体の統合化に向かっていると言えよう。

このうち、ヨーロッパ地域は、市場統合から通貨統合を成功させ、経済的には、すでに欧州経済領域（EEA）を形成している。さらに、安全保障面でも、全欧安全保障協力会議（CSCE）を形成し、政治統合を最終目標に、統一欧州建設へと向かっている。このヨーロッパの地域統合の拡大と深化は、ヨーロッパ諸国の経済的政治的後退の克服を目指すとともに、従来の国民国家の枠組を越えて、全ヨーロッパを包括する〈欧州合衆国〉の形成に向かう動きとみてよいであろう。現に、EUは、中欧諸国や東欧諸国をも組み入れ、さらに、旧ソ連の一部共和国やロシアそのものとも連結して、汎欧州統合の形成を視野に入れている。こうして、キリスト教と民主主義を共通項とする大ヨーロッパ経済圏を形成しようというのが、今世紀のEUの戦略である。

他方、アメリカは、北米三カ国による北アメリカ自由貿易協定（NAFTA）を拡大して、これを中南米諸国に及ぼし、南北アメリカ全体の経済的統合を目指している。中南米諸国間でもすでに自由貿易協定が結ばれ、経済統合が進みつつあるが、これも、最終的にはＮＡＦＴＡと統合し、米州自由貿易地域（ＦＴＡＡ）を形成することになるであろう。

また、アジア地域も、日本をはじめ、中国、韓国、台湾、ＡＳＥＡＮ諸国の経済発展は目覚ましく、その急速な勢いは南アジアにも浸透し、アジア地域の経済的統合をもたらしつつある。アジアの自由貿易圏としては、今のところ、ＡＳＥＡＮ自由貿易地域（ＡＦＴＡ）がある。だが、アジアも、ＥＵやＮＡＦＴＡ同様の自由貿易圏を形成する必要があるとすれば、他のアジア諸国をも組み入れて、アジア域内での貿易と投資の促進を目指して、全アジア自由貿易圏を形成するのが望ましいであろう。

なるほど、アジアは、政治的にも文化的にも多様であって、統合を進めていく条件は必ずしも有利ではない。しかし、アジアは、体制の違いや宗教・文化の違いを越えて、何よりも、急速な経済発展と市場の力の方が実質的な統合を推進していくことになるであろう。すでに、このアジアの急速な経済発展は、アジアの自由主義諸国の民主化をほとんど完成してしまっている。また、この急速な経済発展に影響されて、アジアの共産主義諸国も改革開放路線に転換し、アジアの経済発展に参加している。この経済発展がさらに進んでいくなら、共産主義諸国における政治的自由化の要求も高まり、アジアの共産主義も終焉に向かうであろう。とすれば、南北朝鮮の統一や中国の民主化も、二十一世紀前半のそれほど遠くない時期に可能となろう。

さらに、アジア地域の経済発展は、南北アメリカ経済圏とも、太平洋を介して深く結びついている。例えば、アジア太平洋経済協力閣僚会議（ＡＰＥＣ）は、多くの環太平洋諸国をメンバーとしている。これは、太平洋地域の各国が、宗教、民族、政治体制、経済発展段階を越えて、自由で開かれた貿易圏を形成しようとする動きである。この地域で貿易や投資の自由化が進み、これが、世界貿易機構（ＷＴＯ）などを介して、ＥＵとも連絡すれば、世界全体の自由貿易圏が完成することになる。こうして、アジア、オーストラリア、南北アメリカ、ヨーロッパ、つまりアジア太平洋地域と大西洋地域とが結ばれ、世界的な経済統合が実現する。今世紀の世界は、このようなグローバルな経済統合に向かって進展していくであろう。

もっとも、今日進展しつつある地域統合は、逆に、各地域間の対立を激化させ、相互依存を後退させる危険性ももっている。特に、地域の経済競争力が弱まると、保護主義が抬頭してくる。ＥＵも、地域内では障壁は少ないが、外の世界に対しては排他的になる恐れがある。しかし、この地域主義がＷＴＯと補完関係を形成し、ＷＴＯのルールとの整合性のもとにおかれるなら、地域の保護主義は抑制できる。地域主義は、むしろ相互依存世界の実現を目指し、国際協調をはかっていかねばならない。ＷＴＯを強化し、相互主義を徹底するなら、各地域の経済圏がブロック化し排他的になる可能性は少ないであろう。

2　政治統合の可能性

国連の限界

このように、世界の経済的相互依存度が高まり、国際協調と相互主義の徹底によって、グローバルな経済統合が実現していくなら、その延長上に、世界全体の政治統合の道も開けてくる。前世紀以来続けられてきた国連機能の強化は、このグローバルな政治統合に向けての第一歩となる。国連は、前世紀に続き、今世紀もまた、大きな役割を果たすことを期待されている。期待される役割は、国家間紛争や民族紛争の調停、テロ活動や国際犯罪の抑止など国際的な安全保障や危機管理、さらに南の貧困問題、人口爆発、難民流出、防疫、地球環境問題など、地球的規模の問題の解決である。

とはいえ、安全保障問題一つをとっても、国連活動には限界があることも確かである。現に、核兵器や化学兵器や生物兵器の監視なども、国連の安全保障上の役割として重要なものである。しかし、旧ソ連下にあった各共和国への核の拡散、第三世界の緊張からくる核開発、化学兵器や生物兵器の開発は、なお拡大していく傾向にある。これを抑止することは、国連自身が強力な軍事力と権限をもっていないために、国連のみの力では不可能に近い。二十世紀末以来頻発している民族紛争や内戦の抑止に対しても、国連は十分な能力を発揮することができないことがすでに明らかになっている。望むらくは、国連の安全保障機能を強化して、新たな国際安全保障機構を構築する必要があるが、今のところは、それも十分ではない。わずかに国連に許されている機能は、平和維持部隊による停戦監視や選挙監視などであるが、これも、頻発する内戦や民族紛争の前に十分な能力を発揮しえていない。

南北間の格差を是正して、南の貧困を克服することも、国連の重要な役割の一つである。しかし、この点でも、むしろ、北の先進国が南の第三世界へ様々な形で直接援助する方が、最も早い解決となる。経済力をもたない国連の果たす役割には、大きな限界がある。国連は、もともと、安全保障や南北格差是正上で主導的な役割や機能をもってはいない。国連の役割は、どこまでも、調整機関または奉仕機関にとどまると言わねばならない。

国連には、さらに機構上の問題がある。安全保障理事会の常任理事国のもつ拒否権も、重要問題に関する意思決定を阻害している。また、そのメンバー構成上でも、財政負担との兼ね合いで不釣り合いがあり、これも効果的な意思決定を阻害している。もっとも、この問題は、国連の機構改革の機運の中で、そう遠くない時期に解決されるではあろう。しかし、それに伴って、国連憲章を修正しようとすれば、パンドラの箱を開けたように、第三世界の加盟国からも様々な意見が出され、ほとんどコントロールできなくなるであろう。さらに、国連は、財政上危機に陥っている。

現に、常任理事国をも含め、多くの国が、国連分担金をしばしば滞納している。そのため、国連は、経済的社会的問題の解決はもちろん、平和維持活動さえ、財政的にままならぬ状況に陥っている。

国連の能力を強化するためには、二十一世紀の初頭に唯一残った超大国であるアメリカの力に頼る以外にない。確かに、アメリカは、地球上の多くの地域の問題に干渉する能力をもつ唯一の国家である。現に、アメリカ自身、軍事侵略、国際テロ、自然災害、民主主義を打倒する企て、大規模な人権侵害などには、介入する意思をもっている。その点では、アメリカの果たす役割は大きいものがある。しかし、アメリカと国連との間には、その意図や戦略に微妙にズレがある。アメリカの力がなければ国連は力をもつことができないが、それがあると、国連は独自のアイデンティティを失う恐れがある。また、国連がイニシアティブをもって何かに当たろうとしても、必ずしも、アメリカが同意するとは限らない。国連の平和維持活動への協力にあっても、アメリカは、その部隊を国連の指揮下に置くことを嫌う。また、アメリカも、他の諸国からの人や資金の供給なくして平和維持活動をすることには、消極的である。さらに、アメリカ自身の経済力の低下もある。アメリカの指導力にも限界はあると言わねばならない。

国連は、もともと、設立以来、加盟国の主権を基礎に置いて活動してきた。国連は各主権国家の意志に依存し、その意志を無視しては成り立ちえない。しかも、国連に加盟する主権国家は急増している。とすれば、このままの形では、国連が世界全体の安全保障や経済社会問題の解決に主要な役割を担う時代が到来すると考えることはできない。国連にはそれほど多くのものを期待できないとみておいた方がよい。むしろ、二十一世紀は、二十世紀同様、その時々に主導的立場にある諸大国と、その影響下にある多くの小国が入り乱れて進んでいく混沌とした時代が続くとみておくべきであろう。

世界政府は樹立されるか

それにもかかわらず、国連の能力の限界を克服し、世界全体の安全保障と経済社会問題の解決に強力な役割を担う何らかの機関が必要だとすれば、遠い将来、世界政府の樹立も必要になってくる。二十一世紀も、科学技術は高度に発達し、交通・通信技術も進展し、世界経済もより一体化し、世界はより緊密に結ばれていくであろう。ならば、これを基盤に世界政府を樹立することは、技術的には不可能ではない。

十九世紀は、西欧勢力の世界的拡大の時代であり、二十世紀は、それに対する非西欧勢力からの反作用の時代であった。だが、二十一世紀は、この作用と反作用が総合され、世界の合一化の時代とならねばならない。十九世紀以来の西洋近代文明の地球的拡大は、結局、人類を単一の社会に統合することに向かっていたことになる。とするなら、その延長上に、世界の政治的統合を目指す世界政府の樹立がプログラムにのってきても、不思議ではない。

今までの長い人類の歴史を振り返ってみても、古代ローマ帝国や秦・漢帝国など、世界国家といえるものが形成される前には、長い動乱の時期を経る必要があった。十九世紀以来、二十世紀を経て、今世紀に至る現代文明の地球的膨張の過程でも、すでに、長い戦争と革命の時代を経験してきた。二十世紀は、特に、そのような動乱の世紀だったとみてよいであろう。互いに相食む苦闘を通してのみ、人類はようやく統合に向けて努力しうる段階に至り着く。とすれば、二十一世紀は、何らかの形で、政治的な世界統合の機運が盛り上がってくる時代になってもよい。

十九・二十世紀の近代文明は、政治的には、国民国家によって担われた。しかし、二十一世紀の現段階を見るなら、すでに国民国家の機能は制限されつつあり、国家間の緊密な連合形態に突入しつつある。発展する産業技術文明の力によって、この動きが加速され、国民国家の規模を越えたより大きな世界国家に向けて、世界の政治的統合が進展する可能性がないわけではない。もともと、近代の国民国家そのものが、それ以前のより小さな領邦国家を統合して形成されてきたものであった。それは、近代の産業社会の規模に見合う政治的機構であった。しかし、近代の枠を越えて地球大的に膨張しつつある今日の科学技術文明や産業社会は、国民国家の枠を越えて、それらを世界政府にまで統合することを要求している。

だが、この世界政府の樹立は、それほど容易なものではないであろう。これまでの世界国家は、多くの場合、長い戦国時代をくぐり抜け、他国を武力によって屈伏させた強力な国家によって樹立されてきた。しかし、二十世紀の動乱の時代をくぐり抜けてきたアメリカにも、それほどの絶大な指導力は期待できない。とするなら、今回の世界政府樹立は、大多数の国家の同意と契約によって達成されねばならないであろう。

その点では、二十世紀末から今日にかけて統合の努力をしつつあるEUは参考になる。ヨーロッパも、十五・十六世紀の近世が始まって以来、二十世紀末の冷戦の終結まで、およそ五、六百年の間、各国は合従連衡を繰り返し、ある意味で、長い戦国時代を戦ってきたとも言うことができる。その結果、ヨーロッパは、もはや、紛争解決の手段としては、戦争という手段に訴えられない時代に入った。ヨーロッパが、全欧安全保障協力会議（CSCE）を成功させ、EUの構築を通して、政治的統合に向かっているのは、その現われである。しかも、この方向は、強力な一国の武力による統合ではなく、多くの民主主義国家の同意と契約によって成立している。

このEUの例にならうなら、地球全体の政治的統合も、契約による以外にないであろう。世界政府の樹立の方法としては、現在ある国際連合の機能と機構を強化して世界政府にまで昇格させる方法と、新たに世界人民大会を開催して世界政府をつくる方法の二通りが考えられている。だが、両者のうち、国連の改造による世界政府の樹立の方がより現実的だと言える。しかも、今日存在する主権国家の主権を全面的に剝奪することは不可能だから、その主権の一部を世界政府に委ねるにとどめ、その他の権限については、各国の自治にまかせる必要がある。したがって、比較的実現可能な世界政府は、連邦制をとった世界政府ということになる。

とはいえ、世界政府建設のためには、各国家は、少なくとも、その主権の一部を自発的に放棄し、世界政府に委ねなければならない。これは、各国家に相当の犠牲を強いるものであり、それに各国家が同意するかどうかは定かではない。現在、世界を構成する主権国家が保持している主権の中には、統治権、徴税権、警察権、外交権、対外的軍事力などがある。世界政府が何よりも戦争の抑止を第一の目的としているとすれば、これらの国家主権のうち、まず廃止あるいは制限されねばならない権限は、軍事力であろう。

世界政府樹立の最大の目標は、国家間の戦争をなくし、世界に恒久的な平和と安全をもたらすことである。そのために、国際的に強力な権力を確立し、それを背景に、強力な法秩序を作り出そうとするのが、世界政府の意図するところである。もしも、そのような強力な権力によって、無秩序な世界が統一され、強大な世界政府ができたなら、これまでの国家間の戦争は相当程度抑止されるであろう。

だが、そのためには、各国家は、少なくとも、戦争の防止に直接必要な権限を、世界政府に委譲しなければならない。何よりも、各国家の戦争遂行能力をなくすために、各国家がもつ軍事力と兵器（核兵器や化学兵器を含む）は、国内の秩序維持内に制限され、他は廃棄、または世界政府に提供されねばならない。さらに、これに違反して国家が侵略を企てた場合、それを事前に監視し査察する権限や、侵略を計画した国家を処罰する権限も、世界政府に与えられねばならない。つまり、世界政府は、世界的な刀狩りを実行する権力をもたなければ、戦争をなくすことはできないのである。

確かに、各国家がその主権の一部を放棄し、軍事力と武器を捨て、世界政府のもとに結集するなら、戦争はなくなるであろう。しかし、このためには、世界政府自身が、その命令を執行するに足るだけの強制力、つまり独自の強力な軍事力（常備軍）をもつ必要がある。また、その軍事力維持のための財源確保を目的として、世界政府自身による広範な徴税権も認める必要がある。このようにして、強力な軍事力をもった世界政府が、それを背景に強力な法秩序を打ち立てたなら、実質的な世界平和が達成され、安定した世界秩序がもたらされることになる。もともと、平和というものは、より小さな暴力をより大きな暴力によって抑制することなしには、達成されえないからである。

世界国家の条件

世界政府を樹立し、地球全体を政治的に統合するには、単に軍事的な統合だけでなく、政治制度、法制度、言語、暦法、度量衡、通貨などの統合が必要である。なかでも、言語の統一は重要な課題になる。新しい世界政府には、どの国家にも民族にも偏らない新しい国際語の創造と普及が望ましい。しかし、言語というものは伝統に根差した文化なのだから、人工的に創られた言語はおそらく普及しないであろう。十九世紀以来努力されてきたエスペラント語も、グローバルな言語にはなりえなかった。ヘレニズム時代の共通ギリシア語（コイネー）やローマ時代のラテン語の源泉が、それぞれの民族言語に根差していることを考え合わせるなら、今日の状況では、この世界共通語としては、英語が最も代表的なものと言える。一方、言語は常に文化と一体であるから、それぞれの民族文化を表現するには、それぞれの民族言語を必要とする。これを無理に共通語によって制圧してしまったなら、文化は死ぬし、言語も死ぬ。だから、来たるべき世界国家は、公用語と日常語が併用される二重言語世界にならざるをえない。

また、新たに登場する世界国家は、宗教的には、その複数性を認める柔軟なものでなければならない。なるほど、国家の統一には、しばしば宗教が必要であった。古代ローマ帝国も最終的にはキリスト教を国教としたように、世界国家には世界宗教が対応しなければならない。しかし、今日の世界の宗教は多種多様であるから、そのどれか一つを新しい世界国家の宗教とすることはできない。また、近代の国民国家も多かれ少なかれ政教分離の方向に向かっていたのだから、新しい世界政府も、純然たる世俗国家として、宗教と分離された国家でなければならない。

いずれにしても、新しい世界国家は、宗教的にも、言語的にも、文化的にも、民族的にも、多種多様な集団を統合しなければならない。したがって、新しい世界国家は、その政治的統合の技術の中に、諸文化が共存できるシステムを作り出していかねばならない。新しい世界国家の実現は、〈多様性の中の共存〉のシステムを作るための政治的努力なのである。

この点では、移民の国として出発したアメリカは、多民族を統治する技術を溜め込んだ国家として注目に値する。アメリカは、ここ四百年ほど、大きな多民族国家として、その統合の実験を敢行した国である。アメリカでは、どのような民族的ルーツをもっていようとも、そのアイデンティティを捨てることなく、星条旗と民主主義と英語という国家的アイデンティティの中に統合されうる。この点から言えば、アメリカは、なお、将来の世界国家形成のための知恵とノウハウをもっており、世界国家形成上大きな役割を果たす可能性をもっている。

なるほど、アメリカは、今日、世界経済の多極化の中で、その地位を低下させている。だから、二十世紀に実現したようなパクス・アメリカーナを、二十一世紀も持続することができるかどうかは分からない。強大な覇権国になるためには、強大な経済力をもち、世界の安全保障を支える強大な軍事力と強力な政治力をもっていなければならない。だが、今日のアメリカは、軍事力や政治力は別として、経済的な面では対外債務に頼っており、アメリカの求心力は低下しつつあるとみなければならない。アメリカが経済・軍事・政治すべての面で世界秩序形成の立役者であった時代は、すでに過ぎ去っている。アメリカは、依然として、軍事面で、世界の警察官としての意欲をもってはいるが、それを自力で維持するだけの資金力をもっていない。アメリカのヘゲモニーもそれほど長く続くものではないであろう。

しかし、それでも、アメリカには、世界の警察官として、地球全体の安全保障を策し、世界全体の秩序を保とうとする軍事的・政治的な意欲がある。アメリカは、また、自由主義や民主主義の擁護、自由貿易体制の推進、新技術開発力などの点で、大きな力をもっている。アメリカは、なお、今後の国際政治における世界秩序形成のために、重要な役割を果たす能力を保持していると言えよう。地政学的に言っても、アメリカは、大西洋国家でもあり、太平洋国家でもあり、両者を橋渡しできる機軸国家である。アメリカは、二十一世紀も、当分の間は、世界のリーダーであり続けるであろう。もちろん、そのためには、ＥＵや日本の協力が必要である。これらの国々がアメリカとの緊密な連携を保ち、アメリカを補完していくなら、アメリカは、今世紀中も、国際秩序維持の主要な機軸国家でありうる。とすれば、将来の世界政府形成に果たすアメリカの役割も、相当大きなものがあると言わねばならない。

国家は固定的なものではなく、どこまでも生成発展するものである。だから、諸国家が、国民国家の枠を破って、より広範な国家へ発展していくことは、いつでもありうる。したがって、その延長上に、遠い将来、地球全体を統括する世界国家が形成されることは、ありえないことではない。その世界国家こそ、〈世界と国家と個人〉〈普遍と特殊と個別〉を総合する唯一の政治システムであることには違いない。

世界政府としてのローマ帝国

古代地中海世界でも、紀元前二七年のローマ帝国の成立は、いわば、その当時の世界政府の樹立であったとも言える。ローマ人が長い年月をかけて完成した帝国は、地中海世界を政治的に統合し、これを一つの世界とし、そこにローマによる平和をもたらした。それは、一つの世界の中に多くの民族を抱え、多くの都市国家を従属させた巨大な世界国家であった。この点では、ローマによって支配された地中海世界は、多種多様な国家や民族によって構成されている現代のグローバルな世界によく似ている。

ローマ文明の歴史は、その誕生から興隆、衰退や滅亡に至る文明の全過程をわれわれに見せてくれる文明史の典型である。もしも、このローマの長い文明史を模範にして、現代文明の過程を考えるとすると、現代文明が、ローマ帝国のように世界国家の段階に至り着き、世界政府を樹立しなければならない時がくることも、十分予想される。

もっとも、ローマによる地中海世界の政治的統合も、一朝一夕にして出来上がったわけではなく、それ以前のヘレニズム時代の文化的・社会的な統合が先行していた。アレクサンドロスの東征からアレクサンドロスの後継国家の時代に、ギリシア文化が地中海世界に広く伝播し、地中海世界はギリシア化していた。この過程の中で、ローマ自身も、地中海制覇に乗り出す前から、ギリシア化していた。このヘレニズム時代に、地中海世界の海上交通や河川交通、陸上交通が発達し、交易圏も拡大。そのため、ヘレニズム世界を構成していた諸都市国家の制度とその主権も限界に達し、都市国家（ポリス）はすでに政治生活の単位としては間に合わなくなりつつあった。より強力な世界国家（コスモポリス）の成立が望まれていたのである。

ローマ帝国は、このような文化的地ならしの上に成立した。かくて、ローマ帝国の役割は、ギリシア文化を普遍化し、これを普及させるとともに、その中にオリエントなどの先行文明をまとめあげ、地中海世界に一つの統一された文明を形成することに置かれた。その意味では、ローマ帝国の成立は、アレクサンドロスの理想を実現したことになる。実際、ローマ帝国の最初の元首アウグストゥスは、パクス・ロマーナ（ローマによる平和）のモットーとして、アレクサンドロスが提唱した〈ホモノイア〉つまり〈協調〉の理想を掲げたのである。このヘレニズムから帝政ローマに至る地中海文明の歴史は、近代ヨーロッパ文明の世界的拡大を背景に、世界の合一化が進展し、世界政府の樹立を必要としてきている現代文明とも、並行関係にある。

ローマ帝国の最盛期の版図は、イベリア半島、中南部ヨーロッパ、東ヨーロッパ、小アジア、シリア、エジプト、北アフリカに達する広大な領域であった。ローマ帝国は、この広大な版図を一つの交易圏にまとめ、そこに住む諸民族を一つに統合し、単一の支配権を確立した。首都ローマは、人口百万から百二十万を擁する古代最大の巨大都市であった。ローマ帝国は、首都ローマを中心として縦横に結ばれた都市連合国家であった。ローマは、他の都市国家を同盟市とし、これに自治権を与えながら、その支配権を延ばし、次々とその勢力圏を拡大していったのである。ローマ帝国といっても、各都市国家を結ぶ一種の国際的同盟のようなものであった。だから、ローマの支配は、間接統治を原則とした。

もちろん、カルタゴやユダヤやマケドニアのように、ローマの覇権に抵抗した民族は、ことごとく壊滅させられ、属州化された。また、自治権を確保した諸都市も、事実上、次第にローマの属州と化していき、ローマ政府の直轄機関になっていった。また、各属州も、積極的にローマ文化を受け入れ、これを文明開化とみなしてもいたのである。

だから、ローマ帝国といっても、ある面では、今日のアメリカとその同盟国のようなものだったとも言える。アメリカは、アジアのいくつかの国家とは二国間同盟を結び、ヨーロッパとは集団安全保障条約を締結し、自らの勢力圏を確保している。しかも、アジアの同盟国はアメリカ文化を受け入れ、アメリカ化することを、近代化とみなしてきたのである。

ローマ人は、また、その帝国の発展とともに、常に変化する状況に合わせて、法制度を整備し、膨大な法体系を形成していった。なかでも、開放的な市民権政策は、ローマ帝国を全民族の共通の国家とする上で、大きな役割を果たした。ローマ帝国は、人種的にはローマ人でない異民族に、法的に、次々とローマ人としての市民権を与え、同化する政策を取ったのである。その過程は漸進的に進められたが、紀元二一二年のカラカラ帝が発したアントニヌス勅令によって、この政策は完了した。この勅令によって、ローマ帝国内のほとんどすべての自由人に、ローマ市民権が付与されたのである。

ローマ法のもとに生活することは、ローマ市民権を与えられた者の特権の一つとみなされていた。だから、法的には外国人扱いされていた異民族出身のローマ人たちは、市民としての政治的・経済的・法的・心理的な利益を得るために、ローマ市民権を獲得することを熱望した。また、奴隷身分の異民族も、様々な手法で、次第に市民権を獲得していった。このように、ローマ帝国は、ローマ人の枠を広げ、その枠の中に非ローマ人をも入れていった。そのため、ローマ帝国は、本来のローマ人によってのみ守られるのではなく、各地のローマ市民権をもった市民によって守られることになった。

人材の登用においても、ローマ帝国は、ローマ人に限らず、広く才能のある者を登用した。外国人であっても、奴隷出身であっても、蛮族であっても、ローマ帝国にとって有用であれば、これを採用した。それどころか、皇帝自身が、三世紀ごろには、ほとんど属州出身とさえなったのである。

こうして、ローマ帝国は、全民族の共同のポリス（コスモポリス）となった。その結果、すべてのローマ人は、自分たちの住む帝国をローマニアと呼び、これを、彼らの共通の母国と感じるようになった。ローマ帝国は、すべてのローマ人にとって、心理的にも世界国家となったのである。ローマ帝国の礼讃者、アイリオス・アリステイデスも、ローマの強大化の原因を、その巧妙な諸民族支配の技術にみた。諸民族の支配層にローマ市民権を与えて、これを帝国支配の支柱としたことが、地中海世界全体を一つの大きな家にまとめあげるのに成功した秘訣であったとみたのである。

ローマ帝国は、宗教政策においてもおおむね寛容であった。ローマ帝国は、征服民に対して、自らの宗教を強制することなく、それぞれの征服民独自の宗教を許した。また、各地方から首都ローマに流入してくる人々とともに、異国の神々も入ってきたが、帝国は、ローマの統治を揺るがさないかぎり、これを受容した。ローマ帝国は、所属民に対して、広範な領域の宗教や慣習の多様性を認めるとともに、同時に、ローマ国家に所属する共通の市民という意識を醸し出したのである。もっとも、紀元一世紀以後、次第に流布していったキリスト教は、キリスト教徒がローマ帝国の支配に服さないことがあったために、しばしば弾圧された。しかし、それにもかかわらず、キリスト教はローマ帝国内に普及していったため、よく知られているように、四世紀になって、逆に、キリスト教はローマ帝国によって受け入れられ、国教とされたのである。

言語政策においても、ローマ帝国は寛容な政策をとった。ヘレニズム時代に普及した共通ギリシア語（コイネー）

は、すでに地中海世界に広く普及していたから、ローマ人はこれを尊重した。それどころか、教養あるローマ人は、母国語のラテン語のほかに、熱心にギリシア語とギリシア文学を学んだ。首都ローマの中央行政でも、ラテン語と並んで、ギリシア語が公用語として使用された。帝国の西方諸地域では、ラテン語が公用語として普及したが、ギリシア語を母語かあるいは共通語として用いていた東方諸地域に、ラテン語を公用語として押しつける際には、ローマ人は慎重であった。ラテン語の使用は軍事や行政のみに限り、それ以外は、共通ギリシア語を用いることを認めたのである。

こうして、ローマ帝国は、その巧妙な支配と政治力によって、パクス・ロマーナをもたらし、繁栄の極に達した。ローマ帝国の支配領域のどの都市にも、首都ローマに似た神殿や競技場、浴場や学校などが建てられた。また、ローマ人自身の手によっても、このような多くのローマ都市が各地に建設された。各都市は、版図内に縦横に張り巡らされた道路網によって結ばれ、人々の移動も盛んに行なわれた。ローマに支配された属州民も、ローマ文化の恩恵に浴し、ローマに同化した。ローマ人は、広大な領域を統合し、一つのポリスにまとめたのである。ローマ帝国は、古代地中海世界の世界政府だったのである。

二十一世紀の地球文明も、各民族、各国家の政治的統合に向かい、いずれは世界政府の樹立が必要だとすれば、ローマ帝国の知恵に学ぶところは多いであろう。

第二章　分散する世界

1　民族紛争の時代

普遍主義の崩壊

二十一世紀の世界は、しかし、統合の方向にのみ向かっているわけではない。すでに、二十世紀末以来、この地球上では民族主義の波が急速に広がり、各民族の自立の要求や宗教の復権の動きによって、各地で多くの紛争や衝突が起き、民族間の殺戮さえ繰り返されている。民族紛争の激発は、二十一世紀も止むことはないであろう。

二十世紀は、少なくとも、その後半は、自由主義と共産主義という二つの対立する普遍主義の時代であった。このうち、冷戦の終結という形で、共産主義という普遍主義が崩壊したために、逆に、それによって抑圧されていた民族主義が抬頭、各民族の独立の要求に火がつき、それが民族間対立を激化させることになった。それと同時に、自由主義という普遍主義も弱体化し、自由主義圏でも多くの民族問題が発生、各民族が自立を要求してきた。そのために、国家の数は鰻登りに増え続け、近代の国家システムが解体に向かっているというのが現状である。二十一世紀初頭に当たる現在、民族紛争が世界各地に広がり、世界が不安定性を増しているのは、一つには、二十世紀末の普遍主義の崩壊または弱体化によるところが大きい。

他方、また、この民族紛争の激発は、近代の国民国家がかかえる構造にも原因がある。多くの民族を統合し中央集権的に国家を形成した国民国家は、常に、その支配下に置かれた民族の不満を抱えている。逆に言えば、国民国家は、エスニック集団に対するタガとして働いていたことになるが、しかし、これが破綻すると、途端にエスニシティが爆発する。国民国家のもとに押さえつけられていた諸民族のマグマが一挙に噴出し、諸民族集団が一斉に自立を主張するのである。

〈民族〉を定義することは極めて困難であるが、一応は、言語・習慣・民俗・歴史・宗教など、文化を共有する集団と考えることができる。とすれば、このような意味での民族と、政治的な意味での国家は、位相を異にする概念だということになる。世界の諸国家の大半は、その内に、文化を異にする多くの民族を抱えた多民族国家であって、多くの民族を国民国家のイデオロギーによって統制している。この国民国家が揺らげば、人々は不安に陥り、〈国家〉よりもより下位の〈民族〉に自分たちの帰属意識を確認し、そこにアイデンティティをもとうとする。これが、二十世紀末の冷戦の終結とともに一挙に顕在化した民族対立の背景である。激発している民族紛争は、もはや、自由主義と共産主義のイデオロギーの対立でもなく、国民国家間の利害の対立でもなく、文化と文化の対立なのである。二十一世紀も、民族にまつわる紛争や摩擦は跡を絶たないであろう。

旧ソ連崩壊後の民族紛争の激発は、共産主義という普遍主義の崩壊による民族主義の抬頭に起因していた。旧ソ連邦は百二十以上の民族を抱えた〈民族の火薬庫〉と言われていた。しかし、ソ連共産主義の終焉とともに、その支配下にあったスラブ系共和国、キリスト教国、中央アジアのイスラム教国などが、次々と独立。その後、独立した共和国同士で激しい民族紛争を開始した。

アルメニアとアゼルバイジャンの紛争は、その代表である。アルメニア人はキリスト教（アルメニア正教）を奉じ、アゼルバイジャン人はイスラム教を奉じ、宗教的に対立していた。その上、ナゴルノ・カラバフ地区を巡る対立に代表されるように、アルメニア人の居住地域と国境とが一致しないため、紛争が続いている。なるほど、一九九八年には、両国は、平和的解決を図るという合意に達したが、まだ、真の共存を求める情勢には至っていない。

また、チェチェン問題は、旧ソ連崩壊後のロシア共和国内の問題である。旧ソ連崩壊とともに、チェチェン・イングーシ共和国は独立を宣言。その後、イングーシを分離したが、ロシアはこれを認めなかった。そのため、一九九九年、イスラム武装勢力一掃という名目で、ロシア軍が侵攻。紛争はなお続いている。チェチェン紛争は、独立を目指すチェチェンと、これを許さないロシアとの確執と言える。だが、問題はさらに深く、チェチェン人とロシア人との間の憎悪の歴史にまで至りつく。

旧ユーゴスラビア解体後の凄惨な民族紛争も、共産主義という普遍主義の崩壊による民族主義の抬頭に起因していた。六共和国と二自治州から構成されていた多民族国家、ユーゴスラビア連邦は、宗教や歴史的背景のまったく異なる地域が単に一つにまとめられていたにすぎなかった。セルビア、ボスニア・ヘルツェゴビナ、マケドニアは、オスマン・トルコの歴史的影響を多分に受け、北部のスロベニア、クロアチアはカトリックに組み込まれ、ヨーロッパの影響を受けてきた。言語や宗教など、文化的に見るかぎり、これらの地域と民族は互いに異なっており、さらに自分たち内部でも細分化されていた。旧ユーゴは、これらの民族を独特の社会主義によって統制していたが、一九八九年以来の東欧共産主義の崩壊とともに、各民族は独立。ユーゴスラビア連邦は崩壊し、民族間対立が激化した。特に、ボスニア・ヘルツェゴビナ戦争では、セルビアから分離させられたセルビア人が、これと対立するクロアチア人とムスリムに対して、民族浄化の名のもとに、三つ巴の凄惨な殺戮を繰り返した。また、コソボ紛争では、セルビア南部のコソボ自治区で、キリスト教徒のセルビア人がアルバニア人のムスリムを掃討しようとしたが、NATOと国連の介入もあって、アルバニア系住民は復帰。しかし、アルバニア系住民からのセルビア人に対する報復の可能性もあり、今後も抗争の火種は絶えない。さらに、この紛争は隣のマケドニアにも飛び火し、マケドニア系住民とアルバニア系住民が対立、両者の共存に問題を投げかけた。

共産主義という普遍主義の終焉が、すでに二十世紀末において確認されているとすれば、改革開放路線によって経済発展を遂げている中国共産主義も、二十一世紀のそれほど遠くない将来に終焉を迎えるであろう。

だが、ここでも、共産主義の崩壊によって、民族主義が抬頭してくる。中国は五十五の少数民族を抱えており、これらを、内モンゴル、新疆ウイグル、広西荘（チワン）、寧夏回（ホイ）、チベットの五自治区と、それ以外の民族自治地方行政区画に分けている。しかし、今日の中国が、改革開放路線によって、経済発展を遂げれば遂げるほど、人口の移動は激しくなり、政治的自由を求める声は募り、それが一党独裁体制を溶解させていくことになろう。そして、中国の一党独裁体制が崩壊すれば、各民族自治区の自決運動が出てきて、共産中国という地球上に最後に残った植民地帝国は崩壊していくことになる。現に、チベットやウイグル自治区では、すでに分離独立運動が起きている。例えば、チベットでは、中国共産党の政策によって宗教弾圧がなされ、言語や伝統や習俗も否定され、これまで多くの犠牲者が出ている。中国共産主義が崩壊すれば、当然、チベットは民族自決を求めて独立するであろう。同様に、ウイグル自治区や台湾も独立するであろう。これらも、共産主義という普遍主義の崩壊に伴う民族主義の動きである。

国民主義の無理

また、民族紛争は、国民国家が奉じる国民主義の弱体化によっても起きてくる。国民国家は、多くの場合、多くの民族を一つの国民として強制的に統合するものでもあったから、それに抵抗する民族も跡を絶たないのである。

例えば、インドネシアの東ティモール問題から発した各地の分離独立運動の勃発なども、その例である。もとポルトガルの植民地だったために、カトリックの住民が多い東ティモールは、一九七五年に、イスラム教徒でマレー系が多いインドネシアによって併合された。しかし、一九九〇年代の民族主義抬頭の流れに呼応して、東ティモールの分離独立運動が勃発。一九九九年、東ティモールは、住民投票によって、八〇パーセントの独立支持を得て、独立。ところが、これが発火点になり、スマトラのアチェ、西パプアのイリアンジャヤなどでも、分離独立運動が勃発。〈多様性の中の統一〉をモットーに、多種多様な民族を巧妙に統合してきたインドネシアという国民国家の支配力にも、ほころびが見えている。東ティモール問題は別として、これは、旧植民地勢力としてのオランダの支配の枠を踏襲して、多くの民族を統合し、一国民国家を形成しようとしてきたことの無理にも起因していると言えよう。

これと同じことは、アフリカ諸国についても言える。アフリカ諸国は、ヨーロッパの旧植民地の枠内で国民国家を形成しようとしたために、民族の分布と国民国家の枠が齟齬《そご》をきたし、それが悲惨な民族紛争や内戦を起こしている。アフリカの国境線は、多くの場合、ヨーロッパ列強の植民地争奪戦の結果つくられたものであり、個々の地域のもつ必然性に根差していない。アフリカ諸国は、人為的に引かれた国境線の中で国民国家を形成しなければならないという課題を背負ったのである。そのために、国境線内部に過剰な数の民族を抱え込んだり、国境線を越えて同じ民族が分断されたりするという矛盾に直面した。ビアフラ内戦、ソマリア問題、ルワンダ内戦など、アフリカで民族紛争や内戦が打ち続いたのは、多くの場合、このことに起因している。

アフリカと同様のことは、中東地域にも言える。中東諸国間の紛争や衝突の遠い原因は、多くの場合、第一次大戦終結後、西欧列強間の思惑で線引きされた人為的な国境線が、必ずしも、中東諸民族の宗教や言語や習慣などの地域性と一致していなかったことにある。

その最も悲劇的な例は、第一次大戦後の民族自決の原則にもかかわらず、国を持てなかったクルド人の例である。クルド人は、現在、国境を越えて、トルコ、イラク、イランにまたがって居住し、一部はシリア、アルメニアにも住んでいる。クルド人は、民族の一体感を強く意識し、独立国をもちたいと思っているが、どの政府も、これを許すことなく、抑圧政策を続けている。そのために、クルド人による反政府活動が継続されている。

パレスチナ問題なども、同じような文脈でみることができる。アラブ人とユダヤ人の対立は、何も二千年前から続いていたことではない。二十世紀の第二次大戦前までは、ヨーロッパで疎外されたユダヤ人を迎え入れたのは、むしろアラブ人たちであった。アラブ人とユダヤ人の抗争が生じたのは、イギリスが、第一次大戦の勝利を目的に、アラブ側には、アラブの支持を得るために、アラブの独立を約し、ユダヤ人には、ユダヤの支持を得るために、祖国建国を約束したためである。これが、第二次大戦にまで持ち越され、アメリカも、また、国内のユダヤ人の支持を得るために、イスラエル建国を約束した。こうして、第二次大戦後、人為的に創られたイスラエルは、パレスチナのアラブ人を阻害することになった。そのために生じたのが、パレスチナ問題である。この問題の最終的解決策は、二十一世紀の現在もまだ見出しえていない。アラブ・イスラエル抗争の遠い原因も、二十世紀前半のヨーロッパ列強の思惑に起因しているのである。

少数民族問題も、近代の国民国家形成で生じた矛盾に数えることができるであろう。国民国家の中で、少数民族として、その権利が無視された例は、スペインのバスク、イギリスのウェールズ、北欧北部のサーミ、カナダのイヌイット、アメリカのインデアン、南アフリカのズールーやコサ、オーストラリアのアボリジニ、ニュージーランドのマオリ、日本のアイヌなどである。彼らは、近代の国民国家の中で、少数民族として、その権利回復運動や少数言語の復活運動などを通して、近代の国民国家に対する異議申し立てを行なっている。これらの問題も、国民国家が多くの民族を統合していく過程で生じた矛盾であった。

近代主義の矛盾

このようにみていくなら、民族問題の発生が、共産主義などの普遍主義の崩壊によるにしても、国民主義という特殊主義の弱体化、あるいは逆にその強化によるにしても、どちらにしても、近代主義の矛盾から起きていることが分かる。民族問題は多種多様であって、どれも簡単に解決のつく問題ではない。多くの民族が一つの国家に統合されたがゆえの矛盾衝突もあれば、少数民族や先住民が近代の国民国家によって抑圧されていたために起きる問題もある。また、一つの民族が自分たち独自の国民国家を形成しようとする民族自決問題もあれば、民族間で国境線や帰属をめぐって起きる紛争もある。だが、これら錯綜する民族問題に共通することは、国民国家の形成と民族の自立の間に齟齬があるという問題である。

近代の国民国家は、多かれ少なかれ、多くの民族を統合して中央集権国家を形成する必要があったから、それに伴って、政治行政の一元化や言語や教育の統一をはからねばならなかった。これは、習慣や文化を異にする民族にとっては重大な問題であり、どうしても、民族と国家の間の矛盾にぶつからざるをえなかったのである。その意味では、二十世紀以来継続している様々な民族問題は、近代主義の矛盾に由来すると言える。宗教や言語や習慣を同じくする〈民族〉という伝統的な社会によって、〈近代〉というものが問われているのが、民族問題である。この問題は、二十一世紀もなお継続するであろう。というより、さらに拡大して問われるであろう。この点では、二十一世紀は、近代主義の解体の時代であり、近代主義の分裂の時代と言える。

この面から言えば、アメリカが抱える人種問題も、同じような種類の問題とみることもできる。移民の国として出発し発展してきたアメリカは、〈多からなる一〉をモットーに、出身を異にする多くの人種を、民主主義と人権を基礎とするアメリカ憲法をはじめとして、様々な手段によって統合し、アメリカという一つの国家をつくってきた。ところが、二十世紀末には、黒人集団の中に分離主義的な傾向が現われる。彼らは、アメリカの黒人を〈アフリカ系アメリカ人〉とする。そして、〈アフリカ系アメリカ人〉はアフリカの伝統文化にアイデンティティを見出すべきだと言う。アフリカ中心主義の主張である。この人種主義は、白人社会への黒人の統合を拒否する。そのため、それは、かえって、一般の黒人がアメリカ社会に同化することを困難にしている。そればかりでなく、アメリカには英語を解さないヒスパニック（中南米系移民）やアジア系移民が存在し、彼らは同化を拒否。さらに、先住民族、ネイティブ・アメリカンの権利主張などもあり、多民族国家アメリカの矛盾が露呈してきている。

この点から言えば、アメリカ社会は分裂と解体に向かっているとも言える。多くの人種を巧みに統合し、巨大な超近代国家を形成してきたかに見えるアメリカではあるが、そのアメリカでも、近代的統合が人種間闘争によって問われているのである。アメリカが分裂に向かうか、統合に向かうか、これは、二十一世紀のアメリカに課せられた課題であろう。

ヨーロッパの移民問題も類似した問題である。西欧に定住した移民には、フランスのマグレブ系、イギリスの南アジア系、ドイツのトルコ系など、ムスリムが多い。フランスでも、ムスリムの定住化に伴って、モスクの建設、金曜日の集団礼拝などが目につくようになってきた。また、公立学校でのベールの着用や体育の授業での厳密な両性分離などの問題をめぐって、フランス人とムスリムの間で摩擦が起きている。フランスは移民に対して同化政策を取ってきたが、それに対して、ムスリムは差異への権利を主張、イスラムへの回帰を強めた。そのため、逆に、フランスの極右政党が抬頭、移民排斥運動を行なって支持を集めている。同じような排外主義運動は、ドイツでの極右政党によるトルコ人排斥運動にも見られる。これらの問題も、ヨーロッパ自身が近代国家を形成する過程で抱え込んだ問題であり、近代的統合が問われている問題である。この問題は、日本も例外ではない。確かに、その意味では、近代主義は解体に向かっており、二十一世紀は分散の時代と言える。

戦争はなくならない

このように、民族や人種、文化や宗教に起因する紛争や衝突が継続するとすれば、二十一世紀も、戦争がなくなることはないであろう。なるほど、二十世紀に第一次大戦や第二次大戦や冷戦を経験してきた人類は、もはや大戦争は起こしにくい。しかし、民族や宗教にかかわる限定戦争や局地紛争は、絶えることはないであろう。

たとえ、それらが何らかの形で抑止されたとしても、テロリズムという形で、戦争は残る。アフガニスタンを拠点にした国際テロリズムの動きも、その例である。戦争の形態は常に変わり、表向きの戦争が抑止されれば、戦争は闇に潜る。テロリズムは、そういう闇に潜った戦争の一形態である。テロリズムは、人々に恐怖を与えることによって、心理的に不安を呼び起こし、直接的にも間接的にも世論を操作し、目的を達成しようとする。実際、表向き戦争のしにくくなった現代では、国家そのものがテロ組織を支援し、裏回りで攻撃を仕掛け、目的を達成しようとしている。例えば、イランは、アブ・ニダル機関、ヒズボラ、クルド労働党、ハマスなどの国際テロリズムを支援している。さらに、宗教対立に根差すテロリズムも、二十世紀末から二十一世紀にかけて急増している。中東、インド、フィリピンなどに見られるイスラム過激派によるテロリズムは、よく知られている。

文明というものが法によって守られる秩序を必要としているとすれば、二十一世紀の地球文明は必ずしもこの要件を満たしていない。民族や宗教に根差す相互不信からくる様々な闘争によって、二十一世紀の地球文明は揺さぶられ続けるであろう。この点から言えば、二十一世紀は、確かに、分散に向かっていると言わねばならない。

しかし、このように、二十一世紀も民族や宗教に根差す紛争が続くとしても、これを、ハンチントンの言うように、〈文明の衝突〉ととらえるのは正しくない。ハンチントンは、文明を、言語、歴史、宗教、生活習慣、制度などで構成されるものとみているが、なかでも宗教を重要視する。そして、宗教の違いによって、文明も分けられるとともに、文明間衝突も起きると考える。しかも、今後の世界政治の主要な紛争は、異なった文明の民族と集団の間で起き、諸文明の衝突が地球政治を支配することになると言う。さらに、諸文明間の断層線が未来の戦争の境界線になるとみて、この文明の断層線で起こる紛争を、フォルトライン戦争と名づけた。フォルトライン戦争の例としては、イスラム系や東方正教会系やカトリック系などが入り乱れて相争っているユーゴスラビア紛争、同じような宗教対立を含む旧ソ連の諸民族間紛争、イスラム教徒とキリスト教徒が戦っているスーダンやナイジェリアなどをあげている(1)。

しかし、宗教中心の文化要素を軸として起きる集団間紛争を、〈文明の衝突〉とみるのは正確ではない。それは、単にエスニック・グループ間の紛争にすぎず、せいぜい文化的対立によるものである。だから、それを、より大きな文明間闘争と言うのは間違いである。人々は、何かある一つの文明に所属している者として、相争うのではない。現に、ユーゴスラビア紛争でも、当事者のイスラム教徒集団を支援して、全イスラム教国家が立ち上がったわけではないのである。確かに、人間は、国民国家やエスニック・グループや宗教グループを形成し、領土や主権、政治的独立や経済的充足、資源やエネルギーの確保、宗教や文化をめぐって、しばしば相戦う。だが、より広範な文明そのものを、国民国家や民族集団のように、紛争の主体のように扱うのは、一種の誇大宣伝になってしまう。ハンチントンの考えは、文明と文化、文明と政治の区別を無視した粗雑な考えだと言わねばならない。

二十世紀は、打ち続く戦争や動乱の世紀であった。なるほど、二十一世紀には、二十世紀のような国民国家間の大戦争やイデオロギーに基づく長期戦はないかもしれない。しかし、民族や宗教に根差す紛争は二十一世紀も継続し、局地紛争やテロリズムは跡を絶たないであろう。二十一世紀は民族間の抗争の世紀になる可能性もあり、真の平和の訪れるのは遅れるとみなければならない。その意味では、二十一世紀は、なお、解体と分散の時代となろう。人類はそれほど簡単に共生できるものではない。

2　統合と分散のせめぎ合い

国民国家の役割縮小

二十一世紀の世界には、一方では、新しい統合の方向に向かう傾向が見えると同時に、他方では、分散の方向に向かう傾向も見える。経済統合から政治統合に向かっているEU、同じく経済統合を実現しつつある南北アメリカ、密接な経済的依存関係を形成しつつあるアジア諸国などに注目するなら、二十一世紀の世界は、この方向を結集して、何らかの形での世界的統合に向かう可能性も秘めている。ところが、他方では、共産主義の崩壊や国民国家の弱体化に伴って、民族主義が抬頭、民族紛争が激発して、現代世界史は分散の方向にも向かっている。世界史の現在は、統合と分散、求心力と遠心力の相反する二つの力のせめぎ合いの中にあると言える。

この点から言えば、確かに、国民国家の役割は縮小しつつあるように見える。統合の方向は、国民国家の枠を上に越えていくし、分散の方向は、国民国家の枠を下に破っていく。国民国家は、統合と分散の両方向に引き裂かれつつあると言える。今日の世界史が抱える諸問題は、統合の方向にしても、分散の方向にしても、国民国家のレベルでは十分に対処しきれなくなっていることに起因している。

国民国家は、十九・二十世紀の近代世界が生み出し、つくりあげてきたものである。国民国家は、国境によって区切られた領土をもち、その領土内の構成員を支配する強力な権力をもった国家である。それは、対外的には、戦争によって自衛する権利と自主的な外交権をもった主権国家である。そのために、主権国家は、例外なく、独自の軍事力をもっている。対内的には、憲法を基本とした法体系をもち、立法、行政、司法、それぞれの制度を確立し、そのための官僚制度や警察組織をもっている。国民国家は、このような対外・対内にわたる強力な権力のもと、通貨を統一し、経済活動を保護あるいは規制し、国民経済を営む。さらに、その人材育成のために、教育制度を整え、初等教育から高等教育に至る学校制度をもっている。また、国民国家は、国民の意思統合のために、国旗・国歌を定め、共通の言語を制定し、時には国教さえ定め、国民文化を育成して、国民の帰属意識を高める。十九・二十世紀は、このような主権をもった国民国家の集まりが世界とみられてきたのである。

ところが、科学技術の進歩、国際経済の進展、国際政治の発展などのために、国民国家の役割や機能が低下してきているのが現状である。経済的面からみても、多国籍企業の活躍、国際貿易の増大、経済的相互依存の進展など、世界市場経済の発展によって、経済はボーダーレス化し、グローバル化してきたために、国民国家のシステムでは十分機能しきれなくなってきている。資本市場でも、各国政策当局の規制を免れた新たな国際金融市場が登場し、資本は、国民国家の枠をくぐり抜けて、全世界的に自由に駆け巡っている。そのため、世界経済の要因としての国家の役割が低下してきているのである。

地域統合の面から見ても、例えば、経済統合から政治統合に向かっているEUは、自ら生み出した近代的な国民国家の枠組みを廃棄しようとする巨大な実験を行なっている。経済政策面でも、加盟各国は、関税自主権を失うほか、貿易政策、農業政策、税制などでも、主権の制限を受ける。金融政策でも、欧州中央銀行による共通通貨（ユーロ）に統一されるばかりでなく、多くの制限を受ける。外交・安全保障政策も一元化され、加盟各国は、国家主権の部分的な放棄、またはEUへの委譲が要求される。EUが最終的に目指している〈欧州合衆国〉の方向も含め、これらは国民国家のあり方を根底から問い直す動きである。

国連活動でも、すでに、その平和維持活動や選挙監視活動で、国民国家はかなりの主権制限を受けてきた。国連の人道的干渉も、係争中の国々の同意なしにも行なわれてきた。国連の人権擁護活動も、国民国家の内政不干渉原則を制限しようとするものである。もしも、この方向を徹底して、国連が世界政府にまで発展していくのなら、国民国家の主権はさらに大幅に縮小されていくことになるであろう。

それどころか、地球環境問題でも、酸性雨の被害、オゾン層の破壊、地球温暖化など、地球環境の破壊は、国境を越えて、地球規模の広がりを見せている。その対策は、一国民国家の枠では不可能であり、地球規模の規制が必要になってくる。とすれば、それは、当然、国家主権の制限につながる。また、地球規模の交通・通信技術の発達は、労働力の自由な移動や情報のボーダーレス化をもたらし、国民国家や国民経済の枠を不安定化させている。これらは、どれも、統合の方向での国民国家の弱体化の例である。

他方、この地球上では、現在、民族や宗教の違いによる紛争の嵐が吹き荒れている。世界には、今、約三千数百と推定される民族があり、それが二百数十ほどの国民国家の中に統合されていると言われる。この点から言えば、国民国家という仕組みは、最初から、多くの民族の支配の上に成り立っていたことになる。これらの民族が自己主張し、国民国家からの分離独立をこれからも主張していくのだとすれば、世界は分散の方向に向かっているのだと言わねばならない。この面から言っても、国民国家の枠は問われている。

国民国家というアイデンティティは、統合の方向にも、分散の方向にも、揺さぶられている。考えてみれば、国民国家というものは、他の国家や共同体がそうであるように、一つのフィクションであった。現に、アンダーソンは、国民国家を〈想像の共同体〉と名づけ、国民とはイメージとして心に描かれた想像の共同体であるとし、ナショナリティとかナショナリズムは文化的人造物であると言っている。(2) これは、国民国家のフィクション性をよく指摘している。

しかし、人間は、フィクションなくして生きていくことのできない動物でもある。もしも、国民国家というフィクションが十分なアイデンティティにならないとすれば、われわれは、また、別のフィクションを求めていく以外にない。国民国家というフィクションは、ここ二百年、強烈なアイデンティティを形成してきた。しかし、このアイデンティティ形成力が弱くなってきているとするなら、われわれは、自己の拠り所を、人類にもつか、民族にもつかしなければならなくなるであろう。しかし、世界人類という普遍的なものも、まだ十分な具体的仕組みをもっていない。また、民族という特殊なものに拠り所を求めていくなら、時には暴力と殺戮が待っている。どこにもアイデンティティをもちえないとすれば、アイデンティティ・クライシスに陥る。アイデンティティが揺らぎ、どこにも見出しえなくなってきているところに、今日の不安がある。二十一世紀は、このアイデンティティの動揺からくる不安が相当期間続くであろう。われわれ個人のアイデンティティも、国際秩序と切り離し難い。国際秩序が統合と分散の方向に分裂し動揺するとき、われわれも、アイデンティティを見失って動揺するのである。

コスモポリタニズム

いわゆるコスモポリタニズムは、個人が、国民国家を越えて、世界人類と直接結びつく思想である。これは、国民国家の枠が揺らいでいる二十一世紀を導くかなり有力な思想傾向となるであろう。コスモポリタニズムとは、文字通り、個人が、一国の国民であるあり方を越えて、コスモポリタン（世界市民）として、世界人類の一員として生き、そこにアイデンティティを見出そうとする思想である。それは、単なる一国民国家の利害を越えて、世界全人類の連帯のもとに、人類共通の利益をはかろうとするものである。だから、それは、しばしば、人道主義や平和主義や平等主義と結びついた崇高な理想を追求する。

コスモポリタンの忠誠は、国家に置かれるのではなく、全体としての人類社会に捧げられる。世界市民であるということは、国家の限界から自由になって、地球的な社会に帰属し、その利害に責任をもつことである。そこでは、個別的なものと普遍的なものが直結しており、人類の尊厳といった普遍的価値に個人のアイデンティティが見出される。それが世界市民の倫理である。世界市民は、何より人類共同体の一員として生きようとする。よく言われるように、宇宙船地球号の乗組員、地球村の住民という意識をもって、それに責任感をもって生き行動することが、世界市民あるいは地球市民の生き方である。

このコスモポリタン的生き方はそれなりに理想的なものをもっており、希望に満ちたものである。しかし、まだ、制度的裏づけを十分もっていない。コスモポリタニズムは、まだ、本当のコスモポリスをもっていない。なるほど、国連という国際組織があり、その下部組織として、多くの国際組織が制度として存在する。しかし、国連は、基本的に国民国家の主権を前提として成立しており、国民国家システムの構造に依存しているために、その国際的介入力や調整力に限界がある。この国連の欠陥を是正して、制度としてより強力な機関を設立したとしても、果たして、国民国家がかつて果たした精神的統合力に代わるアイデンティティを確立できるかどうかは、定かではない。

そういう制度的保証なしに、例えば、衛星テレビやインターネットを通して、地球環境保護や世界人権について意識を高めた程度で、コスモポリタンになれるというものでもない。そこから出てくる責任感とか倫理観は、抽象的で具体性に欠けるものとなろう。それどころか、コスモポリタン自身が、国民国家の制度の保証を十二分に受けて、それに守られた上で、国境の無意味や世界人類の連帯や人類の尊厳を叫んでいる有様は、空想的コスモポリタニズムと言わねばならない。コスモポリタニズムは、そのような宙に浮いた夢想によっては、確実なものにはならないであろう。

国家という拠り所が崩壊し、その代わりにコスモポリタニズムが登場してきたのは、今に始まったわけではない。もともと、このコスモポリタニズムは、古代のギリシア・ローマ文明におけるヘレニズム時代に源泉をもっている。紀元前四世紀のアレクサンドロスの遠征によって、地中海世界の各ポリス（都市国家）は崩壊し、新しくコスモポリス（世界国家）の時代に突入した。地中海世界の各ポリスは、マケドニアの直接支配下に置かれたり、マケドニアとの同盟の一員に格下げされたりして、単なる地方小都市の地位に転落した。かくて、ヘレニズム時代は、ポリスの独立が失われたために、人々は生きるための精神的拠り所を失い、故郷喪失者のようにして、たった一人、世界の中で生きていかねばならなくなったのである。そのために、一つには、自分だけを頼りにするという意味での個人主義と、もう一つは、それと直結したしかたで、「われわれはコスモポリスの一員である」とするコスモポリタニズムが興ってきた。

例えば、よく知られた樽のディオゲネスは、「あなたのお国は」と聞かれた時、「コスモポリスの市民だ」と答えたと言われる(3)。ディオゲネスは祖国から追放された人であり、そのコスモポリタニズムは一種の負け惜しみの思想でもあった。しかし、このコスモポリタニズムは、ヘレニズム時代の一種のイデオロギーになっていった。人々は、ポリスという狭い領域から解放されて、地中海世界全体を一つの家と感じるようになり、地中海世界を自由に移動し、活動し出した。しかし、そこから生み出された文化は、様々の出自をもった思想や芸術の混在にすぎなかったのである。二十一世紀のコスモポリタニズムも、これと同じ過程を経ることになるかもしれない。

戦争の抑止は可能か

真のコスモポリタニズムは、単なる抽象的なイデオロギーの鼓吹によってではなく、もっと現実的な世界政治の場で実現されねばならない。頻発する民族紛争や内戦を何らかの国際的力によって抑止するのも、真のコスモポリタニズムの実践になる。普遍的な力が崩壊するか弱体化すると、部族や民族や国家など集団間で衝突が起き、紛争や戦争が勃発する。そのような紛争や戦争を抑止して、世界平和を達成してこそ、コスモポリスと言える。そのためには、正当化された普遍的軍事力の行使を惜しむべきではない。

なるほど、国連の地域紛争への介入は、第三世界諸国の紛争にのみ限られるとはいえ、そういう理念に基づくものであった。しかし、国連の地域紛争への介入は、必ずしも成功を収めていないのが現実である。国連の平和維持部隊そのものが紛争の中に巻き込まれたり、指揮権の問題でアメリカ軍と国連軍の間で主導権争いが起きたり、イギリスやフランス出身の部隊が平和維持の意欲を失ってしまったりするのが、原因である。また、民族紛争や地域紛争の背景には、武器輸出を行なったり、政治工作をしようとする大国の思惑が働いており、大国自身が紛争を加速させている面もある。核兵器の削減や通常兵器の軍縮でも、大国の利益のみが優先されているために、小国がこれに反発する。国連は、これらの紛争要因を抑止するだけの十分な安全保障能力をもっていない。戦争の代わりになるシステムが創出されないかぎり、この地球上に戦争はなくならないであろう。

この地球上に戦争をなくし、平和をもたらすためには、国連よりもはるかに強力な世界政府を形成し、諸国家を統合する世界国家をつくる以外にないことになる。現代世界が、一面、統合の方向に向かって進展しているとすれば、その方向に、世界政府が形成される可能性はないわけではない。と同時に、現代世界が分散の方向にも向かっているとすれば、この統合と分散を綜合し、求心力と遠心力の統一をはからねばならない。そのように考えるなら、あるべき世界政府は、今日の国民国家よりもいくらか規模の小さい自治国家をその内部に含む世界連邦政府になると思われる。二十世紀末から二十一世紀の初頭にかけて、共産主義の崩壊や民族紛争のために、主権国家の数はどんどん増えており、それらが再びナショナリズム的対立を引き起こさないとは限らない。これを抑制して安全保障の実をあげるには、主権国家を単位とするこれまでの国際政治システムを再編し、地球規模の世界連邦政府を創出しなければならない。

トインビーも、二十世紀後半の段階で、核兵器の管理と食糧のグローバルな分配を目的とした世界連邦政府の樹立が必要なことを主張していた。しかも、そのような機関は、その背後に圧倒的な力をもっていなければ、実行力に乏しいだろうとも考えていた[4]。このような世界連邦政府をつくるためには、現在の国民国家の軍事力を制限し、逆に世界連邦政府の軍事力を大幅に強化しなければならない。そうでなければ、紛争当事国に平和を強制することができないからである。

しかし、それでもなお、世界政府内に言語や習慣、政治や経済に関して対立や相互不信が存在し、しかも、各地方国家に武器の保持が許されているかぎりは、世界政府のもとでも戦争は起きる。世界政府のもとでも、これまでと同様の戦争が〈内乱〉という形で戦われるであろう。また、世界連邦政府をつくって、国境をなくし、人々の自由な移動を承認することになれば、貧しい地方から豊かな地方へと労働者や難民が大量に移動し、先進地域はかえって混乱するであろう。さらに、税金を逃れた闇経済や麻薬取引や国際犯罪が横行し、世界連邦政府はかえって無秩序化する可能性もある。その無秩序化を克服するために、警察権や徴税権や自衛権など、国家主権をすべて剝奪し、世界連邦政府にこれを委譲するなら、その権力は強力なものになる。しかし、権力が強力になれば、その権力をめぐって権力闘争が起きるであろう。

また、たとえ世界政府をつくっても、その権力を特定の強力な大国が独占する場合もある。この場合には、それに反抗する地方国家も出てくる可能性もあるわけだから、その地方国家を軍事的に制圧する必要がある。それは、世界政府によって行使される戦争にほかならない。戦争は戦争によって抑止するしかない。だとすれば、世界政府下においても、制圧のための戦争は続くことになる。統合と分散はなおせめぎ合い続けるであろう。技術は進歩しても、政治はそれほど進歩しないのである。

南北問題も、統合と分散のせめぎ合いの中で理解することができる。貧困と飢餓に喘ぐ南側の後進国と、繁栄と飽食を謳歌する北側の先進国の間の大きな格差を是正することは、二十一世紀の世界に課された最も大きな問題である。南の貧困状態を改善するには、南側での自立的な解決策の努力に加え、何より北側からの広範な経済的・技術的支援が必要である。それは、開発援助という形での経済支援ばかりでなく、教育の普及、技能訓練、技術移転、情報技術格差の是正など、多方面に及ぶ。実際、アジア地域では、経済成長の進んだ地域から遅れた地域に急速に産業や技術が移転し、南北格差の是正に成功しつつある。アジア地域は、南北が相乗的に繁栄しうることを証明した。このように、南側も次々と経済発展の緒に着き、南側同士で起きている経済格差（南南問題）をも解決していくことができるとすれば、世界は等しく豊かになっていくであろう。そして、そのような経済的均衡は、世界の政治的統合を容易にする。

しかし、南北問題の根は深く、その解決は、言葉で言うほど容易ではない。南北の貧富の格差は大きく、そのために、平等な分配を求めて、南側が反抗する可能性もないわけではない。十九・二十世紀の世界史でも、ある意味で、近代化に遅れた〈持たざる国〉の、近代化に先んじた〈持てる国〉に対する挑戦によって、動乱は起きた。二十一世紀も、ある程度経済的・技術的・軍事的に発展してきた途上国が、超先進国に軍事的挑戦を仕掛けるということがないわけではない。その軍事的挑戦には、核兵器や化学兵器や生物兵器の開発から、国際テロ活動の支援まで、様々な形が考えられる。わずかな人口で世界のほとんどの富を独占している北側に対する南側の不満が、世界秩序を脅かすエネルギーになる。

ハンチントンは、このような世界秩序への挑戦者になる可能性のある国として、中国とイスラム諸国をあげている[5]。もっとも、これを〈文明の衝突〉とみるのは当たっていない。文明や文化は反抗のためのイデオロギーにすぎないからである。まして、中国がイスラム諸国に武器を売っているからと言って、これを儒教―イスラムコネクションと呼び、欧米キリスト教諸国との文明衝突が今にも起きるかのように言うのは間違いである。現に、アメリカやフランスも、イスラム諸国に武器を売ったり供与しているではないか。

しかし、中国やイスラム諸国と欧米との対立を帝国間の衝突と考えるなら、ありえないことではない。確かに、中国は、歴史的に独自の文明を誇る唯一無比の大国という自信をもっており、これが経済的・軍事的に力をつけてくるなら、日米欧三極体制に対する挑戦者となる可能性は大きい。また、中東を中心としたイスラム諸国は、かなりの場合、反米・反ヨーロッパの立場を取っている。だから中東諸国が、国際秩序を無視して、北側諸国による国際秩序に挑戦する可能性も大いにある。

二〇〇一年、不安な二十一世紀を象徴するかのように起きたイスラム過激派による国際テロ事件も、イスラム諸国が一体となって起こしたわけではないのだから、決して〈文明の衝突〉とは言えない。しかし、これは、アメリカを中心としたグローバリゼーションに対する挑戦ではあった。この点から言えば、二十一世紀の地球文明は、必ずしも統合の方向には向かわず、分裂の方向に向かう可能性もあることになる。現代文明は、なお、統合と分散のせめぎ合いの中にあると言わねばならない。

トインビーも、文明は、その内部の社会層間の分裂・不和の拡大によって解体すると考えている。そして、その解体の一つの要因に、世界国家の周辺にあって、その恩恵を限定的にしか蒙らない外的プロレタリアートをあげ、これが文明を解体させていく働きをすると考えた(6)。二十一世紀の地球文明が、このような解体の方向に向かわないとは言いきれないのである。

古代ローマの挑戦者たち

古代ローマも、建国以来、イタリア半島に地歩を固めた後、地中海支配に乗り出し、地中海全域を支配する一大帝国を形成して、パクス・ロマーナをもたらした。しかし、そこに至る過程では、多くの征服戦争を経験しなければならなかった。地中海世界を制覇しようとしていたローマに対して、次々と挑戦者が現われたからである。

なかでも、最も早くにローマに対する挑戦者として登場してきたのは、カルタゴであった。カルタゴは、海上交易を得意とした商業民族であるフェニキア人が北アフリカに植民してつくった交易都市国家であった。地中海全域に覇権を確立しようとしていたローマにとって、海上交易権を確保して豊かな富を築いていたカルタゴは、ローマの支配に対する挑戦者と受け取られた。そのため、ローマは、紀元前三世紀から二世紀にかけて三回カルタゴと戦い、これを滅亡させたことはよく知られている。そのため、カルタゴは、二度ローマと戦って敗北したにもかかわらず、急速な経済成長を遂げ、ローマの脅威となった。そのため、ローマは、平和国家カルタゴに理不尽な条件を突きつけ、再度の戦い以外選択の道がないように追い込んだ。かくて、カルタゴは、自滅覚悟の絶望的な戦争に突入。その結果、紀元前一四六年、スキピオによって滅ぼされ、地中海世界から完全にその姿を消したのである。一つの世界を支配し、国際秩序を確立するには、多くの挑戦者との戦争を覚悟しなければならないのである。

ローマは、このようにして、多くの挑戦者を征服し、激烈な内戦も経験した末、ようやくローマ帝国を打ち立て、地中海世界に平和をもたらした。ローマ帝国は、それから二百年ほど繁栄を極め、その影響力は地中海およびヨーロッパの広大な領域に及んだ。ローマ世界の周辺地域にも、盛んな商業交易やローマ軍の駐留などにより、首都ローマの産業や文化が波及。周辺部も、次々とローマ化していった。周辺部の異民族も、ローマの都市生活、教養、風俗習慣に憧れ、ローマ的悪徳にまでも染まり、これを文明の繁栄と受け取った。

現代世界でも、第三世界が、先進地域の産業や技術を導入し、経済成長を遂げ、アメリカやヨーロッパや日本の先進地域の低俗な風俗や文化をも真似て、それを繁栄と受け取っている。この現代世界の現象とローマ帝国での現象は、ほとんど同じような位相に属する。

だが、地中海世界に平和が訪れたとはいえ、それはローマによる過酷な支配でもあったから、それに対する周辺地域からの反乱がしばしば起きた。属州アフリカの諸都市の反乱や、ローマの支配下に組み入れられたゲルマン諸族の反乱などである。そこには、ローマの支配に伴う過酷な徴税という事実があった。ローマによる平和は、これら被支配民族の反抗と挫折に裏づけられていた。

このことは、今日の世界では、繁栄を謳歌する北の先進国が、貧困に喘ぐ南の後進国を事実上収奪している状況に似ている。と同時に、たとえ世界に平和と秩序がもたらされても、なおそれに反抗する不満民族がいること、したがって、それを軍事的に抑圧することなしには、平和を維持できないということをも教えている。

ローマ帝国の地中海世界支配が確立して後の最も大規模で苛烈を極めた反乱は、何度も繰り返された属州ユダヤの反乱であった。ローマに対するユダヤの反抗は、ローマ帝国が成立する以前から、何度も繰り返されていたが、帝国支配の確立とともに、ユダヤの抵抗運動は一層高揚した。ローマと結びついてユダヤ王国を支配したヘロデ王は、国内の抵抗運動を徹底的に弾圧したが、ユダヤ民衆は、これに対して、反ヘロデ、反ローマの抵抗運動を繰り返した。特に、紀元前四年のヘロデの死とともに爆発した暴動は、ユダヤ全域に広まった。しかし、これはローマによって鎮圧され、その結果、ユダヤ地域はローマの直接統治に移された。だが、それとともに、再び反ローマの反乱が勃発。ユダヤ全土は、ローマ帝国内で最も政情不安な地となった。

この抵抗運動を指導したのは、熱心党（ゼーロータイ）といわれるユダヤ原理主義者たちであった。彼らは、熱烈にメシアの来臨を待望し、神の国の到来を信じて、過激な抵抗運動を繰り返した。それは、古代世界における最も激烈な民族主義的な分離独立運動であった。この熱心党の運動は、〈シカリ〉と呼ばれるさらに過激なテロ集団をも生み出した。

このことを考え合わせるなら、これは、今日で言えば、イスラム過激派の抵抗運動に似ていると言える。今日の中東地域でも、イスラム過激派による抵抗運動が続いている。この中東地域は、また、古代ローマ時代に、ユダヤ原理主義による抵抗運動が繰り返された地域でもあったのである。

その後も、紀元六六年から七〇年にかけて、ユダヤ地域全域を覆う大反乱が起き、紀元一三二年から一三五年にも、再び大暴動が起きている。この二度にわたるユダヤ戦争で、ユダヤ人たちは絶望的な抵抗を繰り返し、多くの犠牲者を出した上に、エルサレムも完全破壊された。これ以来、ユダヤ人は、祖国を失った流浪の民となったのである。ユダヤ人によって繰り返されたローマに対する長期にわたる粘り強い抵抗運動は、パクス・ロマーナに対する徹底した反抗運動であり、自由と独立のための死に物狂いの闘争運動であった。

国民国家の役割

現代世界は、ローマ帝国による支配が確立された地中海世界とは違って、まだ世界政府も世界国家もできていない過渡期に位置している。しかし、ローマによる平和が実現した古代地中海世界でさえ、ローマの平和に抵抗する多くの反抗者が出てきたところをみれば、この地上に真の平和をもたらすということは並大抵のことではないことが分かる。たとえ、この地球上に世界政府ができても、その秩序に従わない地域が登場してくるなら、戦争はなおなくならないであろう。

しかも、その世界政府という政治技術でさえ、もしかしたら、文明の死をしばらく延期するだけの延命治療にすぎないのかもしれない。現に、トインビーも、ローマの平和について、それは「一個の消耗の平和であり、創造的ならざるがゆえに永続性のない一個の平和」にすぎなかったと言っている[7]。世界国家は、病める文明が滅びる前の一時的小康状態にすぎず、文明の破滅を延期することはできても、永久に食い止めることはできないと考えたのである。

もともと、世界国家というものは、権力の配分を固定しようとするものであり、権力の再配分を不可能にするものである。また、世界国家が近い将来形成されるという保証は、今のところない。とすれば、少なくとも、二十一世紀は、国民国家の枠組みを改良しながら、この地球文明を運営していく以外にないであろう。国民国家の仕組みは二十一世紀もなお残り、相当程度有効に働くであろう。ただし、この枠が、統合と分散のせめぎ合いの中にある世界状況に適応して、統合の方向にも、分散の方向にも、制限される。

二十一世紀も、国民国家の役割がなくなってしまうわけではなく、無用になってしまうわけでもない。国際的な利害の対立を起こすのも主権国家であるが、その解決をするのも、依然として主権国家である事実は続く。また、たとえ仮に、世界政府をつくったとしても、それは当然、連邦制を取らねばならないだろうから、国民国家の枠組みは、連邦制の中の自治国家として、なお十分機能しなければならないことにもなる。そのように考えてこそ、〈個人・国家・世界〉〈個別・特殊・普遍〉というアイデンティティの多元的・重層的な構造も保証される。人類社会の歴史は、もともと、統合と分散、秩序と混沌のせめぎ合いの中で、常に生成変化してきたのである。

ならば、極端な特殊主義による孤立でもなく、極端な普遍主義による一極支配でもなく、その両者の調和を取って生き抜く方法を工夫していく以外にない。二十一世紀の世界史は、統合と分散、普遍と特殊のせめぎ合いの中にある。われわれは、このせめぎ合いの中を柔軟に生きていく必要がある。

確かに、われわれは、外なる世界でも、内なる世界でも、統合と分散のせめぎ合いの中で苦悩している。統合に悩み、分散に迷っている。その意味では、二十一世紀は、曖昧で不透明な時代になるであろう。混沌とした不安定な時代になるであろう。そこに、二十一世紀の人類の不安がある。しかし、いつの時代も不安定で、不確実性を内に抱えているとすれば、われわれは、その不安に耐えることのできる確固とした精神的基盤をもつ必要があるであろう。

第三章　混在する文化

1　相対主義の時代

文化の雑種化

一般家庭の食卓に世界各国の食品が日常的に並ぶようになったのは、わが国では、二十世紀も最後の四半世紀以来のことであろう。近くのスーパーマーケットには、肉類、野菜、果物、魚、乳製品、酒類、調味料、主食まで、世界各地から輸入された食品が並び、われわれは、それらを労することなく手に入れることができる。さらに、今日では、先進国の都市なら、各種民族料理のレストランがあり、都市はまるで世界中の料理の見本市のようでもある。また、衛星テレビやインターネットなど、ニューメディアの発達によって、地球の裏側の情報が、瞬時に、直接家庭に入ってくるようになったのも、二十世紀末以来のことである。

今では、消費文化や各種メディアを通して、われわれは世界中のあらゆる文化を家庭で享受し、日常的に世界中の文化を体験できる。この家庭のグローバル化と多文化主義の事実を見れば、われわれの日常生活そのものがすでに多くの文化の混在であることが分かる。このような現象は二十世紀以来の現象ではあるが、二十一世紀はこれが加速度的に進行していくであろう。

二十一世紀は、多くの文化が混在する時代になるであろう。現代世界は統合の中に分散を含む世界であったが、統合といっても、その中に多くの文化が混在するのだから、その意味では、現代世界は常に分散の傾向を抱えていることになる。そのため、各地域の文化の統一性と一貫性は失われる。人々の意識は遠心的な原理に支配され、明確な独自の世界像も失われることになる。確かに、いつの時代も、文化は混在し、混淆するものである。その混淆から、文化的融合が起きて、新しい創造が行なわれる。しかし、二十一世紀が、文化の混在から創造的なものを生み出しうるかどうかは不確かである。

二十一世紀の文化は雑種化するだけに終わるかもしれない。実際、今日では、地球上の人々の移動が激しくなり、ほとんどの国が多くの民族の混在によって成り立っており、そのため、異なった文化の接触はますます増大している。この異文化同士の接触から、複合的な雑種文化は生まれてくる。現代社会は、すでに、あらゆる種類の文化が混在し、雑種化していると言えよう。

なるほど、文化の混在の最初の段階では、互いの文化の違いが意識される。ところが、混在と混淆がさらに進んでいくと、互いの文化の違いは次第に薄められ、雑種化していく。雑種化した文化は、音楽やファッションなど、グローバル化した大衆文化などには、どこにでも見られる。例えば、伝統的宗教音楽を現代の最先端の楽器で演奏したり、オリンピックの競技などで、あちこちの様式を取り混ぜて演技したりしているのも、そのうちの一つに数えてよいであろう。現代文化は、あれもこれもごたまぜにした文化の雑種であり、自己の出自を失った無国籍文化なのである。

もっとも、文化というものは、いつも互いに浸透し合い、変化していくものである。純粋で不変の文化というものはない。文化は、相互に浸透し合うことによって、新しい型を創造していく。しかし、二十一世紀の雑種文化が、そういう新しい型を創造しうるかどうかはなお定かではない。

文化相対主義

文化の混在の時代には、互いに文化の違いを許容し、その価値を認め合いながら、多種多様な文化の共存をはかっていく以外にない。この地球上には、多種多様な民族が、宗教、倫理、慣習などにおいて、多様な考え方や価値観をもって生きているのだから、その多様な考え方や価値観を認め合っていく必要がある。多文化社会では、何か一つの価値観の優越性を主張することはできず、多元的価値を認める文化多元主義に立脚しなければならない。われわれは、多様な価値を互いに尊重し、〈多様性の中の共存〉という理念によって、多元主義的時代における共存の道を探らねばならない。

文化多元主義に基づいて、多様性の中の共存をはかり、多くの文化が共生していくためには、何よりも文化の相対化が必要であろう。異文化の価値を承認しながら、自らの文化の価値をも提示し、互いが共生していくには、それぞれの文化の価値が絶対的なものではなく、相対的なものだという認識をもたねばならない。そうしてはじめて、民族や宗教や言語などに根差す対立も克服されることになる。また、文化的価値の相対性を認めることによって、何かある一つの普遍主義的価値の強制や独善に陥ることを避けることもできる。

多元主義的な文化相対主義は、自己の所属する文化の価値観を妄信せず、他人の属する文化の価値をも同時に承認するのだから、それは、何よりも寛容の精神に基づかねばならない。人は、多くの文化的価値への寛容の精神をもつとき、自分自身の狭い考え方や生き方から解放され、自由になることができる。

価値相対主義に基づく文化相対主義は、普遍主義が陥る自己中心性を掘り崩し、特殊な諸価値の併存を可能にする。現に、二十世紀以来積み重ねられてきたヨーロッパ近代の普遍主義からの脱却は、多元論的文化相対主義なくしてはありえなかった。ヨーロッパ近代の合理主義やその亜流とも考えられるマルクス主義など、ヨーロッパ中心の普遍主義が次々と相対化されていったのが、二十世紀であった。

例えば、シュペングラーやトインビーは、二十世紀初頭まで支配した一元論的なヨーロッパ中心史観を切り崩し、多元論的な相対史観を提出した。彼らは、ヨーロッパ人の自己中心主義を批判して、ヨーロッパ文明の他の文明に対する絶対的優位を否定した。ヨーロッパ文明も、他の文明と相対的な位置にしかないことを明らかにしたのである。また、レヴィ＝ストロースも、未開社会の研究を通して、その未開社会の文化が、その構造において、ヨーロッパの文化に劣るものではないということを実証した。彼は、このことによって、ヨーロッパ文化の普遍性を打ち破り、ヨーロッパ文化も、他の文化と同じ一つの文化にすぎないことを明らかにしたのである。

このように、ヨーロッパ文明の絶対的優越やその自民族中心主義が批判され、あらゆる普遍主義の相対性が明らかになったことは、二十世紀の功績であった。二十一世紀があらゆる文化の相互承認と共存の時代になるとすれば、それは、二十世紀以来の文化相対主義によるほかはないであろう。

しかし、文化相対主義に落とし穴がないわけではない。文化相対主義では、普遍主義も、自己の所属する文化も相対化されるから、これが極端化すると、何を拠り所として生きていけばよいのか分からなくなる。文化相対主義は、多様な価値を認める多元主義に基づかねばならないのだが、これは、ややもすると、自己自身の所属する文化の価値への自信を失う方向へと傾きがちである。

宗教にしても、言語にしても、慣習にしても、文化というものはそれぞれに型をもっている。その文化的風土に生まれ育った人間は、その型の中で自己自身のアイデンティティを形成する。そのことによって、人は、社会の不安定性や不確実性に耐える精神的支柱をもつことができる。

ところが、多くの文化が混在し、文化相対主義が蔓延するところでは、人々は、自分が拠り所とする文化の型や支柱を失い、自信喪失に陥り、不安な状態に投げ出される。価値の相対性を主張することは、それなりに正しいことであるが、しかし、それがあまりにも行き過ぎると、人々はバックボーンを失い、信念をもてなくなる。あらゆる文化が地理的風土を離れて地球上を飛び交う二十一世紀は、文化の混在からくるアイデンティティの喪失の時代になりかねない。

この悪しき相対主義が行き過ぎると、人は極端な価値相対主義に陥ってしまう。それは、あらゆる価値体系は相対的であって、いかなる真理も疑われてしかるべきであり、不変の善や美など何一つ存在しないと考える。これは一種のニヒリズムである。本来は、閉じた共同体の中で、切り崩されることのない価値や信念の中で生きることが望ましいが、価値相対主義は、伝統的な道徳規範をも蝕み、何が善であるかという信念をも切り崩してしまうのである。

このような価値の無政府状態のもとでは、価値観がアトム化し、互いの間に共通性がなくなる。特に、若者は、価値の無政府状態のもとで、秩序もなければ必然性もない気ままな生活をしながら、その日暮らしをしていく。家庭でも、それぞれの世代が勝手な価値観をもって同居するだけになる。教育も、ただ多様な価値を教えるだけで、これといった信念は教えない。ここでは、個人の中でも、何もかもが等価値になり、矛盾する価値でもなんでも同居する。何事も等価値にしてしまう悪しき相対主義のもとでは、人々は情熱を失い、感動することがなくなってしまうであろう。精神は内面から崩れ、空洞化してしまうであろう。

なるほど、価値体系が時と所によって多様で相対的であるということは、古代ギリシアの昔から認識されていたことである。しかし、ニーチェの言うように、現代の文化は、確固とした神聖な原住地をもたず、あらゆる文化によってかろうじて生命をまっとうするよう運命づけられている。(8) なるほど、ニーチェ自身相対主義を唱え、価値の破壊を試みたのだが、しかし、同時に、彼は、確固とした価値を定立する必要も主張していたのである。

ポスト・モダニズム

世界中の雑多な文化が混在し、多くの文化が入り乱れる現代世界では、風俗や習慣はもちろん、宗教、芸術、言語においても、多様な文化の混淆主義が支配する。人々の移動範囲の拡大や情報化社会の進展のために、われわれは、常に、地球上のあらゆる出自をもった文化にさらされており、雑多なもので取り囲まれている。その雑多なものを混ぜ合わせて、何か別の雑種を作り出していくのが混淆主義（シンクレティズム）である。

例えば、言語活動でも、どの言語にも、様々の出自をもった外来語が侵入して来て、その言語内容を変化させていく。今日のグローバル時代の共通語、英語も、それぞれ他の文化の影響を受けてブロークン化する。こうして、日本風英語、フィリピン風英語、マレーシア風英語、インド風英語ができる。もちろん、フランス風英語、ドイツ風英語も形成される。多くの民族が入り乱れて混在する時代には、互いの言語が混ぜ合わさり、クレオール化した混成語ができるのである。

音楽芸術でも、西洋風の音楽の中に、オリエント風、インド風、中国風、日本風、時にはアフリカ風など、雑多なものが取り入れられ、何ほどかのものが作られる。それは、種々の型の寄せ集めにすぎず、ごたまぜにすぎない。それは、むしろ型の喪失であり、独自の様式の欠落である。しかし、このような単なる混淆主義が新しい芸術だと称される。

また、一つの文化と他の文化の価値体系から、共通したもの、または相補的なものを抽出してきて、新しい見地から結合しようとする〈折衷主義〉が流行するのも、文化の混在の時代の特徴である。

二十世紀の最後の四半世紀以来、取り沙汰されてきたポスト・モダニズムの思想や芸術は、文化の混在の時代の特徴を備えている。ポスト・モダニズムは、思想においては相対主義を唱え、芸術においては混淆主義を採用している。これは、二十一世紀も、しばらくは命脈を保つであろう。

ポスト・モダニズムは、思想的には、多元主義と相対主義に基づき、言説の多元性と相対性を主張する。そして、一つの言説にとらわれたあり方から、それを相対化して、開かれねばならないと言う。哲学の歴史においても様々の言説が唱えられてきたが、どれも相対的であり、形而上学的統一性はないとみる。したがって、普遍的な価値や認識は虚構であり、相対的だと考える。

ポスト・モダニズムは、このような相対主義に基づいて、懐疑主義的立場をとる。認識はすべて解釈であり、真理は相対的だとして、伝統的な合理性や実在に対して徹底的に懐疑する。だから、これまでの統一的自我を前提にした形而上学は誤りであり、西洋の形而上学はその誤りの歴史にすぎなかったと考える。

ポスト・モダニズムは、道徳に関しても、道徳的な善悪の観念は共同体ごとに異なっているということから、真正な道徳基準は一つも存在しないとする。道徳は単なる約束にすぎず、一つの倫理的体系への信念は排除されねばならないと言う。ポスト・モダニズムの思想は、道徳的懐疑主義を主張し、価値の無政府主義に陥るのである。結局、ポスト・モダニズムにあっては、価値の基準は、最終的には個々人の主観に置かれることになってしまう。このように、真理や価値の基準も掘り崩されるとすれば、不安定性は避けることができない。しかし、ポスト・モダニズムは、その不安定性の中を不安定のままに生きようとする。

ポスト・モダニズムは、このように、相対主義と懐疑主義に立脚して、啓蒙主義以来の理性を徹底的に疑う。知識や法則や価値の統一性、客観性、普遍性を批判して、近代の合理性を揺さぶる。と同時に、理性に基づく伝統的な西洋的価値の支配をも拒絶するのである。

ポスト・モダニストにとって、世界は差異と非同一の果てしない戯れであって、普遍的なものはそもそも存在せず、あるものは個々の差異だけである。そして、統一、同一性、全体性、普遍性に対して、差異、多様性、複数性が対置され、前者が批判され、後者が擁護される。ポスト・モダニズムは、このような差異化の運動の中で、あらゆる権威や制度をテクスト化し、脱中心化して、権力の抑圧性を暴くのである。

他方、ポスト・モダニズムは、芸術においては、混淆主義または折衷主義をとる。例えば、建築芸術でも、日本の伝統的な建築様式の中に、西洋風や古代ギリシア風など、雑多な様式が取り入れられる。ポスト・モダンの建築物は、多種多様な建築様式からの多くの引用によって構成されるのである。ポスト・モダニズムの建築は、徹底した合理性を追究した近代建築様式の構成主義と機能主義を批判し、差し当たり、多様な様式の混合と寄せ集めによって造られる。われわれの食卓がすでに雑種的であるように、芸術の世界も雑種化するのである。

しかし、相対主義、懐疑主義、混淆主義に基づくポスト・モダニズムの思想や芸術は、近代の理想や意味や構造を破壊しはするが、そこから新しい型を生み出すことはないであろう。ポスト・モダニズムは、近代の不可能性とその破綻を相対主義と懐疑主義によって暴き出す。しかし、それ自身が近代の体制の中で行なわれる懐疑にすぎないから、それはどこまでも近代への反語でしかない。

もともと、近代への反逆は今に始まったわけではない。芸術活動においても、近代への反逆は、キュービズムやダダイズムやシュール・リアリズムなど、アヴァンギャルドの活躍によって、前世紀の初頭以来繰り返されてきたことであり、事新しいものではない。ポスト・モダニズムも、前世紀を一貫して流れてきた近代への反逆の単なる延長にすぎない。

ポスト・モダニズムの風潮は、むしろ、その名の通り〈後近代〉にすぎず、近代の末期現象にすぎないであろう。実際、ポスト・モダニズムの思想や芸術は、情報やサービスが主体になるポスト産業社会の消費文化の様相を反映している。この時代の消費文化、つまり今日の消費文化のことだが、これは、軽やかではあるが、深さがなく、基礎をもたず、折衷的、混淆的で、流動的な文化である。このような時代の文化を反映するのが、ポスト・モダニズムである。それは、脱中心的な消費社会の中を、高級芸術も商業芸術も一緒くたにして、軽やかに遊戯しながら、自由に浮遊していこうとする。そこで流行するものは、パロディであり、模倣であり、つむじ曲がりな歪曲であり、皮肉っぽい冗談であり、浅薄な茶化しであり、気まぐれな遊びである。それは、巨大な体制の中での単なる遊戯にすぎない。

ポスト・モダニズムは、巨大な近代の体制の中に甘え、しかも斜めに構えて、そこから逃走していこうとする世代の神話にこそなれ、そこからは、創造的なものは何も生み出さないであろう。ポスト・モダニズムは、近代を乗り超えるものではなく、むしろ、〈最近代〉を浮遊する軽薄な流行にすぎない。情熱を失った時代のバブルにすぎない。不安定で動揺する時代の産物、それがポスト・モダニズムの思想や芸術だと言えよう。それは、現代の無定形な社会の根無し草性、精神的散乱状況を表現するものなのである。

シュペングラーは、『西洋の没落』の中で、文明の冬の時代には、芸術においても、偉大な様式は消滅し、ただその様式を崩しただけの偽物や模倣が流行するだけだとみている(9)。それは、真の様式の変化ではなくて、新奇で目先の変わったものを追うだけの仮初めの流行にすぎない。統一性が失われた文明末期の世界では、芸術もまた終末を迎えるのである。ここでは、創造的精神は消え去り、もはや偉大なものは創造されない。

相対主義や懐疑主義や混淆主義は、世界が広がり、情報が過多になり、そのため、逆に信じるものがなくなってしまった時代に流行する。情報が過多になり、雑多な文化が混在する時代には、多くの文化がその独自の世界を失い、人々はかえって何を信じて生きていけばよいのか分からなくなる。

一般的に言えば、文化と文化が相互に接触するとき、新しい創造は起きてくる。しかし、諸文化が単に混在するところでは、ただ多様な価値観が並列し相対化するだけで、どの程度の新しい創造的文化が生み出されるかは疑問である。むしろ、人々の精神は、文化的にも内面的にも散乱し、空白化する。人々は、拠り所を失い、中心を失って、文化的創造力を喪失する。文化の混在の時代としての二十一世紀は、文化的には、長い非創造的時代になるのではないか。

ヘレニズム時代のポスト・モダニズム

多くの文化が混在し、相対主義や懐疑主義や混淆主義が支配した時代は、今に始まったわけではない。古代地中海文明のヘレニズム時代からローマ時代にかけても、現代同様、文化の混在の時代であった。この時代には、地中海世界全体に広がったギリシア文化の中に、それを受け入れた非ギリシアの諸文化が混在し、互いにその独自性を失っていった。そして、風俗・習慣においても、宗教や芸術においても、思想や言語においても、あちこちから出自の異なる雑多なものが寄せ集められ、文化の独自の様式が失われていった。それらは、おおむね、諸文化の混合と折衷に終始したのである。

言語の混淆は、その一例である。この時代に地中海世界で使用された共通語は、コイネーと呼ばれた共通ギリシア語であった。この共通ギリシア語は、その主要部分はアッチカ方言を母体としているが、同時にイオニア方言やドリス方言も交え、さらにアラム語その他のオリエントの影響も受けている。共通ギリシア語自身が、すでに他の言語との混成語でもあったのである。ヘレニズム時代には、この共通語によって、ギリシア人、ローマ人、フェニキア人、小アジア、エジプト、北アフリカの人々が、互いに意思疎通を行なっていた。また、エジプトでも、バビロニアでも、自分たち自身の歴史をこの共通ギリシア語で書いた。アレクサンドリアのユダヤ人も、旧約聖書をコイネーに訳した。『七十人訳旧約聖書』がそれである。もちろん、地中海世界のそれぞれの地方では、土着の言語も温存されていたから、この時代の人々は、二重の言語世界に住んでいたのである。そこでは、当然、各言語の相互浸透も起き、言語は混淆され、その古典的あり方を失って、頽落していった。この時代にそれほど目立った独創的な文学が現われなかったのも、そのことによる。

今日もまた、英語が共通語になると同時に、それが土着の言語によって変容され、他の言語も入り乱れて、言語の多重社会が出来ている。このような言語文化の混在と混淆から、独創的な文学が創造されうるのかどうか、疑問だと言わねばならない。

文化の混在の時代には、各文化の相対性の認識から、ものごとの本質への懐疑主義が起きてくる。ヘレニズム時代に流行した懐疑派の思想も、そのような文化的背景をもっていた。ヘレニズム時代からローマ時代にかけて一派をなした懐疑派の思想は、およそ次のようなものであった。「一つの言説に対しては、いつもそれとは反対の言説が対置され、それらは相対的な価値しかもたない。だから、ものごとの本質は把握できない。したがって、ものごとの本質に関しては、判断を保留すべきである。そうすれば、われわれは、心の平静を得ることができる」というものであった。

ヘレニズム時代の地中海世界では、人々の移動も盛んに行なわれ、交易も盛んであったから、それに伴い、人々の価値観や倫理規範も多様化し、混乱を極めた。そのため、人々の魂の中で、それまで支柱にしてきた価値への懐疑が起き、人々は不安な状態に投げ出されたのである。懐疑派の人々が、判断保留から心の平静を求めたのも、そのことによる。懐疑派同様、エピクロス派がアタラクシア（平静）、ストア派がアパテイア（不動心）を理想としたのも、文化の混在と価値の動揺の時代に、いかに魂の平和を保つかを考えた人生の知恵だったのである。

今日も、また、文化の混在と相対化の時代である。相対主義と懐疑主義に立脚するポスト・モダニズムは、この文化の混在の時代の価値観の動揺を反映している。だが、今日のポスト・モダニズムは、懐疑と差異化にのみ終始し、ただ現代の不安な流動に戯れているだけである。それに対して、ヘレニズム時代の懐疑主義は、不安な時代にあって、なお心の平静を求めた。この点では、それは、現代のポスト・モダニズムよりもすぐれた面をもっていたと言える。

もっとも、文化の混淆の時代には、いつも、その独自の創造性が失われるというわけではない。違った文化同士の接触、刺激、融合によって、独創的な新しい文化が創造されることは、人類史上数多くある。むしろ、独創性は、異文化との交流や刺激がなければ生み出されないとも言える。

しかし、文化の混在と混淆があまりにも広範囲になされ、人々のもつ情報が過剰になり、統一ある世界像が散乱してしまうような時代には、文化の創造性は失われる。二十一世紀の現代もそのような時代に属すると思われるが、古代地中海のヘレニズム時代もそのような創造性喪失の時代であった。

例えば、絵画や彫刻などの造形芸術にあっても、この時期には、古典ギリシア時代のような抜群の天才は出現せず、古典期にあったような調和と均整のとれた形式は崩れた。その代わり、それらは、異国趣味や官能美や激情の表現に向かっていったのである。また、文学においても、古典ギリシア時代のような創造力は枯渇し、それほど見るべきものはない。一般に、ヘレニズム時代の文学には、古典ギリシア期の模倣やパロディが多く、新しい創造性もなくなっていった。学問においても、世界の拡大と知識量の増大に合わせて、博識で情報量に富んだ博物学や地理書が生み出されたが、古典ギリシア時代のような統一ある世界像を結ぶには至っていない。

この時代には、よく知られたアレクサンドリアのブルーケイオンにある図書館や博物館をはじめ、多くの大都市に、莫大な文献や資料を保存する施設が建てられ、世界の情報量とその集積度は飛躍的に増大した。しかし、そこからは、自然科学以外には、文献批判学をはじめ、それほど創造性のある学問は生み出されなかった。ヘレニズム時代は、今日同様、世界の空間的拡大と社会の激しい変動のために、情報量だけは過剰に集積された時代であった。しかし、そのため、人々の精神は散乱し、これといった独創的なものを生み出すだけの生命力をもてなくなった時代だったのである。この時代も、現代同様、世界が拡大し、人々の視野は広がり、知識量は増大したが、その分、人々の精神は遠心的原理に支配され、内面的空白化を来たした不安な時代だったのである。

2　移動する人口

人口減少と人口流入

二十一世紀中には、地球の人口は百億にも達し、この過剰人口を現代文明が扶養しきれるのかどうかが危惧されている。しかし、危惧しなければならないことは、これだけではない。人口爆発を起こしているのは主に第三世界においてであり、先進国ではむしろ人口は減少している。この先進国での人口減少も、文明の維持にとっては重大な問題である。先進国の人口減少は、主に出生率の減少によって起きている。欧米諸国でも、日本でも、出生率は年々減少し、このまま出生率の減少が続けば、今世紀の末には、現在の人口の極く一部くらいの人口に縮小してしまうだろうと言われている。さらに、先進国では、医学の進歩や福祉の充実などによって、死亡率も低下しているから、人口構成の高齢化は急速に進んでいく。そのため、人口構成に不均衡が生じ、多くの老齢人口を極く少ない若年層の労働力で支えるという不安定な形になる。

少子高齢化という先進国が抱える不安要因は、文明の発達の結果でもある。先進諸国では、どこでも豊かな文明を築き、医療を発達させ、福祉を向上させてきたために、死亡率も出生率もともに低下してきた。このまま進めば、先進諸国の家族は解体し、先進諸国は、福祉国家どころか、介護国家化しないとは限らない。文明の衰退は、最終的には、人口の減少という形で現われてくる。だから、二十一世紀の先進諸国が築き上げた文明も、永遠に続くとは保証できないのである。シュペングラーも、文明末期の世界都市の時代には、人口増加率の漸減という現象が起き、数世紀にわたり人口が減少し、文明は幕を閉じていくとみている(10)。

この先進地域の人口減少を、後進地域からの人口移動によって埋め合わせるなら、二十一世紀の地球文明は、また新たな問題を抱えることになる。後進地域からの労働者の移住や経済難民の流入によって、先進地域は人種的にも文化的にも各種異質なものが混在し、それが社会的解体をもたらしかねない。

現に、今日では、交通機関の長足の進歩によって、陸も海も空も、人々が自由に動き回れる時代が到来している。政治家、経済人、学者、スポーツ競技者、留学生、旅行者ばかりでなく、労働者、移民、難民なども、容易に境界線を越えて移動している。現代は、地球的規模で展開される未曾有の人口移動の時代である。なるほど、二十世紀も、移民や旅行者ばかりでなく、難民や亡命者を大量に生み出した世紀として、人類史上でも特筆すべき世紀であった。二十一世紀は、この傾向がさらに強くなり、多くの民族や人種が入り乱れる時代になるであろう。

なかでも、貧しい国々から豊かな国々への労働者の移動は、先進国の人口減少と労働力不足を補うためには必要なことである。だが、多くの困難な問題を抱えているのも事実である。北の先進国へ流入して来る外国人労働者は、合法的流入にしても、非合法的流入にしても、一般に、先進国の下層労働に従事することが多い。外国人労働者には、先進国の豊かさを求めて祖国を捨てて来た経済難民が多い。外国人労働者の大量流入は、移民と難民の境を不分明にした。

労働力流入がさらに進んでいくとすれば、これは、先進諸国にとって大きな問題を提起することになる。事実、流入する外国人労働者の増加は、二十世紀末以来、先進国にとって重大な問題を投げかけてきている。ヨーロッパ諸国でも、イスラム系諸国や旧植民地から労働者の大量流入が続き、様々な問題が起きている。アメリカでも、中南米諸国から労働者が大量に流入、新たな混乱と摩擦を起こしている。日本でも、アジア諸地域、南米、イスラム系諸国からの移住労働者は、日増しに増えている。この問題は、政治的にも、重大な影響を及ぼす可能性がある。

これら外国人労働者や経済難民の流入によって起きる問題には、職場や賃金など雇用の問題、居住権や選挙権の問題、社会保障や教育を受ける権利など市民権の問題、その他様々の深刻な社会問題がある。また、これらの問題ともからんで、この問題は、生活習慣の違いや言語の違いから、民族・人種・宗教にかかわる文化摩擦を引き起こし、受け入れ側、流入側双方に緊張を招くことにもなる。ボーダーレスになると、逆にボーダーフルになるのである。言語や習慣や宗教の違いからくる心理的ボーダーを、国家ではなく、個人や地域が背負わねばならなくなるからである。このような状況のもとでは、多様性の中の共存どころか、各民族が混入し合って、宗教や言語に根差す不寛容な紛争を起こしかねない。

文化摩擦

特に、宗教に根差す文化摩擦は、先進国でも重大な問題になるであろう。すでに、フランスやドイツやイギリスなどでは、流入してきたイスラム教徒と当地の公共機関との間で摩擦が起こっている。文化の混在の時代には、混在の時代だからこそ、宗教の多元性を認め、各宗教が共存しなければならない。しかし、実際には、宗教は最も大きな抵抗力をもつ。各宗教が歩み寄り融合することは、極めて困難なことでもある。

宗教や民族に根差した文化摩擦が激化してくると、流入してきた側でも、それを受け入れた側でも、ともに、自民族中心主義（エスノセントリズム）が起きてきて、互いに排除し合うことにもなる。流入して来た側は、一般に、自己の宗教や慣習の中に閉じ籠り、同化を拒絶して、マイノリティ化することが多い。これがエスノセントリズムを呼び起こし、マジョリティ文化への抗議となって現われる。他方、受け入れた側でも、雇用問題などを通して排斥運動が起き、そのイデオロギーとしてエスノセントリズムが声高に主張され、緊張は高まる。

現代は価値相対主義の時代である。しかし、それにもかかわらず、否、それゆえにこそ、人々は、ややもすると、自己自身の絶対的なアイデンティティを求めて、自民族中心主義に救いを見出す。それは、いわば価値相対主義の裏返しなのだが、価値相対主義の寛容の精神が、この自民族中心主義にどの程度対処できるか疑問である。

国民国家の枠が揺らいで、人々のアイデンティティに動揺が見られる現代には、かえって、国民国家とは別の民族的・人種的、宗教的・文化的な共同体の中に自己自身のアイデンティティを求めるようになる。このような排他的な原理主義的傾向としては、イスラム原理主義がよく知られている。しかし、原理主義は、キリスト教、ユダヤ教、ヒンズー教、仏教にもある。原理主義と原理主義は、不寛容な対立を引き起し、その頂点では暴力になる。現代は、なお、統合ばかりでなく、分散の傾向も合わせもっていると言わねばならない。

人々が、自民族中心主義や原理主義を主張し、差異への権利を強調しすぎると、統合ができなくなる。その行き着く先は、社会の分裂しかない。そのような危険性の中にあって、なお〈多様性の中の共存〉をはかっていくとすれば、多元主義を包括する何らかの普遍主義を確立する必要がある。しかし、そのような普遍主義が希薄化しているのが、二十一世紀初頭の状況である。統合はなお困難を抱えており、世界は分裂の傾向にある。二十一世紀は、このような民族問題に直面する世紀となるであろう。

外国人労働者や経済難民の流入、文化摩擦や排斥運動の問題の背景には、南北間の経済格差や人口格差など、構造的問題がある。人口増加に悩み貧困に喘ぐ南から、豊かな北の先進国へ仕事を求めて人々が流入し、しかも、豊かな先進国では下層労働を嫌うとすれば、北の世界の底辺部に南の世界が食い込んでくるのは当然のことだと言わねばならない。人の流れが、人口過剰な貧困地帯から、人口の少ない繁栄地に向かう傾向は、大河の流れのように止めることはできない。この問題は、社会の多民族化や文化の混在をもたらすばかりでなく、社会的解体現象さえ引き起し、二十一世紀の地球文明にとって重大な問題となろう。二十一世紀が政治的統合に向かい、国境線の規制が弱くなっていけばいくほど、人口移動の問題はますます解決困難な問題になっていく。それは、地球社会が一つになるどころか、逆に、内的に解体する方向さえ暗示している。

　確かに、人類の長い歴史を眺めるなら、人類は常に民族移動を繰り返してきた。それどころか、民族の混淆によって、新しい文明を形成してもきた。しかし、二十一世紀の地球文明が、そのような民族混淆から新しい文明を築き上げることができるかどうかは、不明確である。

　二十一世紀は、故郷を失い根無し草となった流民の群が、豊かな地域を目指して移動する〈流民の世紀〉となるであろう。二十一世紀の地球文明は、この人口移動によって、大きく逆転していく可能性がある。トインビーも、西欧文明について、それが併呑しつつある西欧以外の世界からの反対攻勢を受けて、ほとんど痕跡をとどめないまでに変形されてしまう可能性を予測していた[11]。とすれば、例えば、今日のヨーロッパがイスラム化する可能性もないわけではない。実際、今日のヨーロッパの大都市には、多くのイスラム系民族が住み着き、ヨーロッパは一種の逆侵略を受けているとも言える。しかも、このようなことは、先進地域への後進地域からの人々の流入によって起きてくる。すでに、二十世紀に、インド人がイギリス人の少数支配を逆転し、南アフリカ共和国の黒人が白人の少数支配を逆転したように、遠い将来、この地球文明上でも、そのような逆転現象があるかもしれない。

　しかし、それは、それほど驚くべきことでも、危機感を感じなければならないことでもない。今、多数の外国人労働者の流入に苦しむヨーロッパ人も、かつては、ゲルマン人として、自ら古代ローマ世界へ流入し、そのことによって新しい文明を築き上げてきた周辺の異民族だったのである。文明は、しばしば周辺からの逆襲を受け、大きく転換する時がある。中心と周辺が逆転することによって、文明は絶えず変動し、変化してきたのである。

ローマ時代の人口減少と人口流入

ローマ帝国が成立し、地中海世界にローマによる平和がもたらされた時代にも、発達した陸海の交通網を利用した交易や旅行によって、今日同様、人々の行き交いが盛んに行なわれていた。この時代のローマ人の旅行で最も人気のあったのは、憧れの地、ギリシアのアテナイへの観光旅行であった。アテナイは、成金化したローマ人の観光によって維持されていたほどであった。現代で言えば、ヨーロッパ観光が盛んなのに似ている。

他方、古代ローマ時代には、征服された属州からの人々の流入も盛んであった。なかでも、特筆すべきは、東方からの大量の奴隷の流入である。彼らは、首都ローマにやって来て、手工業や家事に従事するとともに、教師や医者や建築家としても働いた。また、ローマ市近郊での農業生産も、奴隷の労働力なくしては成り立たなかった。初めは東方出身の奴隷、後には陸路で流入してきたゲルマン人たちの労働力によって、ローマの食糧生産は賄われていたのである。ローマは、これら蛮族といわれた労働力なくして成り立たなかった。帝政ローマ時代も、周辺から中心への労働力の流入が続き、それがローマ文明そのものを大きく変質させていった。しかし、それは、また、労働を嫌ったローマ人自身の招いたことでもあった。このことは、今日で言えば、ヨーロッパやアメリカや日本の先進地域に、第三世界から盛んに外国人労働者が流入して来ているのと、ほとんど同じ現象である。

周辺地域からのローマへの人口流入の背景には、今日の先進国同様、ローマ人の人口減少という事実があった。この人口減少の原因は、それまで続いた戦争で、ローマを建設したローマ人の血統が絶えていったということ、二世紀以後の伝染病の蔓延など、様々である。さらに、医学の未発達による乳幼児死亡率の高さも、幾何級数的な人口の減少を加速した。また、帝政ローマ期の性の乱れからくる離婚率の高さ、人工妊娠中絶や産児制限の流行、嬰児遺棄などによっても、出生率は低下し、人口は加速度的に減少していった。最初の元首アウグストゥスは、紀元前後に婚姻に関する法を発布して、人口増を図ったが、どれほどの効果もなかったと言われる。

この帝政期の人口減少は、今日の先進国同様、労働力不足を招き、農業生産や手工業生産が危機に陥った。これを補うために、奴隷労働という形で、周辺地域からの労働力の流入があったのである。また、このような人口不足は、軍隊の新兵補充を難しくした。そのため、軍隊の人員不足を、異民族の傭兵で補ったのである。ローマ軍が次第に蛮族化していったのは、主にこのことによる。さらに、人口が減少し、国力が縮小しても、軍の維持をはじめとする帝国支配のための費用はむしろ嵩んでいったために、帝国は増税策に頼らざるをえなくなった。この重税は農業生産の減少に追い打ちをかけ、耕作地の放棄が相次いだ。こうして、農村も都市も荒れ果て、ローマ帝国は衰退していったのである。

ローマ人の人口減少を補うようにして流入して来た帝国領内の異民族には、ローマの豊かさに憧れて流入して来た人たちもいた。その背景には、周辺地域の貧困もあったであろう。彼らは、今日で言えば、先進国に仕事を求めて流入して来る第三世界の労働者に当たる。逆に言えば、下層労働を嫌って、外国人労働者にそれをまかせている先進国の人々は、流入してくる異民族を使役していたローマ人と、それほど変わりはないことになる。

ローマ帝国を滅ぼしたと言われるゲルマン人たちも、帝国成立の当初から、部族定住者、奴隷、農民、職人、雇い入れ人、ローマ軍兵士として、ローマ帝国内に平和裡に流入していた。なかには、そこから出世をしていったゲルマン人たちもいた。彼らの中には、ローマ的教養を身につけ、ローマの貴族社会に解け込み、ローマの支配層の中枢部を占めた者さえいたのである。ローマ帝国は、その成立の当初から、徐々に蛮族化していたのである。

なかでも、軍の蛮族化は著しい。ローマ帝国は、ローマ人自身からの新兵補充が難しくなったために、主にゲルマン人から兵士を募った。ゲルマン人たちも、土地の給付や市民権の付与という特典もあったために、ローマ軍の傭兵として採用されることを切望した。確かに、蛮族出身者を傭兵として武装させることは、帝国自身にとって危険なことであった。しかし、帝国は、蛮族の助けなしでは、もはや、蛮族の侵入を食い止めることができなかったのである。

結果的には、帝国の防衛は、ほとんどゲルマン人の手によってなされることになる。

かくて、四世紀に入ると、ゲルマン人出身者から、ローマ軍最高司令官になる者も出てきた。アルボガスト、リコメル、モダレス、アエティウスなどは、みな蛮族出身の最高司令官であった。悲劇の将軍スティリコも、ヴァンダル族出身のローマ軍最高司令官であった。彼は、西ゴートのアラリックが侵入してきた時に、最後まで殲滅しなかったかどで、怠惰なローマ市民に告発され、ホノリウス帝によって刑死させられた。そのスティリコと戦い、四一〇年、ローマを掠奪したアラリックも、もとは、ローマの最高司令官職を望んでいたほどであった。

ローマ軍が、蛮族出身者によって占められていった原因の一つには、ローマ帝国の市民権政策もある。市民権をもったローマ人は、かつての時代とは違って、市民権をもつことを兵役から逃れる権利と主張し、兵役を忌避したのである。さらに、三世紀に入ると、アントニヌス勅令によって、帝国内の全自由民にローマ市民権が与えられたために、市民権をもった自由民には帝国の防衛に当たる者はいなくなってしまった。市民権をもたないゲルマン人から兵隊を募集する以外になくなったのは、このことによる。異民族出身の軍隊には、ローマへの忠誠心は薄く、これがローマ帝国の衰退に結びついたことは確実である。

それどころか、二世紀以来、このゲルマン人の傭兵軍に推されて、異民族出身の皇帝が擁立されることさえ度重なった。アフリカ人のセプティミウス＝セウェールス帝、トラキア人のマクシミヌス帝、アラビア人のフイリップス帝、マウリタニア人のアエミリアヌス帝、イリュリクムの牧童から身を興したディオクレティアヌス帝などは、その一例である。ローマ帝国の蛮族化も、ここに極まったのである。こうして、ローマ文明は、その末期に、周辺からの逆襲を受け、その内容を大きく転換させていった。

ローマ時代の文化混淆

交通が発達し、地中海世界を盛んに人々が行き交い、多くの異民族がローマに流入して来ていた古代ローマ時代は、また、各地の風俗、習慣、言語、芸術、宗教など、出自の違った文化が混在し、混淆した時代でもあった。それは、最も身近な風俗にも現われた。例えば、四世紀後半以後は、北方ゲルマン人のローマ社会への進出が目覚ましく、それにつれて、ファッションでも蛮族風が流行した。特に、皇帝グラティアヌスは野蛮狂で知られ、野蛮人風の衣服をまとい、野蛮人風の野外遊戯に耽り、それをいくらか倒錯した感じの新しいモードとして気取った。また、ホノリウス帝のころには、ローマ市内でのズボンの着用、長髪、ゲルマン風毛皮コートの着用を禁じる勅令が出された。しかし、それがほとんど守られないほど、この蛮族風の衣装は流行したと言われる。また、四世紀ごろから、蛮族出身のローマ軍士官は、ローマ名を名乗らず、ゲルマン名そのままを名乗り出している。その一方、五世紀には、逆に、ローマ人がゲルマン名を名乗るのが流行した。風俗においても、ローマ風ばかりでなく、異民族風も流行し、文化は混在したのである。

同じことは、宗教についても言える。首都ローマには数多くの異民族が流入して来ていた上に、ローマは、宗教的には寛容政策を取ったこともあって、各民族の信仰もどっと入ってきた。神々の数は三万を越えたという。なかでも、ヘレニズム時代以来のことであるが、地中海世界の東方から伝えられた多くの密議宗教は、それが誕生した地域や民族を離れ、互いに混淆しながら、地中海世界一円に流行した。特に、エジプトから伝わったオシリス信仰やイシス信仰はよく知られている。そのうち、大地女神イシスの崇拝はオシリスの崇拝を凌ぎ、キリスト教が盛んになった四、五世紀になっても継続し、キリスト教のマリア崇拝に影響を与えた。そのほかにも、小アジア由来のキュベレとアッティス、シリア由来のアタルガティスとハダト、フェニキア由来のアドニスとメルカルトなどの密議宗教が流行した。特に、イラン起源のミトラス教は、ローマ軍の転戦とともに、帝政期の帝国内全域に伝播し、キリスト教と競合した。そればかりでなく、オリエント起源の占星術や魔術なども流行し、ローマ世界は異教的雰囲気に満ちていたのである。これらも、周辺からの逆襲によるローマ文明の変質の例に数えることができる。

ローマ人は、風俗や宗教以外にも、芸術や学問など、文化一般について開かれた態度をとり、寛容であった。しかし、文化的にそれほど独創的なものを生み出さなかったことも確かである。軍事や政治や技術に優れたローマ人は、ヘレニズム世界で覇をなし、ついに地中海世界全体を支配するに至ったが、文化的には、征服したギリシアから深い影響を受けた。ローマの上層階級は、ギリシア人の教師や文人学者を招き、こぞって子弟にギリシア語とギリシア風教養を身につけさせた。そのため、ローマの上層階級の人々は、言語においても、ラテン語とギリシア語の二重言語生活を送り、ギリシア文学や芸術で身を固めた。アウグストゥスと同時代の詩人、ホラーティウスの言うように、征服されたギリシアは、征服したローマを逆に征服したことになる。

ローマ人は、ギリシアから文学・芸術・科学・思想など多くのものを学んだが、ギリシア文化の模倣に終始した。哲学思想的にも、ローマ人自身は、ギリシア哲学の咀嚼に重きを置き、独創的な哲学体系を打ち立てる哲学者を一人も生み出さなかった。帝政ローマ初期の代表的な思想家はキケロであるが、キケロの思想も、ヘレニズム時代に流行していたギリシア由来の様々な思想の混合と折衷にすぎなかった。ローマ人は、また、ヘレニズム時代のアレクサンドリアの科学も学んだが、そこからは応用技術を学んだだけで、独創的な科学者は生み出さなかった。思想家にしても、科学者にしても、ローマ時代に独創的な人がいたとすれば、それは、ほとんど東方世界の出身者であった。

これらのなかでも、特に、文化の混在と混淆の世界にあって、ユダヤ人が示した独特の反応と独創性は注目に値する。ユダヤ人は、ヘレニズム以来ギリシア文化の影響を受け、それに対する同化と反撥を繰り返し、その対決を通して独自のものを生み出していった。

例えば、紀元後一世紀前半のエジプトのアレクサンドリアで活躍したフィロンは、古代ローマ帝国内にあって、ユダヤ人でありながら、ギリシア哲学、なかでもプラトンの哲学に傾倒し、これとユダヤ教の思想とを結合させた。フィロンが行なったことは、旧約聖書のモーゼの思想とギリシアのプラトンの思想とを融合し、ヘブライズムとヘレニズムを総合することにあった。その思想の根本は、旧約聖書の中にある神の言葉とギリシア哲学でいう言葉すなわちロゴスを結びつけて、旧約の思想を解釈し直すもので、後のキリスト教哲学に深い影響を及ぼしたものであった。フィロンの思想は、ギリシア的なるものとユダヤ的なるものという異質の文化が出会い、混淆したところから生み出された独創的な思想であった。

このフィロンとほとんど同じ時期に、イエスとパウロによって生み出されたキリスト教も、ヘレニズム的なものとヘブライズム的なものとの葛藤から誕生したものであった。キリスト教が、ユダヤ教という民族宗教を超えて、〈神の愛〉による〈律法からの解放〉を説き、全人類のための宗教となりえた背景には、コスモポリタン的なヘレニズム思想との出会いがなければならなかったであろう。キリスト教をローマ世界に伝導したパウロは、もと、パリサイ人として厳格なユダヤ律法を身につけたユダヤ人であった。しかし、イエスの教えに接して回心し、イエスの死とともに、ローマ世界に愛の宗教としてのキリスト教を広めた。ここに、ユダヤ教がキリスト教という普遍的な世界宗教に大きく飛躍する接点があった。その後も、ローマ世界では、キリスト教は、ギリシア哲学の用語を借りながらその教義を体系づけていったが、これも、ユダヤ・キリスト教的なものとギリシア・ローマ的なるものとの融合なくては成立しえなかったものである。そればかりか、キリスト教がローマ世界を席捲したこと、そのことが、ローマ文明が周辺地域からの逆襲を受け、大きく転換していったことにほかならない。

現代もまた、地球上の各地の文化が混在し混淆する時代であるが、そこから、特に、周辺地域から独創的で普遍的な宗教や思想が生まれてくるのかどうか、その光はまだ見えていない。

第四章　一様化と水平化

1　一様化と画一化

画一的なグローバル文明

今日、世界のどの空港に降り立っても、それらはどれもよく似た形や構造をしており、画一化している。年中飛行機に乗って活躍している国際ビジネスマンなどは、このような空港から、すぐに国際ホテルに入り、世界中のニュースを見、ファックスやEメールなど文明の利器を使って、機敏にビジネスを開始する。そこには、何も地域に根差す文化的な違いはない。

それどころか、現代では、ボーダーレス化、グローバル化の流れに乗って、特に先進地域では、日常生活全体が均質化している。若者たちの生活を見ても、どこの国の若者も、よく似たジーンズをはき、ロックミュージックを聞き、マクドナルドのハンバーガーを食べている。なるほど、現代は個性化の時代と言われている。しかし、この個性的な生き方ということ自身が、現代では、すでに企画され、画一化されたものになっており、個性的ではありえない。現代では、ビジネス、消費活動、レジャー、日常生活、すべてが一様化しているのである。

もちろん、現代でも、各地域に根差した文化的差異や多様性がないわけではない。しかし、現代では、これが混合され、平均化され、一つの地球的ネットワークの中に組み入れられて、単一のグローバル文化を形成しているのである。すでに二十世紀からそうなのだが、現代は、グローバルな画一的文明の形成に向かっており、文化的には一様化に向かっていると言える。

グローバルな画一的文明の形成を可能にしたのは、ほかならぬ科学技術の力である。科学技術文明は、西欧を震源地とし、十九、二十世紀と時代を追うごとに拡大し、地球を席捲してきた。その結果、すでに二十世紀後半の段階で、世界は一様に科学技術文明に覆われ、急速に一つになっていったのである。科学技術による世界の合一化は、二十一世紀も、地球全体の高度情報化を伴って、さらに進展していくであろう。二十一世紀も、二十世紀同様、科学技術が世界の共通項となり、世界を組織化し、均質化し、記号化することになるであろう。かくて、科学技術文明は、多様な価値観を基礎としている諸文化に取って代わり、これらを平均化する。地球的規模に発展した高度情報化社会は、そのような均質化し一様化した社会である。

グローバルな市場経済の動きも、地球規模の画一的文明の形成を加速している。今日では、巨大なヴァーチャル・マネーが国境を越えて動き、単一な商品が世界中に普及し、地球的規模での大衆消費社会が形成されつつある。大量生産と大量消費のシステムは、すでに二十世紀に形成され、発展してきたものである。だが、二十一世紀は、この市場経済の動きに、豊かな社会を目指す発展途上国も次々と参加し、地球規模の市場経済が完成されるであろう。そして、この地球規模の市場経済にすべてが呑み込まれ、単一なグローバル文明が形成される。その結果、人々の欲望と行動は、グローバル化した市場経済によって画一化され、一様化される。

科学技術と市場経済が演出するグローバル文明の空間も、一様化した空間である。ここでは、空間が均質な広がりでしかなくなる。空間は画一化され、単一化される。交通・通信機関が長足の進歩を遂げ、地球空間が縮小した現代では、地球の表面を支配する人間的・社会的空間は、単一の画一化された空間になる。確かに、われわれは、海外旅行などでは、それぞれに違った文化環境をもった空間を経験することができる。しかし、この異質な空間を結び付ける空の旅の空間は、短縮され一様化した空間である。文明的空間が、文化的空間を結合しているのである。現代では、この一様化した文明的空間が、地球の表面を覆っている。空港やホテル、高速列車や高速自動車道路、銀行やオフィス、コンピュータ・ルームなどが作り出した空間は、そのような文明的空間である。二十一世紀の地球は、この文明的空間が支配することになるであろう。そこには〈場所〉というものが欠如している。

グローバルな文明のもとでは、時間も一様化する。十九世紀の西欧を出発点にした産業の発達とともに、工場労働や交通機関の必要性から、時間の統制と統一が行なわれた。そして、近代文明の地球的拡散とともに、この近代的時間も広がり、すでに時間も地球全体で標準化されている。この標準化された時間に従うかぎり、時間は一様で均質な時間である。確かに、海外旅行などでは、時差の調整が必要なことから、わずかに場所による時間の異質性を経験することはできる。しかし、それも、世界的規模ですでに標準化された暦法と日付と時間測定のもとでにすぎない。

文化を駆逐する文明

確かに、このグローバルな文明のもとでも、各地域には多種多様な民族が生活しており、それに応じて多種多様な文化が生きている。風俗・習慣においても、言語においても、社会生活においても、その文化的差異は大きい。空間感覚や時間感覚でも、各文化によってなお異質なものが持続されてはいる。しかし、地球全体の観点に立つなら、この多様性や異質性を貫いて、それらを統一している一様性を無視することはできない。多様性の上に一様性があり、その一様性が多様性を浸食しているのが現実ではないか。差異は存在するのだが、その差異を廃棄してしまう同一性、個別性は存在するのだが、その個別性を止揚する普遍性が、大きな力を発揮している。文化的相違を凌駕する文明の同質性が、このグローバル文明を可能にしているのである。

このことは、例えば、言語についても言える。世界中で話されていた言語の種類は、かつては一万種以上はあったであろうと言われている。しかし、現在では、文化の多様性の喪失とともに数が減り、五千から七千語程度しか話されていない。そのうち、現在、二千五百の言語が滅びつつある。その失われるスピードは、さらに加速するであろうと言われている。言語においても、グローバル文明の進展とともに、一様性が多様性を浸食し、文化的差異は廃棄され、均質化する方向に向かっている。

文明とは、物質的・技術的手段の総体と、それを動かすための制度や組織を意味する。とするなら、このような意味での文明は、いつの時代も、あらゆる文化圏を越えて伝播し、普遍的で一様な世界を築き上げていく。十九世紀から二十世紀を経て二十一世紀へと拡大してきた現代のグローバル文明も、交通通信手段の発達、科学技術の急速な発展、近代の政治的社会的制度の普及、流通や経済の拡大などによって、地球全体にもたらされた文明である。だから、それは、一様性と普遍性、均質性と画一性を特徴としている。

それに対して、文化とは、人々の生活様式一般を意味し、しかも、長い間受け継がれてきた世界観や価値観、規範や慣習、思考様式を含むものである。それは、多様性と特殊性、多元性と相対性を特徴としていると言える。文化という言葉は、多かれ少なかれ価値や信念の体系を含んでいる。したがって、それは、一つの社会集団を統合する役割をも担っている。文化が、民族、宗教、言語、歴史的伝統などによって、様々に異なるのは、そのことによる。

もちろん、文明と文化は、それほど明確に定義することもできないし、截然と区別することもできない。また、文明と文化は相互に作用し合いもする。文明が変化すると、文化も変容されるし、文化が変化すると、文明も変容する。さらに、文化の目に見える表現として文明が形成されるという面もある。

文化の差異性と多様性をわれわれが認識しうるのも、文明があればこそである。飛行機という文明の利器を使って世界一周旅行をするなら、短時間に、今までの人類が築き上げてきた諸文化の多様性や独自性をまざまざと認識することができる。また、現代は文化の混在の時代であるが、これを可能にしたのも、科学技術文明の発達、特に移動手段の発達による。だから、また、文明が発達し、一つの文明が世界中を覆うようになれば、かえって異文化との接触が増加する。そして、他の文化の違いが意識されるとともに、自己の文化の違いもまた意識される。文明の一様性と同一性が、文化の多様性と差異性を、逆に際立たせることにもなる。互いの考え方や価値観など、文化の違いによって、相互の誤解が生じ、文化摩擦が起きるのも、均質的で画一的な文明が発達したためでもある。

また、文明そのものが拡大する過程でも、それは、常に、各地域の文化によって変容され、解釈し直されることによって、広まっていく。例えば、同じ一つの西欧由来の民主主義や資本主義も、地球的規模で拡散していく過程で、それを受け入れた地域の習慣や価値体系によって変形され、独自の発展を遂げていっている。

また、現代文明が地球的規模で拡大していく過程では、それが地域の文化によって反撥されるということもある。文明は、文化的な差異を否定し、均質化する面をもっているために、地域の文化の個別性によって抵抗を受けるのである。イスラム原理主義やヒンズー原理主義などは、それ自身ある意味で現代の産物なのだが、そのような現代のグローバル文明に対する抵抗力をもっている。それらは、宗教的伝統を武器に、画一的な科学技術や民主主義など、文明や制度の拡大を妨げる。現代は、特殊性と普遍性のせめぎ合いの中にあると言える。

だが、科学技術や市場経済の進展によるグローバル文明の形成という面に着目するなら、そのような文化的抵抗を駆逐して、文明が一様化していく過程が特に目につく。今日のグローバル文明の拡大は、かつてないほど急速であって、ローカルな文化を囲い込みながら、地球全体を覆い尽くそうとしているように見える。世界中で膨張の一途を辿っている大都市の風景を見るなら、二十一世紀文明が、さらなる一様化と均質化に向かって拡大していくことが予想される。世界中の大都市は、どこでも、同じような高層ビルが立ち並び、高速道路が縦横に走り、どれも区別がつかないほどである。確かに、現代でも、様々な地域の文化の違いはあるのだが、それは、むしろ、現代の巨大な科学技術文明の森の中に点在する特殊空間のようにさえ見える。文明の一様性と均質性が、文化の多様性と特殊性に勝利したかのようである。

もちろん、このグローバル文明の一様性や均質性が、伝統文化の多様性や特殊性と結合するという面も見逃すことはできない。例えば、イスラム世界では、テレビの普及とともに宗教番組が増え、かえって礼拝の時間が守られるようになったり、飛行機の発達によって巡礼が盛んになったり、冷暖房の普及とともに断食が容易になったり、ビデオが大学での男女別学に使われたりしている。グローバルな科学技術文明が、伝統文化によって変形され、両者が共存しているのである。

しかし、これは融合とは言えず、ちょうど木に竹を接ぐように、文明と文化を取ってつけただけにすぎず、創造的というには程遠い。文明化という現象は、なお文化の破壊を伴うと言わねばならない。一様で均質な文明の普及は、伝統文化の核を毀損してしまう面をもつ。地球を覆い尽くす勢いのグローバル文明に参加するには、どの文化圏も伝統文化の核を磨滅させ、科学技術的にも、政治社会的にも、現代性を導入しなければならない。現代性を導入すれば、文化的伝統の核を失い、アイデンティティ喪失に陥るという危機に直面するのである。

科学技術と市場経済に支配されたグローバル文明の潜勢力は、巨大である。そのため、その津波のような勢いの前に、諸文化の差異は薄められ、その多様性と独自性は失われていく。そして、一様化され、画一化された単一な文明が形成される。二十世紀以来のことではあるが、二十一世紀は、均一化された文明がこの地球を包摂することになるであろう。世界の合一化とはこのことである。こうして、全地球的に覆い尽くされた巨大な産業技術文明の中に、今までのあらゆる文化が呑み込まれていく。

ヘレニズム・ローマ文明の一様化

ヘレニズム・ローマ時代にも、科学と技術が発達し、それが地中海文明の一様化をもたらした。特にヘレニズム時代には、エジプトのアレクサンドリアなどを中心に、自然科学が発達し、それが実用に供せられていった。この時代に進展した科学の分野は、幾何学、天文学、地理学、医学など、多方面に及んだ。そして、これらの科学的知識が技術に応用され、投石器、複滑車、螺旋水揚器、遊星儀などが発明されている。また、水オルガン、水時計、消火ポンプ、蒸気機関の先駆とも言える気力球、今日の運賃表示機と同じ原理による路程計、自動切符販売機の前身とも言える自動聖水装置などが発明されている。もっとも、この時代には、当時の奴隷制依存社会を反映して、これらの文明の利器が産業の大きな変革を引き起こすことはなかった。しかし、これらが、後、帝政ローマのころの土木建築技術に応用された面は見逃せない。地中海世界一円に建設された多くの似通ったローマ都市は、今日の大都市同様、すぐれたローマの科学技術の力に負うところが大きい。

ヘレニズム・ローマ時代も、科学技術の力が諸文化の差異を平均化し、文明の一様化をもたらしたのである。科学技術とその目に見える物質的成果こそ、文化が混在し価値観の混乱したヘレニズム・ローマ時代の共通項だったのである。ヘレニズム・ローマ時代も、均一化した文明が地中海世界を覆い、その均一性の中に、当時の諸文化が呑み込まれていった時代だったのである。

2　水平化と平均化

大衆民主主義のグローバル化

十九世紀から二十世紀にかけて、科学技術と産業主義の進展に伴って、社会の階層的秩序が崩壊し、社会は水平化し、人々は平均化して、巨大な大衆社会が形成されてきた。そこでは、すべての人と同じであることに安心感をもつ大衆が、砂のように、群れから群れへと流れていく。個性を失った平均人によって形成される大衆社会は、均質化した無定形な社会である。二十一世紀は、グローバル文明の拡大とともに、このような無定形な大衆社会が地球大化する時代になる。二十一世紀も、交通・通信技術をはじめ、科学技術は発展し、産業主義はさらに進展するであろうから、それとともに、大衆化も地球上に広範に拡散して、地球全体が一つのグローバルな大衆社会になるであろう。

民主主義の世界的拡大も、大衆社会化現象のグローバル化を加速する。十九世紀から二十世紀にかけての民主主義の拡大も、大衆社会化を助長した。それにつれて、民主主義は、大衆の目先的な欲求に左右される大衆民主主義になっていったのである。二十一世紀は、この大衆民主主義が世界的に拡散していくであろう。中国をはじめ、アジアに残存する共産主義国もやがて民主化し、多数政党政府になる日は近い。そして、それは、ほどなく大衆民主主義に変貌していくであろう。

しかし、この民主主義の世界的拡大は、必ずしも民主主義の勝利を意味しはしない。大衆民主主義社会は、目先的大衆が権力を握っている社会であるから、国家はいつも大衆の気まぐれに支配される。そこでは、大概、大衆の欲望に根差した凡庸な意見が多数を制する。そのため、大衆民主主義のもとでは、大衆の恣意的欲望を反映して、凡庸な指導者が代表に選ばれてくる。たとえ指導力のある適格者が出てきても、十分活躍できない。ここでは、為政者は、主権者である大衆のご機嫌をとって、大衆の気に入りそうなことを並べ立てる。このような大衆迎合主義のもとでは、政治はその日暮らしの衆愚政治になり、国家はやがて破産することにさえなる。民主主義を健全に運営していくには、人民に徳性があり、それによって徳ある指導者が選ばれねばならないが、大衆民主主義にはこれができないのである。

民主主義が奉じる平等主義も、衆愚政治を助長するであろう。確かに、民主主義は、今まで、平等を旗印に階層的秩序を破壊し、社会的不平等をなくしてきた。しかし、大衆民主主義のもとでは、この平等の観念が行き過ぎ、あらゆる面で完全な平等が求められる。平等の名のもとに、社会的・経済的条件そのものの平等が要求され、さらに分配や結果の平等が要求される。その結果、平等は欲望の平等と化す。ここでは、身分、貧富、教育など、すべての面で平等が追求され、あらゆる不平等が批判される。このような平等絶対主義のもとでは、人間そのものが平均化され、水平化されてしまうであろう。

大衆民主主義国家は、大衆の過剰な欲望を満たすために、多くの場合、過保護国家化する。それは、大衆の要求に呼応して、社会保障や雇用政策、住宅政策や環境政策、国土開発から景気政策に至るまで、あらゆる任務を引き受けるようになるため、行政機構は肥大化する。しかし、その機構維持のための負担増には、大衆は反対する。相反する要求を満たそうとして、政府は財政難に陥る。

ほとんどのものを用意したこの福祉国家のもとでは、大衆にとって、生きるということはそれほど困難ではなくなったために、大衆は、甘やかされた子供のように、これといった努力もせずに、要求を次々と肥大化していく。このような過保護な社会にあっては、大衆は自立心や自発性を失う。過保護国家化した大衆民主主義社会は、何ごとも社会に頼ろうとする依存心の強い大衆を生み出すのである。大衆は、自主的精神を失い、まるで豊かな社会の寄生虫のように、享楽的な生活をしていく。現に、今日の爛熟した高度産業社会の大衆は、あらゆるものを与えてくれる社会の中で、耐久消費財から、サービス、ファッション、旅行、文化に至るまで、ありあまる消費生活を享受して暮らしている。

大衆民主主義下の過保護社会では、豊かな体制に甘えて暮らす寄生虫的大衆を大量に生み出す。これは、社会の水平化、人間の平均化の極である。大衆民主主義国家や福祉国家は、水平化・平均化による堕落という慢性的危機を抱えている。大衆民主主義や大衆消費社会の世界的拡大が二十一世紀の趨勢だとすれば、それは慢性的危機のグローバル化にもなる。

グローバルな大衆文化

二十一世紀は、大衆社会のグローバル化に伴って、大衆文化も地球を席捲するであろう。衛星テレビやインターネットを通して、大衆の娯楽のための手軽な文化が、国境を越えて地球全体に放射されることになる。大衆文化は、もともと、平均化された大衆の享楽に供されるもので、刹那的で、感傷的で、感覚刺激的で、凡庸な文化である。これが世界中に撒き散らされることになる。

もっとも、大衆文化の拡散は今に始まったわけではない。十九世紀は主にヨーロッパが、二十世紀は主にアメリカが、大衆文化を世界中に撒き散らした。特に、二十世紀にアメリカが発信した大衆文化、映画やジャズ音楽やロック音楽などは、大量生産と大量消費のシステムに乗って世界中に広がり、二十世紀の文化の品位を失わせた。日本も、二十世紀末には、ゲームソフト、アニメ、漫画、カラオケ、演歌など、大衆文化を輸出し始めた。二十一世紀は、日本ばかりでなく、経済成長を遂げたアジア諸国も加わり、大衆文化を輸出することになるであろう。このようにして、二十一世紀も、また、メデアの発達とともに、文化の加速度的な質の低下が演じられる。二十一世紀の文化も、ますます平均化されることになるであろう。

考えてみれば、ここ二百年、文化は低落の一途を辿ってきたとも言える。印刷術や複製技術、ラジオ・テレビの発達によって、文化は、大衆の娯楽に供するための商品として、大量供給され、大衆はこれを消費してきた。文化も、大量生産と大量消費のシステムの中に組み込まれ、単なる消費物資と化してきたのである。実際、文学、思想、絵画、音楽が、どれも、大衆によって気楽に楽しまれるお手軽文化になっていった。古典的な文学や芸術も、大衆に呑み込みやすいように適当に調理され、ダイジェスト化されていった。その結果、文学や芸術も単なる流行にすぎなくなった。大衆に人気があり流行しさえすれば、すぐれた価値があるかのように判断された。この時代の文化は大衆の享楽のために供されるもので、大衆を楽しませさえすればよかったのである。ここでは、文化は大衆の目先的興味に迎合して生産されたから、低俗化は免れえなかった。

活字文化の面でも、大衆社会化状況を反映して、水準の加速度的な低下は免れえなかった。印刷術の発達と普通教育の普及による識字率の上昇によって、逆に、活字文化世界は、大衆向けの出版物の大洪水となった。文学でも、興味本位のものや際物めいたものがマスコミによってもてはやされた。この時代は、平均的大衆が支配した時代であったから、大衆の願望や幻想をくすぐるものが新聞やテレビで取り上げられた。そして、新聞やテレビで人気を博しさえすれば、その内容にかかわらず、流行作家になれた。彼らは、もともとマスコミにもてはやされて登場してきたから、おおむねタレント化していった。この大衆消費社会では、大衆におもねて人気を勝ち取る偶像にすぎない者が、大衆のヒーローのように称讃されるのである。

二十一世紀も、大衆文化の普及に伴い、このような大衆文化が地球大的に拡散することになるであろう。二十一世紀の文化も、地球全体を覆うマスメディアや高度情報通信システムによって、世界中の大衆の消費のために大量生産される。だから、それは、二十世紀同様、水平化された平均的な文化になるであろう。そこでは、高いものも、低いものも、創造的なものも非創造的なものも、すぐれたものも、すぐれていないものも、その差異はぼかされ、平均化されてしまう。十九・二十世紀も、文化は平均化してきた。だが、二十一世紀は、地球社会のほぼ全域が大衆によって支配される時代となるであろうから、文化の平均化はさらに地球大的に広がることになる。世界中の大衆が、低俗を崇拝し、すぐれた文化を平均的なレベルに引き下げ、高貴なものを駆逐していくことになろう。文化的不毛の時代は、なお続くと言わねばならない。

すでに十九世紀の前半、キェルケゴールは、その時代を、何ごとも平均化され引き下げられる〈水平化の時代〉とみた[12]。また、ニーチェは、十九世紀後半のヨーロッパ世界を見て、物質的豊かさにのみ満足している〈最後の人間〉の登場を予言していた[13]。このキェルケゴールやニーチェが感じ取ったその時代の予兆は、その後、時代を追うごとに加速度的に広がり、今日では、地球を覆うほどの勢いになっている。確かに、現代人の精神は、興奮と刺激を求めて加速度的に没落してきたのである。文化的頽落の時代はなお続くであろう。

文明の平均化

十九世紀以来、人類は、近代化という名において、国家をより広範な組織にし、産業を育成し、社会を平等化してきた。そして、この近代化に遅れた国家は、近代化に先んじた国家に、闘争や競争、和解や協調など、様々な手段で追いつこうと努力してきた。二十一世紀に残された南北問題も、同様に、近代化に遅れた国と近代化に先んじた国との格差をいかにして是正するかという問題である。この問題も、しかし、北の先進国から南の途上国へ技術や産業が移転していくなら、南の途上国も次第に経済発展を遂げ、近代化を果たしていくことになるであろう。それどころか、逆に、世界経済の重心が南の途上国へ移動する。これも、ある意味で、人類社会の平準化、水平化現象と言える。

だが、このようにして、北も南も地球全体が文明化を果たし、高度な産業経済社会を形成していくということは、また、地球規模で高度大衆社会を形成していくことでもある。高度大衆社会を形成すれば、社会は大衆の目先的な欲求に左右され、水平化していくであろう。さらに、文化は、大衆の趣味に合わせて、平均化していくことになるであろう。そして、文明は、それ自身が生み出した大衆によって消費されていくであろう。

文明は、いつでも求心力を失い、白蟻に食われて倒れていく家のように、内的に崩れ去っていく可能性をもつ。シュペングラーも、大衆とは終末であると言う。そして、文明の末期には、第四階級が勝利を収め、文明自身を滅ぼすと考えている。第四階級とは、文化を拒否する大衆であり、無形態で、品位や秩序を憎悪する世界都市の新遊牧民のことだと言う[14]。

エントロピーを無秩序の尺度と定義するなら、文明も、また、中核を失って、エントロピー増大の方向に向かい、無秩序化することは常にある。社会における犯罪の多発、麻薬汚染、青少年の無気力、教育の荒廃、政治の腐敗など、今日見られる精神的荒廃現象は、すでにエントロピー増大の方向を指し示している。あらゆるものを低い方へと平均化し、混沌の中へ呑み込む得体の知れない潜勢力によって、今までの諸文明も呑み込まれ、溶解してしまうこともあるかもしれない。

二十一世紀の地球文明は、そのような文明の衰退の兆しを内に抱えながら、しかも、それに大概の人が気づかない混沌とした文明になるであろう。それを不安と言うとすれば、長い不安な時代が続くことになる。

古代ローマ文明の大衆化

古代ローマ世界も、特に帝政以後は、社会的にも、文化的にも、一種の大衆社会を形成していった。社会的には、何よりも、貴族階級の没落が目につく。共和政末期から帝政初期にかけて、打ち続いた内乱と政治的混乱によって、それまで続いた名門貴族の家柄は絶滅し、後に補充された貴族も激減していった。この貴族階級の滅亡は、古き良きローマ人の美徳の消滅を意味した。また、わずかに残った貴族の子孫たちも、時代の趨勢に染まって、高貴な精神を失ってもいった。

それに対して、帝政以後の市民階級の擡頭は著しい。ローマは、イタリア半島外での反乱に対処するためもあって、紀元前九〇年には、ローマに忠誠を誓ってきたイタリア半島の全都市と、武器を捨ててローマに降伏した都市の自由人すべてに、一括してローマ市民権を与えた。また、その他のローマ版図内の従属都市の上層部に対しても、その市民権付与政策を拡大していった。さらに、ローマ市に流入してくる外国人に対しても、時代を追うごとに市民権を与えていった。

この市民権の拡大で特筆すべきは、解放奴隷の急増である。ローマ市に奴隷として流入してきた異民族も、公式の手続きを経れば、解放され、ローマ市民権を獲得することができた。賢明な奴隷であれば、小金を貯めて数年で自由を買い取ることができた。また、主人に忠実な奴隷は、主人の遺言によって、かなりの額の遺産とともに解放され、ローマ市民権を獲得することができた。さらに、紀元前五八年に制定された穀物配給法では、解放奴隷も穀物の無償配給が得られることになった。そのため、多くの市民は、これを得るために奴隷を解放した。こうして、帝政ローマ社会は、解放奴隷出身のローマ市民が増大していったのである。

ネロ時代のペトロニウスの作品とされる『サテュリコン』という諷刺小説には、トリマルキオンという俗物が奴隷から解放されて大金持ちになるサクセス・ストーリーがあり、古来有名である(15)。このような低俗な読み物が流行したということは、解放奴隷出身の市民の増大を反映するとともに、一種の大衆社会化現象が起きていたことを反映するものであろう。三世紀初めのアントニヌス勅令では、ローマ帝国領内の自由人のほぼ全員がローマ市民権を獲得することになったが、これも帝政後期の大衆社会化を促進するのに貢献した。

このような帝政期の大衆社会化現象は大衆の欲望の肥大化を招き、食糧や娯楽を求める市民たちの無節度な要求が日増しに募っていった。〈パンとサーカス〉の要求である。また、為政者は為政者の方で、これに迎合し、市民たちに食糧を分け与え、娯楽施設を次々と建て、大衆のご機嫌をとった。政治家が選挙に当選するためにも、また、貴族が高級官職を得るためにも、さらに皇帝でさえ、大衆の人気を勝ち取るためには、ローマ市民のために、派手な競技や演劇など見世物を提供し、大浴場や円形闘技場など娯楽施設を建てねばならなかった。その浪費や贅沢は度を越していた。

このような大衆の欲望の肥大化と為政者の大衆迎合主義によって、ローマ市民の無料穀物受給者はどんどん増え、紀元一〇〇年前後には、その割合は、ローマ市の総人口の三分の一から半分に達していたと言われる。さらに、国費に依存し余暇をもてあましたローマ市民たちは、為政者が提供する見世物見物に明け暮れ、享楽的な生活に埋没していった。その結果、帝政末期には、市民たちは、一年の半ば以上も遊んで暮らすようになったのである。このような福祉の増大は、当然、国家財政の破綻を招いた。

この点では、ローマ時代も、現代も、それほど違いはない。現代もまた、大衆民主主義のもと、大衆の目先的な欲求によって、公益は私益に還元され、国家はいつも財政難を抱えている。ローマ時代も、現代同様、大衆化の時代であり、ある意味で水平化・平均化の時代だったのである。

文化的にも、帝政期のローマ文化は、大衆化したローマ市民におもねて俗流化し、どれほどの創造性も発揮しなかった。文学でも、幅をきかすものと言えば大衆文学が主で、人気取りを狙った大衆作家ばかりがもてはやされた。大衆作家、大衆、そして批評家が、こぞって文学の質の低下に手を貸したのである。

共和政末期から帝政初期にかけての詩人、ホラーティウスも、このような俗流文学の流行を憤慨し、それらの担い手である大衆を軽蔑している。彼に言わせれば、愚衆は、演劇鑑賞でも、その文学的要素には冷淡で、見世物的な要素に興味をもつため、演劇はスペクタクルやサーカス、ファッション・ショーに変わり、劇場は動物園と化してしまった。彼の判断によれば、民衆は物欲や情欲の塊で、他人の幸福に羨望と嫉妬を懐き、移り気で常に人の足を引っ張るものである。ホラーティウスの『ローマ頌詩』第一歌の冒頭、「聖域を瀆す世俗の徒をわたしはいとうてこれより離《さか》る。なんじら口を慎め」[16]という句は、大衆への激しい苛立ちと、その低俗に対する気位の高い拒絶を吐露している。そのため、彼は、自分自身の書いたものを大衆の面前で朗読することを拒絶し、極少数のすぐれた人々にのみ読まれることを期待した。諷刺詩の中の「大衆うけのするようなものには力を入れないで、わずかな読者をもつならば、それで満足するべきだ」[17]という句は、大衆化時代に直面したホラーティウスの孤独を表わしている。彼は、すでに帝政初期の段階で、ローマの文化の頽廃を感じ取っていたのである。

この時代には、また、素人文学も盛んで、それを発表するために、盛んに朗読会が催された。それほど独創性もない作品を朗読会で人に聞かせることが、流行《はや》ったのである。当然のことながら、その文学的質は低下していった。これも、文学の大衆化現象の一つで、今日にも見られる現象である。

また、この時代の法廷弁論も堕落していった。未熟で力不足の弁士たちが、喝采屋を金で雇い、その喝采屋たちの拍手や声援によって自分の弁論を飾り、陪審員に効果的な影響を与えたのである。そのため、価値ある弁論は衰退し、公正は影を潜めていった。これも、大衆化現象の一つに数えてよいであろう。

帝政ローマ期も、今日同様、時代を追うに従って、文化の程度は、大衆化によって低い方へと平均化し、低落していったのである。帝政期のローマ文化は、大衆の文化であった。帝政時代は、文化の成果が下層の大衆にまで広がり、その分、水準を落としていった時代だったのである。

皇帝ネロの政治顧問であったストア派の哲学者、セネカは、『幸福なる生活について』の中で、真理の最も悪い解釈者たる俗衆に気に入られようとしてはならないと言い、何ごとも多数者についていくべきではないと言っている。

これも、その当時の大衆化現象を批判してのことであった。セネカは言う。
「人々が倒れると上から上へとかさなって、それこそ大きな転倒者の堆《やま》が出来るのだ。民衆が押し合って、誰かが倒れると必ず他の人をも自分と一緒に引き倒さないではおかず、最初の者は次に続く人々にも破滅を齊《もたら》すことになる」[18]と。

どの文明も、大衆化する時衰退する。大衆の欲望の肥大化、それに対する政治家の迎合、政治の質の低下とそれに伴う統治能力の喪失、文化の低落、そのような大衆社会化状況が、古代ローマ帝国の没落の一つの原因であったことは確かである。帝政ローマ時代も、大衆化による慢性的危機の時代であった。それは、いわば治療の困難な癌のようなもので、心ある少数の人々がいたとしても、それらの人々では食い止めようのないものであった。このようにして、地中海世界全域の富を集めて繁栄を極めたローマ帝国も、その繁栄ゆえに生じた放縦と堕落によって、衰退していったのである。

第五章　膨張と略奪

1　幾何級数的膨張

膨張する現代文明

一九七二年に発表されたローマ・クラブの報告書、『成長の限界』は、当時、世界に対して衝撃的な警告を与えたが、今なお意義を失っていない。その趣旨は、先進工業国の生産と消費、および第三世界の人口は、幾何級数的に増大しており、このまま続くなら、エネルギー・資源の枯渇、食糧生産の限界、地球環境の汚染にぶつかって、人類社会は破局を迎えるであろうというものであった。だから、人類はいつまでも急速な成長を続けることはできないというのが、ローマ・クラブの警告である(19)。

『成長の限界』によれば、ここ二百年ほどの間、工業化の急速な進展が人口の急速な増大をもたらし、逆に、人口の急速な増大が工業化の急速な進展を引き起こし、両者は相乗的に作用し合って、成長してきた。また、人口の急速な増大は大量の食糧生産を必要とし、そのために産業の急速な成長が要請された。それが、多くの地球資源の消費をもたらし、そこから廃棄された物質は多大な地球環境汚染を引き起こした。人口、食糧生産、工業化、エネルギー・資源の浪費、環境汚染が相互に関係し合って、どれも幾何級数的に増大してきたのである。この現代社会の現象は二十一世紀の今も続いており、とどまるところを知らない。

確かに、十八世紀末の産業革命以来、人類がつくりあげてきた現代文明は、西欧を出発点にして急激に拡大し、十九・二十世紀には西欧外の諸国をも呑み込み、今日では第三世界をも取り込みながら、膨張に膨張を重ねている。その幾何級数的膨張の勢いは、全地球を覆うばかりでなく、宇宙空間にまで広がっている。

現代文明にとっては、膨張こそすべてである。膨張は一種の運命であって、現代文明は、膨張することなくして生きていくことができない。膨張はほとんど強迫観念に近く、われわれは、このような強迫観念に囚われて、より多くのものを求め、忙しく働いている。現代人にとって、安定は後退を意味し、かえって不安を募らせる。その不安が不安を呼び、人々はさらなる膨張を求めて、前へ前へと進んでいく。欲望が際限なく解放され、人々が飽くなき欲望追求の生活を送るようになったのも、この膨張する文明を背景にしている。現代の欲望の肥大化には限度がなく、節度ある均衡は失われてしまっている。

世界経済の膨張と資源・エネルギー問題

膨張する世界経済は、膨張する文明の直接の推進者である。世界経済は、十九・二十世紀と時代を追うごとに、物資の大量生産と大量消費を可能にする機構を目指して、産業を発展させ、幾何級数的に膨張してきた。その膨張の波は、前世紀末から今世紀初めにかけては、今日先進国と言われる北側の世界ばかりでなく、南側の発展途上国にも急速に及んでいる。二十一世紀前半も、途上国への経済発展の波及は急速な勢いで進展していくであろう。途上国も、雁が水面から飛び立っていくように、次々と経済成長の波に乗ってくる。その結果、今世紀も、世界経済は地球的規模において膨張し続ける。

経済成長は、なお、誰もが価値をおく目標であり続けるであろう。成長経済に遅れを取った途上国は、先進諸国に追いつくために、急速な経済成長を遂げることに血道をあげるであろう。確かに、このことは、途上国の貧困を克服し、生活水準を上昇させることであるから、望ましいことである。これなくして、南北問題の解決はない。

しかし、このように地球全体が経済発展を遂げれば、また新たな問題が生じてくる。先進国の資源浪費に加え、途上国の経済発展による資源浪費も、地球上の資源の枯渇を招き、エネルギー源の不足を起こして、人類存続の可能性を急速に狭めるからである。この資源・エネルギー問題は、発展途上国と先進国の間の利害の激突を招き、資源をめぐっての途上国と先進国との紛争さえ起こしかねない。経済発展に伴う資源・エネルギーの消費は、資源の枯渇や環境の破壊を引き起こす。

この問題を解決するためには、何よりもまず、先進国や発展途上国のエネルギー消費を抑えねばならない。様々な省エネルギー技術を開発し、限られた資源を有効に活用し、さらに、石油に代わるべき代替エネルギー源を開発しなければならない。

もっとも、ローマ・クラブの『成長の限界』で指摘された石油資源の短期間での枯渇という予測は当たらなかった。石油の価格上昇とともに、それに見合って可採埋蔵量が増え、油田開発が進んだからである。石油はそれほど簡単になくなりはしない。しかし、それでも、経済発展が途上国にまで及べば、石油消費量は幾何級数的に増大する上に、大気汚染など地球環境問題を引き起こす。だから、二十一世紀は、エネルギー源としての石油依存から脱却しなければならなくなるであろう。

とはいえ、代替エネルギーとしての原子力発電は、コストが高くつく上、放射性廃棄物などの問題を抱える。原子力依存もすでに限界にきている。二十一世紀の資源・エネルギー対策は、他の再生可能エネルギーの開発に向かわねばならない。水素エネルギーの開発も、その一つである。これは、水を電気分解して取り出した水素を酸素と化合させて電気を取り出す方法で、すでに燃料電池として開発されている。これを自動車に利用することによって、石油依存問題と環境問題を一挙に解決できる。太陽エネルギーの方も、次世代太陽電池の開発によって太陽光発電の効率を高めれば、エネルギー源として十分活用できる。その他、風力発電、地熱発電、天然ガスの利用、石炭の再利用などがある。二十一世紀の資源・エネルギー問題は、あらゆる手段を組み合わせて対応する以外にない。資源・エネルギー問題は、膨張する世界経済に対する警告ではあるが、それでもなお、世界経済は、このような形でも、あらゆるところに資源・エネルギー源を求めて膨張し続けるであろう。

世界人口の膨張

世界人口の急激な膨張も、膨張する現代文明の一つの表現である。世界人口は、産業革命以来、幾何級数的に増加の一途を辿り、最近では、人口の倍増期間も短くなってきている。二十世紀初頭には十六億人だった世界人口は、二十世紀末には六十億人に達し、このまま何の対策も講じられなければ、二〇五〇年には百億人に達すると言われている。もっとも、出生抑制などいろいろな対策が講じられればその限りではないが、少なくとも、今世紀中に百億人に達することは確実である。十八世紀末のマルサスの『人口論』での予言が、再び現実感をもって人類社会に問われている。

二十世紀後半以来の地球上の人口爆発は、ほとんどが途上国の人口増加による。二十一世紀には、この傾向がさらに加速されるであろう。その原因は、出生率が高いままで死亡率が急激に低下したことにある。途上国では、多産に価値をおく伝統的な考えが根強く残っている上に、主に労働力の確保のために、人口抑制の意思は弱く、出生率は高いままで推移している。そこへ医療技術や公衆衛生の進歩が途上国にも及んだため、死亡率が急激に低下した。その出生率と死亡率の落差が、途上国での急激な人口増加となって現われたのである。

今世紀中に、遅かれ早かれ世界人口百億の時代が訪れるとすれば、この過剰な人口を扶養するだけの食糧を確保できるかどうかが、二十一世紀の重大な問題になる。だが、この問題は、バイオ・テクノロジーなどを使って食糧増産をはかれば、技術的には解決できるであろう。実際、二十世紀も、緑の革命によって穀物の収穫量は驚異的に増大し、ある程度急増する人口を養いえた。それは、品種改良や農業機械の開発、化学肥料や農薬の使用など、農業技術の進歩によるもので、これによって農業生産力は飛躍的に高まり、世界の食糧需要を一応満たしえたのである。もちろん、二十世紀に開発されたこれらの農業技術は、農地の酷使や劣化を招く上に、土地不足をきたし、楽観を許すものではない。また、人口爆発による食糧不足は、農地の確保のための森林伐採、土壌浸食、土壌流出、砂漠化など、環境劣化や生態系の崩壊を招く危険性もある。しかし、それでも、新しい技術を開発しさえすれば、作付け面積の拡大を必要とせず、環境を保持しながら、食糧増産は可能であろう。そして、分配の公平さをはかる社会技術が伴えば、百億の人口扶養も不可能ではない。

むしろ、人口問題にとって問題なのは、地球上での人口分布の不均衡であろう。なるほど、途上国では、人口は増加の一途を辿っている。しかし、先進国では、出生率の急激な低下などによって、人口増加率は落ち込んでおり、今世紀は減少に転じると予測されている。この不均衡をならすようにして、貧しい人口急増地帯から豊かな人口減少地帯へと、人口が大量に移動したなら、社会秩序の混乱を招き、重大な問題を引き起こすことにもなる。この現象は、すでに、先進諸国への外国人労働者の流入や難民の流入という形で起きている。二十一世紀は、むしろ、この問題に悩まねばならなくなるのではないか。

この問題を解決するには、北の先進諸国が、人口増加に悩んでいる南の途上国へ産業を移転して、途上国の近代化をはかり、生活水準を上昇させる以外にない。そうすれば、食糧確保も可能になるし、第一次産業に従事する労働力も少なくてすむから、人口増を食い止めることができる。生活水準が上がり、教育水準が上昇すれば、人口増は抑制でき、同時に、移住も抑制できる。

しかし、このことは地球全体の都市化を意味する。都市化すれば、豊かな体制に甘えて享楽的な生活に埋没する大量の大衆が氾濫するであろう。モラル・エナージーの喪失という内面的問題は残ることになる。人口爆発という二十一世紀の問題を解決しようとすることは、結局、世界中の都市化という現象を招き、そういう形で、現代文明の膨張はなお続くのだと言わねばならない。

都市の膨張と環境問題

都市の膨張は、膨張する現代文明の象徴である。高層ビルの林立する現代の大都市は、前世紀も、世界中で膨張に膨張を重ね、巨大化してきた。都市とは、もともと、その名が示すように、交易のための市場として成立したもので、それ自身としては食糧の生産を行なわない人間の集団的居住区域である。しかし、そこには、食糧をはじめ、あらゆる物資が集積し、貨幣が集積し、情報が集積し、人間が集積してくる。都市とは、人間のあらゆる欲望の集積地なのである。その欲望の無限氾濫が、都市の膨張という形で現われてくる。現代の大都市に天を欺くかのように林立している高層ビルは、この欲望の無限氾濫の象徴であり、いわば現代のバベルの塔である。

二十一世紀が二十世紀から引き継いだ問題の一つは、都市の膨張の問題、つまり加速度的な都市化の進行とその巨大化の問題である。今日では、すでに世界人口の半分が都市部に住んでおり、都市人口の比率は今世紀もますます高まっていく。特に、発展途上国の都市化とその巨大化は激しい。環境破壊、土地の劣化、土壌流出などのために、人々が、農地を捨てて、大挙して都市に殺到してくる。この過剰人口の都市流入は、アジア、アフリカ、ラテン・アメリカなどの途上国の諸都市に著しく見られる。二十一世紀前半に増大する人口の約五分の三は、これらの地域の諸都市に集中するであろうと言われている。しかし、これら第三世界の都市は雇用の吸収力をもたないため、多くの弊害に悩まされることになる。

二十世紀初頭には、人口百万を抱える都市は十三しかなかったが、二十一世紀初頭の現在では、人口一千万人以上の都市が世界中に数多く出現している。人口はさらにこれらの巨大都市へと集中し、今世紀は二千万人を越える巨大都市も出現するであろう。しかも、少なくとも人口一千万人以上の巨大都市の大半は、発展途上地域に出現する。これらの巨大都市（メガロポリス）は、互いにつながって世界都市（エキュメノポリス）になるであろうと言われている。これは都市の膨張の極限である。二十一世紀は世界都市の時代である。

だが、二十一世紀の巨大都市も、二十世紀に続いて、様々な問題を抱えている。先進諸国の大都市も、環境汚染、過密からくる劣悪な居住空間、交通渋滞、犯罪の多発、災害、麻薬汚染、経済難民の流入など、深刻な社会問題を抱えており、社会的な意味での生活は必ずしも豊かとは言えない。途上国の巨大都市は、もっと深刻である。途上国の巨大都市は、急激な都市化に対する社会技術の遅れから、食糧不足、失業、住宅難、環境破壊など、居住環境の劣悪化が進んでいる。

なかでも、今日の巨大都市が抱えている最大の問題は、環境問題であろう。排気ガスによる大気汚染、ヒートアイランド化、エネルギー多消費による地球温暖化への影響、大量消費経済からくる廃棄物処理問題、騒音問題など、都市居住環境は悪化し、これらが巨大都市の生活空間を蝕んでいる。途上国の巨大都市でも、河川の汚濁、水質汚染、水不足、公衆衛生の低下による疫病の流行など、深刻な環境破壊がある。巨大都市化による荒廃は、日増しに増大している。もちろん、廃棄物のリサイクル技術の開発など、技術の開発によって解決できる問題は多い。そういう新技術の開発こそ、二十一世紀の課題である。しかし、それでもなお、都市の膨張はとどまるところがない。都市は拡大し、どこまでも膨張していく。

また、途上国の巨大都市にとっての最大の問題は、スラム化の問題である。アフリカ、アジア、中南米の大都市では、荒廃した農村から人口が急激に流入してきて、就業の機会もないまま、スラムが形成される。途上国の巨大都市は、下水や水道や電気、道路や交通機関、住宅や雇用、教育や医療などの社会基盤が未整備なため、流入者はこれらのサービスを受けることができない。そのため、人々は、危険で不衛生な場所に、テントや掘っ建て小屋を建てて住み、集団化する。その結果、スラムは、貧困や飢餓、疫病や犯罪、暴力の吹き溜まりになる。途上国の巨大都市の人口は、ほとんど、このスラムの人口によって膨らんでいく。やがて、中・上流階級は郊外へ避難し、都市はスラムの住人が占拠するようになる。その結果、途上国の巨大都市は機能不全に陥る。この危機的様相は〈都市の癌化〉と言われるが、これをどのようにして解決するかは、今世紀に課された課題である。

さらに、これらの都市問題ともからんで、世界中の大都市で犯罪が急増している。都市が巨大化すればするほど、社会の連帯感や信頼は失われ、コミュニティは崩壊する。そのため、犯罪や暴力が多発し、麻薬や銃が横行する。このような法秩序の崩壊や社会的解体現象も、二十一世紀の都市が抱える大きな問題である。

しかし、それでもなお、都市生活は人々にとって魅力である。巨大都市が抱える危機的状況にもかかわらず、流行のファッションに身をまかせ、享楽的な生活を営むことのできる巨大都市は、人々を魅惑する。この欲望の巨大組織とでも言うべき巨大都市の魅力に誘われるようにして、人口は巨大都市に集中していく。二十一世紀の巨大都市も、限界に達するまでは、休むことなく膨張し続けるであろう。

二十一世紀初頭の巨大都市の出現を、二十世紀の初頭にすでに予言していたのは、シュペングラーであった。シュペングラーは、巨大都市は文明の終末期に現われ、農村を吸いつくしながら、新しい人間の流れを貪り食い、規模を大きくしていくとみている。そして、次のように言う。

「このあらゆる歴史の最後の奇蹟の罪障深い美しさの手中に落ちるものは、もう二度とそれから出ることができない。……人はいなかに帰るよりも舗道の上で死ぬのをよいとする。」

「欧米文明の世界都市はその発展の頂上に達するにはまだはるかに遠いのである。……二〇〇〇年のずっとのちに、一千万から二千万人をいれるに足るひろい土地の上に配置された都市計画があると思う。その建物にくらべると、今日の最大のものも小人のように見えるであろうし、その交通観念は今日のわれわれには気違いざたと思われるであろう。」

この『西洋の没落』の中の予言は、二十一世紀初頭の今日の状況をまざまざと言い当てている。[20]

膨張の限界

現代文明は、自らの限度を越えて限りなく膨張してきた。経済の膨張、人口の膨張、都市の膨張はその表現である。しかし、現代文明の膨張も、いずれ限界に達する時はくる。ローマ・クラブが示した地球環境の汚染、資源の枯渇、食糧生産の限界などは、現代文明の幾何級数的膨張の限界を指摘したものであった。なるほど、それらの制限は、新しい技術の開発によって突破していくことができるかもしれない。しかし、それでもなお、何事も無限に膨張していくということは不可能である。どこかに限界というものはある。

地球上で営まれている生態系ばかりでなく、地球そのもの、宇宙そのものが、無数の要素の相互連関によって動いている世界であり、人間の文明もその中で営まれている。人間の文明の営みも、相互連関性の世界の外で行なわれているのではなく、中で行なわれている。したがって、当然のことながら、人間の行為は相互連関性の世界を乱し、それを変えていく。同時に、その世界の変動は人間自身にも返ってくる。

ところが、十九世紀以来今日に至るまで、人類によって営まれてきた現代文明はこのことを忘れ、ただひたすら癌細胞のように膨張してきた。現代の科学も、技術も、経済も、この文明の無限膨張に貢献してきた。そして、それを進歩と言い習わし、その価値を盲目に信仰してきたのである。しかし、癌細胞が無限に増殖していくことができないように、現代文明も無限に膨張していくことはできない。必ず、相互連関性の世界から反作用を受けて、膨張の限界にぶつかる。地球環境問題や資源・エネルギー問題は、その限界を予告しているものであろう。

もしも、この膨張の限界が急激に訪れるとするなら、人類社会は、突如としてカタストロフに見舞われることになる。その時、世界経済は急激に縮小し、地球環境汚染も極限に達し、資源も枯渇し、飢餓が訪れ、人口も激減していくことになるであろう。場合によっては、資源や食糧をめぐっての戦争が起きないとも限らない。急激な人口調節が、そのような戦争によってなされるということもないわけではない。都市の膨張も停止し、収縮に向かうであろう。今日すでに見られる途上国の巨大都市の機能不全の有様は、もしかしたら、そういう破局の予兆なのかもしれない。破局の後に待っているものは、混乱と無秩序であり、社会的解体である。この時、現代文明の膨張は終わりを告げ、大きく後退していく。ローマ・クラブの『成長の限界』は、このような破局の訪れを二一〇〇年より先に延ばすことはできないと警告した。

もっとも、破局の訪れを、新しい技術の開発によって回避することはできる。環境対応型技術や食糧増産技術など新技術の開発に、法の制定や政策の実行など社会技術が加われば、予想される危機を事前に予防することは可能である。科学技術も、社会の外にあるのではなく内にあり、社会の要請を感知して、常に変わっていかねばならない。科学技術も、いつまでも同じ原理にとどまっていてはならない。科学技術が変化し、社会技術が進歩するなら、これまでの大量生産・大量消費型文明から、資源を浪費しない循環型文明に、文明そのものを転換していくことができる。そして、人類は、進歩・発展の観念から脱却し、調和・均衡の観念のもと、人類社会を膨張型から均衡型へ変えていくことができる。この時はじめて、人口も、経済も、都市も安定するであろう。

しかし、このようにして破局を回避し、安定と均衡の社会を実現できたとしても、もしも、その社会の中で、人々が、古代ローマ人のように、皆こぞって享楽主義に走り、文明に対する忘恩を続けていくなら、それは単に破局の延期にすぎなくなる。文明は慢性的な危機に陥り、次第に衰退していくことになるであろう。混沌とした時代はなお継続すると言わねばならない。

古代ローマ文明の膨張

古代ローマも、共和政から帝政にかけて、膨張に膨張を重ねていった。ローマ人は、紀元前二七二年にイタリア半島を統一して後、第一次ポエニ戦争でカルタゴを破り、地中海制覇に乗り出し、第二次ポエニ戦争ではカルタゴに壊滅的な打撃を与えた。紀元前二世紀に入ると、ローマは地中海東部に食指を伸ばし、ヘレニズム諸王国を一連の戦いによって破り、版図を次々と拡大していった。この一連の戦いによってローマの属州や勢力圏に加えられた地方は、マケドニア、シリア、エジプト、ロドス、アカイア、小アジアのペルガモンなどであった。その間、第三次ポエニ戦争ではカルタゴを殲滅、西方のスペイン全土もローマの領有するところとなった。かくて、ローマは、地中海世界の東部も西部も支配下に収めるに至ったのである。その後もローマの版図の拡大は続き、今のヨーロッパ、ガリア地方にも支配は及んだ。紀元後一世紀前半のクラウディウス帝時代には、ブリテンを征服。二世紀はじめのトラヤヌス帝時代には、ダキア、アルメニア、メソポタミア、アッシリアにまで版図を拡大した。古代ローマは、その長い歴史の過程で、打ち続く征服戦争によって、膨張に膨張を重ねていったのである。

このローマの版図の拡大とともに、ローマ軍は、共和政以来の市民軍から志願兵中心の軍へと変わり、やがて蛮族の傭兵によって占められるようになっていった。それは、ローマの版図の膨張によって、防衛線が距離の二乗に比例して拡張し、共和政以来の市民軍では防衛しきれなくなったためでもあった。ローマも、いわば幾何級数的に、その支配圏を膨張させていったのである。

ローマの支配圏の膨張に比例して、都市の膨張も起きている。ローマの版図の拡大とともに、ローマの支配下に入った各属州から、人口が首都ローマへ大量に流入し、ローマ市は急激に膨張していったのである。

このローマ市への人口流入の原因の一つに、穀物の無料配給制度があった。第二次ポエニ戦争でカルタゴを破って後、北アフリカから貢物として穀物が大量に入ってくるようになると、その穀物がローマ市民に安い価格で分配されるようになった。しかも、それが、紀元前五八年以降は無料となった。この属州からの穀物の流入は、穀物価格の暴落を招き、イタリア半島の農業の衰退を招いた。多くの農地が放棄され、農村人口も減少。土地を失った農民は、ローマ市に大挙して流入して来て、無料穀物配給の受給者になっていったのである。その結果、働かずに食えるようになった大衆は、サーカスの観衆となり、公衆浴場の利用者となっていった。〈パンとサーカス〉の恩恵に預かった大量の大衆は、故郷を捨ててローマ市に流入して来たこのような人々だったのである。

彼らは、紀元前一三一年のグラックス兄弟の農地改革でも、分割された国有地の譲渡を受けながら、それを耕さずにすぐに売却し、ローマ市に戻って、国家給付を受けた。裕福な大土地所有者は、放棄された農地を集めて奴隷労働による大規模農業を始めたが、彼らも不在地主としてローマに住み、奢侈で放漫な生活を送った。

このようにして、首都ローマは、帝政期の二百年ほどの間繁栄を謳歌し、人口百二十万人を抱える大都市となった。貴族たちは多くの奴隷とともに大邸宅に住み、流入してきた貧民階層は高層の共同住宅に住み、あちこちに、柱廊、競技場、浴場、神殿、学校などが建設された。しかも、このようなローマ市に似た都市がローマの版図一帯につくられ、これらのローマ都市にも人口が流入し、その拡大を助長したのである。ローマ文明は、今日同様、巨大な都市文明であった。

ローマの版図の拡大とともに、ローマ帝国の経済も膨張に膨張を重ね、繁栄を極めた。帝政期に相次いで行なわれた大規模公共土木事業は、その象徴であった。ローマ市には、競技場や広場や大浴場が造られ、道路が整備され、新しい港が建設され、巨大な水道工事が行なわれた。これらは、今日でいう財政投融資の意味をもっていた。ローマ帝国の収入は、戦争による賠償金、戦利金や戦利品、捕虜売却金、鉱山収入、そして、何より、属州からの税金によって賄われた。皇帝たちは、地方の属州から税金を取り立て、それを、人気取りのために、軍隊やローマ市の市民にばらまいたのである。ローマ市の市民には、穀物ばかりでなく、豚肉、葡萄酒、現金なども配られ、戦車競技や剣闘士の戦いなど、娯楽も提供された。

だが、この過剰な福祉政策は、かえって、国家に依存して生きようとする遊民の放縦と堕落を招き、〈パンとサーカス〉の要求を際限もなく増大させていった。やがて、配分可能なパイがなくなると、とどまるところのないインフレが起き、物価は高騰した。特に三世紀に入ると、銀貨の改悪がなされ、インフレはますます昂じ、国家財政は悪化した。それでも、軍隊は肥大化し、官僚制は膨張し、福祉は増大していったために、国家財政は破綻に瀕していった。これを増税によって解決しようとしたが、それは生産性の低下と経済不況、つまりデフレを招き、ローマ社会全体の解体につながっていったのである。

ローマ帝国がインフレやデフレに悩み、国家財政が破綻していったのは、帝国そのものの膨張がすでに限界に達していたからである。帝国が最大版図を誇ったのはトラヤヌス帝の時代であったが、次のハドリアヌス帝は、トラヤヌスによる膨張部分のうち、ダキアを除く他の三州を放棄、一一七年、ローマの版図は膨張を停止した。これが、ローマ社会の発展が止まり、停滞が始まったメルクマールになる。それ以来、軍事的勝利による富がローマにもたらされなくなり、奴隷の供給も少なくなり、帝国の経済は縮小に向かっていった。すでに帝国は拡大しすぎ、膨張の限界に達していたのである。

このローマ帝国の衰亡の開始とともに、都市の膨張も終わりを告げた。諸都市への農村からの人口流入は次第に減少し、逆に、農村が都市住民を吸収し始めた。ローマ市の富裕者層も、ますます重くなる税負担を逃れるために、郊外の農村に逃亡した。

ローマ帝国は蛮族の侵入によって滅ぼされたという説は否定できるものではないが、しかし、それ以前にすでに帝国は瓦解していたのである。繁栄を極めたローマ帝国も、その繁栄ゆえに没落を招き、膨張に膨張を重ねたローマ帝国も、その膨張ゆえに衰亡を招いた。

ギボンは、『ローマ帝国衰亡史』の中で、次のように言っている。

「繁栄が腐敗の原理をはびこらせ、破滅の諸原因は征服範囲の広がりに伴って倍加して行った。時の経過と偶発事の続出とが人工的な土台を取除いてしまうや否や、その途方もなく膨らんだ機構は自らの重みに抗しかねた。[21]」

このギボンのよく知られた叙述は、膨張には限界があることをよく語っている。

二十一世紀の地球文明がすでに膨張の限界に達しているのかどうかは、まだ分からない。しかし、経済、人口、都市のとめどない膨張を見るなら、ローマ帝国のように、いずれ膨張の限界に達し、衰退していくことはある。不安な時代はなお続くと言わねばならない。

2　自然と生命の略奪

地球環境問題

二十世紀末以来、環境汚染や生態系の破壊は地球規模にまで拡大し、遺伝子操作や臓器移植技術など生命操作技術の発達は、すでに人間そのものを人為的に操作できる段階にまで到達している。限りなく膨張する現代文明は、自然や生命の奥深くに侵入し、これをどこまでも略奪してやまない得体の知れない意志をもっているかのようである。

この膨張する現代文明を支えてきたものは科学技術の力である。近代の科学技術は、自然を人間のための存在とみ、自然を支配し改造することによって、巨大な文明を構築してきた。それは、自己自身の原理の中に閉じ籠り、自然や生命を資源化しながら、癌細胞のように自己膨張してきた。科学技術という手段そのものが自己膨張し、自然も生命も略奪してきたのである。それでいて、限りなく膨張していく科学技術文明そのものの究極の目的や価値は、不明確である。膨張する現代の科学技術文明は、自己目的的に膨張し、地球全体を覆い尽くそうとしている。これは、十九・二十世紀以来の営みであるが、二十一世紀もなお進展していくであろう。科学技術は一体どこへ行こうとしているのであろうか。その行き着く先が分からないというところに、漠然とした不安がある。

地球環境問題は、今日の人類が抱える深刻な問題である。資源の浪費、大気汚染、地球温暖化、オゾン層の破壊、酸性雨、森林破壊、土壌流出、砂漠化、農地減少、水源枯渇、水質汚染、海洋汚染、野生生物の絶滅、廃棄物問題など、地球環境の破壊や汚染は、すでに二十世紀後半の段階で重大な問題を投げかけた。今世紀も、先進国や途上国の経済成長が進展していけばいくほど、この問題はさらに深刻化するであろう。

環境問題は、二十世紀の後半、最初、地域的な公害問題から出発したが、やがてそれは地球規模の問題に拡大し、文明のあり方そのものが問われるようになった。地球的に拡大していく経済成長は資源やエネルギーを大量に消費し、爆発する人口は森林破壊をもたらし、地球の生態系は限界に達したのである。この問題は、自然災害の多発、農業基盤の破壊、健康被害、食糧不足、紛争の激発、環境難民の発生など、文明の存続にかかわる重要な問題となって立ち現われてきた。

地球環境問題の中でも、最も大きな問題は、化石燃料の大量消費によって生じる種々の問題であろう。人類は、近代産業を発展させていく過程で、エネルギー源として、石炭や石油など化石燃料を大量に消費してきた。これが、大気汚染など地球環境の汚染をもたらし、多くの問題を発生させた。なかでも、二酸化炭素の大量排出による地球温暖化は、干魃や洪水などの自然災害、熱帯雨林の破壊、砂漠化、海面上昇による陸地の減少、伝染病の発生、害虫の増加などの被害を増幅し、食糧生産に多大な影響を与える。また、化石燃料の大量消費は、硫黄酸化物や窒素酸化物による大気汚染をもたらし、酸性雨の原因にもなる。そして、それは、森林枯死、土壌の酸化、魚類の死滅など、重大な影響を与える。また、この大気汚染に加えて、途上国の焼畑の増加や先進国の木材輸入の増加などによっても、森林破壊が進んでいる。森林破壊は土壌浸食や土壌流出を起こし、直接農業生産の減少につながる。その他にも、野性生物種の絶滅、環境ホルモン、耐性菌の発生、大量の廃棄物など、次々と深刻な問題が発生している。

もっとも、この問題は、技術的に解決できないわけではない。特に、エネルギー資源としての化石燃料の大量消費の問題は、エネルギー利用の効率化をはかる技術や再生可能エネルギーの開発などによって、解決していくことができる。なかでも期待できるのは、水素エネルギーの利用である。これを、燃料電池として、自動車エンジンに利用すれば、少なくとも、自動車から出る有害廃棄物はゼロになる。さらに、水素を取り出すために必要な水の電気分解に、太陽光発電や風力発電や地熱発電などの自然エネルギーを利用すれば、地球温暖化も防止できる。石油や石炭の化石燃料を使う場合でも、集中的に有害廃棄物の処理を行なえば、可能である。また、発電のとき生じる廃熱を再利用してエネルギー効率を高めるコゼネレーションを用いれば、二酸化炭素の排出を大きく抑制することができる。

他方、生物機能を利用すれば、これは、発電にも、二酸化炭素の固定にも、砂漠の緑化にも、応用していくことができる。廃棄物処理問題も、リサイクル技術を開発し、法制定を行なって実行していけば、解決可能である。また、それを大きくして、産業廃棄物をゼロにする構想（ゼロ・エミッション構想）を実現し、産業構造そのものを循環型構造に転換すれば、問題はなくなる。

地球環境汚染や資源エネルギーの浪費は、近代の科学技術が起こしたことなのだから、それは、また、科学技術そのものが変わることによって、解決していかねばならない。さらに、国際的環境法の制定や環境規制、炭素税の導入、短期収益主義の廃止など、社会技術が加わり、文明そのものを循環型文明に転換していくなら、地球環境問題は解決できるかもしれない。

近代の人間は、自然を人間のための手段と考え、自然を略奪することによって、豊かな文明を築き上げてきた。しかし、それは、どこまでも地球生態系の破壊という犠牲の上においてなされたことであった。見方を変えれば、十九・二十世紀は、産業技術文明による地球生態系の破壊の時代であったとも言える。それとともに、自然は、人間の内部からも失われていった。破壊されたのは外部の自然だけではない。人間は、自然を略奪しようとして、自らの拠り所を失ったのである。たとえ、二十一世紀に、地球環境問題が科学技術によって解決されたとしても、この問題はなお残るであろう。

古代ローマの環境問題

古代ローマ時代にも、地中海全域に巨大な文明を構築したことによる自然環境の破壊があった。古代地中海文明は海洋文明であって、その文明を支えていたものは、主に海上交通であった。だから、当然のことだが、多くの船を必要とした。その船は、森を切り開き、木を切り倒して造られた。例えば、古代のレバノンには、よく知られたレバノン杉の森が繁茂していた。しかし、レバノン杉は、大きな船のマストにするのに最適であったために、古代を通じて盛んに伐採されてきた。ローマ時代にも、伐採は進み、そのため、次第に森林は枯渇していった。この森林伐採が、土壌を劣化させ、気候にも影響を与え、文明衰退の一つの要因になったと言われる。土壌流出や気候の乾燥化は、農業生産を停滞させていったからである。

もちろん、この土壌の劣化や地力消耗には、社会的・経済的要因もあるから、森林伐採にのみその原因を帰すことはできない。しかし、停滞した農業生産の代わりに放牧が行なわれるようになると、放牧された羊や山羊は草や若木を食い、新しい森林の成長を妨げた。これがますます土壌の劣化を招き、これに乾燥が加わり、マラリアをはじめ疫病の流行を招いて、ローマ人の人口再生産力や活力を衰えさせたと言われる。このような環境破壊が、少なくとも帝政ローマ期には徐々に進んでいたのである。

ローマ時代の公害問題としては、鉛害があげられる。ローマ人は、鉛管の水道水を飲み、鉛製の食器を使い、鉛入りの化粧品を使い、葡萄酒の酸味を減らすために鉛酸化物を加えたという。この鉛害が、男性の精子を減少させ、女性の流産を招いたと言われる。これは、今日で言えば、環境ホルモンの問題に当たる。古代ローマ時代にも人為的な原因による公害問題があり、それが文明衰退の一因を担っていたということは否定できない。

『新約聖書』巻末の一書「ヨハネの黙示録」は、小アジアで迫害されているキリスト教徒を慰藉するために、神の国の到来とキリストの再臨、そして地上の王国の滅亡を予言したものである。「黙示録」の一節に、次のような節が

ある。(22)

「第二の御使が、ラッパを吹き鳴らした。すると、火の燃えさかっている大きな山のようなものが、海に投げ込まれた。そして、海の三分の一は血となり、海の中の造られた生き物の三分の一は死に、舟の三分の一がこわされてしまった。」

「第三の御使が、ラッパを吹き鳴らした。すると、たいまつのように燃えている大きな星が、空から落ちてきた。そしてそれは、川の三分の一とその水源との上に落ちた。この星の名は『苦よもぎ』と言い、水の三分の一が『苦よもぎ』のように苦くなった。水が苦くなったので、そのために多くの人が死んだ。」

これは、まるで現代の核戦争や環境破壊や水質汚染を予言しているかのようであるが、これは、帝政ローマという地上の国の終末を予言したものだったのである。

生命操作

膨張する現代文明は、自然ばかりでなく、生命の神秘にも深く分け入って、これを人間のために供し、略奪しようとしている。現代文明の膨張を推進してきた科学技術は、自然を支配し改造することによって文明を構築してきたが、その力は生命にも及び、生命をも支配し改造することができるようになった。二十世紀末以来の生命操作技術の発達は、それを物語っている。二十一世紀には、この技術は長足の進歩を遂げ、あらゆる生命の改造を可能にするであろう。

例えば、脳死状態からの臓器移植は、二十世紀末には、世界中で幅広く行なわれるに至った。脳死状態からの臓器摘出を容易にするために、脳死を人の死と認めることになったからである。しかし、深刻化する臓器不足の解決策として、少年や無脳児からの臓器摘出を認めたり、植物状態でも人の死としようとしたり、死の定義が拡大解釈されようとしている。さらに、臓器需要を賄うために、臓器売買を認めるべきだという意見もあり、臓器の商品化はますます進んでいく傾向にある。

だが、脳死状態からの臓器移植は、自分の命を守るために他人の死を必要とするわけだから、医療としては矛盾を含み、ある意味で、アステカの人身御供にも似て、原始的で野蛮な行為だとも言える。そのため、二十一世紀は、むしろ、人工臓器の開発、万能細胞の開発、クローン技術による臓器培養が進展するであろう。脳死状態からの臓器移植は過渡的技術にとどまるであろう。

二十世紀後半は、生殖操作技術も驚くべき進展を遂げた。初め不妊夫婦のみにとどめられていた体外受精技術は、すぐに遺伝的親子関係の枠を越えた形で利用され、非配偶者間人工受精が可能になった。また、高齢出産などを避けるための代理母も、商業ベースで行なわれるようになった。さらに、男女の産み分け、多胎妊娠を阻止するための減胎処置、遺伝病をもった受精卵の間引きなど、受精卵の選択も自由になった。この生殖操作の進展に歯止めがかかることは期待できず、二十一世紀も行き着くところまで進むであろう。

生命操作技術の中で最も目覚ましいのは、遺伝子操作技術の進展である。すでに二十世紀末の段階で、遺伝子組み替え技術も発達し、動植物の遺伝情報の解読も進展し、ヒト・ゲノムの解読も完了した。その結果、遺伝子診断、遺伝子治療、遺伝子操作による医薬品の増産、農産物の大量生産、家畜の増産など、遺伝子操作技術は大きなビジネスに発展しつつある。

例えば、遺伝子診断や遺伝子治療の分野では、ヒト・ゲノムの解読が完了したため、各種遺伝子欠損疾患に対する遺伝子治療、癌、糖尿病、アレルギー疾患、筋ジストロフィー、パーキンソン病など、遺伝子疾患の遺伝子治療、エイズや分裂病や鬱病の遺伝子治療なども可能になると言われている。また、遺伝子診断によって、一人一人の遺伝子のタイプに合った医薬品や予防薬の開発もでき、オーダーメイド医療も可能になる。

さらに、クローン技術も進歩し、全く同じ遺伝子をもつ生物の大量生産が可能になっている。この技術を使えば、優秀な遺伝子をもった牛や豚の大量生産ができるし、クローン羊やクローン牛を動物薬品工場に使うこともできる。また、クローン技術によって、人間に移植する臓器を他の動物に作らせることもできる。発達した生殖技術と組み合わせれば、クローン人間を生み出すことも困難ではない。この技術を使えば、全く同一の人間を大量生産することができる。これは禁止される方向に進んでいるが、禁止はいつでもくぐり抜けられるであろう。

ヒト・ゲノムの解読に加え、遺伝子操作技術、生殖技術、クローン技術などを組み合わせれば、望みの遺伝子組み合わせをもつ子供、優秀な体型や知能をもった子供などを、人為的に量産することもできる。これは新しい形の優生学であるが、大きなビジネスになる可能性がある。〈すばらしき新世界〉の誕生であり、人種改良をしようとしたナチスを嗤えなくなる時代が到来することになる。

発達した遺伝子操作技術は、人工的に人間を改造しうる段階にまで踏み込んできているのである。二十一世紀は、人間自身が人間の進化を操作することができるようになった世紀として記憶されるであろう。人類は、ついに、生命創造という神の技を手中に収めたことになる。技術が神になったのである。

生命操作はどこまで許されるか

しかし、このような様々の生命操作技術の進展は、よく議論されているように、倫理上の重大な問題を抱えている。例えば、体外受精による非配偶者間人工受精や代理母など、不自然な生殖は、親子関係や兄弟姉妹の関係が、遺伝的関係と社会関係の間で混乱し、人倫の崩壊を招いている。それは、当然のことながら、自己同一性（アイデンティティ）の混乱を招く。子供にとっては、誰が一体自分の本当の親なのか分からなくなる危険が社会に幅広く拡散することになる。事実、すでに、現代のオイディプス王物語が発生しているのである。場合によっては、何十年も前に生存した天才や英雄の子を、彼らの死後に産むというようなことも、今世紀中には起きるかもしれない。このような人倫の混乱をどこまで認めるか、何を基準とするかが問題になる。

また、殺人をどこまで認めるかという深刻な問題も生じている。すでに、脳死患者からの臓器移植が認められているということは、脳死患者を死に至らせるということなのだから、殺人を法的に認めていることになる。殺人も法的に認められるとすれば、例えば、遺伝子診断で、胎児の遺伝子に重大な欠陥があることが分かっている場合、これを中絶すべきかどうか。多胎児が生まれることが分かっている場合、その減胎処置は許されるかどうか。冷凍保存された体外受精卵を一定期間で廃棄すべきかどうか。そして、これらの処置をしたとき、殺人になるのかならないのか。さらに、その処置の決定権を誰がもつのか。このような問題が山積している。

この問題とも連関して、人の命や生存権や人格をどの段階で認めるかという問題も出てくる。人の命や生存権を、受精の段階で認めれば、受精卵の廃棄や胎児の中絶は殺人になるが、出産時から認めるとすれば、殺人ではなくなる。また、脳死患者から臓器を取り出し死に至らせることは、脳死患者の生存権も人格も認めないということになるが、それは新しい型の優生思想になりはしないか。もしも、これを拡大していくと、植物状態患者にも、重度心身障害者にも、生存権や人格が認められなくなり、ナチスの思想と変わらなくなる。

生命世界は、自然世界の一部であって、無数の要素が相互に連関し合って変化していく系である。しかも、それを操作するという行為は、その系の外で行なわれるのではなく、その系の中で行なわれている。したがって、その行為は、当然、その系そのものを変化させてもいくし、その変化が行為者自身にも跳ね返ってくる。それは予測不可能な世界である。だから、生命世界における生命操作という行為が何を生み出すことになるかは、誰にも分かってはいないということになる。遺伝子操作の過程で、人為的に遺伝子変異が起き、新しい病原微生物を作り出すことになるかもしれない。クローン技術などで遺伝子を画一化すれば、遺伝子の多様性を保つことができなくなり、環境の変化に適応できなくなる可能性もある。生殖操作による障害児誕生の危険性、精子や卵子の取り違えの危険性もある。

とすれば、生命操作はどこまで許されるのかが問題になる。遺伝子操作にしても、生命の無限の複雑性に対して、どこまで手を突っ込んでよいのかは不確かである。人類は、すでに、植物や動物に対しては、クローンやキメラを作って、進化の流れを人為的に変えている。その操作の手は、人間自身にも及ぶ。人間は、自分の計画通りに、人類という種を改変しようとしているのである。なるほど、未来の世代や生態系への影響を顧慮して、遺伝子操作を生殖細胞にまで及ぼすことは禁止されている。しかし、この禁止破りは、今後ますます行なわれていくであろう。

また、遺伝子診断による遺伝子治療も、遺伝病ばかりでなく、他の病気の治療にまで拡大していっている。これも一種の優生操作であるが、この優生操作はどこまで許されるのか。異種間臓器移植に危険性はないか。生殖操作の対象者をどこまで認めるか。遺伝子治療の許される疾病の範囲はどこまでか。ゲノム情報や臓器売買などの商業化はどこまで許されるか。これらの限界や歯止めをどこにおくか。倫理や法で歯止めを設けるといっても、その基準は国によってマチマチだから、たとえ国際基準を立てても、その基準は次々と破られていくであろう。科学技術は盲目であって、科学技術の原理に従ってどこまでも突き進む危険性をもっている。

一般に、今まで、医療は、生命をできるだけ維持し延ばすことに価値を見出し、延命技術を発達させてきた。しかし、この延命技術の発達も、今日では行き過ぎている。そのため、過剰な延命治療のために、生命維持装置によって無理に生き長らえさせられている多くの人々がいる。これら〈死ねない人々〉は、死ねない苦しみを味わいながら生き長らえていかねばならない。寿命を延ばし、生命を長くしても、その先は見えていない。単なる生命を延ばすことにどれほどの意味があるのか。現代ではこの問題も問われている。科学技術は発達しても、その最終価値は分かっていないのだと言わねばならない。

「黙示録」の中でも、終末に面した地上の国の人間の苦しみについて、次のように言われている。

「その時には、人々は死を求めても与えられず、死にたいと願っても、死は逃げて行くのである。[23]」

二十世紀が生み出した高度技術は生命の領域にまで及び、生命を人間の手で操作できる段階に達した。二十一世紀は、この方向が進展するであろう。この生命操作技術の発達がもたらした最大の危険性は、生命の神秘性への畏怖の念が失われたことである。生命操作技術は、機械論的な生命観によって、生命の神秘性を剥奪した。限りなく膨張する人間の欲望は、生命をも略奪したのである。

しかし、生きるということは、大自然に生かされて生きるということである。私の命は大自然の命であって、それを絶つことも長らえさせることも、大自然に背くことになる。人間の命も単に人間のものではなく、大自然とつながっている。人間の命も、人間の手で無理に支配できるものではない。人間は、長い進化の歴史をもった生命の神秘性に、それほど安易に介入してよいものではない。

それでもなお、二十一世紀も、生命操作技術がどこまでも進んでいくとするなら、人類は、プロメテウスの運命を背負いながら、不安な時代を生きていく以外にないことになる。

第六章　離脱する精神

1　享楽的生活

故郷喪失と美徳の喪失

二百年も前からのことであるが、産業の発展と社会の大きな変革につれて、多くの人々が生まれた故郷を捨てて大都市へ流入し、無定形な大衆社会を形成してきた。それとともに、人々の心の中でも、昔から引き継がれてきた価値が遠くへ退き、人々は精神的な停泊地をもたない故郷喪失者となっていった。地球規模で人口が移動する二十一世紀も、このような精神的無宿者を地球規模で生み出し続けるであろう。世界中の大都市へ人口が流入している現代は、グローバルな故郷喪失の時代でもある。

どの文化圏でも、文明が爛熟すると、伝統的根幹や倫理観は崩壊し、人心は荒廃し、精神的故郷喪失者が氾濫する。

そして、この故郷喪失者たちは、心の支柱を失って、精神的流民と化していく。心の故郷を失った流民たちは、価値観を動揺させ行き惑う。心の中の核が失われて、アイデンティティが曖昧になり、内面的空白化を起こすのである。現代人が内なる空虚を抱え、何とはなしの不安を懐いて落ち着きを失ったのはそのことによる。

今日、先進諸国にも発展途上国にも見られるモラルの低下という現象も、文明の発展による伝統的核の喪失に起因する。文明の発展とともに、伝統的共同体が破壊され、社会は次第に美徳を喪失していく。技術の進歩発展によって、便利で快適な文明生活が実現すると、節度は忘れ去られ、過度な快楽が追求されて、魂は貧弱化する。

例えば、今日のアメリカや日本でも、科学技術の進展によって実現された高度消費社会は、道徳的頽廃を招いた。家庭の崩壊や犯罪の急増、麻薬の横行や青少年の反社会的行動など、社会の無秩序化は加速度的に進行し、社会そのものの解体を告げている。そればかりか、高度消費社会が生み出した商業主義は、性にしても、暴力にしても、何でも金儲けの対象にして、人々の心を蝕み、社会的頽廃に拍車をかけている。

ダニエル・ベルは、すでに二十世紀後半に進行していたアメリカ社会の混乱の源泉を、勤労や節制、倹約や禁欲を重視するプロテスタント倫理の崩壊に見ている。(24) 同じようなことは、日本についても言えるであろう。日本でも、二十世紀の後葉以来、豊かな社会の実現とともに、伝統的な儒教倫理は急激な勢いで崩れ去っていったのである。この傾向は、今日経済発展を遂げているアジアの発展途上国の辿りつつある運命でもある。文明が進展すれば、それとともに伝統的核が失われ、モラルエナージーは失われていく。技術は進歩しても、道徳は進歩しない。否、むしろ退歩する。富が増せば、徳は失われていくのである。

社会の解体

青少年非行の激増は、豊かな社会がモラルの低下や社会規範の脆弱化をもたらしたことを如実に表わしている。と同時に、それは、いずれ社会全体が解体に向かうであろうことを予告してもいる。暴力、薬物乱用、殺人など、激増する青少年の反社会的行動は、豊かな社会の産物であった。豊かな社会の実現は、社会規範を揺るがし、他者との共感を奪い、青少年の自我の成長を阻害した。青少年の無規範な行動はそこから出てくる。そこには、すでに強力な規範はなくなっているから、罪の意識もなければ、後悔とか反省という感情もない。自我はすでに空洞化しており、その空洞の中から、ただ衝動のみが爆発するだけである。この青少年非行は、世代から世代へと加速し、今世紀は、発展途上国をも巻き込みながら、量的にも質的にも拡大する。

青少年非行ばかりでなく、今世紀は、先進国も途上国も、犯罪が激増し、社会は解体に向かう。どこでも、多くの人口が大都市に流入し、人口構成の国際化やスラム化などによって、都市は荒廃する。その結果、犯罪発生率が上昇し、治安は悪化する。このことは、すでに二十世紀後葉のほぼすべての先進国で起きていたことであるが、二十一世紀も、現在発展途上国と言われている国々も含めて、進行していくであろう。

情報化社会へ急激に移行しつつある二十一世紀は、犯罪の増加をはじめ、自殺、離婚、精神障害など、豊かな社会を構築してきた代償としての社会的解体現象が、より加速する。家庭の崩壊による教育力の低下、コミュニティの崩壊による抑止力の低下、学校教育の荒廃、青少年の無気力、権威の崩壊、遵法精神の低下など、精神的荒廃現象と活力の喪失は、グローバルに進行していくであろう。二十世紀末の先進諸国で見られた社会の無秩序化が、経済の膨張とともにグローバル化する。それが、今世紀の無視できない特徴となろう。

このような社会的解体現象は、やがて文明そのものの解体を招くことにもなる。繁栄が社会の無秩序化と道徳的頽廃を招き、文明そのものを浸食していく。繁栄は没落を内包している。トインビーの言うように、進取の気象と活力を失うとき、社会は困難に挑戦する力を失い、衰退する。文明は、道徳的頽廃と魂の分裂、社会的崩壊と自己決定能力の喪失によって解体していく[25]。二十一世紀初頭に不安が漂っているとすれば、それは、この現代文明の解体の予兆なのかもしれない。

享楽的な生活

今日の人々は、この内部の不安と空虚を埋め合わせるかのように、物質的安楽と享楽的生活を限りなく追求しようとしている。すでに、二十世紀以来、先進国では、経済の発展とともに余暇が増大し、その余暇は、多くの場合、娯楽に費やされるようになった。二十一世紀は、産業の情報化やサービス化の進行とともに、労働時間はさらに短縮され、余暇は増大するであろう。そして、余った自由時間が、より享楽的な娯楽によって埋め合わせされていくであろう。人々は、物質的な豊かさと軽やかな幻想を消費しながら、快楽に満ちた生活を享受していく。しかも、この享楽や浪費を、コマーシャリズムそのものが奨励する。享楽や浪費に時間を費やす生き方は、単なる気晴らしにすぎない文化しか生み出さない。しかし、豊かな体制が自動的に生み出した大量の大衆は、欲望の巨大組織とでも言うべき大都市の中で、放縦な生き方をどこまでも追求していく。

こういう生き方は必ずしも幸福を約束するものではない。しかし、先進諸国ばかりでなく、途上国も、次々とこのような繁栄に酔いしれる豊かな社会を目指して参入してくるのが、二十一世紀という時代であろう。そして、二十世紀以上に、享楽や娯楽そのものが地球大的に画一化する。

二十一世紀も、二十世紀同様、急増する人口は世界中の大都市へ流入し、より巨大な大衆社会を形成するであろう。そして、そこで、無定形な流民と化した大衆が、享楽的な生活に浮身をやつすことになる。彼らは、軽やかな流行に身をまかせ、機械化された体制の中を身軽に動き回る。地球全体の情報化は極限にまで進行するであろうから、流行も瞬く間に全世界に広がる。その結果、人々は、画一化した様式の中で、似たり寄ったりの享楽的生活をすることになる。文化的伝統を失った不特定多数の故郷喪失者たちが、流動的な大衆社会を地球的規模に拡大して、底知れない享楽を求めていく時代、それが二十一世紀という時代ではないか。

シュペングラーも、『西洋の没落』の中で、二十一世紀を、文明の終末期の第二段階に位置づけている。そこでは、土から離れた第四階級、つまり無形式な大衆が、大都市を舞台にして、スポーツ競技や神経刺激の芸術に埋没する。人々が奢侈に耽る時代、それが文明末期・第二段階の特徴だという(26)。

このように、人々が快楽と放縦を貪り、享楽主義的な生き方を重ねるとき、文明は徐々に衰退し、やがて解体していくことになる。繁栄の中に衰退の芽があり、豊かさ自身が躓きになる。なるほど、消費なくして生産はない。生産されたものの享受なくして、経済も社会も成り立たない。だが、その消費と享楽があまりにも行き過ぎるとき、それ自身が文明を食いつぶしていくことにもなる。文明を成り立たせていた当のものが、文明の衰退をもたらすのである。現代の爛熟した文明のもとでは、飽くなき欲望が粗野で露骨な文化を湯水のように生み出し、人々の魂を蝕みながら、利潤を貪っている。このような文明は、麻薬によって損なわれていく患者のように、精神的頽廃そのものによって腐食し、没落していくことになる。

古代ローマの頽廃

古代ローマ時代にも、地中海世界各地から、ローマの豊かさを求めて、人口が流入し、ローマ市はますます巨大化していった。このローマ市に流入してくる人々は、農地を捨ててやってきた農民、戦争で連れてこられた奴隷、その他様々な故郷喪失者たちであった。ローマ市民の大部分は、全世界から故郷に見切りをつけて流れ込んできた群衆であった。この故郷喪失者たちからなる群衆が、ローマ市という巨大都市を舞台に、巨大な大衆社会を形成し、享楽的生活に明け暮れたのである。

国費によって提供された食糧や娯楽は、享楽的生活を求めるローマ大衆のための福祉政策であり、レジャー対策であった。無料穀物供給制度の受給者になった大多数のローマ市民は、余暇が増大。政治家の人気取りのためでもあったが、時間をもてあました市民の退屈しのぎに提供されたのが、始終催された見世物や競技であった。紀元三五四年ごろには、公の休日は一年のうち二百日、国費で催された見世物や競技の日数は一七五日に達していたと言われる。労働を忘れたローマ大衆は、ありあまる福祉にあぐらをかいて、浪費的な娯楽に時間を費やしたのである。円形や方形の巨大競技場、劇場、体育場、大浴場など、今日のローマ市に遺跡として残っている多くの公共施設は、レジャーやイベントに明け暮れるローマ大衆のための福祉施設だったのである。この点では、ローマも、現代の先進諸国とそれほど変わりはない。

しばしば指摘されることだが、古代ローマ人の頽廃的な生活ぶりも相当なものであった。例えば、食文化でも、今日の先進国同様、世界全域からあらゆる珍味が集められ、連日の宴会が催されていた。そして、食べるために吐き、吐くために食べる飽食と美食にどっぷり漬かった日々を、ローマ人たちは送っていたのである。

性道徳の頽廃も度を過ぎており、現代以上の性の乱れであった。夫のある上流階級の女性の密通や売春が流行し、貴婦人たちは、浮気相手を見つけに、着飾って競技場へいそいそと出掛けて行ったという。闘技場や図書館が付設された大浴場も、次第に男女混浴になっていった。紀元前一八年には姦通処罰法が、紀元一九年には上層身分の女性の売春防止法が作られたが、それほどの効力をもたなかった。それどころか、法廷で淫売の自由をしゃあしゃあと宣言する良家の女性さえ出現した。離婚も急増し、日常茶飯事になっていった。特に貴族の女性は夫の数で歳を数え、結婚するために離婚し、離婚するために結婚するような有様だったという。

ローマ人の金と財産への欲望も、現代と肩を並べるほどで、低い身分で大金を貯めた成り金が出てきたり、遺産狙いで老婦人と結婚して財産を増やす者まで出てきた。選挙運動でも巨大な金が投じられ、金権政治が横行した。

古代ローマ人、特に帝政以後のローマ人は、閑暇をもてあましたあまり、全世界から集めた巨万の富を、奢侈と贅沢に浪費し、快楽と歓楽に酔いしれていたのである。その背後には、物質的繁栄ゆえの不安と倦怠が漂っていたのだが、それを埋め合わせるかのように、ローマ人は頽廃的生活にのめり込んでいった。ローマ人にとっては、快楽のみが人生の目的だったかのようである。

このようにして、あらゆる貪欲と悪徳がはびこり、伝統的な社会規範は崩壊し、ローマ社会は頽廃していった。ローマ社会の道徳的頽廃は、宮廷から大衆まで、ローマ社会一般に蔓延し、極限に達しつつあったのである。

心ある人たちの嘆き

このローマ社会の道徳的頽廃を見て、心ある人々は、当然のことながら、厭世的になっていった。彼らは、古き良き時代の良俗と美徳を称讃し、素朴な農民生活や飾り気のない蛮族の生活への憧れを表明しながら、美徳を忘却した当時のローマ社会への批判と嘆きと絶望を語ったのである。

例えば、ホラーティウスは、古《いにしえ》のローマにあった美徳に対置して、当時のローマの公共精神の欠如、瀆神、奢侈など、道徳的堕落を鋭く告発する。そして、放縦と貪欲こそローマの頽廃の原因であり、それはローマの滅亡をもたらすであろうということ、ローマを滅ぼすのは、外敵ではなく、ローマ人自身の罪と堕落であるということを強調する。

「ローマは自分の力によって自ら滅びつつある。……呪われた血の世代の我らが不信心にも（ローマを）滅ぼすであろう。そして大地は再び野獣どもに占領されよう(27)」

という『エポーディー』第十六歌で歌われている詩句は、ホラーティウスのローマに対する絶望と諦念を表明している。

ホラーティウスは、また、世代から世代への頽落という考えから、ローマも、古き良き時代から世代を追うごとに堕落してきたために、現在と将来の頽廃に面していると考える。

「父母の世代は祖父母に劣りてさらに邪悪なわれらを生み、そのわれらもやがては悪徳いやまさる子孫を生もうとしている(28)」

という『ローマ頌詩』第三巻第六頌詩の詩句は、このことを表現している。ホラーティウスは、このように、ローマ人の悪徳と頽廃を批判し、それに対比するように、古の農民生活の美徳や当時の原始民族の質素な生活を称讃する。そして、神々と自然と動物と人間が一つに溶け合った理想郷への憧憬を語ってやまなかったのである。

ストア派の哲学者、セネカも、爛熟した文明の中で繁栄を貪るローマ人の堕落と悪徳をつぶさに見て、その根源は貪欲と奢侈にあるとみている。そして、快楽に己自身を売り渡してそれに埋没することは人生の浪費であり、「その時は短くかつ急速に走り去る(29)」と、セネカは諫めるのである。

風刺詩人、ユウェナーリスも、その辛辣な風刺詩の中で、悪徳が栄え不正がはびこる当時のローマ社会を鋭く告発している。そして、

「後世がわれらの（ひどい）世相にこれ以上つけ加えるようなことはなにもないだろう。……あらゆる悪徳は落ちるところまで落ちるものだ(30)」

と言って怒りをぶつける。ユウェナーリスも、貧しく素朴な古のローマ人の生活を理想にして、当時のローマ人の奢侈と浪費と貪欲を糾弾したのである。

歴史家、タキトゥスも、ローマの道徳的頽廃こそ時代の危機の原因と考え、かつて存在した質実剛健な道徳は、むしろ、ローマ帝国の周辺にやって来ているゲルマン諸族の中に生きているとみている。そして、岳父アグリコラの伝記の中では、アグリコラが懐柔しようとしていたカレドニア人の指導者、カルガクスに、ローマの略奪者の批判をさせ、自由と独立を堅持しようとする気概を語らせている(31)。タキトゥスの見方によれば、ローマによるゲルマン諸族の

支配は、かえってその勇気と独立と自由の精神を失わせ、ローマ的悪徳に誘い、奴隷化することにほかならなかった。

実際、ローマ帝国は、地中海全域に版図を拡げ、諸民族を服属させて、ローマ文化の普及を図った。ローマ属州の各都市に、首都ローマと同じような競技場や劇場や浴場が建てられたのは、その現われであった。しかし、それは、同時に、ローマ的な悪徳、奢侈、堕落の輸出でもあったのである。この点でも、ローマは現代とそれほど変わらない。

古代ローマ文明はなぜ滅亡したのかという問題は昔から問われ、いろいろな考えが提出されてきた。だが、当の古代ローマ文明がまだ生きていた時代から指摘されていたように、古代ローマ文明は美徳の喪失によって滅亡したという説は、それなりに説得力をもって受け入れられてきた。事実、帝国の成立によってもたらされた繁栄が悪徳を生み出し、ローマは老衰し衰弱していく以外にないと、帝政ローマ時代から、心ある人々はみていたのである。共和政時代にはあった質実な気風や強力な市民精神が、帝国の成立とともに次第に失われ、ローマ社会は節度と規律を見失って没落していったという考えは、マキアヴェリやモンテスキューも採用している考えである。帝国の繁栄そのものが快楽主義と放縦を生み出し、それが社会の秩序を失わせ、ローマ文明を衰退に導いたという思想は、様々なローマ帝国衰亡論の基調を形作っている。

なるほど、道徳的頽廃が文明の衰退をもたらすという道徳主義的な判断は、単純で短絡的にすぎるとも言える。しかし、繁栄そのものが精神的堕落を招き、それが社会の衰弱につながることを考えるなら、簡単に否定してしまえる考えでもない。文明の衰退は、豊かさの代償として、その内部から引き起こされてくるものである。古代ローマ文明も、繁栄の頂点に達した時、没落が始まっていた。文明は、自己自身の中に住む野蛮人によって滅ぼされていくものなのかもしれない。

2　情報過多社会

情報の過剰

二十世紀末から二十一世紀初めにかけて急激に進行してきた現象ではあるが、今世紀が超高度な情報化社会になり、これが完成することは確実である。高度情報化社会とは、情報そのものが価値を生み出し、情報を中心にして発展する社会である。なるほど、二十世紀も情報化は進行していた。だが、あえて、二十世紀と二十一世紀の情報化の構造の区別をするなら、今世紀は、マス・コミュニケーションからネット・コミュニケーションへの移行として特徴づけることができる。

二十世紀は、ラジオやテレビなど、一対多のマス・コミュニケーションの時代であり、これが社会構造を規定した。それに対して、二十一世紀は、インターネットに代表されるように、多対多のコミュニケーションが発達する。インターネットを使えば、誰もがいつでも自由に、世界中の人たちと地球的規模でコミュニケーションでき、これが地球の一体化をもたらす。他方、二十世紀来の一対多のマス・メディアの方も、今世紀は、多様なジャンルに分かれた数百チャンネルからなるデジタル衛星放送によって、国境を越えて、しかも各層に向けて、情報提供がなされるようになる。これら多対多や一対多のコミュニケーション・メディアや他のメディアが複合したマルチメディアによって、在宅勤務やテレビ会議、電子マネーによるホーム・ショッピングやホーム・バンキングなどが日常化するのが、今世紀の高度情報化社会である。情報革命は、十九世紀以来、二十世紀、二十一世紀と進展してきた文明の最終形態だと言えよう。

しかし、高度情報化社会は情報過多社会でもあって、必ずしも、言われるほど明るい未来を約束するものではない。高度情報化社会は、膨大な量の情報が、時間・空間の制限を越えて、超高速度で飛び交う社会であり、情報で溢れ返った社会である。われわれは、インターネット、デジタルテレビ、ファックス、ラジオ、新聞、電話、雑誌、書籍、果ては郵便物やチラシに至るまで、各種メディアからシャワーのように浴びせられる過剰な情報に取り巻かれて、そこから逃れることができない。われわれは、消化できないほどの膨大な量の情報に圧倒され、これをじっくり吟味もできないうちに、情報の巨大な濁流に呑み込まれ、流されていくことになる。情報によって地球全体がネットワーク化し、一体化する社会は、地球全体が情報の海になり、情報によって劇場化する過熱社会でもある。

このような高度情報化社会では、過剰な情報によって、社会の複雑性と不確実性はかえって増大するであろう。すでに、過剰に生産される大量の情報に振り回されているわれわれ自身を振り返るとき、この世界は情報爆発によって滅ぶのではないかとさえ思われるほどである。実際、この情報過多社会は、多くの不適応症状を生んでいる。情報中毒症もその一つである。これは、次々と押し寄せてくる情報に乗り遅れまいとする強迫観念に囚われ、より多くの情報を無批判に追い求めようとする一種の神経症状である。

一般に、個人の意志にかかわりなく情報が大量に生産される社会では、情報量が増えれば増えるほど、情報は不明確になっていき、本当に必要とする情報をかえって得ることができないという矛盾にぶつかることにもなる。また、一人の人間の情報を受け取る能力には限界がある上に、すべての情報が必要なわけでもないから、情報が過剰に生産される社会は、個人にとっては、ほとんど不必要な情報が氾濫する社会だということにもなる。情報過多社会の中で、個々人は、消化しきれない情報を次々と忘れ、捨てていく。情報過多社会は情報の使い捨て社会でもあり、ほとんどの情報が消費物資化し、あぶくのように消えていく。高度情報化社会では、実際には情報のインフレが起き、その分、情報の価値は低落していくのである。

散乱する精神

情報過多社会は、過剰な情報が飛び交う社会であって、そこでは、人間の精神は散乱する。現代人の精神の中には、散乱した過剰な情報が連関なしに押し寄せ混在する。現代人は、自己の中の連続性を断ち切って、押し寄せてくるおびただしい数の無連関な情報に反応しなければならない。そのため、現代人の精神は断片化し、統一性を失う。現代人の内的精神の中では、矛盾した情報でも等価値なものとして併存し、情報と情報の意味の間に連続的な結合が希薄になる。このような分裂型人間は、すでに、ラジオやテレビが発達した二十世紀から登場してきていた。二十一世紀は、この人格の分裂がさらに進んでいく。

膨大な量の情報が押し寄せてくる情報過多社会では、われわれは、爆発的に増大する情報量に振り回され、かえって、自己の何であるかということを見失ってしまう。自己は、単に情報の洪水の中で押し流される破片にすぎないように思われ、自己の取るに足りなさ、自己の無力を思い知らされる。こうして、われわれは、空虚な自己を抱えて、何の基盤も見出せないまま、情報の海の中を浮遊する。現代の不安の源泉は、一つには、情報過多社会での自己の曖昧化にある。地球全体の莫大な量の情報がデジタル衛星テレビやインターネットを通して毎日押し寄せてくる二十一世紀は、このような不安がますます増大するであろう。

情報過多社会では、断片的な情報が次から次へと押し寄せてくるから、持続ある時間が失われる。二十一世紀のわれわれの日常生活を考えても、携帯電話やメールやファックスに入ってくるメッセージに次々と対応し、数百チャンネルもあるデジタル衛星テレビから流される情報に反応していかねばならない生活は、持続が瞬間毎に阻止されているような生活である。それは、外面的には充満した生活ではあっても、内面的な充実感は失われた生活である。そこでは、自己の中に一貫した持続性がなくなり、過去と現在と未来の連続性さえ希薄になっていく。その意味でも、情報過多社会の人間は分裂病的である。空間的面を考えても、情報過多社会では、例えば、家庭の中へもどんどんと世界中の情報が入ってくるから、私的空間と公的空間の区別がなくなる。親しく安らぎのある場所というものが失われるのである。大量の情報を瞬時にやりとりできる世界では、時間と空間が無化され、われわれは沈黙や静寂の時空を失ってしまう。

情報過多社会では、判断力や思考力も低下する。ネット・コミュニケーションやマス・コミュニケーションなど、各種メディアから湯水のように提供される情報は、あまりにも過剰で大量であるから、われわれは、これを十分批判吟味しないうちに、これを鵜呑みにしてしまうことが多い。その結果、われわれは、集中してものを考えるということができなくなり、思考力や判断力を衰弱させ、主体的に判断するということが少なくなる。

ここには、身体を通した直接経験から獲得する知識はほとんどない。その代わり、様々のメディアを通した間接経験から得た知識が主体になる。そのため、その知識には血肉が伴わない。確かに、高度情報化社会は、情報や知識そのものが価値を生み出す社会ではある。しかし、それは知恵を生み出しはしないであろう。知恵とは、自らの身体を通して自然や物とかかわること、つまり体験から獲得されるものである。だが、単なる断片化した情報の集積にすぎない高度情報化社会の知識は、そのような生きる上での賢明な知恵にはなりえない。現代人のもつ情報量は、百年前の人たちと比べた場合、格段の差があることは確かである。しかし、判断力はむしろ劣ると言わねばならない。

このように、判断力や批判力や思考力が衰えたところには、巧妙な情報操作の罠が入り込み、人々はこれに支配されやすくなる。インターネットで流布する広告のことを考え合わせるなら、われわれは、知らず知らずのうちに、意外と、家庭の個室の中で、マインド・コントロールされていることになるのかもしれない。判断力や批判能力が減退したところでは、倫理的な判断も弛緩し、善悪の区別も希薄になり、適切なことと適切でないこととを見分ける能力も弱くなるであろう。

溢れるばかりの情報が大量に生産され大量に消費される世界では、われわれは、次々と押し寄せてくる情報を瞬間毎に受け取りながら、その都度その都度を刹那的に生きることになる。刺激的な映像や音楽、目まぐるしく変化する流行やファッション、次々に報道される異常な出来事など、新奇なもの・感覚的なものに身をしびれさせながら、刹那的感覚の中を生きる。ここでは、時間もまた刹那的なものになる。刹那的な時間感覚のもとでは、何一つ持続するものがない。情報の氾濫の中でわれわれが忘れっぽくなり、飽きっぽくなるのは、そのことによる。情報の氾濫する爛熟した文明の中を漂流する空洞化した自己、それが現代人の自己ではないか。

情報が氾濫する社会では、情報は消費物資化するから、その情報が運ぶ言葉の意味は希薄化し、価値も低落する。言葉は、それが置かれる状況や文脈や関係によって意味を形成するものである。しかし、情報過多時代の情報は、この関係や文脈を無視して大量に流されるから、言葉の意味が希薄になっていく。言葉の脈絡が失われるからである。

言葉の表現や理解は、経験や体験を無視してはありえない。ところが、氾濫する情報には、言葉のもつ体験や経験の重みがない。言葉の意味の希薄化は、そこからも起きる。情報量の増大に比例して、言葉の意味は空虚化していく。情報の氾濫する世界では、言葉と言葉を連関づける経験が希薄になり、言葉によって表現される世界が空疎なものになる。このような世界では、マス・コミュニケーションにしても、ネット・コミュニケーションにしても、言葉は単なる饒舌になってしまう。大量の断片化した言葉が瞬時に現われたかと思うと消えていく。しかも、幼稚化した断片語や簡略語が大量に飛び交う。

創造力の喪失

膨大な量の情報が集積される情報過多社会では、その全体像は把握することができなくなり、知識の体系化が不可能になる。そのため、知識量の増大に比例して、世界の全体像が見失われる。個々人の魂の中でも、情報量の増大とともに、世界像は散乱し、統一ある秩序が見失われる。ここでは、自己は、もはや中心をもったものとしてはとらえられなくなる。自己同一性そのものが揺らぎ、信念も掘り崩され、われわれは、空虚な自己を抱えて不安な生き方をすることになる。現代の不安は、そのような精神的支柱の喪失、自我の脱中心化というところにある。

情報過多社会では、思想的・学問的創造力も失われるであろう。たとえ創造的なものが生み出されたとしても、膨大な情報が飛び交う社会では、黙殺されていく。その代わり、情報過多社会ではびこるのは、狭い専門領域に閉じ籠って満足しきっている専門主義者である。蓄積される情報量は莫大なものになるため、統一ある全体像は誰も見通すことができない。学問領域がとめどなく細分化し、専門化していくからである。この学問の細分化が、さらに知識量の膨大化をもたらし、諸科学の体系化を不可能にしていく。

芸術においても、創造的なものは、もはや生み出すことが困難になるであろう。膨大な情報が飛びかう世界では、芸術家が表現すべき精神的世界が散乱してしまっているからである。実際、二十世紀の芸術でも、過去の様式は次から次へと破壊され脱ぎ捨てられていったが、永続するものは必ずしも生み出しえなかった。ポスト・モダニズムも、この過去からの離脱の延長上に出てきたものである。これも、あれこれの様式の混在にすぎず、中心を失い、世界像も失っている。二十一世紀の芸術も、二十世紀同様、離脱から離脱へ、様式の破壊を繰り返しながら、散乱した世界を表現するにとどまるであろう。

情報量が膨大化し、極限に達するとき、文明は、精神的活力を失って衰退していく。シュペングラーも、文明終末期には、偉大な文化的創造の精神は消え去り、芸術は大衆化し、哲学者は専門職人化し、創造力は失われるとみている。偉大な様式の時代は過ぎ去り、残されているのは、ただ規模の小さい小手先の仕事だけである。そして、魂がこれ以上創造力を発揮することができないような時点に達したとき、それが高度文化体の死であり、没落だとみている。(32)トインビーも、この考えを引き継ぎ、精神的に分裂し萎縮するとき、創造力は失われ、文明は解体すると考えた。(33)科学技術は進展し、莫大な情報量が堆積されるが、人間精神は、それに比例しては進歩しないのである。

古代ローマの情報公害

帝政ローマ時代には、今日のような衛星テレビやインターネットがあったわけではない。しかし、写本による文字情報の流布つまり出版業は相当発達しており、多くの出版業者が隆盛を極めていた。これらの出版業者は、有名無名の作家や弁論家の作品、演説、論文の写本を、写字奴隷を使って大量に作り、高値で売りさばき、莫大な利益を得た。図書館はこれを購入した。ローマにも、エジプトのアレクサンドリアにならって大図書館ができ、属州各都市にも、図書館は急速に普及していった。

さらに、これに加えて流行したのが、朗読会の開催という発表方法であった。朗読会で名声を得ることは出世にもつながったため、誰もが争ってこれを催した。そのために、人は、朗読会を聞きに行かねばならないことがあまりにも多くなり、次第にこれを嫌がるようになったほどである。そればかりでなく、あまりにも頻繁に行なわれる朗読会は、朗読の内容の価値を低落させ、ローマの文運はかえって衰退していった。文明末期の特徴としての情報公害が起きていたのである。

シュペングラーによれば、ギリシア・ローマ文明での修辞学は、現代で言うジャーナリズムの役割を果たしていたという。(34)修辞学を心得た古代の弁論家は、今日で言えば、テレビなどで気の利いたことを要領よくしゃべってまわる饒舌な評論家に当たる。シュペングラーのみるところでは、このような修辞学が流行する時代は、内的魂は貧困で、文明も末期に近いということになる。

人文系の学問でも、帝政ローマ時代には、ヘレニズム時代の延長で、古典文献の蒐集と整理、そして細かい訓詁注釈が行なわれただけで、どれほどの創造的なものも生み出さなかった。セネカもこのことに触れている。ギリシア人は、『イーリアス』と『オデュッセイア』とはどちらが先に書かれたかとか、二作品は同一人の作者の手になるものかとか、詮索する病弊にかかっていたが、このような無益な研究がローマ人の間にも侵入してきたと嘆いているのである。[35] ローマ時代にも、学問は専門化して、その創造力を失いつつあったのである。情報量の膨大化と過剰、そして学問の専門分化は、確かに、文明衰退の兆候なのかもしれない。

3　仮想現実

ヴァーチャル・リアリティ

二十世紀後半以来のコンピュータの長足の進歩によって、現在では、コンピュータの中に映像や音楽も取り込めるようになり、さらに、それをインターネットを通して地球規模で配信できるようになった。その結果、今では、コンピュータによって、現実から遊離した空間を作ったり、仮想のコミュニティを作ることができる。

例えば、ヴァーチャル・リアリティ技術では、発達したコンピュータ技術を駆使して、静止画像や動画、音声や文字などをすべてデジタル信号に変換して、仮想空間を作り、それを主に視覚や聴覚を通して体験することができる。

そこでは、目前に仮想世界がまざまざと再現され、しかも、対話や相互交信ができる。この技術は、ロボットの遠隔操作やフライト・シミュレーターによるパイロットの訓練に始まって、医療技術、スポーツ訓練、体感ゲームマシン、建築設計などに応用されている。この技術の応用範囲は、ヴァーチャル市場、ヴァーチャル商店、ヴァーチャル海外旅行、ヴァーチャル動物園、ヴァーチャル美術館、ヴァーチャル博物館、ヴァーチャル図書館、ヴァーチャル大学など、経済分野から娯楽・教育分野まで、多岐にわたる。

ヴァーチャル市場やヴァーチャル大学などもその一つだが、このヴァーチャル技術は、インターネットを通して、仮想のコミュニティを作ることができる。このヴァーチャル・コミュニティに参加すれば、人は、時間・空間の制限から解放されて、多くの人々と相互交流できる。ヴァーチャル・コミュニティには匿名で参加できるから、誰もが、年齢、性、職業、地位、国籍、民族の差異を越えて、この仮想社会に遊ぶことができる。この仮想社会は、ヴァーチャルな人格同士が、ヴァーチャルな世界でコミュニケーションしながら形成していく超現実的な社会である。今世紀は、インターネット上に、時間や空間の制約を越えた地球大的な仮想社会が作られる。

ヴァーチャル・リアリティは、現実の時間・空間を越えた非現実的な仮想世界へ人を誘う。ヴァーチャル・リアリティの作り出す仮想世界は、われわれが夢を見ている時の世界のように、幻想と虚構の世界である。だから、この世界では、現実の時間・空間に制限された有限な自己は遠退き、すべての制約を越えた仮想の自己が浮遊していく。仮想世界を漂流しているヴァーチャルな人格は、現実の人格とは異なった別の自己である。ヴァーチャル・リアリティの世界には、強烈な埋没感があるために、仮想世界を浮遊する別の自己がむしろ実在の自己ではないかとさえ思われてくる。ヴァーチャル・リアリティは、一方通行的なテレビと違って、対話性や相互作用度が極めて高いために、のめり込み度が強く、仮想と現実の区別がつかなくなるのである。

人間は、本来、幻想的動物であって、それが、宗教、文学、演劇などを生み出してきた。二十世紀の映画やラジオやテレビも、その延長上に出来たものである。だから、これらが作り出した世界でも、虚構と現実の区別ができなくなるようなことは、しばしばあった。しかし、ヴァーチャル・リアリティは、これが極端化する。

それどころか、ヴァーチャル・リアリティの世界では、仮想が現実化するだけでなく、現実が仮想化する。ヴァーチャル・リアリティの世界から現実の世界へ帰ってくると、現実の世界そのものが仮想世界ではないかと思われてくる。そのため、現実の日常世界そのものがあやふやになり、現実そのものが浮遊し出す。考えてみれば、宗教にしても、国家にしても、現実世界そのものが、仮想や虚構によって成り立っているものだったのである。

こうして、仮想世界が仮想世界の範囲を越えて拡大していくと、やがて、仮想世界そのものが現実を規定していくことになる。仮想世界に合わせて現実社会の意味が解釈され、仮想世界が現実世界を指導しはじめるのである。二十一世紀には、このようなコンピュータ上で作られた仮想世界が拡大し、それが逆に現実の世界を変えていくことになるであろう。

インターネット上に作り出されるヴァーチャル・コミュニティでは、遠く離れた所にいる人たちとも始終対話をすることができるから、もはや物理的に拘束された現実の空間は重要性をもたない。それどころか、ヴァーチャル・コミュニティの中で対話できる遠方の他者の方が実在感があり、同じ家に住む家族や近くの隣人の方が疎遠な存在にさえなる。親密性が、もはや距離では計れなくなるのである。自分がいる場所はそれほどの実在性をもたず、われわれの自己を支えるものではなくなる。ヴァーチャル・リアリティの世界では、空間とか場所というものが超越されてしまうのである。時間的に言っても、ヴァーチャル・コミュニティでは、地球の裏側の人とも瞬時に会話ができるから、交流に時間を必要としない。また、自己を拘束する現実の煩わしい時間を飛び越えて、仮想の世界に埋没することもできる。時間も無化され、超越されるのである。時間と空間の征服は、二十世紀以来続けられてきた人類の飽くなき野望であったが、二十一世紀のヴァーチャル・リアリティの世界は、時間と空間を超越しようとしている。

身体性の欠如

しかし、このことは、逆に言えば、身体性の欠如という欠陥をもっていると言わねばならない。ヴァーチャル・リアリティの世界では、身体性の限界を越えて、仮想のサイバースペースを浮遊していくことができる。だが、この身体性の欠如は、種々の困難な状況や異常な症状を引き起こすであろう。

ヴァーチャル・リアリティは、映画やテレビやテレビ・ゲームなどと同様、人間の生体機能のうち、特に知覚神経を電子的に増幅するものであり、なかでも視覚と聴覚を極端に刺激する。実際、ヴァーチャル・リアリティは、視覚と聴覚を統合し、文字、数字、静止画、動画、音声などを総合するとともに、これに対話機能やネットワーク性をもたせている。ヴァーチャル・リアリティ技術では、全体的・総合的な身体性は捨象され、その極く一部が奇怪な膨張をしていることになる。

また、ヴァーチャル・コミュニティの世界では、現実の身体の限界を越えて、仮想の自己を演じることができる。この点でも、サイバースペース上の自己は身体性を欠如したものである。仮想世界では、現実の自己とは全く違ったキャラクターを演じることができるから、われわれは、別の人格に変身して、変身感覚を楽しんだり、変身願望を満たすことができる。サイバースペース上では、自己の現実の身体を越えて、どんなものにでも変われるのである。それどころか、仮想の自己の方が真の自己ではないかと錯覚することにさえなる。

それればかりか、ここでは、われわれは、役者のように、何人もの仮想の人格を演じることができる。自己は、複数のアイデンティティをもった人格に分裂することができるのである。人格は分裂し、多重化する。なるほど、われわれの現実の人格も、様々な人間関係によって様々な役割を演じる多面性をもっているが、現実の身体とその自覚によって、それらは人格的に統一されている。ところが、サイバースペース上の仮想人格は、身体的統一をもたず、いくつもの分身に分かれて浮遊していく。それぞれに違う想像上の疑似人格同士が仮想空間上でコミュニケーションすることによって作られていく社会が、ヴァーチャル・コミュニティである。それは、身体から遊離した幽霊の世界である。

さらに、ヴァーチャル・コミュニティの中で行なわれているコミュニケーションは、直接対面によるコミュニケーションではないから、混乱や誤解が生じることが多い。身体を通したフェイス・ツー・フェイスのコミュニケーションでは、言葉ばかりでなく、顔の表情、身振り、手振り、その他を通しても、コミュニケーションが行なわれている。そこでは、身体を通して、雰囲気というものが醸し出されるから、それによって、コミュニケーション内容を修正することもできるし、肌で感じる一体感を体験することもできる。それに対して、サイバースペース上でのコミュニケーションでは、コミュニケーションの身体的要素が伝わらず、コミュニケーション内容の不確実性が高くなる。もちろん、このような身体性を通さないコミュニケーション手段には、手紙や電報、無線通信や電話、テレックスやファックスなどもあり、ここでも、同じような誤解や摩擦は起きてきた。しかし、ヴァーチャル・コミュニティの中では、仮想の自己が自由に演じられもするのだから、ここでのコミュニケーションは、他の手段以上に怖いことだとも言える。

また、ヴァーチャル・コミュニティの世界では、親密性の意味も逆転する。ヴァーチャル・リアリティには強力な埋没感があるために、脱身体化した仮想の親密性の方が、身体的親密性よりも親密だという倒錯が起きる。これが行き過ぎると、社会的不適応症状にまで発展するであろう。サイバースペース上でのコミュニケーションには夢中になるが、身近なフェイス・ツー・フェイスのコミュニケーションは困難になり、人間関係をうまくもてなくなるのである。

この仮想空間親和性＝対人困難症とでもいうべき症状は、社会性や倫理性の欠如さえもたらすであろう。ヴァーチャル・コミュニティにあまりにものめり込むと、現実社会で、人との連帯感をもつことができず、それが反社会的行動を誘発する恐れがある。それどころか、すでに、ヴァーチャル犯罪と思われる不可解な問題行動は頻発しているのである。一人の人間の人格は、身体を通した人間関係を基礎として形成されるのだが、ヴァーチャル・コミュニティでは、これが崩壊してしまうのである。ここでは、自我は断片化し分裂する。もっとも、このことは、すでに、テレビなど、マス・メディアによって作られた二十世紀の情報過多社会で起きていたことではある。だが、対話性のあるヴァーチャル・リアリティ技術は、これをさらに加速することになろう。

ヴァーチャル・リアリティやヴァーチャル・コミュニティの世界では、われわれは、コンピュータによって作られた仮構の世界を軽やかに遊泳していくことができる。しかし、ここでの経験は、すべて間接経験であって、直接経験ではない。ここには、視覚や聴覚、場合によっては平衡感覚などを使っての間接的経験はあるのだが、触覚や嗅覚や味覚など全感覚を通して、身体全体で経験するということがない。だから、直接経験によって検証するということがなく、体験を通して自分を見つめるということもない。このような偏った体験では、諸情報の統一像も歪んでくるであろう。諸情報の全体的統一像は、全体的体験を通して作られる。しかし、ヴァーチャル・リアリティの世界ではこれが歪んでしまうから、思考力や判断力にも歪みが生じる。

このようなヴァーチャル・リアリティの作る仮想世界に埋没していると、人との直接のコミュニケーションや自然との直接の触れ合いが苦手な青少年が出来てしまう。家庭の個室に閉じ籠り、コンピュータ上の仮想世界に逃避している青少年は、煩わしい現実はできるだけ避け、心地よい虚構の世界にいつまでも閉じ籠っていようとする。

コンピュータ上の仮想世界では、物や人からの直接の抵抗はない。物や人からの直接の抵抗を全身体を通して実感することのないところでは、抵抗に耐えるということもない。嫌になったら、スイッチを切ればよいだけである。耐性を欠如した青少年が登場してきているのは、このことによる。

メディアとは、体験の記号化によって人と人とを媒介する中間者を意味する。現代は、人間自身が作ったメディアによって、人間自身が復讐されている時代である。ヴァーチャル・リアリティでも、メディアによる人間の解体が起きる。二十一世紀も、二十世紀同様、メディアの復讐の時代となるであろう。

実在感の喪失

ヴァーチャル・リアリティの世界では、人は、現実から逃避して、仮想世界を浮遊する。そして、やがて、仮想世界の中に閉じ籠り、そこから出てこようとしなくなる。たとえ出てきても、麻薬患者のように、現実と非現実の区別ができなくなり、現実に対する対応が難しくなる。場合によっては、目前の他者のリアリティを把握できず、現実社会における役割取得ができなくなることさえある。

仮想現実の世界では、仮想が現実化すると同時に、現実が仮想化するのである。このように現実と仮想が倒錯するところでは、仮想が現実以上に現実的になると同時に、現実が仮想以上に仮想的なものとなる。虚構が実在以上に実在化すると、実在の方が虚構以上に虚構化し、現実感や実在感が失われるのである。そのため、日常の現実世界が、仮構世界のように、抵抗力のない映像のように見えてきて、その生き生きとしたリアリティを実感することができなくなる。現実世界の他者の実像さえ、虚像に見えてくる。現実の生と死も、リセットしてもう一度やり直すことのできる仮想世界と区別ができなくなる。生と死についての実在感も失われるのである。

ゲーム・ソフトに夢中になっていた少年や、サイバースペースで異常な言論をエスカレートしていた青年が、現実世界に出てきて、犯罪を犯すことがある。しかも、この時、たとえ人を殺しても、涙を流すこともなく、悲しみに打ちひしがれることもなく、罪の意識ももたないことがある。ヴァーチャル・リアリティの世界に埋没し、現実感や実在感を喪失すると、思慮分別も失われ、道徳感情も失われるのである。

このようなことは、コンピュータを介したヴァーチャル・リアリティの世界ばかりでなく、すでにテレビの映像世界で起きていたことであった。テレビの映像世界でも、テレビに映る映像の方を実在的なものと思い込み、逆に、現実の実在を映像的なものと思い込む倒錯がしばしばあった。映像の世界に埋没していると、映像の方が実在化し、逆に、実在の方が映像化する。そのため、現実感や実在感に歪みが生じる。現実が、直接侵害してこない映像のように、実在性のないものとしてとらえられるなら、現実そのものに対する道徳感情ももちえなくなるであろう。一方通行のコミュニケーション・メディアであるテレビでさえ、現実感や実在感を奪ったのだから、双方向のインタラクティブなメディアであるヴァーチャル・リアリティの実在感喪失の衝撃は、空恐ろしいものがある。

コンピュータ・ネットワーク上に作られるヴァーチャル・コミュニティは、現実の社会から離脱してしまっているから、現実の社会規範が通用しにくい。特に、このコミュニティでは、匿名で仮想の自己を演じることができるから、情報ネットワークを利用した反社会的言動がしやすくなる。しかも、ヴァーチャル・コミュニティの範囲は国境を越えているために、国民国家の法規制を無視して動いていく。そのため、このコミュニティで行なわれる情報犯罪は、広域化するとともに、巧妙化していく。

ここでは、個人への無責任な集中攻撃、悪意に満ちた中傷、流言飛語も自由であり、個人情報の複製、改竄、流出など、プライバシーの侵害なども横行する。さらに、薬物・麻薬・武器・ポルノ・テロ教本の密売、国家や企業の機密情報の暴露、投機の操作、売春なども容易である。また、全世界のコンピュータ・システムを破壊するハッカー行為、国家中枢のコンピュータ・システムを破壊するサイバー・テロなども可能である。サイバースペースは、ホッブズの言う自然状態の社会に近い。二十一世紀のヴァーチャル・コミュニティは、無法者がはびこり、不正や欺瞞が横行する社会にならないとは限らない。

マインド・コントロール

さらに、恐ろしいことは、サイバースペース上で異常なカルト教団がはびこり、その教義を信じた青少年が、現実社会で残虐な犯罪を犯す可能性があることである。事実、このような反社会的行動はすでに起きている。サイバースペースは現実性を超越してしまっているために、仮想世界が、現実による検証なしに、異常に膨張する。それをそのまま現実に及ぼせば、異常な犯罪を犯すことにもなるのである。情報化社会は異常な野蛮人を作ってしまうことにもなる。

ヴァーチャル・リアリティを使えば、ラジオやテレビ、映画やビデオ以上に、大衆の心理操作（マインド・コントロール）が容易である。これは、コマーシャルや政治宣伝や宗教布教には好都合である。ヴァーチャル・リアリティは、マインド・コントロールには恰好の手段である。臨場感も格段に向上する。現に、現代人の不安や苦悩を救うと称する様々な宗教が、マインド・コントロール機能を利用して、ヴァーチャル・コミュニティ上に登場してきている。二十一世紀は、サイバースペース上に多くの教祖や教団が登場し、巨大な組織を作り、強大な力をもつことになるかもしれない。ヴァーチャル・リアリティが神なき時代の疑似宗教を作り出し、コンピュータのディスプレイが新しい神殿になる。しかも、サイバースペース上の宗教が、現実社会をリードすることさえありうる。仮想上のものごとが現実の社会を変化させていくということはいつの時代でもあったことだが、二十一世紀は、このような社会の変化に、ヴァーチャル・リアリティが大きな役割を果たすであろう。

二十世紀は、ラジオやテレビなどマス・メディアが、ヒトラー、スターリン、毛沢東などのカリスマを生んだ。二十一世紀は、このようなカリスマを、コンピュータが生み出すであろう。ヴァーチャル・コミュニティ上に、大衆の不満や願望を一手に引き受けるカリスマが登場し、多くの大衆が、コンピュータのデスプレイを通して、これに拝跪することになるとすれば、それは悪夢以外の何ものでもない。

そのようなカリスマでなくとも、二十世紀は、映画やラジオやテレビが、映画スターや人気歌手やスポーツ・ヒーローなど、大衆の偶像を生み出した。そして、われわれは、実際には見たことも会ったこともないこれらの偶像を、実在以上に実在的なものと信じて崇めた。二十一世紀は、このような大衆の偶像をサイバースペースが生み出し、大衆はこのサイバースペース上の愚神を崇めることであろう。

二十一世紀も、次々と幻影を作り出し、その幻影を消費して生きる時代になる。人々は、夢を見ていていつまでも覚めない人のように、現実から遊離した仮想世界に逃避し、仮想世界の幻影を実在と思い込んで、その幻影の中を漂流していく。二十一世紀は、高度情報化社会が完成し、情報そのものが経済的価値を生み出す社会になる。だが、それは、絶えず幻影を作り出し、それを消費していく社会でもある。地球全体が劇場化する時代、それが二十一世紀という時代ではないか。

帝政ローマのヴァーチャル・リアリティ

帝政ローマ時代には、ヴァーチャル・リアリティもサイバースペースもありはしなかった。しかし、ありあまる余暇を幻影の消費に費やしていた時代であったことに変わりはない。劇場や競技場で催されるショー、剣闘競技、戦車競技は、いわば古代ローマのヴァーチャル・リアリティであった。

劇場では、道化芝居やパントマイムなど、バラエティショーに近いものが演じられ、大衆に喜ばれた。その中からはスターも登場し、人気男優の中には、皇帝のお妃と浮名を流したスターもいたほどである。また、人気役者をめぐるファン同士の争いも絶えず、流血事件もしばしば起きた。余暇をもてあましたローマ人たちは、このような劇場で作り出される官能的な仮想世界に酔いしれ、それに埋没していたのである。

九万人近くを収容できたコロシアムで演じられた剣闘競技も、人気があった。ここでは、獣と獣、人間と獣、人間と人間の闘いが演じられて、多くの競技者が死んでいった。一つの催しで動員された剣闘士は、最大一万人にも達したという。闘わされた剣闘士は、主に死刑を言い渡された囚人で賄われた。しかし、自ら志願して剣闘士学校に通い、剣闘士になった者もいた。この競技で勝ち続ければ、大衆のヒーローになり、社交界では、貴婦人たちからもてはやされ、大スターになれたからである。

約二十五万人収容できた競技場で催された戦車競技も、人気のある豪華ショーであった。さらに、この競技場に水を入れ、人工湖をこしらえて、模擬海戦が行なわれたこともある。二万人の死刑囚が動員され、多くの死者が出た。ローマ市民は、この大スペクタクルを熱狂して楽しんだ。これらの競技から大スターが登場したのも、現代と変わらない。

帝政ローマの大衆も、ローマ全体がディズニーランド化する中、仮想現実が作り出すまばゆいばかりの幻影を消費しながら、共同幻想の中を浮遊しながら暮らしていたのである。冬の訪れの前の小春日和のように、滅びの日はまだ訪れてはきていない束の間の享楽の日々だったのである。

4　文明の落とし子たち

体制への甘え

今世紀は、人間の脳の解明が進み、高度な認識や判断、学習や経験ができて、状況に合わせて適切な行動がとれる人工知能が実用化されるであろう。この人工知能を搭載したロボットは社会の隅々にまで普及し、われわれの社会生活をより便利にするであろう。家庭でも、知能ロボットは、多くの家事を分担し、家事労働を軽減してくれる。われわれは命令するだけで、あとはロボットからのサービスを受けているだけで済むようになるかもしれない。ロボットの発達とともに、工場での単純労働も消滅し、労働時間はますます短くなり、自由な余暇時間が増大する。その余暇を娯楽や消費にあてて心地よい生活をしようというのが、二十一世紀の生活の夢である。二十一世紀の高度文明社会が、情報やサービスなど、ソフトウエア産業中心の脱工業化社会になるという考えの根拠はここにある。

二十一世紀の世界も、二十世紀同様、高度な科学技術によって支えられた世界になるであろう。今世紀の科学技術も、前世紀以上に、便利で豊かな生活を保証し、高度に機械化された社会を形成するであろう。そして、われわれは、この科学技術に絶大な信頼を寄せ、高度に機械化された世界を住みかとして生きていくことになる。

しかし、このような機械仕掛けの体制のもとでは、人間はむしろ退化していくのではないか。命令すればロボットが何でも代行してくれる社会では、ロボットは賢明になるが、人間は愚かになる。科学技術によって何もかもが用意されている巨大な体制の中で、いつまでもそれに甘えて生きていこうとすれば、われわれは、向上心というものを失い、努力や忍耐も忘れてしまうであろう。巨大な文明のモラトリアムの中で、何不自由なく与えられた上に、義務から逃避して生きていくことができるとするなら、人はただ遊び呆けて暮らす以外にないことになる。

二十一世紀の高度文明社会の人々の生き方がレジャーに重きを置き、軽やかな幻想を消費しながら生活することに価値を置いているとするなら、それは、一見、ことのほか楽しく幸福な生き方のように見えるが、本当は空しい生き方ではないか。それは、巨大な文明に甘えて生きる寄生虫のような生き方であり、巨大な体制の中を浮遊する根無し草のような生き方にすぎない。人々は、高度な科学技術が用意した文明世界の中で、文明の利器に囲まれて、ただ幼児のように戯れて暮らすだけになる。地球上を隈なく覆う情報通信網によってつながった巨大都市文明は、大量の幼稚化した人間を自動的に生産していくことになる。

しかし、それでも、二十一世紀の高度文明社会の人々は、二十世紀同様、科学技術がしつらえてくれる便利な都市生活の中で、過剰なほどの物と情報に囲まれ、享楽的生活を送り続けるであろう。人々は、ありあまる余暇を、多チャンネル・テレビ、ヴァーチャル・リアリティ、立体映画、オーディオ、ファッション、レジャー、スポーツ、イベントなど、感性的な幻影文化を消費しながら、甘美な生活に明け暮れる。また、生産者側でも、ファッション産業やサービス産業が、人々の感性や情緒に訴えて次々と新しいものを作り出し、これを消費させていくことになる。確かに、それは、軽快で心地よい生活には違いない。

しかし、このような享楽的生活は、バラエティに富んだ魅力的な生活ではあるが、利那的で空虚な生き方ではないか。高度消費社会の文化は、好奇心や感性、興奮や衝動に訴えて人を魅了する文化ではあるが、それはまた、センセーショナルでスキャンダラスな文化でもある。そこで作り出される文化は、浪費的な文化にすぎないであろう。人々が、このような高度消費社会の利那的な享楽にいつまでも埋没し、気ままで怠惰な生活を送っていくなら、それは、そのような生活を可能にした文明そのものを消費していくことにもなる。文明が高度消費社会を生み出し、高度消費社会が消費文化の落とし子たちを生み出し、この文明の落とし子たちが、文明そのものを食いつぶしていくことになる。

青少年の体験欠如

何でも用意してくれる文明は、また、その便利さの代償として、生気のない青少年を次々と生み出し続けることであろう。豊かな文明はどんなことでも約束してくれるから、青少年にとって、単に生きることは容易になった。彼らは、偉大なものに対しては斜めに構え、他との競争や摩擦はできるだけ避けて通ろうとする。このような自己愛あるいは自己中心主義は、何もかもを保証する豊かな文明が自動的に生み出した精神的傾向である。

彼らは、コンピュータのディスプレイ上で演じられるヴァーチャル・コミュニティやゲームソフトなど、仮想現実には異常な関心を示す。現実の煩わしい社会を避けて、ヴァーチャルな世界に逃避するのである。彼らは、コンピュータのディスプレイを友として、仮想現実の中を遊泳しながら、いつまでも幻想を消費して生きていこうとする。

このような青少年が登場してきたのは、身体を通して経験すること、つまり体験するということを、豊かな文明が青少年から奪ってきたからである。現に、交通機関や通信機器の発達、エア・コンディショニングの発達などは、子供たちから、厳しい自然に鍛えられるという経験を奪い、歯を食いしばって物を運ぶ機会も奪ってきた。今日の青少年は、身体を通して自然から直接学ぶことも少なく、働くことによって物の抵抗に出会うということも少ない。さらに、彼らは、少子化や核家族化や地域社会の崩壊などのために、幼児期からの人との接触が少なく、人の抵抗に出会うこともあまりない。

自然との接触や他者との接触が希薄になるとどうなるか。物を作ったり人と付き合っていく中で必要な努力や忍耐が失われるであろう。体験が減少すれば、創造性も失われるであろう。克己心や忍耐力、持続力や意志力、責任感や感受性を欠いた青少年が登場してきたのは、体験欠如による。

豊かな文明は、家庭での過保護や過干渉を生み出し、自然経験や対人関係を貧困化させ、体験を欠如した青少年を大量に生産することになった。実際、なまの人間とコミュニケイトするよりも、コンピュータとコミュニケイトしたり、コンピュータを通してコミュニケイトしたりした方が、より親密感をもつという青少年が登場してきている。さらに、人との関係ばかりでなく、自然物との関係でも、機械を通さねばかかわりあえず、なまの自然物が苦手ということにもなる。

物の抵抗も人の抵抗もない体験欠如状態では、人は、判断力や思考力、理解力や表現力を衰弱させ、幼稚化するであろう。子供のようにディスプレイにタッチするだけで世界中の情報を得ることができるような世界では、それほどの思考力も判断力も必要としない。ここでは、人は情熱を失い、感動を失い、その精神は空洞化する。

何でも用意してくれる文明は、便利な世界をつくりあげはしたが、その便利さが、文明に甘えるだけの人間を生み出した。技術の発達や豊かさの増大は、新種の野蛮人を生むことになったのである。情報化やサービス化が極度に進展する二十一世紀文明は、自然や人との接触をさらに奪い、その結果、心の空洞化した文明の落とし子を大量に生み出し続ける。ホラーティウスの言うように、われわれは、われわれよりもさらに劣った子孫を生むことになるかもしれない。

現代は、怪物化したメディアが神になった時代であって、ここでは、人間はメディアの奴隷として生きる以外にない。誰もが文明の子である。高度情報化社会あるいは高度消費社会と言われる二十一世紀の地球文明も、神なき文明の延長線上にある。この文明の発展の中で、失われるものもまた大きいであろう。繁栄の中にこそ、没落の予兆がある。文明が生み出したものによって、文明自身が衰退していかないとは限らない。

シュペングラーは、『西洋の没落』の中で、技術への信仰が極限にまで進み、世界が機械化したとき、人間は機械の奴隷に変えられ、人間の本能的な生命力の源は涸れるとみている。そして、文明が世界都市の段階に達したとき、文明は土から離れるとともに、魂の根源を失って、自ら絶滅していくと考えた[36]。

ニーチェも、すでに十九世紀末の段階で、生命力を失った〈最後の人間〉がはびこるニヒリズムの時代の到来を予言していた[37]。大地から離脱し、根源性を喪失した人間は、なお不安な生き方を続けていくことになる。

帝政ローマの野蛮化

古代ローマ時代にも、ローマ人たちは、農業、鉱業、建築、医療、教育、家事、すべてを、ちょうど二十一世紀人がロボットにまかせようとしているように、奴隷にまかせていた。ローマの自由人は、奴隷に命令するだけで、あとは奴隷からのサービスを受けているだけでよかったのである。そのため、ローマの自由人は余暇が増大、その余暇を享楽的な生活に費やした。さらに、奴隷労働への依存は、ローマの技術的創造力をなくし、技術的停滞さえ招いた。奴隷に依存しているうちに、ローマ人は退化、これがローマ帝国の衰退につながることになった。奴隷が賢明になる分、ローマ人は愚かになっていったのである。

帝政ローマ期にも、完成したパクス・ロマーナの温室の中で、ローマ人たちは、過剰なほどの物に囲まれ、遊び呆けて暮らしていた。公共浴場や劇場や競技場は、そのための娯楽施設であった。ローマ人たちは、このような施設を利用して、刹那的な享楽に身をしびれさせ、幻想を消費しながら、甘美な生活に明け暮れていたのである。彼らが作り出した文化は、興奮や衝動に訴える浪費文化にすぎなかった。その結果、それは、ローマ文明そのものを浪費することになり、ローマ文明は次第に衰退に向かっていったのである。

帝政ローマ時代も、その前半は、地中海世界からあらゆる富を集め、繁栄を極めていたが、しかし、その頂点で、すでに衰退の予兆は現われていた。繁栄と豊かさのために、ローマ建設時代の質実剛健な気風は失われ、家庭教育もなおざりにされ、父権も喪失し、そのため、努力や忍耐を忘れた得体の知れない若者が登場してきていたのである。

それどころか、耐性を欠如し罪悪感を喪失した青年さえ登場してきた。紀元一世紀の最も繁栄した時代に相次いで登場したカリグラやネロも、耐性を欠如したキレる青年であった。現に、カリグラは、妹と結婚したり、他人の花嫁を奪い取って自分の妻としたり、祖母に自殺を強いたりしている。また、元老院議員を競技場での剣闘士との斬り合いで殺したり、禿げ頭の者を見つけ次第逮捕し、競技場の猛獣の中へ投げ込んで殺したり、ローマ中の哲学者を捕らえ、死刑または流刑に処したりしている。

また、ネロも、セネカの指導を得ていた時は善政を布いたが、二十歳になった時、突然変身。母アグリッピナを謀叛の企てありとして暗殺、まわりの政治家や軍人も処刑、セネカにも自殺を命じた。キリスト教徒を、ローマ大火の真犯人として大量虐殺したことも、よく知られている。カリグラやネロは、今で言う行為障害者であった。しかし、それは先天的なものではなく、後天的環境によるものであろう。環境によって甘やかされていたのである。

帝政ローマも、その繁栄ゆえに、幼稚化した新種の野蛮人たち、心の空洞化した文明の落とし子たちを大量に生み出していった。ローマ文明も、このような野蛮化の道を歩みながら、次第に衰退に向かい、混沌とした不安な時代を向かえることになったのである。

第七章　不安な時代と宗教

1　文明の衰退と不安

産業の空洞化

映画や音楽、スポーツや演劇、レジャーやイベント、ヴァーチャル・リアリティなどを楽しみながら、流行のファッションに身を包み、軽やかな幻影を消費して、享楽的生活に明け暮れるというのが、少なくとも、今日の先進国の人々の望む生き方である。しかし、このような高度消費社会が成り立つには、物の生産が発展途上国で行なわれ、過剰なほどの物が先進国に流入してくる必要がある。実際、発展途上国を下請け化し、物の生産は途上国の労働者にまかせ、自分たちは、情報や知識、金融やソフトウエア、ファッションやデザイン、レジャーやサービスなど、ソフト産業で生きるというのが、二十一世紀の先進国の目指す生き方である。

しかし、このようなソフト産業中心の産業構造は、産業の空洞化を招き、生産性の低下をもたらしはしないか。実際、高度な消費生活を維持していくには、海外からの輸入に頼らねばならないが、その代金を他国からの債権で賄うというようなことをしていれば、巨大な債務国に転落し、国力の低下を招くであろう。その結果、二十一世紀の先進諸国は、逆に途上国依存を強め、それが、世界経済の重心の移動をもたらすことになる。高度情報化社会や高度消費社会を形成して生きていこうとすることは、逆に、文明の衰退の兆候ではないか。

現に、アメリカ、ヨーロッパ、日本など、今日の先進国は、物の生産を新興工業国や発展途上国に移管、自らはソフトウエアを主体にして生きていこうとしている。先進諸国は、どこでも、製造業の生産拠点を賃金コストの低い発展途上国に移し、非製造業主体の産業構造に転換しつつある。しかし、これらの国々が、賃金の高騰や競争力の低下、財政破綻や対外債務に悩んでいるのも事実である。ローマ帝国が属州の生産に依存していたように、今日の先進諸国が途上国依存を強めていけばいくほど、先進地域は空洞化し、やがて衰退していかねばならなくなるであろう。

額に汗して働くことを嫌い、物作りをしなくなったら、文明は衰微する。高度情報化社会や高度消費社会の形成によって、必ずしも、素晴らしい時代が訪れるわけではない。なるほど、それは産業発展の完成ではあるが、完成はまた終焉でもある。高度情報化社会や高度消費社会を完成しつつある先進諸国は、いずれ途上国の逆襲を受け、矮小化するであろう。世界史はしばしば激変してきたのである。

人類の長い文明史を眺めても、しばしば、中心地域が周辺化し、周辺地域が中心化して、中心と周辺が逆転してきた。中心地域は、その繁栄ゆえに、次第に内部崩壊を起こし、求心力を失う。それに対して、周辺地域が、逆に求心力を強化し、抬頭してくる。とすれば、今日の地球文明にあっても、中心地域を形成している先進諸国が空白化し、周辺地域に文明の重心が移るというようなこともありうる。

中心文明の巨大な構築物も、中心地域の人口が減少すれば、遺跡と化す。現代の大都市に屹立する高層ビルも廃墟と化し、われわれが築き上げてきたこの豊かな文明が砂上の楼閣のようなものであったことを告げる時がくるかもしれない。そして、遺跡化し廃墟と化したこれら文明の構築物を、周辺文明からの移住者が占める。諸国家諸民族の勢力の移動の過程で、現代文明が衰退し、没落していかねばならない時がくるかもしれない。もしも、現代に不安というものがあるとすれば、それは、遠く、この文明の没落を予感しているものかもしれない。

文明の解体と不安

シュペングラーも、文明の末期、冬の時代には、諸国民が内部的に崩壊し、政治は動揺を続け、人口も減少し、創造的能力も失われていくとみた。そして、その終末期には、文明周辺地域の蛮族との衝突の中で、文明の機構が麻痺し、やがて崩壊、一つの文明はその生を終わると考えた。そこでは、終末的気分が広がり、生きることそれ自体が疑問になる。[38] シュペングラーは、この抗しがたい文明の過程から逃避しようともせず、また、これを改革しようとする幻想ももたず、これを運命として甘受しようとしたのである。

トインビーも、文明の解体は内部崩壊によって起きるとみている。文明内部の諸階層間に分裂が生じ、モラルも低下し、統合能力が失われるとき、文明は解体に向かう。文明が解体に向かうと、周辺地域の外的プロレタリアートが、支配的文明に魅惑されることをやめ、勢力を盛り返してくる。その分、支配的文明の道徳的優位は崩壊し、その地位も見栄えのしない位置にまで追い込まれる。こうして、一つの文明は自らの使命を終えて、新たな文明へと道を譲っていく。文明は自殺によって没落するのであり、外部勢力はこの文明の自殺に単にとどめを刺すだけだと、トインビーは考えたのである。[39]

現代も、特に先進地域では、文明の爛熟とともに、共同社会の空洞化、社会倫理の混乱、低俗な文物の洪水、教育の荒廃、青少年の精神的荒廃、豊かさの背後で進行している多くの精神疾患など、精神的頽廃現象が見られる。これらは、文明の解体の兆候なのかもしれない。

これら精神的荒廃現象は、豊かさを獲得するための代償であった。われわれは、物質的豊かさを得る代わりに、魂の貧困に陥った。先進文明へ次々と参入してくる新興工業国も、この豊かさの中の貧困という文明病に出会うであろう。魂の空白化は、物質的豊かさでは埋め合わせできないのである。われわれの中に不安があるとすれば、繁栄にもかかわらず安定した世界がないということによる。満たされた不安なのである。満たされた不安は、繁栄の頂点での没落の予兆でもある。

われわれは、文明の発展とともに、伝統的文化の核を失い、倫理的な核も失い、拠り所とする基盤も見失ってきた。価値観も動揺し、人間と世界の統一的把握も困難になり、内面的にも空白化している。現代人が不安な生き方をせざるを得ないのは、このことによる。

現代人が絶えず未来に向かって掛け声をかけ、その掛け声を消費しながら生きていこうとしているのも、この不安の裏返しであろう。不安を解消するには、未来を先食いして生きていく以外にないのである。未来を略奪し、未来に向かって逃走していくことによって、現代人は生きていく。しかし、それは、また、未来への不安を掻き立て、なおさら未来へとのめり込んでいくことにもなる。われわれは、なお、不透明な混沌とした時代を、不安を抱えながら生きていくことになるであろう。

ローマ文明の衰退

帝政ローマ時代にも、首都ローマの市民たちは、物を作らず、働かず、贅沢と享楽、貪欲と放埒に溺れた頽廃した生活に明け暮れていた。そして、物の生産は属州の異民族にまかせているうちに、産業の中心は、次第に、首都ローマから帝国の周辺地域へと移動していった。生産技術も、ローマの版図の拡大とともに、周辺地域に移動していった。

今日の先進地域同様、産業の空洞化が起きていたのである。

ウォールバンクが『ローマ帝国衰亡史』で指摘しているように、例えば、陶器の生産も、はじめはイタリアが担っていた。ところが、やがて、その生産拠点はどんどんと北方へ移動して行き、ついには、イタリアは陶器の輸入国に転落してしまったのである。奴隷のする手仕事を嫌わなかった北方ゲルマン人たちが熱心に生産に励んでいるうちに、北西部の属州は消費市場から生産地へと転換。それに対して、イタリア半島は逆に輸入地に転落、次第に属州依存を強めていったのである。首都ローマが輸入に依存していた必需品の代金は、帝国の支配によって得た税金によって賄われた。ローマ市に残った産業は、唯一、政治だけだったのである。ローマは、いわば、情報と消費などソフト産業だけで生きていこうとしたことになる。こうして、ローマ帝国の中心であったイタリアは、まず経済的に衰え、その優越した地位を失い、没落していった。ウォールバンクによれば、産業が生産品を輸出せずに、産業それ自身を輸出し、商業が古い地域から新しい地域に移るとき、一つの文明は衰亡すると言う(40)。これと同じことは、現代世界のグローバルな経済構造にもすでに現われている。

一般に、中心から周辺への重心移動によって、中心と周辺の逆転が起き、文明は別の文明に転換していく。ローマ文明にも、この重心の移動が起きたのである。このことは、現代文明も例外ではないであろう。

蛮族の侵入によってローマ帝国は滅亡したという考えは、確かに単純ではある。しかし、東ローマ帝国が、西ローマ帝国の滅亡後も、蛮族の侵入をよく防いで存続しえたことを考え合わせるなら、この説もそれなりの説得力をもつとも言える。

もっとも、ゲルマン諸族のローマ領内への流入は、紀元前の共和政末期から続いており、滅亡期に急に始まったわけではない。ゲルマン諸族のローマ領内へのまとまった形での定住が許されたのは四世紀末だが、ゲルマン人の流入そのものは、その数百年も前から始まっていたのである。これに類する現象は、今日でも、途上国からの先進諸国への人口流入という形で起きている。

ローマ帝国は、これらのゲルマン人をローマ軍に編入し、蛮族の侵入の守備に当たらせた。蛮族の侵入の防衛の任に当たったのも、蛮族出身のローマ軍だったのである。この軍の蛮族化は軍の劣悪化を招き、祖国愛も失われ、軍は次第に有名な将軍の私兵と化していった。これがローマにとっての命取りになっていったと言われる。ローマ人は版図の防衛をゲルマン人にまかせ、現代の先進国の人々と同様、自分たちは貪欲と奢侈の生活を送っていたのである。このようなローマ人にはもはや自己解決能力はなく、ローマの衰退を防ぐだけの力はなかった。これと比べれば、蛮族と言われたゲルマン人の方が、勤勉で純良、勇敢で大胆であった。ローマ人の方がむしろ野蛮だったのである。

かくて、紀元五世紀には、アラリックに率いられた西ゴート族、アッチラに率いられたフン族、ガイセリックに率いられたヴァンダル族、テオドリックに率いられた東ゴート族などの侵攻が続き、西ローマ帝国は滅亡した。四七六年のスキエル人傭兵隊長オドアケルの蜂起で西ローマは滅んだと言われるが、それは結果にすぎない。没落は、それ以前に決定的になっていたのである。四一〇年の西ゴート族、四五五年のヴァンダル族のローマ市占領では、略奪、凌辱、殺戮が横行し、難民が続出、人肉食まで行われ、ローマ市の有様は、この世の終わりを思わせるほどであった。それにもかかわらず、ローマ人は奮起するわけでもなく、競技場の見世物の再興を要求することしか考えなかったという。

こうして、五世紀末には、旧西ローマ帝国領は、すべて、蛮人諸族の王によって支配されるに至った。最盛時には百二十万の人口を抱えていたローマ市も、一村落程度の人口に減少。数千、数万の人々を集めた円形劇場や競技場や公衆浴場も遺跡と化したのである。

このローマ帝国の滅亡を見て、多くの心ある人々は、その原因を、ローマの老衰とローマ人の悪徳にみた。そして、蛮族の侵入を、ローマ人の罪に対する神の裁きだと考えたのである。成長したものは老い、生まれたものは死なねばならない。人間の作ったものすべてがそうであるように、巨大な文明も没落の摂理に従わねばならなかったのである。

不安な時代の生き方

帝政ローマ期も、繁栄の背後にそれとなき不安を抱えた時代であった。ヘレニズム時代以来引き継がれてきたストア派やエピクロス派の哲学は、政治から切り離された個人倫理を説いて、心の不動と心の平静に最高の徳を置き、また、懐疑派の哲学は判断保留の必要を説いた。その背景にも、社会の混乱と価値観の動揺による不安があった。

なかでも、ストア主義は、神は宇宙の魂であり、力であり、理性的なものであり、われわれを支配する運命であると考え、大宇宙の理法である神の摂理に従って生きることを理想とした。そして、自然はこの神的理性に支配されており、自然の一部である人間は、自然に従って、理性的に生きるべきであるとした。そして、あれこれの感情に動かされない魂の状態、つまり不動心（アパテイア）を最高の徳とし、運命に対して耐える精神をもつべきであると説いたのである。それは、不安な時代の中にあって、人はいかに生きるべきかを深く思索した人生哲学であった。

例えば、後期ストアに属し、ネロ帝の政治顧問であったセネカも、内なる神の声、つまり理性への服従を説く。神の声である内的理性に従うことこそ、富や権力、地位や名誉、快楽など、偶然的なものから自由になる道であり、この道を実践してはじめて徳は可能になる。

さらに、セネカは、この自由の道の究極に死を置く。人生は極めて短く、不安と苦痛に満ちている。生は過酷な刑であり、死はそれからの解放である。死はすべての苦痛からの解放であり、魂の牢獄である肉体からの解放である。死は、助けを求むべき最後のものであり、癒しである。[41]

セネカの思想は、不安な時代にどのように生き、死すべきかを熟慮した実践哲学であった。実際、セネカの生きた時代は、表向きは超繁栄の時代であったが、すでにローマ社会の頽廃は始まり、何とはなしの不安の漂う時代であった。セネカも、ローマ人の風紀の退廃を憂え、その悪の根源を、貪欲と奢侈、不信と嫉妬に見、魂の不安を感じ取っていた。そして、ゲルマン人の大軍がいずれ帝国を脅かすことになるであろうことを、すでに予感していたのである。(42)

他方、奴隷出身の哲学者エピクテートスは、われわれの権限内にあるものと権限内にないものを区別することによって、不動心を獲得できると考えた。われわれの権限内にないものは、われわれの力ではどうにもならないことであるから、それらに対しては無関心の態度を取るべきである。死刑、追放、投獄、どんなことも、神の摂理と運命にまかせて、徹底的に服従すべきである。それに対して、われわれの権限内にあるもの、つまり自由意志だけはわれわれ自身のものである。この意志をわれわれの統制下に置くなら、われわれは真の自由を得て、心の平静を獲得できる。神の摂理を信頼し、精神の内面の自由を確保するなら、たとえ牢獄にあっても自由であると言う。(43)

このエピクテートスの思想は、虐待や迫害や追放の生活の中で身をもって獲得した人生の知恵であった。だが、その背景には、社会の激動の中で、運命に翻弄される当時の人々の不安な経験があったであろう。

また、ローマ皇帝で五賢帝の最後の人、マルクス・アウレリウスは、『自省録』の中で、万物流転、運命に対する諦念、自然の理法や神の摂理への信頼を説き、変転極まりない世界にあって、何ものにも動かされない不動心をもつべきであることを語っている。すべてのものは速やかに過ぎ去り、消え失せてしまう。人生は短く、死後の名声も空しい。ただ運命に従って歩み、神と自然に従って生きるべきだと言う。

マルクス・アウレリウスが帝位に就いた紀元二世紀は、ローマ帝国の平和と安定に破綻が見えはじめたころであったが、彼は、その地位にある間、転戦に転戦を重ね、帝国防衛の義務を立派に果たした。しかし、彼の愛したものは哲学であり、信頼したものは宇宙という大きな国家であった。彼の心は、戦陣にあっても、常に、自己の内面と宇宙の本性へと向けられていた。その境地から見るとき、人生は虚しく、現実の国家や社会も移ろいやすく、自己の力ではどうにもならぬものと受け取られたのである。『自省録』の全編に漂う一種の厭世観は、また、繁栄と堕落の渦巻く当時のローマ社会への嫌悪からくるものでもあろう[44]。現代同様、この時代も、繁栄の中に不安を宿した時代だったのである。

堕落した社会にあって、人生とこの世の虚しさを説き、ただひたすら自己の内面の中に救済を求めた後期ストアの哲学者たちは、その鋭い感受性の中に、時代の不安を予感していた。そして、その不安は、実際、三世紀以後のローマ社会の混乱となって現われたのである。国内の治安は乱れ、経済は停滞し、疫病が流行し、ローマ帝国は衰亡の道をひた走った。人々の不安は募り、迷信や魔術が流行した。ローマ社会は、誰が見ても、混沌とした不確実な時代に突入していったのである。

2 不安と救い

宗教の復活

ヨーロッパの十八世紀末以来、十九、二十世紀と、産業技術文明の拡大とともに、宗教の力は弱まり、ヨーロッパばかりでなく、産業技術文明を受け入れた地域では、どこでも共同体の絆が弛緩し、社会の倫理規範も弱体化していった。現代の頽落の根底には、神から逃走してきた現代人の精神の空白化がある。頽落した時代を踊る〈最後の人間〉がはびこる現代は、すでに、精神的には〈終末〉に近い。

人間の歴史は、永遠根源的なものからの離反の歴史であった。人間の歴史は、争いや憎しみ、貪欲や堕落の繰り返しであった。現代の文明も、神から離反した罪ある文明であろう。人類の歴史がそこから始まった〈傲慢〉は、現代では巨大な産業技術文明となって、自然と人間の両方を略奪している。この巨大な産業技術文明によって成り立っている現代の大都市は、淫乱と罪業のために神によって滅ぼされた破滅の都市、ソドムとゴモラのようにさえ見える。

現代人は、大地から離反し、永遠根源的なものを見失ってきた。そのため、精神は散乱し、拠り所は失われ、拠って立つ基盤も見失われた。現代人が方向の見定まらない不安の中にいるのは、そのためである。不安は不安を呼ぶであろう。不確実で不透明な時代は続くと言わねばならない。

しかし、巨大な科学技術に支えられた現代文明も、膨張の限界に達し、衰微していくことはある。この時、人々の不安はますます昂じていくことになるが、時代の不安が昂じてくれば、科学技術よりも、宗教の方が人々の魂をとらえるようになるであろう。二十一世紀も不安の多い時代になるであろうから、宗教の力はますます強くなってくるであろう。果たして、神なき文明が再び神を見出すことができるのであろうか。

現代文明は、高度に発達した科学技術に支配された文明であって、これが世界の一様化と合一化をもたらしている。二十一世紀の地球文明も、この方向がより進展するであろう。しかし、科学技術が発展すればするほど、人々の不安は募り、不安の救済を求める要求は増大する。それにつれて、宗教の必要性もより高まっていく。とすれば、帝政ローマ時代の不安に応えて、地中海世界全体を覆う形でキリスト教が広まったように、二十一世紀の世界にも、地球全体を覆う世界宗教が登場してくる可能性もないわけではない。

もちろん、必ずしも、地球全体を統一するような世界宗教がなければならないというわけではない。今日のように、多くの宗教が共存し、それぞれの宗教的要求に応えるだけで十分だとも言える。どちらにしても、現代世界の宗教は、文明のもたらす精神的不安の表現として意味をもってくる。

宗教は、むしろ、世界的に統一されない方がよい。すべての宗教が一つに統一されてしまったなら、宗教は堕落し、その活力を失う。二十一世紀の世界が、また、多元性をもった世界でなければならないとするなら、われわれは、〈多様性の中の共存〉の可能性を求めていかねばならない。宗教的面でも、多くの宗教が、それぞれの相対性を認識しながら、宗教的寛容の精神をもって、共存していかねばならない。宗教は多様な機縁をもっており、宗教的真理に至る道も多様である。したがって、あらゆる宗教が、何らかの形で宗教的真理を表現している。とすれば、諸宗教は、枝葉末節のところで対立するのではなく、和解し、融和していかねばならない。

宗教と文明

宗教は、どの宗教でも、宇宙の根源的生命への確信に根差しており、人間の苦悩と罪悪からの救いを目指すものである。しかも、このような宗教が、神像や聖像を生み出し、神殿や教会や寺院を造り出し、それらを中心に、政治、経済、社会の営みが行なわれ、都市も成立してきた。このことを考えれば、宗教が文明の誕生と成立に果たした役割は大きいと言わねばならない。

また、この文明と文明の出会いから、より高度な宗教が登場してきたことも事実である。文明間の出会いは、戦争や闘争を生み出し、社会の大変動を引き起こし、その結果、人間の罪悪や苦悩についての深い洞察が生まれる。そこからの救済を求めて、仏教やキリスト教やイスラム教など、より高度な宗教が生まれ、それが全人類に開かれた宗教となった。これらの高度宗教が、文明の発展と維持に果たした役割も大きい。

さらに、文明の挫折と解体においても、宗教の果たす役割は偉大である。何より、文明の挫折と解体に伴って自覚される人間の貪欲、堕落、そして不安は、宗教のより高度な純化をもたらす。

さらにまた、この高度化した宗教は、文明の死と再生の橋渡しの役割をも引き受ける。宗教は、古い文明を葬り去り、新しい文明を誕生させるのにも、大きな役割を果たすのである。トインビーの言うように、宗教は、親文明と子文明の間の仲介者の使命を果たす。宗教は、文明の死滅と次の文明の発生までの空白期間中に貴重な生命の萌芽を保存する蛹《さなぎ》としての役割をもつのである。[45]

現代も、文明の挫折の時代と考えることもできる。したがって、二十一世紀も、不安の多い混沌とした時代になるであろう。科学技術の発展や経済成長による共同社会の空洞化も、十九・二十世紀同様、より進行していくであろう。社会のアトム化も、地球的規模で進行していくであろう。それに伴って、二十一世紀も、アトム化した大衆の不安の解消を約束して、多くの宗教が登場してくるであろう。しかも、それらの宗教が、共同体に根差した宗教ではなく、個人を基礎とした宗教になるであろうことは、二十世紀と変わりはない。今日、隆盛を極めている新宗教も、共同体の崩壊とともに、断片化した大衆の不安の解消を約束して登場してきた宗教である。それどころか、最近では、インターネットやヴァーチャル・コミュニティを利用して拡大している新新宗教も登場している。

しかし、これらの宗教が商業化し、救いと金銭を交換するサービス産業になってしまっていることも否定できない。さらに、それらの宗教教団が巨大組織化し、企業化していることも否めない。それらが、人間の苦悩や罪悪を深く自覚することなく、安易な癒しを供給するだけの組織にすぎなくなってしまったなら、それは宗教の堕落だと言わねばならない。これらの宗教が、すぐにも救済されるような幻想を作り出し、その幻想を撒き散らして、大衆を糾合していくだけのものになってしまったなら、それはまやかしの宗教である。すべてが救済される神の国は、それほど安易に地上の国に実現できるものではない。

シュペングラーも、文明の末期には、第二の宗教が生まれて、民衆を眠り込ませてしまうとみている。[46] この疑似宗教は、すべての疑問の解決を約束し、人々が疑いを抱かないようにしてしまう。そのため、人々は、心の解放感を求めて、ペテン師的予言者の前に跪くことになる。合理主義の裏返しとして、非合理的なものへの迷信や病的なものの魅力に引かれる傾向が強まり、心霊術など、祭儀的なものを求める風潮が復活してくる。そこには、本来の深い宗教体験が欠けている。それは、すでに宗教の末期症状であり、文明を暗黒時代に落とし込むものにほかならない。

それればかりでなく、二十一世紀は、民族紛争や地域紛争を背景にした宗教紛争も多発し、多くの破壊が行なわれることも予想される。さらに、それが過激化して、宗教テロリズムを起こし、殺戮が正当化されることもある。この点から言っても、宗教は常に堕落と紙一重であり、それほど簡単に宗教の時代の到来を称揚することはできない。

しかし、宗教といっても、単に教団や宗派、教会や寺院を意味するのではない。宗教は、本来、永遠根源的なるものを求める人間の願望である。だから、救済は、われわれの心の中にある。二十一世紀も不安の多い世紀になるであろう。しかし、それでもなお、地に足を着けて、自己自身のうちに確固とした場をもつ必要があるとするなら、それは、宗教による以外にない。

帝政ローマの新宗教

帝政ローマ時代も、現代同様、混沌とした不安な時代であった。社会の激変とともに、旧来の共同社会は崩壊し、人々は不安な生き方をしなければならなかった。土地の神々が退場し迷信が流行したのも、このような社会の動揺と不安を背景にしていた。

紀元一世紀のティベリウス帝の時代に、イオニア海のバクソス島付近で、嵐の夜、「大いなるパンは死んだ」という声を聞いたと称するタムスという名の船乗りが現われた。そのため、皇帝が、学者たちに命じて調査に当たらせたという。このように、一船乗りの幻聴が皇帝をも動揺させるほどの事件にまで発展したということは、当時の社会の背後に、何とはなしの不安があったことを表わすものであろう。それは、ローマの伝統的な神々の死と、それによって裏づけられていた価値の崩壊を告げるものだったのである。紀元一世紀のローマと言えば、ローマの帝政も確立し、安定と繁栄の時代のように思われている。しかし、その背景には、伝統的価値観の崩壊からくる不安が漂ってもいたのである。

外来の神々がどっと流入し、大衆の救済を約束する新宗教が登場してきたのも、繁栄の中の不安が下地になっていた。ローマ大衆は、〈パンとサーカス〉だけでは満たされぬ孤独と不安からの逃避を求めて、その救いを、新しい宗教の中に見出したのである。

なかでも、地中海東部から流入してきた数々の密儀宗教が、三世紀のローマ文明の急激な崩壊に乗じ、大衆の心をつかんで流布したのも、ローマ社会の危機と不安に根差していた。エジプトから渡来したイシス崇拝、アナトリア由来のキュベレ崇拝、イランから流入したミトラ信仰などは、その代表である。これらは、どれも、神秘的な祭儀でのエクスタシーを通して、神と合一し、永遠の生命と救いを獲得しようとするものであった。

これらの密儀宗教の特徴は、今日の新宗教同様、地縁的な共同社会に根差した宗教から、個人を基礎とした宗教へ転換したことである。ローマ社会の激変とともに、地縁的な共同社会が崩壊し、不安に陥った大衆は、このような宗教の集まりに参加し、悲惨なこの世の生活からの救いを得ようと願ったのである。それは精神的不安の表現だったのである。

シュペングラーは、『西洋の没落』の中で、この帝政後期の密儀宗教を、彼の言う第二の宗教に位置づけ、文明末期の終末的症状とみた(47)。そこでは、宗教本来の深さは失われ、ただ祭儀的なもののみが流行し、非合理的なもののみが信仰されると考えたのである。

ユダヤ教とギリシア・ローマ文明との対決の中から生まれたキリスト教も、救世主の再臨という魅力的な説ゆえに、ローマ帝国内の貧しい大衆の間に広まった。「イエス・キリストは神の子であり、イエスの十字架上の死は人類の罪の贖《あがな》いである。このイエスの贖罪を信じ悔い改めるなら、必ず神の恩寵はあり、その助けによって、われわれは永遠の生命と浄福を得ることができる」というのが、パウロの教義であった。パウロの教義は、信仰のみによって誰もが救われるという教えだったために、無力なローマの民衆に希望を与えた。

もちろん、キリスト教のローマ帝国内への普及は苦難に満ちたもので、何度も迫害を受けた。だが、これに対しては、キリスト教徒は激しく応戦した。このキリスト教迫害の背景にも、ローマ社会に潜む不安があったであろう。不安に陥った人々は、様々な災厄の原因をキリスト教に転嫁してもいったからである。しかし、キリスト教の迫害と護教との対決も、四世紀に、キリスト教が帝国によって公認され、国教となるに及んで、護教側の勝利に終わる。

トインビーは、ローマ文明の衰退はローマ文明の自殺によるものであり、キリスト教という新しい宗教の勃興は、ローマ文明の衰退の結果であるとみている。ローマ文明の衰退の結果、文明内に勃興したキリスト教の信徒たちは、次第にローマ文明の内的プロレタリアートと化し、これがキリスト教という世界宗教を生み出すことになった。(48) しかし、この生み出された普遍宗教も、文明の頽廃と滅亡を食い止めることはできなかった。帝政ローマ後期に国教となったキリスト教でも、西ローマ帝国の崩壊を救うことはできなかったのである。

終末と救い

五世紀には、西ローマは、西ゴート族やヴァンダル族の侵入に遭い、滅亡する。首都ローマをはじめ、蛮族の侵入に遭った各都市では、殺戮、略奪、飢餓が横行し、劇場や神殿や祭壇が破壊され、都市は廃墟と化した。かつて世界を征服し蛮族を支配したローマは、逆に、蛮族によって征服されるに至った。ローマの平和は永遠に失われ、ローマは終末を迎えたのである。人々は、このローマの滅亡に世界の終末の前兆を見、頽廃したローマに対する神罰を感じとった。そして、廃墟と化した都市の跡には、ただ永遠に変わらない大地だけが残ったのである。

「黙示録」は、ローマ帝国の終末の有様を予知して、世界の終末の恐るべき姿を、その独特の幻想の中で描き出している。

「ああ、わざわいだ、この大いなる都は、わざわいだ。そのおごりによって、海に舟を持つすべての人が富を得ていたのに、この都も一瞬にして無に帰してしまった。」

「金や宝石や真珠で身を飾っていた大いなる都は、わざわいだ。これほどの富が、一瞬にして無に帰してしまうとは。」

「倒れた、大いなるバビロンは倒れた。そして、それは悪魔の住む所、あらゆる汚れた霊の巣くつ、また、あらゆる汚れた憎むべき鳥の巣くつとなった。」

「ああ、わざわいだ、大いなる都、不落の都、バビロンは、わざわいだ。おまえに対するさばきは、一瞬にしてきた。」

この「黙示録」の中の大いなるバビロンの滅びについての記述には、第二のバビロン・ローマ帝国への呪詛が含まれている。[49]「黙示録」では、帝国の滅亡は、むしろ至福千年の前触れとして歓迎されているのである。

北アフリカのヒッポの司教、アウグスティヌスも、この「黙示録」の思想を引き継いでいる。四一〇年、アラリックの率いる西ゴート族が首都ローマに侵入、三昼夜にわたる殺戮と略奪と破壊を繰り返した時も、その報告を受けたアウグスティヌスは、これを神の懲罰と解釈した。そして、戦慄と不安に怯えている信徒たちに、永遠のローマは存在しないということ、さらに、われわれはわれわれ自身の中に永遠の宝を求めねばならないことを説いた。この事件を切っ掛けに、アウグスティヌスは、その後十四年をかけて、『神の国』を執筆、完成したのである。

四二九年、ガイセリックの率いるヴァンダル族が北アフリカへ侵入、諸都市が危機的な状況に陥った時も、人々は、恐怖と戦慄から、世界の終わりを確信した。アウグスティヌスがいたヒッポの町も、翌年、ヴァンダル族によって包囲された。アウグスティヌスは、ここでも、この蛮族の侵入は地上の国ローマに与えられた当然の罰であると説いた。しかし、神を信じ神の国を想望しつつ、逆境の中を耐え忍び、最後まで生き抜くことを勧めた。われわれは、地上の国への愛ではなく、神の愛に生きるべきだと主張したのである。

アウグスティヌスの主著『神の国』は、神の国と地上の国の起源、地上の国の歴史とローマの運命、神の国の永遠などについて叙述した〈歴史哲学〉の書であった[50]。それは、地上の国は罰せられ滅ぶが、神の国は永遠であることを語り、神の愛に生きることに希望を見出そうとしたものである。その背景には、地上の国ローマの崩壊からくる悲惨な体験があった。

地上の国は〈自己愛〉に根差し、神の国は〈神の愛〉に根差し、この〈神に背く愛〉と〈神に従う愛〉の二つの愛の葛藤によって、世界の歴史は形づくられる。

地上の国はアダムの罪（傲慢）に源をもち、カインの罪を経て、現実の地上の国、アッシリア、アレクサンドロス大王国、ローマ帝国となって出現した。そこに平和があったとしても、その地上の平和は支配と服従の関係に基づくものにすぎない。もしも、そこに正義が欠けていれば、それらは大盗賊団以外の何者でもない。だから、神から離反した地上の国は、永劫の罰を受けて破滅を免れない。罪に堕し傲慢によって成り立ったローマの支配も、破局という地上の国の運命を背負っている。第二のバビロン・ローマは、享楽と貪欲、奢侈と淫乱など、あらゆる悪徳と堕落によって、破滅の運命に定められている。ローマは、道徳的腐敗によって滅ぶのである。

それに対して、われわれは、自己愛から神の愛に転換することによって、地上の国から天上の国に移ることができる。天上の国においては、われわれの罪は赦され、われわれは、真の安息と平和、自由と至福、永遠の生命を得ることができるであろう。

アウグスティヌスの『神の国』は、彼自身が生きた終末期のローマを全実存をかけて問題とし、その苦悩の中から生み出された〈現代文明論〉でもあった。確かに、罪悪によって成り立っている人間の歴史も神の国によって支えられ、罪ある文明も神の愛によって包まれているのだと言わねばならない。

現代人も、ローマ人同様、大地から離反し、根源性を喪失し、魂を衰弱させている。その有様はすでに終末に近い。

文明の限りない膨張による人間と環境の破壊を考えるなら、現代もまた罪ある時代である。罪多い文明は、その罪ゆえに、ローマ文明同様、混乱と苦悩の中で次第に衰弱していくかもしれない。文明の解体は、文明内部の罪悪によって引き起こされるとも言える。

しかし、もともと、人間の歴史は人間の罪悪によって成り立っている。ならば、この人間の歴史的な罪や悪が、どこかで赦され救われる場がなければならない。その救いの場は、われわれが、そこから生まれてきた大地に帰り、大地の根源的生命に信頼を置くとき、立ち現われてくるであろう。人間は、大地から生まれ、大地に帰る。文明も大地から出て、大地へ帰還する。大地と生命への信頼、それが、本来、宗教の求めてきたものである。人間の救済は、歴史を越えたところに求められねばならない。人間の歴史的罪悪をそのままに、永遠の生命に自己をまかせるとき、救いはある。罪ある人間の歴史も、常に、永遠の大地、永遠の生命に支えられているのである。

註

（1）S・ハンチントン『文明の衝突』鈴木主税訳　集英社　一九九八年　第二章、第九章〜第十一章

（2）B・アンダーソン『想像の共同体』白石さや・白石隆訳　NTT出版　一九九七年　二二―二四頁

（3）ディオゲネス・ラエルティオス『哲学者伝』六・六三　北嶋美雪訳　世界文学大系63「ギリシア思想家集」筑摩書房　一九六五年　三七九頁

（4）Toynbee, *Change and Habit*, Oxford U.P.,1966, p.157（『現代が受けている挑戦』吉田健一訳　新潮選書　一九七六年　一八〇頁）

（5）S・ハンチントン　前掲書　第九章

（6）Toynbee, *A Study of History* V, Oxford U.P.,1979, p.194ff.（『歴史の研究』IX「歴史の研究」刊行会　一九六九年　二九五頁以下）

（7）Toynbee, *Civilization on Trial*, Oxford U.P.,1953, p.60（『試練に立つ文明』深瀬基寛訳「トインビー著作集」5　社会思想社　一九七五年　九五頁）

（8）Nietzsche, *Die Geburt der Tragödie*, Sämtliche Werke, Kröner 1964, S.179（『悲劇の誕生』二三　浅井真男訳　筑摩世界文学大系44「ニーチェ」筑摩書房　一九七二年　三〇四頁）

（9）Spengler, *Der Untergang des Abendlandes*, I Bd., Becksche Verlagsbuchhandlung, 1923, S.379ff.（『西洋の没落』第一巻　村松正俊訳　五月書房　一九七八年　二七五頁以下）

（10）Spengler, *Der Untergang des Abendlandes*, II Bd., Becksche Verlagsbuchhandlung, 1922, S.125–S.127（『西洋の没落』第二巻　村松正俊訳　五月書房　一九七八年　八八―八九頁）

（11）Toynbee, op.cit., p.215（前掲書　三一五頁）

（12）Kierkegaard, *Eine literarische Anzeige*, Gesammelte Werke 17, Eugen Diederichs 1954, S. 89ff.（「現代の批判」桝田啓三郎訳　世界の名著40「キルケゴール」中央公論社　一九六四年　三九一頁以下）

（13）Nietzsche, *Also Sprach Zarathustra*, Smätliche Werke, Kröner 1964, S.13–S.15（『ツァラトゥストラはかく語った』序説五　浅井真男訳　筑摩世界文学大系44「ニーチェ」筑摩書房　一九七二年　一〇―一一頁）

（14）Spengler, op.cit., S.445（前掲書　二九八頁）

（15）ペトロニウス『サテュリコン』国原吉之助訳　岩波書店　一九九一年

（16）ホラーティウス『歌章』三・二・一　藤井昇訳　現代思潮社　一九七三年　一一五頁

（17）ホラーティウス『風刺詩』一・一〇・七二〜七五　鈴木一郎訳　世界文学大系67「ローマ文学集」筑摩書房　一九六六年　一六六頁

（18）セネカ「幸福なる生活について」樋口勝彦訳『幸福なる生活について・他一篇』岩波文庫　一九七〇年　八―九頁

（19）ローマ・クラブ『成長の限界』大来佐武郎監訳　ダイヤモンド社　一九八三年

（20）Spengler, op.cit., S.119–S.121（前掲書　八四―八五頁）

（21）ギボン『ローマ帝国衰亡史』Ⅵ　朱牟田夏雄訳　筑摩書房　一九九二年　一八七頁

（22）「ヨハネの黙示録」八・八〜一一『聖書』日本聖書協会　一九六九年　三九四頁

（23）同　九・六　三九五頁

（24）ダニエル・ベル『資本主義の文化的矛盾』上　林雄二郎訳　講談社学術文庫　一九七六年　一二五―一二六頁

（25）Toynbee, *A Study of History* IV, Oxford U.P.,1979, p.119ff.（『歴史の研究』Ⅶ「歴史の研究」刊行会　一九六八年　一八八頁以下）
A Study of History V, Oxford U.P.,1979, p.376ff.（『歴史の研究』Ⅹ　一九六九年　一六七頁以下）

（26）Spengler, *Der Untergang des Abendlandes*, I Bd., Becksche Verlagsbuchhandlung, 1923, S.70 (Tafeln)（『西洋の没落』第一巻　村松正俊訳　五月書房　一九七八年　六二―六五頁）

（27）ホラーティウス『エポーディー』一六・二　一六・九〜一〇『詩人ホラーティウスとローマの民衆』中山恒夫著　内田老鶴圃新社　一九七六年　三八頁

（28）ホラーティウス『歌章』三・六・一三　藤井昇訳　現代思潮社　一九七三年　一三四頁

（29）セネカ「人生の短さについて」一六・四　樋口勝彦訳『幸福なる生活について・他一篇』岩波文庫　一九七〇年　八四頁

（30）ユウェナーリス『サトゥラエ』一・一四七〜一四九　藤井昇訳　日中出版　一九九五年　一五頁

（31）タキトゥス『アグリコラ』三〇―三四　国原吉之助訳　世界古典文学全集22「タキトゥス」筑摩書房　一九六五年　三四〇―三四三頁

（32）Spengler, op.cit. Einleitung, I Kap. IV Kap.（前掲書　緒論・第一章・第四章）

(33) Toynbee, *A Study of History* IV, Oxford U.P.,1979, p.5ff.（『歴史の研究』Ⅶ「歴史の研究」刊行会　一九六八年　一四頁以下）
(34) Spengler, op.cit., S.47（前掲書　四三頁）
(35) セネカ　前掲書　一三・一～三　七六頁
(36) Spengler, *Der Untergang des Abendlandes,* II Bd., Becksche Verlagsbuchhandlung,1922, S.127 S.630（『西洋の没落』第二巻　村松正俊訳　五月書房　一九七八年　八九頁、四一一頁）
(37) Nietzsche, op.cit., S.13-S.15（前掲書　一〇―一一頁）
(38) Spengler, *Der Untergang des Abendlandes,* I Bd., Becksche Verlagsbuchhandlung, 1923, S.70 (Tafeln)（『西洋の没落』第一巻　村松正俊訳　五月書房　一九七八年　五七―六五頁）
(39) Toynbee, *A Study of History* IV, Oxford U.P.,1979, p.115ff.（『歴史の研究』Ⅶ「歴史の研究」刊行会　一九六八年　一八一頁）
A Study of History V, Oxford U.P.,1979, p.1ff.（『歴史の研究』Ⅸ　一九六九年　三頁以下）
(40) ウォールバンク『ローマ帝国衰亡史』吉村忠典訳　岩波書店　一九七七年　七八―九〇頁
(41) セネカ「マルキアあて、心の慰めについて」一九・四～五「ポリビウスあて、心の慰めについて」九・六～九『道徳論集（全）』茂手木元蔵訳　東海大学出版会　一九九〇年　三三―三四頁　六三―六四頁
(42) セネカ「怒りについて」一・一二・二～四　同書　一三二―一三三頁
(43) エピクテートス『要録』鹿野治助訳　世界の名著13「キケロ、エピクテトス、マルクス・アウレリウス」中央公論社　一九六八年
(44) マルクス・アウレリウス『自省録』神谷美恵子訳　岩波書店　一九八四年
(45) Toynbee, *A Study of History* VII, Oxford U.P.,1979, p.392ff.（『歴史の研究』XV「歴史の研究」刊行会　一九七〇年　二三頁以下）
(46) Spengler, *Der Untergang des Abendlandes* II Bd., Becksche Verlagsbuchhandlung, 1922, S.381f.（『西洋の没落』第二巻　村松正俊訳　五月書房　一九七八年　二五七―二五八頁）
(47) ibid.,S.384（同書　二五九頁）
(48) Toynbee, *A Study of History* V, Oxford U.P.,1979, p.74ff.（『歴史の研究』Ⅸ「歴史の研究」刊行会　一九六九年　一一二頁以下）
(49)「ヨハネの黙示録」一八・二～一九『聖書』日本聖書協会　一九六九年　四〇三―四〇四頁
(50) アウグスティヌス『神の国』茂泉昭男ほか訳「アウグスティヌス著作集」11～15　教文館　一九八〇年～一九八三年

あとがき

二十一世紀はどのような時代になるか。二十一世紀にわれわれは何をすべきか。このような問題を論じた議論は、二十世紀末以来、各方面から盛んに提示されてきた。それは、科学、技術、産業、経済、政治、社会、文明、あらゆる方面からなされてきた。

しかし、それらの多くは、「二十一世紀はこうなる」というような予測や、「二十一世紀はこうすべきだ」というような掛け声に終始していたように思われる。確かに、二十一世紀という巨大な岩石を運ぶには、測量も掛け声も必要ではあろう。だが、それらは、ややもすれば、単なる叫びに終わってしまっているようにも思える。それ自身、未来への不安を表わすものでもあろうが、同じ未来を論じるにも、もう少し冷徹な認識と現実凝視が必要ではないか。

一般に、未来論には、素晴らしい夢のような未来が訪れるというユートピア論か、あるいは、未来には人類滅亡が待っているというような逆ユートピア論の両極に分かれる傾向がある。

おおまかに言って、科学技術の方から論じられる未来論には、バラ色の未来を思い描くものが多いように思われる。しかし、それらは、人間の精神的な部分を度外視しているため、科学技術が人間精神に及ぼすマイナス面を見落としていることが多い。現に、二十世紀も、科学技術は長足の進歩を遂げたが、これによって、かえって戦争は想像を絶するような悲惨なものになり、人間精神はむしろ退化したのである。二十一世紀も、科学技術はさらに発展していくであろうが、その人間精神に及ぼす影響を無視したなら、片手落ちになってしまう。

また、環境問題や人口問題などから論じられた未来論には、世界と人類の破滅を予測するようなマイナス予言が多いようにみえる。しかし、ここには、逆に、人間の技術の進歩や、それに向けての努力を見落としている面がある。社会技術も含めた技術の進歩を期待するなら、地球環境問題や人口問題も、それほどまでに破局的なことにはならないのではないか。少なくとも、せいぜい文明が衰退していく程度であって、人類滅亡というような進化論的段階に至り着くのは、もっと遠い先のように思われる。

実際には、未来は、言われるほど明るく素晴らしい時代にもならず、言われるほど暗く破滅的な時代にもならないものである。特に、二十一世紀に限れば、混沌とした曖昧な時代が続くように思われる。

そのような見方を背景に、主に人間の精神的な部分に照明を当てて、二十一世紀をできるだけ冷静に眺めてみようとしたのが、本書の意図したところである。もちろん、未来は予測不可能に近く、軽々しく語るべきものではない。未来を語るにも、まず、過去を振り返る必要がある。また、過去の知恵以外に、未来を照らす灯火はないとも言える。だから、本書でも、二十世紀末にすでに現われていた予兆はもちろん、十九世紀から二十世紀にかけての世界史の傾向、さらに、古代のヘレニズム・ローマ時代の人々の事蹟をも参照しながら、できうるかぎり慎重に未来を見通すことに努めた。未来を語ることは、過去を語ることでもあり、過去を語ることは、未来を語ることでもある。

しかし、その考察の結果は、二十一世紀も、十九・二十世紀の構造と基本的にはそれほど変わっていないと言わねばならない。十九・二十世紀の文明論的特徴を三つあげるとすれば、〈科学技術の進展〉と〈大衆社会化〉と〈文化の低落〉をあげることができる。十九世紀以来の現代文明は科学技術に支配された文明であって、科学技術の進展が、経済、社会、政治の構造、さらに文化や人間精神のあり方をも規定してきた。この点では、十九世紀から、二十世紀を経て、二十一世紀まで、連続したものがある。ただ、時代を追うごとに、この文明構造が地球大化してきた点だけが違う。

とするなら、十九・二十世紀同様、二十一世紀も、科学技術の進歩の反面、文化や精神の問題は残ることにもなる。

文明が進展すればするほど、われわれの魂は文明の毒をも呑み込むことになるからである。しかも、二十一世紀文明のグローバル化に伴い、この精神的頽落は地球大的に蔓延することになる。

もっとも、すでに、このような問題を真摯に考察していたのは、一九三〇年代前後の西洋の思想家たちであった。ここでも、科学技術や大衆社会化や文化的低落の問題が深く論じられてきた。彼らが問題にした事柄は、二十一世紀も、基本的には変わらないであろう。これら一九三〇年代前後の思想家のうち、本書の中では、特にシュペングラーとトインビーを取り上げ、彼らの文明論的考察を参照しながら、二十一世紀を考察してみた。彼らの考察の中に、二十一世紀の文明状況についての鋭い洞察を読み取ることができたからである。

本文でも繰り返し語ってきたように、二十一世紀も混沌とした不安な時代になるであろう。混在する文化の中で、伝統から離脱し心の支柱を失った故郷喪失者たちが、水平化し平均化した世界を浮遊していく不安な時代、それが二十一世紀という時代の心象風景である。本書が主に記述してきたことは、このような心の風景である。と同時に、本書では、その叙述を通して、この不安な時代をどのように生きていくべきかについても考察した。

本書は、今まで著者が様々な観点から論じてきた〈現代文明論〉に属する著作の一つである。今回は、まだ展開していない〈未来〉について考察した点が、今までの諸著といくらか趣を異にしているが、その視点は、これまでのものとそれほど変わってはいない。さらに、人間とその文明がそこから生い立ちそこへ帰り行くところを見つめながら、なお確固とした地盤を見出したいという希望に、本書の記述が動かされている点も、これまでと同様である。ただ、現在は、この現代文明論で考察してきた諸問題を思想的に包み越える方向で、著者なりの思索を展開していきたいと思っている。

平成十三年（二〇〇一年）晩秋

付　論

東アジア時代の検証
多様性の中の共存
世界の政治的統合に向けて

東アジア時代の検証

東アジアの時代

『文明の転換と東アジア』（一九九二年・藤原書店刊）は、「トインビー市民の会」が主体となって、一九八九年から一九九一年にかけ、日本、韓国、中国で開催した「トインビー生誕一〇〇年・アジア国際フォーラム」で報告された東アジアを巡る有識者の論考と交流の報告である。ここでは、今日成立しつつある地球文明の中での東アジア諸国、特に日本、韓国、中国のいわゆる儒教文明圏の位置づけと、その果たすべき役割について、各国の研究者が各方面から報告し、東アジアの将来について真剣に討議している。

確かに、二十世紀末の世界史の現段階を眺めれば、今世紀の二度の大戦を経て、さらに第二次大戦後の米ソの冷戦の終結を迎えた現在、西欧文明および西欧文明が生み出した諸システムに翳りが見え、それに反比例するように、急激に東アジア諸国が興隆してきている。もしも、世界史に重心というものがあるとすれば、世界史の重心は、十九世紀のヨーロッパから、二十世紀のアメリカやソ連へ、さらに二十一世紀のアジアへと移動しつつあるように見える。その意味でも、現代は、大きな文明の転換期に面していると言える。とすれば、東アジア諸国がどのようなしかたでこの地球文明の創造に参加するかは、二十一世紀に向けての世界史の運命の決定において、重要な役割を担っていると言わねばならない。吉澤五郎氏が「まえがき」の中で言っているように、西欧とアジアの逆転現象が様々の面で見られる今日、これまでの知的枠組みを越える創造が求められており、視点そのものの転換が要請されていると言えよう。

だが、この東アジアの時代はどのようにして成立してきたのであろうか。最近の東アジアの興隆は、主にその経済発展によって支えられている。この経済発展が物資の大量生産と大量消費のシステム作りであったとすれば、その源泉は、遠く十八世紀末のヨーロッパにおける産業革命にまで遡ることができる。

十八世紀後半から十九世紀にかけて、産業革命による工業社会の形成に成功したヨーロッパは、その経済力と、それに支えられた軍事力によって、ヨーロッパ外の世界にその勢力を拡大していった。この近代ヨーロッパ文明の世界化という現象を考慮せずして、現代の地球大的な産業技術文明の興隆は考えることができない。非ヨーロッパ世界は、ヨーロッパ諸国によって植民地化された場合でも、されなかった場合でも、いずれにしても、ほとんど強制的に、この物質的に優位を誇るヨーロッパ近代文明を受容せざるをえなかったのである。西欧化あるいは近代化と言われる過程がそれであった。そのかぎり、神川正彦氏が、論文「東アジアの文明論的パースペクティヴと日本」の中で明らかにしているように、十九・二十世紀は、ヨーロッパ近代文明が中心文明となった時代である。他の諸文明は、過去にいかに偉大な歴史をもっていようとも、ヨーロッパ近代文明の優位の前に、順次、周辺文明化されていったのである。周辺文明化された非ヨーロッパ諸文明は、中心文明としてのヨーロッパ近代文明からの文化変容の圧力を、外発的に、否応なく受けざるをえなかった。そして、諸文明は、それぞれの歴史的条件の下で、外来と土着、近代化と伝統の間の葛藤を演じながら、世界化したヨーロッパ近代文明の枠組みの中へと組み入れられていったのである。

ところが、二度の大戦後、特に二十世紀後半の世界史においては、様々の形でヨーロッパ近代文明を受容した非ヨーロッパ世界が、民族独立運動などを通して、権利主張をしだし、ヨーロッパは逆に植民地を失い、政治勢力としては急激に矮小化せざるをえなかった。今日の東アジアの抬頭も、この二十世紀後半の歴史を前提にしている。東アジアの昨今の隆盛をみると、今後は、もしかしたら、東アジアの方が中心文明となり、ヨーロッパの方が周辺文明化されるのではないかとさえ思われるほどである。

しかし、今日の東アジア諸国が推し進めている経済成長の原理は、どこまでもヨーロッパ近代が生み出した産業技術文明の原理によっている。今日の東アジアは、ヨーロッパ近代の原理をヨーロッパ以上に推し進めることによって、ヨーロッパ諸国を凌駕しようとしていることになる。とすれば、よく言われるように、「西洋文明は行き詰まった。これからは東洋文明の時代だ」という単純なスローガンは、必ずしも成り立たないであろう。この報告書の中では、それほど単純なスローガンが叫ばれているわけではないが、しかし、西洋文明の翳りを東洋文明の伝統の再生によって克服しうる方向を、かなりの報告者が示唆しているように見受けられる。しかし、ヨーロッパ近代文明の地球大的な拡大によってもたらされた多くの弊害は、どの文化圏でも、近代化すればするほど免れないのだから、それほど素朴に東洋文明の復権を主張することはできないであろう。

現代の課題

ヨーロッパ近代文明の世界化によって成立してきた現代の地球文明には、様々の問題が内包されており、もしもそれを放置しておくなら、場合によっては、その漸進的自滅さえ予想される。南北問題もその一つである。近代化を果たした北の先進諸国と、まだその途上にある南の発展途上国との格差が、南と北の抗争・分裂をもたらし、現在成立しつつある地球文明を内部から解体していく危険性がないわけではない。この問題と関連して、人口問題も無視できない課題である。特に、発展途上国が抱えている過剰人口の問題をどのように解決していくかは、今日の地球文明にとっての最重要課題と言ってよい。もしも、この問題を解決できなかったなら、南から北への難民の流入が激しくなり、一種の民族移動が起きて、それが北の先進諸国の文明を食い潰していくことにもなりかねない。この人口問題とも連関して、盛んに叫ばれている地球環境問題も、人類が抱えている重要な問題である。産業技術文明の発展による地球環境の破壊は地球の生態系の破壊をもたらし、人類の生存さえ脅かしかねないと言われている。また、民族問題も重要課題である。東西冷戦の終結は東西の最終的対決を回避し、世界に平和をもたらすかにみえたが、逆に、米ソの支配力の低下とともに、多くの民族分裂や民族紛争が頻発している。これらの問題を放置しておくなら、世界は抗争と分裂を助長し、それが文明の没落をもたらす可能性さえある。

この人類が自ら築き上げてきた文明の挑戦に対して、何らかの創造的な応戦をしていくとすれば、様々の面での共生のシステムを作り上げていく以外にない。南と北との共生、自然と人間との共生、民族と民族の共生のシステムを作り上げ、多様な文明が共存する多元的文明世界を築き上げていかねばならない。多様性の中に統一があり、統一の中に多様性が保存されているような文明世界の構築が必要であろう。トインビーの文明多元論と世界国家論は、この多と一の統合をはかる上において重要な知恵であろう。神川氏も前掲論文で述べているように、今日の世界では、もはや、ある別の国家が覇権を握ることによって文明の交代が行なわれる時代ではなく、今日の地球文明そのものが自己変容して、新しい地球文明を作っていく以外にないのである。

トインビーは、そのような現代文明の危機を克服するのに、もはや西欧文明の原理によってしては不可能だと考えている。産業主義に裏付けられた西欧文明は、軍備拡張競争をもたらし、環境破壊をもたらし、南北の格差を増幅したとみる。西欧は活気づけ分裂させることはできるが、安定させることも統合することもできないという。かくて、トインビーは、西欧文明主導の時代はすでに終了し、これらの西欧文明がもたらした矛盾を解決するには、中国を中心とした東アジア主導の時代に入らねばならないと考え、中国を主軸とした儒教文明圏に期待したのである。(『図説歴史の研究』)

中国への期待

確かに、神川氏も語っているように、現代の地球文明が抱えている危機状況から、それを克服するために地球文明自身が自己変容を行ない、自己転換していくためには、中心文明から周辺文明へという方向ではなく、逆に、周辺文明から中心文明への変革が必要かもしれない。周辺文明は多様性に富んでいる。その多様性の中から、文明克服の糸口を見つけることも不可能ではないかもしれない。だからこそ、トインビーは、中国を中心とする東アジアの儒教文明圏に期待したのである。

トインビーのみるところによれば、中国には儒教に裏付けられた中道精神があり、それは安定性の原理になるという。安定社会は近代化には遅れるが、しかし、その遅れていることが逆に有利に働くと考える。また、中国にある集団主義的平等主義は、西欧文明がもたらした個人主義的不平等を克服しうるという。中国には広い国土があり、多くの人口を擁し、豊富な資源と文化的伝統があり、人々は勤勉で、かつ農業と工業のバランスがとれている。その中国が日本と協力したなら、アジアの安定がもたらされ、それは、将来の世界平和に貢献するであろう。西欧文明は、物質主義的で、軍国主義的で、環境破壊や人間性の崩壊をもたらした。現代の世界は、工業化がもたらしたこのような弊害を克服しなければならない時にきている。トインビーは、この脱工業化の方向づけにおいて中国の精神的遺産が貢献するだろうと期待し、中国を米ソに代わる未来の国と評価したのである。

しかし、このようなトインビーの中国への期待は、今日までの中国を見る限りは、期待外れに終わっていると言わねばならない。トインビーは、中国社会に、伝統に基づく中道精神と安定性を見たけれども、少なくとも、コミュニズムは中道とは言えないし、国共内戦から中共の成立、文化大革命から開放政策へという社会の大きな変動は、およそ安定性というものからは縣け離れた社会の激変と言わねばならない。トインビーは、また、中国社会に集団主義的平等を見たけれども、その集団主義は全体主義的統制によるものであって、自由の圧殺の上に築かれたものである。

平等においても、低い方への一律平均化にすぎず、実際には、指導する者とされる者の間の不平等は資本主義国以上に見られる。トインビーは、脱工業化の世界的潮流と中国の精神的伝統を結合したけれども、それに反して、中国自身は、文革から改革開放へと一貫して工業化を目指してきた。トインビーは、西側先進国は工業化によって環境破壊をもたらし、人間性の崩壊をもたらしたと言うが、今日の中国自身、何より環境破壊と人間性崩壊の病に罹っているのが現実である。中国自身、共産主義によって、一貫して、先進国に追いつくための工業化政策をとってきたのである。したがって、少なくとも現在の中国のシステムは脱工業化のモデルにはなりえないであろう。

考えてみれば、中国も、中華民国以来、近代化という名において、西洋化を一貫して追求してきた。したがって、西洋文明に根差す物質主義と軍国主義の病理からは、中国自身も免れえなかったのである。中国も、アヘン戦争の敗北を機に、それ以来、絶えず西洋の近代文明を導入してきた。共産主義も、その遠い源泉を尋ねれば、十九世紀後半のヨーロッパが生み出した異端の思想であった。しかも、それは、非ヨーロッパに受け入れられると、どこでも、近代化の一方法という意味をもつようになり、形を変えた西洋化という意味をもつに至った。したがって、共産中国も、軍事、農業、工業、教育、科学技術、あらゆる方向での近代化を目指している。とすれば、また、近代化・西洋化の悪弊も同時に入ってくるのであって、その弊害から局外者でいることはできない。

この報告書の中でも、中国の陳瑛氏は、「挑戦の試練と応戦の英知」という題で、トインビーが『歴史の研究』の中で扱っているこの問題を、中国文明に当てはめて考察している。そこで、中国の諺を引いて、「網戸を取り付けて、新鮮な空気を入れ、蠅や蚊が入って来るのを防ぐ」と言っているが、文明の流入においては、このようにはいかないのが現実である。一旦開放すれば、西側先進国の腐敗も、環境破壊も、拝金主義も、さらに政治的自由の要求も何もかもが入ってきて、その国の屋台骨を揺るがすことにもなる。中国を体とし、西洋を用にのみ限定することは、実際には不可能なのである。トインビーも、『歴史の研究』の中で、文明と文明の空間的接触について、「一つのことがもう一つのことを引き起こす」という法則を発見している。小林多加士氏も「東アジア文化圏のダイナミックス」という論文の中で引き合いに出している中国のテレビ・ドキュメンタリー『河殤』（黄河文明の傷み）では、中国が絶えず伝統文化の全面否定つまり全面的西欧化に向かうかと思えば、他方では、徹底的に保守的伝統主義に走ってしまう欠陥が指摘されているが、この悩みは十九世紀の清朝末期以来続いてきた中国の苦悩であった。今日の中国は、再び、その開放政策によって西側先進国文明を受け入れ、同時にその悪弊をも呑み込んでいるのが現状である。この面から言えば、現在までの中国は、トインビーの期待には応えていないと言わねばならない。

韓国・日本への期待

この地球文明の転換に、東洋の遺産、特に儒教精神に期待するとすれば、むしろ、その精神が根強く残っている韓国に期待することができるかもしれない。現に、この報告書の中でも、「韓国とトインビー」と題した挨拶の中で、韓国の金起東氏は、未来の世界史が儒教文明圏によってリードされるであろうというトインビーの予測を紹介しながら、概略次のような趣旨を述べている。「今まで西欧文明主導のもとで無制限な工業化を推進した結果、自然環境が破壊され、人間疎外が起きた。今日、世界の合一化に向けての新しい人間像が求められている。その点では、儒教文化圏、特に韓国が、長い伝統の中で培ってきたヒューマニズム精神が貢献し得るであろう」と。また、同じく、李洋基氏も、「儒教文明圏の将来と韓国」という論文の中で、人間の非人間化を防ぎ、人間の尊厳と自由を回復するには、韓国の家族制度の中で守られてきた儒教倫理の評価が必要だという意味のことを述べている。また、神山四郎氏も、「トインビーの文明史から」という論文の中で、身分制社会の上に立てられた〈礼〉のモラルを身分差のない近代社会の中に実践できたら、欧米型の個人主義ヒューマニズムとは違ったヒューマニズムができるだろうと述べ、韓国の文明史的役割について期待を表明している。

しかし、韓国においても、現在、その急激な近代化の潮流の中で、むしろ、旧来の儒教精神が阻害要因になってきてもおり、儒教精神も世代を追うごとに次第に説得力を失いつつある面は見逃せない。また、韓国の儒教にも問題がないわけではない。白道根氏も、「トインビーの中国観と韓国文明」という論文の中で、朝鮮における家族主義的原理としての〈仁〉の原理に偏りすぎた結果、社会中心的な〈義〉の原理がおろそかにされた点を指摘している。また、最近の韓国社会で問題になっていることだが、韓国の儒教には必ずしも勤勉を尊ぶ教えはなく、むしろ文によって立つことを尊び、額に汗して働くことを蔑む傾向にあり、それが韓国の発展の阻害要因になっているとも言われている。いずれにしても、経済発展という名において近代化を推進していこうとすれば、旧来の儒教精神を解体していかねばならない面もあり、韓国においても、儒教精神は次第に衰退しつつあると言わねばならない。

日本においても、確かに、明治近代国家の形成においては、江戸時代から培われてきた儒教の〈義〉の精神が貢献したが、その後、大正、昭和とかけ、特に第二次大戦後、復興経済から高度成長経済の結果、急激な経済発展による資本主義の爛熟とともに、そのような儒教精神は雲散霧消してしまったというのが現実である。

儒教再生は可能か

このように、東アジアの儒教文明圏においても、共産主義による近代化にしても、資本主義による近代化にしても、いずれにしても、儒教精神は急激に衰退していっているというのが実際であって、それほど安易に儒教の再生を主張することはできないであろう。儒教の再生には、多くの困難があると言わねばならない。なるほど、旧来の儒教倫理が経済発展に寄与している面もあるけれども、それとても、経済発展という名の欲望の増大が旧来の倫理を利用し、その手段に使っているだけなのかも知れず、本来の質実剛健の精神からは程遠いものがある。確かに、東洋には、大同、中道、和、自助、質素、知足などの精神がある。それらの精神が今なお健全に生きているのなら、あるいは、今日の地球文明の抱える問題を克服し、新しい文明を形成する営為において貢献しうるかもしれない。だが、それらの精神を培ってきた東洋自身が、ここ二〇〇年の間、時代を追うごとに、近代化という名において、そのような精神的遺産を失い、食い潰してきたのである。むしろ、そうすることによって、今日の東アジアは、経済発展を遂げてきているという面もある。

今日の東アジアも、人口問題や環境問題や民族問題など、多くの問題を抱えている。これらの問題は、ヨーロッパ近代文明が抱え込んだ問題であるが、それと同じ問題を、近代化の進展とともに、東アジアも増幅して抱え込んでいる。トインビーは、西欧文明は物質的繁栄にのみ固執し、精神的エネルギーを忘れたと批判しているが、しかし、これと同じことは、今日の東アジアについても言えるのであって、それほど単純に、西欧文明の限界を東アジア文明圏が克服しうるとは言えないであろう。

なるほど、中心文明の弊害を克服するには、その中心文明によって周辺文明化された文明圏の伝統的原理を一般化して、文明の転換をはかる以外にないかもしれない。しかし、それは、言葉で言うほど簡単なものではない。周辺文明が相変わらず中心文明の原理を推し進め、中心文明の弊害を拡大しているからである。したがって、「西洋は行き詰まっている。東洋の精神によって克服しなければならない」というような単純なスローガンを、勝ち誇ったように叫ぶことはできないであろう。確かに、今日、東アジアの時代が到来しつつあるが、それは、徹底的に近代の原理を追求し、儒教など伝統的精神を犠牲にし、資源を浪費し、環境を破壊することによって、生産力を上げ、どこまでも効率を追求してきたからである。その経済力が、今、ヨーロッパをも凌ぐほどになってきたことに助けられて、その自信の下で、それを東洋の精神の勝利と主張したとすれば、そこには欺瞞があると言わねばならない。そのような叫びは、単なる経済的パフォーマンスのバブルのようなものにすぎないからである。そこからは、それほど創造的なものは生み出されないであろう。それは、単に、経済的優位の表現にすぎない。

かつて、十九世紀に、ヨーロッパ自身が経済的軍事的優位を誇示していた時は、それはヨーロッパの合理精神の勝利とみられた。しかし、二十世紀になって、ヨーロッパの経済的軍事的優位が崩れると、逆に、ヨーロッパ精神への自信喪失の嘆きが、当のヨーロッパ人自身から聞かれるようになったのである。単なる経済や軍事の力の消長の反映として出ては消えていくスローガンは、それほど信用できるものではない。かつて、ロシアにおいて、十九世紀初め、ナポレオンが攻め込んで来た時、ロシアはそれをどうにかして追い返すことができた。それができたのは、実際には、ピョートル以来の軍備の近代化・西洋化の成果と冬将軍の力によるところが大きかった。ところが、一旦ナポレオン軍に勝利を収めるや、ロシアでは、逆に、それをスラブ精神の優秀性の証と主張するスラブ伝統派が抬頭し、そのため、ロシアの近代化・西洋化を遅らせてしまうことになった。

ちょうどそれと同じように、今日の東洋文明再評価の動きが、単なる東アジアの経済力の反映にすぎなかったとすれば、それは全く皮相なものになってしまうであろう。今日の日本、韓国、中国、どれを見ても、トインビーが抱いた期待には必ずしも応えていない。日、韓、中とも西洋近代文明の弊害を超克してはおらず、むしろ、その弊害をそのまま呑み込んでしまっているのが現実の姿だからである。東アジア諸国も、近代化という名において、伝統的美風は失われ、環境は破壊され、人心は荒廃し、近代の同じ病を病んでいる。それほど簡単に、東アジアが現代文明の危機を克服しうると言うことはできないであろう。

東アジアにおける過去の遺制の再生を、それほど安易に語ることはできない。行き詰まった西洋文明を東洋文明によって克服し、新しい文明を創造しよう、という一見耳障りのよいスローガンには、吟味すべき多くの問題があると言わねばならない。東アジア自身、行き詰まった西洋文明の原理を自ら推し進めているとともに、自らの伝統から離脱してしまっているからである。

トインビーは、この巨大な技術文明の後に精神文明がやってくることを予感していた。確かに、このことはありうることであって、この現代の巨大な技術文明が衰退に向かい、人々の不安が増大していけば、宗教が興隆し、精神文明が創造されてくることはありうる。しかし、古代ローマのキリスト教でさえ、古代ローマの崩壊を救うことはできなかった。ただ、わずかにキリスト教だけが生き延びて、次のヨーロッパ文明およびビザンツ文明を作り上げるのに貢献しただけであった。それと同じように、二十一世紀になるか、二十二世紀になるかは分からないが、新しく興隆してくる宗教たりとも、この巨大な技術文明の弊害を克服することはできないであろう。それは、単に、文明の衰退に伴う不安の表現にすぎないからである。もしかしたら、その宗教の果たせる役割は、この文明の衰退に対して引導を渡すことだけなのかもしれない。しかも、その新しい宗教が、儒教の再生によってもたらされるのか、あるいは仏教の再生によってなのか、あるいはヒンズー教の再生によってか、あるいはイスラム教なのか、あるいはキリスト教なのか、それとも全く新しい宗教が登場してくるのか、にわかに判断することはできないと言わねばならない。

多様性の中の共存

統合と分散

二十一世紀の初頭にあたる今日、世界史はどのような方向に動いていっているのであろうか。

二十世紀末の旧ソ連の崩壊と諸民族共和国の独立は、民族主義が共産主義という普遍主義を滅亡させた動きであった。第二次大戦後も、西洋の植民地支配からアジア・アフリカ諸国が次々に独立していったが、ちょうど、これと同じような動きであった。

とすれば、中国でも、遠からず、自由化の動きは起きてくるであろう。かつて、アヘン戦争で敗北した清朝は、洋務運動によって西洋の技術を導入しようとしたが、単なる技術の輸入に終わったために失敗、法体制や政治システムの改革を求める変法自強運動が起きるが、これも頑迷な保守派廷臣のために失敗、そのため、清朝は滅亡の道を歩んだ。これに似たことは、今日の中国にも成り立つ。一九八九年の天安門事件は、経済の自由化のためには政治の自由化が必要だとする政治改革の要求であったが、変法自強運動同様、失敗した。今日の中国政府は、政治的には一党独裁体制を堅持しながら、経済的には改革開放路線を推進、目覚ましい発展を遂げている。しかし、これも、ますます深まる貧富の格差や中央・地方の格差など、多くの矛盾をかかえているから、かつての中体西用路線と同様、いつか破綻するであろう。かくて、中国の一党独裁体制が崩壊すれば、今度は、チベットやウイグルや内モンゴルなどの民族自治区の自決運動が抬頭、中国という地球上に最後に残った植民地帝国は崩壊していくであろう。台湾も独立するであろう。ここでも、民族主義が、共産主義という普遍主義を滅ぼしていくことになる。

旧ソ連の崩壊による各民族共和国の独立にしても、あるいは、ロシア共和国内における各民族共和国の独立の可能性にしても、中国からの各民族自治区の独立の可能性にしても、どれも、共産主義と自由主義というヨーロッパ近代が生み出した二つの普遍主義の対立が解消し、各国とも、両者の対立にもはや束縛されなくなったことから起きている。第一次大戦後にしても、第二次大戦後にしても、冷戦終結後にしても、大国同士の大きな戦いが終わった後には、その大国によって支配されたり、分断されたり、その戦いの狭間で息を潜めていた小民族が胎動し、自己主張してくる。

さらに、二十一世紀は、アメリカの一極支配に対するイスラム過激派勢力からの反抗が、世界史の動向を左右する重要な問題として登場してくる。もちろん、イスラム勢力も多様だから、これを、必ずしも〈文明の衝突〉と断定することはできない。イスラム諸国家が、イスラム勢力も、近代化路線を取る勢力から反近代化路線を取る勢力まで様々であり、一枚岩ではない。イスラム諸国家が、一丸となって、欧米キリスト教諸国と戦っているわけではないのである。しかし、イスラム過激派からの例えばテロリズムによる反抗は、アメリカが推し進めるグローバリズムに対する反抗であることは確かである。この反グローバリズムの動きをみても、世界は分散の方向に向かっていると言える。

世界史の各時代には、一般に〈統合の時代〉と〈分散の時代〉がある。今日の世界中で演じられている民族主義の復活や原理主義の動きは、〈分散の時代〉の特徴だともみることができる。自由主義圏における各国の自己主張の動きにしても、アメリカの人種問題による国内の分裂傾向でさえ、〈分散の時代〉という観点からみることもできるであろう。

ところが、他方では、今日の世界史には、分散の方向ばかりでなく、統合に向かう傾向も同時に見られる。例えば、EUの動きは、アジアやアメリカに対抗していくために、それまでの国民国家の枠のみに閉じ籠っていたのでは間に合わず、経済統合から政治統合へと、自己強化していこうとする動きである。また、アメリカも、北アメリカ地域と南アメリカ地域を再統合し、域内貿易圏を構築しようとしている。さらに、アメリカは、第一次大戦、第二次大戦、冷戦と続いた二十世紀の国際対立を勝ち残ってきた唯一の国家として、二十一世紀の世界の一極支配を志している。また、アジア地域も、EUほどではないにしても、事実上密接な経済圏を形成しつつあり、世界史の無視できない重心となっている。とすれば、二十一世紀の世界を展望するとき、何らかの形での世界の統合の方向も見えてくるであろう。

世界史の現在は、分散と統合、特殊主義と普遍主義のせめぎあいの中にあると言える。旧ユーゴスラビアのように、あまりにも分散と分裂、つまり特殊主義の極端に走っても、世界は成り立たないし、人民も生きてはいけない。しかし、十九世紀のヨーロッパ列強による植民地支配や、二十世紀の旧ソ連による各民族支配のように、極端な普遍主義をかざした支配と統合によっても、世界は立ち行かない。二十一世紀の初頭、アメリカが画している世界の軍事的・政治的一極支配も、成功するようには思われない。被支配民族の抵抗や反グローバリズムの反抗を受けて、紛争や戦争はやまないであろう。もしも、二十一世紀の世界に、各民族・各勢力の共存が必要だとすれば、極端な特殊主義による孤立でもなく、極端な普遍主義による支配でもなく、その両者の調和と均衡をとった〈多様性の中の共存〉の道を探り、その多様性の中を生き抜く方法を工夫していく以外にない。

自由主義や共産主義は、ヨーロッパの近代、特に十九世紀のヨーロッパがつくりだした普遍主義の思想である。二十世紀には、これらが世界的に拡散、世界を二分してきた。しかし、二十一世紀初頭の現在、少なくとも共産主義は破綻。自由主義も、民族主義や原理主義の抵抗に面している。現代は、多様な価値観をもった諸民族・諸国家が乱舞する多様性の時代である。とすれば、われわれは、多様な価値を互いに尊重し、〈多様性の中の共存〉という哲学をもって、この多元主義的時代を生きていかねばならないであろう。

注目されるアジア地域

ところで、この〈多様性の中の共存〉という理念を、二十一世紀の地球文明をリードする理念として提唱することのできる地域は、特にアジア地域であろう。アジア地域は、多様な宗教的・文化的背景を温存させながら、同時に、経済的・政治的・社会的に、その相互依存度をより高め、かくて、二十一世紀の地球文明の重心として重要な地位を占めつつある。このような地域からこそ、新しい理念は生み出されてくる。

だが、そのためには、そのような展望がもてるようになった東アジア諸国の今日までの歴史的過程を振り返っておく必要がある。よく知られているように、十九世紀初め以来、あるいはそれ以前から、アジア諸国は、ヨーロッパ諸国の圧倒的な力に従属せざるをえなかった。それ以来、アジア諸国にとって、近代化は、西洋化という形をとって、諸国民の大きな課題となった。アジア諸国は、ヨーロッパ列強によって植民地化されたところがほとんどであるが、そこでは、この近代化の動きは、ヨーロッパの植民地からの独立を目指すことと一つになっていた。他方、日本やタイなど植民地化されなかった少数のアジア諸国も、ヨーロッパから押し寄せてきた新しい文明に対して、それを受け入れ、自主的に西洋近代化をしていくことによって、ヨーロッパの植民地になることを免れた。どちらの方向を取るにしても、西洋近代化は、至上命令となった。それは避けることのできない運命でもあった。

だが、この時以来、われわれは、近代化と伝統の相剋に悩まねばならなくなった。近代化してヨーロッパからの自立をはかり、ヨーロッパと対等に伍していこうとすれば、どうしても旧来の伝統社会を壊す必要があったし、壊していけば、自己のアイデンティティを失ってしまうという危機に面したのである。西洋近代化を至上命令とした為政者や知識人は、旧来の伝統文化の遅れていることを強調し、そこからの脱却を説いた。他方、伝統を重視し、国民のアイデンティティを強調した伝統派は、西洋近代化を、自分たちの社会の存立基盤を奪う危険性があるものとして排撃しようとした。

このような東アジアにおける同化と反撥の文化葛藤の結果は、多くの場合、自分達のそれぞれの伝統を維持すると同時に、堅固な近代国家を建設することに向けられてきたと言えるであろう。ヨーロッパ近代文明との出会いにおいて、多くの努力を積み重ねながら、ヨーロッパ近代文明を受け入れると同時に、自らのアイデンティティをなお保持し続けてきたという点は、大多数のアジア諸国にとっての共通した経験となった。だからこそ、われわれは、また、多様な価値を併存させる基盤をもつことができるようになったのである。〈多様性の中の共存〉という理念も、このような基盤から出てくる。

かくて、二十一世紀初頭のアジアの状況をみれば、長い苦闘ではあったが、アジア諸国は、近代化と伝統のバランスをはかり、それぞれの国がそれぞれの工夫をし努力してきたために、少なくとも、第二次大戦後、ヨーロッパからの自立を達成しえた。そのことによって、十九世紀以来、二百年あまり支配的であったヨーロッパ中心の世界秩序を打破することができた。この延長上に、今日のアジアの経済発展もあり、二十一世紀の新しい世界秩序への展望ももつことができるようになったのである。

日本の場合

日本の近代史を振り返ってみても、それを根本的に規定したものは、ヨーロッパ近代文明の怒濤のような襲来であった。この時、日本も、ヨーロッパ近代文明への同化と反撥の相異なる反応を同時に示した。しかし、日本は、概して言えば、比較的巧妙に伝統と近代のバランスをとって近代化を果たしてきたと言ってよいであろう。日本は、このとき、〈和魂洋才〉をスローガンとした。この事実からも分かるように、日本は、伝統的精神の根幹は残しながら、同時に近代ヨーロッパ化を急速に進めていくというしかたで、相反するものの両立をはかってきた。日本は、古代の文明成立以来、絶えず外来文明を貪欲に受容し、宗教的にも、文化的にも、多様な価値を併存させてきた。ヨーロッパ近代文明の受容の努力も、その一環であった。

現に、この近代ヨーロッパ化を進める過程で、その初期に指導的役割を果たしたエリート達は、江戸時代末期の封建社会で育った下級武士達が中心であった。しかも、彼らには、儒教的教養の背景があり、それが日本の西洋化・近代化に貢献することになった。儒教的精神は、何よりも人の上に立つ者の倫理を説き、全体のための奉仕を骨格としていたからである。

また、日本人が培ってきた労働神聖観は、すでに江戸時代から、近代資本主義の育成に寄与し、明治以後の近代産業社会の形成にも寄与した。江戸以来培われてきた日本人の労働観が、武士階級出身のエリート達の洞察力と合体し、軽工業から重工業へと進んでいった近代産業の発展に貢献したのである。明治以後の日本の近代ヨーロッパ化には、江戸時代の遺産があった。社会的伝統が、むしろ、近代化に貢献していたのである。

今日の高度に発展した超近代社会としての日本にも、なお、その基礎には、かつての伝統社会の文化が変容されて存在している。例えば、実際には一九六〇年代以後に形成されてきた日本的経営は、西洋の契約社会で育った近代産業文明を、人間関係を重んじる非契約社会の文化によって変容し、全体の合意と労働意欲を引き出すのに成功した。こまやかな人間関係を重んじ、柔軟に調整していく能力は、むしろ、日本の伝統的社会において培われたものであった。確かに、日本は、近代百数十年の間、西洋を模倣し、それに追いつき追い越すことを目標としてきた。しかし、実際には、絶えず西洋の近代文明を自らの伝統の中に変容しながら、近代化と伝統を両立させつつ進んできた。日本は、近代化と伝統のバランスをとりながら、多様な価値を共存させてきたのである。このような文化的土壌から、〈多様性の中の共存〉という理念は生まれてくる。

二十一世紀の文明変動は、多くの分散の傾向と同時に、ヨーロッパ圏、アメリカ圏、アジア圏を軸としながら、世界の統合化に向かってもいる。

地球文明の理念

特に、アジアに注目するなら、われわれは、少なくとも、南北格差の是正に成功しつつあるようにみえる。経済的にも、垂直分業から水平分業に転じ、南北が相乗的に繁栄していく可能性が見えてきた。中国や韓国、東南アジアや南アジアの経済発展は、それを示している。このアジアの緊密化をもたらしたものは、科学技術の発達と経済の発展である。しかし、この発展がアジア圏の緊密化をもたらせばもたらすほど、われわれは、逆に文化的には互いの違いを意識しつつある。技術や経済においては統合の方向へ向かい、文化的には多様性の方向を確認しつつある。だが、だからこそ、われわれは、このような状況に、〈多様性の中の共存〉という理念を見出すことができるのである。それは、すでにヨーロッパ対非ヨーロッパの対立でもなく、もちろん、東西イデオロギーの対立の場でもなく、もはや南北対立の場でさえない。アジア地域は、〈多様性の中の共存〉の構造のもとに、それらの対立を克服する場となりうる。

確かに、アジアは、言語・宗教・文化・政治体制・近代化の度合いにおいて、多様である。しかし、この多様性は障害ではなく、むしろ、歓迎すべきものと考えねばならない。われわれは、それぞれの文化的伝統を保持した共存を目指すべきだからである。伝統は様々であるが、そこには、また、共通の理念も存在する。文化的多元主義を基礎にした国家建設や技術の開発は不可能ではない。〈多様性の中の共存〉つまり〈多の中の一〉〈一の中の多〉これが、アジアの時代をリードする理念である。と同時に、これは、二十一世紀の地球文明の理念ともなるであろう。今日の地球上には、多くの国々がそれぞれの独自の文化をもちながら、同時に相互依存度をより高めていく国際社会が形成されつつある。このような社会においてこそ、〈多様性の中の共存〉の哲学は生まれ出てくる。ヨーロッパとアジアの長い文化葛藤の結果、アジアは、このような理念を発信する資格を得たと言ってよいであろう。

しかも、この〈多様性の中の共存〉という思想は、仏教や儒教の中にも、イスラム教やキリスト教の中にもあった思想である。この伝統的宗教の中にあった思想が、今日の自由民主主義の思想の中に生かされるなら、この理念は、二十一世紀の地球文明の指導理念となりうる。

例えば、アジアを中心にかなり広範囲に普及し、長い伝統をもった仏教の教えにも、「この宇宙に存在するすべてのものには仏性があり、万物がそれぞれに尊い輝きをもった存在である」という考えがあった。すべて生きとし生けるものは、無上の悟りを得る本性において、平等であり、一つである。と同時に、それは、多種多様な万物の中に宿る。真理は、一であって多であり、多であって一である。このような仏教の伝統的な思想からも、われわれは、〈多様性の中の共存〉という思想を取り出してくることができる。あるいは、そのような思想を理解するコードが、この伝統思想の中にはある。二十一世紀の地球文明は、多種多様な価値をもった諸国家がそれぞれに平等な価値をもち、互いが互いを尊重し合って、生存していかねばならない文明世界である。仏教的伝統からも、このことは理解することができる。

同様のことは、儒教的伝統からも理解することができるであろう。例えば、儒教の仁や礼の思想は、特に人間関係において、他を思いやり、他を尊重し合って、共同社会を立派に成り立たせていこうとする思想である。したがって、これを、国家の枠を超えて、地球上の諸国家によってつくられる国際社会まで拡げることができるなら、儒教的伝統も、〈多様性の中の共存〉の理念を構築していく上において、貢献するところがある。孫文の三民主義の思想は、近代の国民国家樹立のための近代的理念であったが、ここにも儒教思想は脈々と生き続けていた。特に、この三民主義の中にあった大同精神を、単なる国民国家の枠を超えて、地球文明全体に及ぼすなら、多種多様な諸国家の共存を可能にする思想ともなりうるであろう。少なくとも、そのような〈多様性の中の共存〉の理念を理解しうるコードを、儒教や三民主義の思想はもっていると言わねばならない。

アジアの諸文明は、また、仏教や儒教によって成立した文明ばかりではない。東南アジアのイスラムの伝統も忘れてはならない。イスラムは、中東諸国をはじめ、中央アジア、アフリカなど広範に分布している有力な宗教でもある。このイスラムの教えも、しばしば誤解されがちではあるが、本来は、〈多様性の中の共存〉を可能にする教えであった。イスラム社会は、イスラム以外の他の宗教の信者をも包含する多層社会であり、原則上、他の宗教の信者に改宗を強制しないし、宣教もしない。したがって、イスラムには、少数の例外を除いて、原則的には、宣教師や布教師、さらに聖職者が存在しない。実際、コーランの中でも、信仰の問題に関しては、その強制を厳しく禁止している。（第二章二五六節）イスラム社会は、通常の誤解に反して、多種多様な価値や信仰をもった人達が共存できる社会なのである。だから、ここからも〈多様性の中の共存〉の思想は、容易に導出されうる。

例えば、それは、インドネシアの建国の理念、パンチャ・シラ（五原則）にも表現されている。この五原則は、民族主義、国際主義、民主主義、社会福祉、神への信仰を謳ったものである。この五原則の中で、最も中心的な原理である〈神への信仰〉という原理は、イスラムの神（アラー）への信仰のみを意味せず、他の神、キリスト教やヒンズー教の神への信仰もすべてを含む。したがって、この原理は、信教の自由を保証するものである。そのような寛容な思想のもとに、排外主義を排し、国際的友愛を強調し、民族主義と国際主義の調和を理想とし、代議政治の原則を示し、経済的平等を理想としたのが、五原則であった。このパンチャ・シラを貫いている思想こそ、〈多様性の中の共存〉の思想であり、これは、アジアの近代社会を生きてきたイスラム思想の一つの成果でもあった。この〈多様性の中の共存〉の思想を、もしも、多民族多言語社会であるインドネシア社会の統合の原理にのみとどめず、地球文明全体にまで拡げるなら、多様な諸国家の共存を可能にする世界哲学ともなりうるであろう。

アジアにも根強く普及し、欧米ばかりでなく、世界に広く分布しているキリスト教思想にも、よく知られているように、「万人は神の前において平等である」という思想がある。また、十七世紀後半以降は、西欧キリスト教社会においても、信教の自由は保証されたのだから、ここからも、われわれは、〈多様性の中の共存〉の思想を取り出してくることができる。キリスト教では、人間一人一人が神の似姿としてつくられ、一人一人が神につながると考えられてきた。神の前の平等の思想もここからくる。もしも、この思想を、個人レベルでなく、広く、民族間、人種間、国家間にまで及ぼすなら、〈多様性の中の共存〉という地球文明の理念にも通じていくであろう。

この西欧のキリスト教に裏付けられた近代民主主義の原理も、本来は、次のような諸原則によって成り立っていた。互いの人格における人間性を尊重する〈人間の尊厳〉、信教・思想・信条・言論・出版・集会・結社などの〈表現の自由〉、個性・能力の差異にもかかわらず人格においては差別されないという〈人格の平等〉、主義主張の違いにもかかわらず互いに他の立場を尊重する〈寛容の精神〉、私的な利害を超えて社会の共通利益を重んじる〈公共の福祉〉などである。このような共同社会を立派に成り立たせるための近代民主主義の倫理観も、地球全体の人類社会にまで拡げるなら、多様な価値をもった諸国家の共存を可能にする思想になりうるであろう。

危機の克服

確かに、二十一世紀初頭の国際社会の現実を直視するなら、世界の各地域で、宗教や言語、思想や信条の違いからくる民族紛争やテロリズムが絶えることなく続いている。さらに、それらを制圧しようとして、報復戦争が行なわれている。このような民族紛争やテロリズムや報復戦争は、現実には収まることはないであろう。それどころか、二十一世紀は、民族紛争をはじめ、南北経済格差、人口爆発、環境破壊などに起因する難民の流出が激しくなり、一種の民族移動が起きて、二十一世紀は〈難民の世紀〉となるかもしれない。かくて、二十一世紀の地球文明は、〈多様性の中の共存〉どころか、各民族が入り乱れ、混入し合い、人種問題をはじめ、宗教や言語に根差す不寛容な紛糾を起こしかねない。二十一世紀の地球文明に、必ずしも明るい未来が約束されているわけではない。

だが、それゆえにこそ、これら、二十一世紀の地球文明が抱える様々の危機を克服していくためには、様々の面での共存のシステムを作り上げていく以外にない。南と北との共存、民族と民族の共存、グローバリズムと反グローバリズムの共存、自然と人間との共存のシステムを作り上げ、多様な民族や勢力が共存しうる多元的文明世界を築き上げていかねばならない。〈多様性の中の共存〉の哲学は、このシステム構築のための重要な知恵となるであろう。

確かに、今日の文明社会では、特に先進諸国に見られるように、近代化が進めば進むほど、文明は爛熟し、人心は荒廃し、拝金主義が蔓延して、伝統的な宗教も形骸化し、社会倫理も混乱して、〈豊さの中の精神的貧困〉という文明病がはびこっている。欧米や日本はもちろん、経済発展が続いているアジア諸国でも、すでに、このような文明病が忍び寄ってきている。このことを考えるなら、伝統的宗教や倫理の再生を短絡的に叫び、それですべてが解決されるとは必ずしも言うことはできない。また、伝統的宗教や倫理がまだ根強く残り、共同社会維持の原理となっている発展途上国の方は、逆に、経済的貧困や飢餓、環境破壊や人口爆発、疫病の流行など、様々の難問を抱えている。この格差を是正することは、言葉で言うほど容易ではない。したがって、〈多様性の中の共存〉という理念は、どこまでも当為にとどまる。あるいは、それは、ほとんど祈りに近いものだと言うべきであろう。

しかし、それでもなお、そのような理念を掲げ続け、それを、何らかの形で、二十一世紀の地球文明の政治的・社会的・経済的システムづくりに具体化し、その理念を実現する努力をすることは、意義のないことではないであろう。

世界の政治的統合に向けて

二十一世紀初頭にあたる今日、人類史は大きな飛躍の時期を迎えている。交通通信手段や情報技術の高度な発達のもと、経済もグローバル化し、世界は合一化に向かっている。地球は、すでに、古代の地中海世界よりも狭いと言えるほど、時間的にも空間的にも圧縮されてしまった。それに応じて、二十一世紀の世界政治も、大きく見れば、世界の政治的統合に向かっていると言えるのではないか。われわれは、目下、そのような大転換の渦中にあるのだが、この激動の本質は、国民国家から世界国家への飛躍ということにあるであろう。

現に、国民国家間の相互依存度は強力に高まり、世界史は、すでに、国民国家の枠よりももっと広範な共同体に向かって飛躍しつつある。ヨーロッパ諸国は、その点では先駆しているが、アジアも、否応なしに、そういう共同体の構築を必要としてくるであろう。これらの動きは、具体的には、自由貿易圏の確立による市場統合、通貨統合、経済統合から政治統合へ、そして、いずれは連邦制による世界政府の樹立へと向かうことになるであろう。もちろん、これは、二十一世紀中に実現されるとは限らず、二十二世紀にずれ込むかもしれない。

さらに、この世界政府樹立は、第二次大戦の戦勝国を中心にしてつくられた今日の国連の単なる延長上には作り難く、国連の発展的解消によって作り上げられる必要があろう。また、これは、ＥＵのように、各国家の自由で平等な契約によって実現されねばならない。

この方向から逆に二十世紀を振り返ってみるなら、二十世紀の二度の世界大戦や米ソの冷戦などは、そこへと至るための創造的破壊の過程だったとも言える。また、冷戦終結後は、アメリカの一極支配の可能性が追求され、アメリカは帝国たりうるかというような議論がなされていたが、それは幻想だったと言わねばならない。

来るべき世界政府の課題は、核兵器や化学兵器や生物兵器、その他通常兵器の管理と制限、地球環境問題や南北問題や人口問題の解決、防疫などである。これらの問題を解決していくには世界政府は不可欠なシステムだということになるであろう。しかし、もちろん、だからといって、二十世紀のような世界大戦はないとしても、局地戦や内戦、テロなどは後を絶たないであろう。これを、いわば世界政府内の国内問題として、どのようにして制御していくか、その技術が問われてくる。また、地球環境問題は、地球そのものにとってはそれほどの問題ではないかもしれないが、人類の存続にとっては重要であり、この問題を通しても、世界は一つになり、これもまた最終的には世界政府による調整が必要になってくるであろう。

もちろん、世界政府を樹立できたとしても、それですべての問題が解決するというわけではなく、むしろ、難問は山積している。世界の政治的統合は、極めて困難な道だと言わねばならない。最も容易なのは経済統合であるが、これも相当長い努力の期間が必要と思われる。また、核兵器や通常兵器の世界政府による一元管理のためには、各地域国家の立法権や司法権、行政権や外交権など、国民国家としてもっていた主権の制限が必要になる。これも、それほど容易に各国民国家が同意するとは限らない。総論賛成各論反対ともなりかねない。さらに、たとえ世界政府が樹立されたとしても、宗教や言語、地域に根差すエスニック・グループの反撥や局地紛争などもなくならないであろう。また、この世界政府への大きな飛躍は、人口の急激な増大や都市の肥大化、官僚統制の強化、地球大的な大衆社会の形成による液状化、文化の画一化と無定形化、専門分化などを招き、必ずしも全面的に肯定できるものではない。しかし、これらの問題を抱えながら、というより抱えているからこそ、さらに大きく飛躍しつつあるのが、世界史の現在である。

だからこそ、また、二十一世紀の世界は、文明、宗教、人種、国籍、階級などの差異を差異として認めながらも、共存していく道を模索しなければならないのである。多様性の中の共存と共成を目標に、文化の多様性を保存するとともに、さらに、その多様性を創っていく必要性がある。

宗教もまた多様でなくてはならない。と同時に、それらに通底する一なるものを自覚しなければならない。宗教も、多様な在り方を互いに認め合うと同時に、その根源的統一性、宇宙の根源的生命とでもいうべき統一性を確認しなければならないのである。

後記

このコレクション7に収めた『ヨーロッピズム』という著作は、一九八九年に『20世紀を読む―ヨーロッピズムの時代とその終焉』と題して、泰流社から出版したものが原著である。これは、十九・二十世紀の約二百年を現代としてとらえ、それを世界史的観点から考察したもので、私の現代文明論に属する著作である。今回、コレクション収録に当たって、題名を改めるとともに、いくらか加筆訂正を行なった。

また、この巻に収録した『二十世紀とは何であったか』は、一九九四年に、同じ題で、日本放送出版協会（NHK出版）からNHKブックスの一書として上梓したもので、二十世紀百年を文化精神史的観点も入れながら批判的に考察した現代文明論である。これも、コレクション収録に当たって、加筆訂正や取捨選択を行なった。

また、このコレクションに組み入れた『二十一世紀を読む』は、二〇〇一年に『不安な時代、そして文明の衰退』と題して、同じく日本放送出版協会（NHK出版）からNHKブックスの一書として上梓したものが原著である。ここでは、われわれが現在生きている二十一世紀を、古代ローマ文明との比較を入れながら文化精神的な観点から考察している。これも、コレクション収録に当たっていくらか加筆訂正を行なった。

また、付論として収録しておいた「東アジア時代の検証」は、一九九八年に、比較文明学会発行の『比較文明』第8号に掲載されたものである。「多様性の中の共存」は、二〇〇三年に世界思想社から出された『文明間の対話に向けて』のために執筆分担したものである。その他のエセーは日頃書いておいたものである。どれも『二十一世紀を読む』の補論である。

このコレクションの6と7は、私の現代文明論を集めたものであるが、7は特に世界史的観点からの現代の考察である。

《著者紹介》

小林道憲（こばやし・みちのり）

1944年　福井県生まれ。

1963年～1972年　京都大学文学部、同大学大学院文学研究科で哲学（西洋哲学史）を専攻。

1972年～2010年　福井大学教育学部（後・教育地域科学部）講師、助教授、教授、および、同大学大学院教育学研究科教授。

1999年～2011年　麗澤大学比較文明文化研究センター客員教授。

主　著　〈哲学研究〉

『ヘーゲル「精神現象学」の考察』（理想社）、『生命と宇宙』『複雑系社会の倫理学』『歴史哲学への招待』（ミネルヴァ書房）、『宗教とはなにか』『宗教をどう生きるか』（日本放送出版協会）、『複雑系の哲学』『続・複雑系の哲学』（麗澤大学出版会）、『生命（いのち）の哲学』（人文書館）、『芸術学事始め』（中央公論新社）

〈現代文明論〉

『欲望の体制』（南窓社）、『われわれにとって国家とは何か』（自由社）、『近代主義を超えて』（原書房）、『20世紀を読む』（泰流社）、『二十世紀とは何であったか』『不安な時代、そして文明の衰退』（日本放送出版協会）

〈比較文明論・日本研究〉

『古代探求』（日本放送出版協会）、『古代日本海文明交流圏』（世界思想社）、『文明の交流史観』（ミネルヴァ書房）

小林道憲〈生命《いのち》の哲学〉コレクション７

世界史的観点から現代を考察する

――二十一世紀への道――

2017年３月10日　初版第１刷発行　〈検印省略〉

定価はカバーに
表示しています

著　者　小　林　道　憲

発行者　杉　田　啓　三

印刷者　藤　森　英　夫

発行所　株式会社　ミネルヴァ書房

607-8494　京都市山科区日ノ岡堤谷町１

電話代表　(075)581-5191

振替口座　01020-0-8076

亜細亜印刷

ISBN978-4-623-07732-8

Printed in Japan

小林道憲〈生命《いのち》の哲学〉コレクション

全十巻＊Ａ５判上製カバー／各巻340～542頁
各巻本体６５００円（税別）／揃価格本体６５０００円（税別）

1 生きた自然を探求する
——躍動する生命と宇宙

2 動く倫理学を展開する
——生成変化の中の実践

3 生命パラダイムから歴史と芸術を読む
——行為と表現の世界

4 宗教とは何か
——根源的生命への帰一

5 複雑系を哲学する
——〈生成〉からとらえた〈存在〉と〈認識〉

6 現代とはどのような時代なのか
——現代文明論の試み

7 世界史的観点から現代を考察する
——二十一世紀への道

8 文明とは何か
——文明の交流と環境

9 古代日本人の生き方を探る
——古代日本研究

10 ヘーゲル哲学を研究する
——付・断片集、句歌集、評論